OEUVRES

COMPLÈTES

DE PIGAULT-LEBRUN.

TOME XX.

*SUITE D'ADÉLAIDE DE MÉRAN,
ET L'OFFICIEUX.*

DE L'IMPRIMERIE DE FIRMIN DIDOT,
RUE JACOB, n° 24.

OEUVRES

COMPLÈTES

DE PIGAULT-LEBRUN.

TOME VINGTIÈME.

A PARIS,

CHEZ J.-N. BARBA, LIBRAIRE,

ÉDITEUR DES OEUVRES DE M. PICARD ET DE M. ALEX. DUVAL,
PALAIS-ROYAL, N° 51, DERRIÈRE LE THÉATRE-FRANÇAIS.

1824.

ADÉLAÏDE DE MÉRAN.

(SUITE).

CHAPITRE XXIII.

Nouvelles persécutions.

Je m'applaudis souvent du parti que j'ai pris. Les journées s'écoulent, dans une sorte de calme. L'orage gronde quelquefois, dans le fond de mon cœur : une heureuse distraction le dissipe promptement. Je ne sais si mon curé est pénétrant ; mais il frappe toujours à propos, et toujours juste... Ah ! je me rappelle... nous lisions ensemble les *Mondes* de Fontenelle ; nous étions dans la lune, et nous ajoutions nos rêves aux rêves de l'auteur. Comme lui, nous placions des habitans dans la petite planète, et nous allions plus loin : nous les façonnions à notre manière ; nous décidions de leurs goûts, de leurs habitudes, de leurs mœurs. « J'espère, au moins, me suis-je écriée, « qu'on ne connaît pas là les mariages de conve- « nance. » Le curé m'a regardée attentivement, et depuis, lorsqu'un léger nuage vient obscurcir mon front, il m'oppose quelque idée originale, qui pique ma curiosité, et qui force mon attention.

Il a fait un ouvrage piquant sur la vie sensitive des plantes. Il n'ose leur accorder l'intelligence; mais il ne balance pas à leur donner le sentiment. Il s'appuie sur le principe vital, que personne ne peut leur contester; sur la sève, qu'il compare au sang, et qui s'échappe de la blessure que leur fait la serpette meurtrière, et surtout sur la différence des sexes, tellement complète dans plusieurs plantes, que le palmier femelle, par exemple, ne peut produire, si un palmier mâle ne se trouve à sa portée. Tu sens à quelle quantité de questions, d'observations, d'objections, ces systèmes doivent donner lieu. Il est impossible, qu'avec un tel homme, la conversation languisse jamais.

Mais je ne peux être toujours avec lui : je me dois à mon mari, aux soins de ma maison. Et puis, je suis bien aise de causer un peu avec Jeannette. Je n'ai rien de nouveau à lui dire : dès long-temps j'ai épuisé le vocabulaire de l'amour. Mais il est des choses dont on ne se lasse pas de parler. Plaisir dangereux, qui ramène le trouble dans l'ame, dans les sens, dans les idées! Le curé paraît alors s'efforcer de me dérober à moi-même. Il ne me cherche pas avec indiscrétion; mais il a toujours un prétexte convenable pour m'aborder, quand il juge qu'il y a assez long-temps que je suis avec mon cœur.

Croirais-tu que mon mari ne dédaigne pas d'assister à nos conférences? La gaieté du curé le pénètre, et le rend aimable, au point que je l'adorerais, si je n'avais donné toutes mes affections, ou si je pouvais aimer deux fois dans ma vie. J'ai moins de distractions de cœur, quand nous sommes trois. La présence de M. d'Apremont m'impose; ses saillies ajoutent de l'intérêt aux objets que nous traitons; j'aime à m'élancer avec lui dans les cieux; l'astronomie semble me détacher de la terre: il faut y revenir enfin, et le moment du retour est toujours pénible. Je végète ainsi, sans éprouver de peines trop cuisantes; mais sans goûter aucun plaisir.

En voici enfin un éclair. Je viens de recevoir une longue lettre de ma mère. Elle ne me parle que de lui. Il est établi à Velzac. Sensible, doux, aimable, il fait le bonheur de mes parens! Ah! il aurait pu le faire doublement... Ils ne l'ont pas voulu.

Il occupe ma chambre, Claire. Quelle masse de souvenirs il doit trouver là! De quelles délices, de quelles douleurs son pauvre cœur doit être alternativement assailli! Pas un meuble que je n'aie touché; pas un point où je n'aie posé le pied; pas un arbre que je n'aie fixé de ma croisée. Ah! si jamais je vais à Velzac, avec quelle avidité je chercherai la trace de ses pas; avec quel charme je reposerai dans ce... Je n'y trouverai pas le sommeil; mais l'amour... Ne pensons plus à cela.

Il a fait consentir mes parens à recevoir de lui une forte pension, et il emploie une partie de son revenu en fêtes ingénieuses, qui flattent l'amour-propre de mon père, et qui lui servent de prétexte pour répandre des bienfaits. Il a institué une fête de Rosière. Le prix est une médaille d'or, sur laquelle est écrit d'un côté : *A la plus sage*, et de l'autre : *Donnée par M. le comte de Méran*. La Rosière jouit, en outre, de la récolte d'un pré de six arpens, que Jules a acheté à cet effet, et qui, d'année en année, passera à la beauté couronnée. Je dis à la beauté, parce qu'un des articles des statuts porte que la Rosière doit être jolie, attendu qu'il est plus difficile à une jolie fille d'être sage, qu'à celle qui ne fixe l'attention de personne.

Le jour de la naissance de mon père, Jules a donné sur la rivière une espèce de combat naval. Il avait rassemblé les mariniers des environs, et tous les batelets qu'on a pu se procurer. Les équipages portaient des écharpes, qui indiquaient les différens partis; les vaisseaux étaient peints et pavoisés; l'artillerie se composait de canons de fusils, démontés et fixés sur les plats-bords. M. de Méran a été conduit sous une très-belle tente, d'où il commandait au porte-voix le parti qu'il avait adopté. Mais son escadre était montée par des sourds, ou plutôt par des gens qui, ne connaissant pas les termes de marine, ont mené tout cela à leur manière, et n'en ont pas moins amusé les spectateurs. Les vainqueurs sont venus faire hommage de leurs trophées à M. de Méran, qui leur a distribué des prix de quelque valeur, et vainqueurs et vaincus se sont mêlés, autour d'une table immense, dressée dans le bois, et dont M. Firmin a fait les honneurs.

Il aime aussi à faire des mariages. Il rapproche des cœurs que des raisons d'intérêt semblaient éloigner pour jamais. Ah! j'en suis sûre, c'est lui, c'est moi qu'il trouve dans ceux qu'il unit; c'est l'amour malheureux qu'il console, qu'il couronne.

Maman ne me dit pas qu'il s'occupe, qu'il parle d'Adèle. Ah! ne vois-je pas dans tout ce qu'il fait, des hommages qui s'adressent indirectement à moi! Qu'il agisse, et qu'on me rende compte de ses actions : ce langage-là est aussi clair pour moi que la parole; comme elle, il arrive à mon cœur.

Cependant il aurait pu joindre quelques lignes pour moi à la lettre... Non, non. Je me plaindrais, s'il eût été réservé; je me plaindrais encore, s'il se fût abandonné à toute sa tendresse. Il vaut mieux qu'il ne m'écrive pas. Laissons couver le feu; il pétillera peut-être trop tôt.

Je lis, je relis cette lettre avec Jeannette. J'en pèse les expressions, les mots. Je leur cherche, je leur trouve un sens, que peut-être ils n'ont pas. Mais il n'est point en ma puissance de rejeter une illusion, qui flatte mon amour... Hé, qu'importe qu'il m'adore, puisque nous sommes séparés? Qu'importe que nous soyons constans, puisqu'un mur d'airain est élevé entre nous... Ah! Jules, Jules, par pitié, aime-moi toujours. Il ne m'est pas impossible de vivre sans toi; mais je mourrais le jour où je perdrais ton cœur.

A quels sentimens opposés je m'abandonne alternativement! Ma tête est un chaos, où quelquefois je ne démêle plus rien. Plains-moi, Claire, plains-moi.

Je veux en vain me le dissimuler, cette lettre, partie des lieux qu'il habite, cette lettre, écrite par quelqu'un qui respire le même air que lui; ces caractères, tracés, peut-être, sur la table même où il jette ses pensées sur le papier; cette lettre me ramène sur toute ma vie. Elle me désole, elle me tourmente, et, dans la soif qui me dévore, je n'ai rien, rien de lui, qui puisse me calmer. Hé, que ferais-je de son portrait? Son image est gravée dans tout mon être, en traits ineffaçables; elle est identifiée avec moi; elle me suit, elle m'obsède sans relâche; elle m'attaque dans tous mes sens, et toujours elle est victorieuse... Malheureuse, que pensé-je, qu'osé-je dire! Claire, jette un voile épais sur ton amie; pour être criminelle, il ne lui faut qu'une occasion.

Le curé entre chez moi. Il paraît rayonnant de joie, et il n'a à me parler que d'un insecte, qu'il vient de trouver, et qu'il cherchait, dit-il, depuis des années. Je le fixe, et je vois qu'il ne sent rien de ce qu'il exprime. Son ton n'a point de vérité; le jeu de sa physionomie est forcé... Ah! je vois ce que c'est : il y a deux heures que je suis ici avec Jeannette, et il a voulu rompre le tête-à-tête. Il a sans doute remarqué que souvent mes yeux sont rouges, quand je quitte la bonne jeune femme. Elle m'a fixée à son tour, et mon émotion, et la violence que je me suis faite, pour la dérober à la pénétration du curé, n'ont pu lui échapper. Ah! sans doute, il sait qu'une passion malheureuse mine, dessèche mon cœur. Jamais il n'en connaîtra l'objet.

Il m'a proposé de sortir, et je l'ai suivi. Il m'a conduite au presbytère. Il avait ce local à loyer, et il m'a montré le contrat qui l'en rend propriétaire. La maison est remise à neuf; les vieux meubles sont remplacés par d'autres, qui ne sont pas riches, mais d'une extrême propreté. Les armoires sont garnies de linge, et ce qui flatte le plus le bon prêtre, c'est une petite pharmacie qui sera utile aux pauvres du village. Il demeure au château, et cette maison lui est inutile. Mais M. d'Apremont lui a dit que s'il se déplaît un jour avec nous, il veut qu'il ait une retraite agréable. Marguerite est habillée de neuf. Elle a fait cent tours, dans la chambre où nous étions, pour que je ne perdisse rien de son ajustement. M. d'Apremont a dit encore qu'il entend qu'elle se repose, et qu'elle ne manque de rien. Je devine mon bon prêtre : il me montre, il me conte tout cela pour m'attacher à mon mari par l'estime. Ah! je lui prodigue et mon estime et mon respect. Je ne peux lui donner que cela.

Un événement prévu m'a distraite pendant quelques jours de mes idées habituelles. Jeannette est mère d'un beau petit garçon. Il passe, de son sein, dans les bras du bon Jérôme ; ils se l'arrachent ; c'est à qui l'aura, le baisera ; la tête leur tourne à tous deux. M. d'Apremont regarde cet enfant avec intérêt ; mais une sorte de tristesse annonce qu'il envie le sort de ces bonnes gens. Je t'ai décrit les sensations que la grossesse de la jeune femme m'a fait éprouver. Elles sont maintenant plus pénibles, et cependant je m'attache chaque jour davantage à l'intéressante petite créature. Je dois beaucoup à sa mère, et mon ame expansive est tourmentée du besoin d'aimer ; elle cherche partout de l'aliment.

Jeannette voulait mettre le pauvre enfant en nourrice. Elle craignait de ne pouvoir suffire à ce qu'il lui faut, et à son service auprès de moi, et elle ne parlait jamais de l'éloigner, qu'une larme ne vînt mouiller sa paupière. Je l'ai dispensée de ses fonctions de femme de chambre, et je me fais servir par une de ces belles demoiselles qu'on m'a données le jour de mon mariage, et qui, jusqu'à présent, n'ont eu rien du tout à faire. Celle-ci paraît enchantée d'être jugée enfin bonne à quelque chose. Je ne lui dis pas un mot, de peur de mettre mon cœur à découvert; elle cherche à deviner ce qu'il me faut, et elle y réussit quelquefois.

M. d'Apremont a voulu nommer le petit. Il a choisi pour commère... la bonne Marguerite, qui était d'une joie, qui paraissait vaine!... Oh! il fallait voir. Tu sens que mon mari a été bien aise de saisir cette occasion de faire un cadeau à la bonne fille. Le curé, qui n'en laisse échapper aucune d'écrire, ou de parler en public, et qui parle facilement, a adressé à Jérôme un discours très-sage, et très-bien tourné sur les devoirs que lui impose la qualité de père. Tous nos villageois étaient dans une sorte d'enchantement. « Si on « connaissait notre curé, me disait le maire, on « le nommerait évêque; et il ferait ses mandemens « lui-même, répondais-je. » Le curé ne perdait rien de ce qu'on disait de lui. L'orgueilleux! Et il ne s'est taxé qu'à cinquante francs!

Je n'avais pour moi que des intervalles de repos. Ces momens adoucissaient, un peu, l'amertume répandue sur le reste de ma vie, et je suis menacée de nouvelles persécutions. Ce n'est pas M. d'Apremont qui me les suscite : il est en tout le modèle des maris, et il mérite l'amour de sa femme. Elle sent plus que jamais combien il en est digne, et elle ne peut que lui rendre une exacte mais froide justice. Je vais te raconter ce qui s'est passé ce matin.

J'étais dans ma grotte avec le curé et Jeannette.

La petite femme berçait son fils; le curé me regardait, d'un air préoccupé, qui ne lui est pas ordinaire. Il voulait parler, et les mots expiraient sur ses lèvres. Son front est devenu soucieux; son embarras croissait à chaque instant. Je ne savais que penser, et de son silence, et de ce qu'exprimait sa physionomie. J'ai cru qu'il avait quelque chose de très-important à me dire, et que la présence de Jeannette le gênait. Je suis sortie de la grotte, et je l'ai invité à me suivre. Nous nous sommes enfoncés dans le bois. Nous marchions l'un à côté de l'autre, et il s'obstinait à garder le silence. Sa réserve a confirmé mon premier jugement : je n'ai plus douté qu'il n'eût à m'entretenir sur un sujet délicat, et qu'il ne sût à quelles expressions s'arrêter. Je l'ai mis à son aise : « Monsieur le curé, vous n'êtes pas dans votre état ordinaire. — Non, madame. — Expliquez-vous sans contrainte. Ne craignez pas; je suis disposée à tout entendre. — Ce que j'ai à vous confier, madame, exige les plus grands ménagemens. Je sais ce que je dois à vous, à M. d'Apremont et à moi, et je ne sais comment concilier ces devoirs différens. — Vous êtes incapable de manquer à rien d'essentiel, et j'ai peine à croire vos inquiétudes bien fondées. Parlez, je vous en prie. — Je crains d'être franc, madame; vous ne me le pardonneriez pas. — Un homme de votre caractère peut se tromper; il n'offense jamais, parce que l'insulte est dans l'intention. — Je vais

« parler. J'ai lieu de croire, madame, qu'un sen-
« timent secret vous domine et vous tourmente. —
« Cela est étranger, monsieur, à ce que vous vou-
« lez me confier. — Cela s'y rapporte directement,
« madame, et je n'aurais pas eu l'indiscrétion de
« vous en parler, si j'avais pu me taire. — Pour-
« suivez, monsieur. — Cette lettre est à votre
« adresse. Un inconnu l'a remise hier au soir
« au presbytère, et Marguerite me l'a apportée
« ce matin. — Eh bien, monsieur, quelle consé-
« quence tirez-vous de cela? — Le détour qu'on
« prend pour vous faire parvenir cette lettre, an-
« nonce qu'elle renferme quelque chose de très-
« particulier. Je manque à M. d'Apremont en vous
« la remettant; je vous manque, si je la donne à
« M. d'Apremont; je me manque à moi-même, en
« m'immisçant dans une affaire, à laquelle, sous
« tous les rapports, je devrais être étranger, et
« cependant comment me dispenserais-je de m'en
« mêler? »

J'ai pensé à l'instant que les lettres qui parlent
à mon cœur me parviennent par l'entremise de
Jeannette, et que celle-ci ne pouvait m'inspirer aucune espèce d'intérêt. « Monsieur le curé, si un
« sentiment secret m'agite quelquefois, il ne me
« portera jamais à l'oubli de moi-même. Je n'écris
« rien, je ne lis rien que mon mari ne puisse voir.
« Rendons-nous près de lui, vous lui remettrez ce
« paquet; nous lirons ensemble, et vos scrupules
« seront dissipés. »

Le bon curé a paru déchargé tout à coup d'un poids qui l'oppressait. Sa figure est devenue rayonnante. Il m'a témoigné une déférence, un respect, dont je ne me jugeais pas digne, et dont j'avais la faiblesse de me glorifier. Ah! je le sens, on ne saurait vivre sans estime, et on l'usurpe, quand on ne peut la mériter.

M. d'Apremont a paru très-sensible à ce qu'il appelle ma confiance. Il a rompu le cachet. La lettre n'est pas signée. Nous avons examiné l'écriture; elle nous est inconnue; mais avant d'en avoir lu six lignes, nous avons deviné l'auteur: c'est le lâche, l'infâme des Audrets, qui n'a pu vaincre, dit-il, la passion qui le dévore; qui peut pardonner aux miens la supériorité qu'ils ont obtenue sur lui; mais qu'il a des moyens sûrs de les en punir, et qui me rend arbitre de leur sort. Il faut qu'il me possède ou qu'il meure; mais s'il succombe, il entraînera avec lui ce que j'ai de plus cher. Le monstre m'avertit qu'il n'aura pas la maladresse d'envoyer un second commissionnaire, dont on pourrait s'assurer. Il m'enjoint de lui faire connaître mes dispositions par un signal. Un linge blanc, flottant à ma fenêtre, annoncera que je me rends; un voile noir sera le symbole de mon refus, et du deuil éternel auquel je me serai condamnée.

Il croit m'effrayer par la menace, me soumettre par la crainte. Que peut un homme perdu dans l'opinion publique? Est-ce avec un front couvert d'infamie, qu'il attaquera Jules, mon père, M. d'Apremont? Et de quoi les accuserait-il? Je ne le redoute plus. J'ai mis mon époux entre ce misérable et moi; j'ai ici des domestiques dévoués et nombreux, et j'ai acquis en trois mois l'expérience de dix ans.

Transportée par l'indignation et le mépris, j'ai arraché un voile noir d'un de mes chapeaux, et je l'ai attaché aussitôt à mon balcon. « Ayez des « armes, ai-je dit à M. d'Apremont; distribuez-les « à vos gens; défendez votre épouse, son honneur « et le vôtre. » Il m'a tendrement embrassée; il m'a conjurée de ne rien craindre, et je lisais, dans ses yeux, la jalousie et l'effroi. Il cherchait quels peuvent être les moyens dont parle l'infâme, et qui doivent le faire triompher. Il leur opposait les ressources que la justice et la force publique mettent à la disposition d'un honnête homme. Il m'a regardée ensuite, et plus alarmé que jamais, il s'est écrié: « Tant de charmes seraient la proie « d'un scélérat! » Il s'est élancé vers moi; il m'a pressée contre son sein; il m'a enveloppée dans ses bras; il semblait vouloir me défendre; l'exaspération était au comble. J'ai senti que dans une telle situation, il était incapable de prendre un parti raisonné; que le curé, qui conservait son sang-froid, pourrait nous donner des conseils, et qu'il était déja trop instruit pour qu'il y eût de la légèreté à lui faire connaître les détails de cette trame odieuse. Je lui ai répété ce que je t'ai écrit

sur les vues, les entreprises de des Audrets, sur sa marche, tantôt oblique, tantôt ouverte, mais toujours artificieuse. Le bon prêtre a prononcé qu'un tel homme serait sans cesse à redouter; que l'honneur de la demoiselle de Tarbes étant rétabli, il n'y avait plus aucun ménagement à garder, et que la première démarche à faire était d'adresser cette lettre, et une plainte au ministère de la police. « Que prouvera cette lettre ? ai-je
« répondu. Il niera qu'elle soit de lui; il l'attri-
« buera à des ennemis cachés, qui veulent nous
« armer de nouveau contre lui. — Du moins, a
« répliqué le curé, la police s'attachera à cet
« homme, et ne le perdra pas de vue. Vous avez
« de l'or; soudoyez, s'il le faut, une nuée d'agens
« qui observent ses pas, ses démarches, et qui
« rendent un compte exact de celles mêmes qui
« leur paraîtront indifférentes. Il est impossible
« que cet homme ne se compromette tôt ou tard,
« et c'est là que je l'attends. » Le plan formé par le curé ne me paraissait pas tout-à-fait rassurant; cependant je ne voyais aucun inconvénient à le suivre, et j'ai amené M. d'Apremont à l'adopter.

Voilà où en étaient les choses, lorsque Jérôme est entré avec précipitation. « Ah ! monsieur, mon-
« sieur, je viens de voir dans le village... — Qui ?
« — Ce vilain homme, qui a fait tant de chagrin à
« madame. — Des Audrets ? — Lui-même. — Ne te
« trompes-tu pas ? — Non, certainement, monsieur.
« Il était planté derrière les murs du parc, et il

« avait avec lui deux drôles de fort mauvaise mine.
« Ses yeux étaient fixés sur les croisées d'en haut,
« où j'ai vu tout à coup, voltiger quelque chose
« de noir. Je ne sais ce que cette couleur a de
« fâcheux pour lui; mais il a fait, à l'instant, une
« grimace épouvantable; il a frappé la terre de
« ses pieds; il a menacé le ciel de ses poings, et il
« a dit d'un ton sépulcral : *ils périront puisqu'elle le*
« *veut*. Dès que je l'ai eu reconnu, je me suis ap-
« proché doucement, pour mieux voir et tâcher
« d'entendre. En se retournant, il s'est trouvé nez-
« à-nez avec moi, et me reconnaissant, à son tour,
« il m'a appuyé sur l'oreille une taloche, qui a
« renversé mon chapeau. S'il avait été seul, je crois
« que je la lui aurais rendue; mais ses deux aco-
« lytes... — Finissons, ils se sont éloignés? — Oui,
« monsieur le curé. — A pied? — Oui, monsieur
« le curé. — Si on s'assurait de cet homme, avant
« qu'il pût s'éloigner d'ici, il serait facile, je crois,
« de le convaincre. — Vous avez raison, mon cher
« curé. La conduite, qu'il a tenue aujourd'hui, est
« en rapport tellement direct avec cette lettre,
« qu'il lui serait impossible de la désavouer. Jé-
« rôme, fais seller, à l'instant, tous mes chevaux
« de main; que mes domestiques s'arment de ce
« qu'ils trouveront à leur portée, et partons. » Cette
résolution m'a inspiré un véritable effroi. J'ai fait
ce qui était en mon pouvoir, pour retenir M. d'A-
premont. Il est brave, il est jaloux; il a l'abus
de ses bontés à punir; il s'est échappé de mes

bras, et il m'a laissée éperdue, tremblante, hors de moi, avec notre bon curé.

Je l'ai vu partir au galop avec ses gens; Jérôme leur servait de guide. Jeannette est venue pleurer auprès de moi. Elle baignait son enfant de ses larmes. « Pauvre petit, disait-elle, peut-être dans « une heure tu n'auras plus de père. » J'étais fixée à ma croisée; j'y attendais le retour de M. d'Apremont; je l'attendais dans la plus cruelle anxiété; je souffrais horriblement, et mon cœur n'a pas formé un vœu, je n'ai pas même eu une idée, qui fussent indignes de cet homme respectable.

Le curé, aussi alarmé que moi, employait pour me rassurer toutes les ressources, dont son émotion lui permettait de disposer. Il voulait être éloquent, il n'était que verbeux. J'ai été attentive, cependant, à ce qu'il m'a dit sur l'invraisemblance que trois hommes pensassent à se défendre contre sept à huit. Les minutes s'écoulaient; je n'entendais aucun bruit, et M. d'Apremont avait pris deux paires de pistolets. Ce silence commençait à me tranquilliser, lorsque j'ai réfléchi que la vitesse de la course devait, en un instant, l'avoir mis à une telle distance, que l'effet de l'explosion ne pouvait parvenir jusqu'à moi. Les pleurs de Jeannette; les alarmes que le curé ne cherchait plus à dissimuler; ses regrets sur la démarche violente qu'il avait conseillée, tout concourait à me jeter dans un état déplorable. Sans être convenus de rien, sans même nous être parlé, nous sommes tombés à genoux, tous les trois ensemble, et nous avons prié du fond du cœur. Le bruit des chevaux nous a arrachés à cette consolante occupation. Je me suis élancée avec Jeannette; nous avons couru, volé; nous avons retrouvé, embrassé nos époux.

Ces misérables avaient d'excellens chevaux, qui, sous la garde d'un quatrième coquin, étaient restés bridés à la porte d'un cabaret. Ils avaient sur M. d'Apremont un quart d'heure d'avance, et il n'était plus possible de savoir quelle route ils avaient prise. Les domestiques ont couru sur différens chemins, et n'ont rien appris de ceux qu'ils ont rencontrés. Il est probable qu'ils ont gagné, à travers-champs, la forêt qui est immense, et dans laquelle il serait imprudent de s'engager, sans être pourvu de bonnes armes. « S'ils sont là, « a dit le curé, et qu'on les y surprenne, nous au-« rons acquis une preuve de plus contre cet « homme : on ne quitte pas les routes battues, « pour s'enfoncer dans les bois, quand on est sans « mauvais desseins, ou qu'on n'a rien à se re-« procher. »

Il est sorti aussitôt. Il s'est rendu chez le maire; il l'a engagé à écrire au sous-préfet, pour lui demander l'ordre de rassembler les brigades de gendarmerie du canton. Jérôme est allé, à grande course de cheval, porter cette lettre, et il n'a que deux lieues à faire. En attendant son retour, le maire et le curé ont rassemblé nos villageois sur la place. Ils leur ont parlé, d'une manière générale, de piéges qu'on tend à M. d'Apremont et à moi, de la résolution qu'on paraît avoir prise, de nous attaquer à main armée. Aussitôt un cri unanime s'est élevé : « Allons défendre notre bonne « dame et notre bon seigneur. » Ah! Claire, faisons du bien; tôt ou tard, on en trouve la récompense.

En un instant, les cours du château ont été remplies de défenseurs zélés. Leurs armes laissaient peu de ressources au courage; mais leur nombre était tellement imposant, qu'il était impossible que des Audrets osât rien entreprendre.

Il est des circonstances, où le jugement n'est plus qu'une faculté machinale, qui peut tourner contre celui qui la possède. Le trouble porte à de fausses mesures, ou du moins à des précautions inutiles. C'est ce que nous avons senti, dès le moment où notre sécurité intérieure a été rétablie. Nous avons jugé que des grilles en fer bien fermées; qu'une douzaine d'hommes résolus étaient plus que suffisans, pour empêcher quelques brigands de pénétrer. Nous avons prévu aussi que des Audrets, maître de se retirer, ne tarderait pas à le faire, et voilà ce qu'il fallait prévenir. En conséquence, M. d'Apremont a fait déposer les armes à une cinquantaine de nos habitans, il les a invités à prendre leurs serpes, à feindre de faire du bois mort, et à battre, dans tous les sens, la forêt, dont ils connaissent les moindres détours. S'ils avaient vu quelqu'un de suspect, ils devaient venir en rendre compte. Nos chevaux étaient sellés; nos domestiques brûlaient de tomber sur des Audrets, qui s'était fait haïr de tout le monde, pendant son séjour chez M. d'Apremont. Des gros de villageois, embusqués aux issues, devaient lui couper la retraite; il n'était pas présumable qu'il parvînt à s'échapper.

Ces dispositions avaient pris un certain temps; peut-être les avions-nous faites trop tard. Nous attendions les résultats des soins et des recherches de nos bons paysans, quand nous avons vu paraître un détachement considérable de gendarmerie, que conduisait l'infatigable Jérôme. Tout s'est mis en mouvement, à la suite d'une courte conférence, entre le commandant et M. d'Apremont. Gendarmes, gardes-chasse, habitans, domestiques, ont couru à la forêt. Le grand nombre a gardé les lisières; le reste a été se joindre aux cinquante hommes, qui, depuis trois heures, au moins, parcouraient les bois. La battue a duré jusqu'à la nuit, et le chef des gendarmes nous a assuré que bien certainement, il n'y avait personne dans cette forêt; qu'il était probable que ceux qu'ils y avaient cherchés n'avaient fait que la traverser, si toutefois ils y étaient entrés. M. d'Apremont a récompensé assez noblement tous ceux qu'il venait d'employer, pour être sûr de les avoir à sa disposition, si jamais il en a besoin.

Ils allaient se retirer, lorsque j'ai pensé que

l'absence d'une brigade de gendarmerie ne nuirait pas essentiellement au service public, et que son séjour au château contribuerait beaucoup à y ramener la tranquillité. J'ai exprimé mon désir au commandant, qui s'y est rendu de la meilleure grace du monde. J'ai ordonné que ces messieurs fussent convenablement logés, et eussent leur table particulière. Ils sont contens; je le suis plus que personne. Quand, de mes croisées, je vois l'espèce de corps-de-garde que Jérôme a établi près de la grande grille, la seule qu'on ouvre à présent, je défie la scélératesse de des Audrets. Cependant j'ai renoncé à ma grotte; je n'ose plus même me promener dans le parc; je passe chez moi la plus grande partie de la journée, et lorsque je prends l'air dans le parterre, j'ai grand soin de ne pas perdre mon factionnaire de vue.

M. d'Apremont a envoyé à Paris la relation détaillée de ce que je viens de te raconter. Il établit, avec la plus grande clarté, les présomptions qu'il a contre des Audrets. Si elles ne suffisent pas, pour qu'on s'assure de cet homme, elles l'inquiéteront au moins de manière à le faire renoncer à ses projets.

Hier, pour la première fois, il nous est arrivé d'en rire en commun. En effet, ses menaces sont tellement dépourvues de sens, qu'il est étonnant qu'un homme aussi réfléchi, ait cru que nous pourrions y attacher quelque importance. Je le demande encore : quels moyens y a-t-il de perdre des personnes irréprochables ? Un assassinat ? Ceux qui le servent si bien, ne lui laisseront pas ignorer à quel danger il s'exposerait, s'il osait reparaître ici. Des inculpations sans fondement? Les fripons seuls doivent craindre la justice.

« A propos, a dit le curé, depuis que nous
« avons l'esprit tranquille, j'ai repassé dans ma
« mémoire toutes les circonstances de la trame
« que ce coquin-là a ourdie contre madame d'A-
« premont. Je me souviens qu'avant votre ma-
« riage, il était chargé de toutes les affaires de
« monsieur; que lors de son emprisonnement, on
« a donné l'ordre général à un domestique de
« remettre au sien tous ses effets, sans s'assurer,
« si parmi ses papiers, il n'y en avait pas dont il
« pût abuser. Il a eu long-temps, a répondu
« M. d'Apremont, une procuration, qui l'autori-
« sait à gérer tous mes biens; je me suis empressé
« de la révoquer, quand il a été démasqué. Il lui
« est peut-être resté quelques lettres insignifian-
« tes, dont il ne peut tirer aucun parti. Cessons
« de nous occuper de ce misérable. Le craindre,
« c'est lui faire trop d'honneur, et, en vérité, je
« n'ai pris quelques mesures de prudence que par
« égard pour madame, et dans la seule vue de ra-
« mener la tranquillité dans son cœur. »

CHAPITRE XXIV.

Hélas !

Le brigadier, qui commande nos gendarmes, est un homme bien né, avec qui M. d'Apremont aime à parler guerre. Il a pris l'habitude de venir, tous les soirs, passer une heure avec nous. Il ne se présentait, d'abord, que sous le prétexte de prendre l'ordre pour la nuit. Bientôt il a été facile de voir qu'il se plaisait autant avec nous, qu'il est déplacé au milieu de nos gens. Le zèle qu'il nous marque mérite de la reconnaissance. M. d'Apremont, moins fier que M. de Méran, est d'un caractère plus liant. Il a engagé un jour le brigadier à voir notre partie de tric-trac, et cette invitation lui a suffi pour revenir le lendemain.

En ce moment, immédiatement après le dîner, cet homme vient de se présenter, et cette liberté a paru déplaire à M. d'Apremont. Le brigadier s'est sans doute aperçu qu'on le recevait très-froidement. Son embarras s'est peint sur sa figure; il a balbutié quelques mots presque inintelligibles; il a fini par prier le curé de sortir avec lui.

Nous nous sommes regardés M. d'Apremont et moi. Que peut-il y avoir de commun entre un militaire et un curé? Rien, ce me semble. Cependant la démarche du brigadier, à une heure du jour où on ne le voit jamais, paraît annoncer quelque chose d'extraordinaire. Je n'ai aucun motif de crainte, et je ne suis pas tranquille.

Le curé rentre, et tire M. d'Apremont à part. Pourquoi ces précautions? Que prétend-on me cacher? Ils sont dans l'embrasure d'une croisée; ils parlent très-bas... la figure de M. d'Apremont se décompose... je ne peux plus résister à mon impatience, à mon inquiétude. Je me lève, je m'approche d'eux... Ah! le trouble du brigadier avait une cause bien différente de celle que je lui attribuais.

Claire, ma bonne Claire, je t'écrirai tant que je pourrai le faire; tu recevras désormais une lettre tous les jours. Préviens ton mari que son témoignage, que ses secours nous seront peut-être nécessaires. Écris à Jules que M. d'Apremont est menacé, et que je l'estime assez pour lui donner la tâche honorable de le défendre.

Le brigadier a confié au curé qu'il venait de recevoir l'ordre secret et précis de surveiller M. d'Apremont; de suivre toutes ses démarches; de l'arrêter, s'il paraissait s'apercevoir qu'il est observé, et surtout s'il montait à cheval ou en voiture.

Le brigadier sent qu'il se compromet, en nous donnant connaissance des ordres qu'il a reçus. Mais il est persuadé de l'innocence de M. d'Apremont, et il croit remplir un devoir de reconnaissance, en prévenant le coup qu'on veut nous

porter. Il a donné à entendre au curé que mon mari n'a qu'un parti à prendre : c'est de s'échapper la nuit, et de gagner la Champagne; d'éviter nos avant-postes, et de se jeter dans ceux de l'ennemi. Je conçois que l'innocence se défend partout, et qu'il est prudent d'éviter les désagrémens d'une discussion, dont le résultat peut être incertain. Le curé et moi avons fortement insisté sur la nécessité de se conformer aux circonstances, et d'attendre, dans un lieu sûr, que l'erreur, dans laquelle on a jeté l'autorité, soit entièrement dissipée. M. d'Apremont a résisté à nos prières; il s'est montré inébranlable. « Fuir, a-t-il dit, c'est
« se déclarer coupable; c'est au moins un aveu
« tacite qu'on ne se croit pas exempt de repro-
« ches. L'homme de bien se repose sur sa con-
« science, et il ne connaît pas la crainte. Si je
« suis arrêté, qu'en résultera-t-il ? une prompte
« justification, et la confusion de mes accusa-
« teurs »

Je n'en doute pas, des Audrets a tramé encore quelque infamie. Il croit que, séparée de M. d'Apremont, je serai sans défense, et qu'il pourra renouveler, impunément, ses odieuses tentatives : il ne sait pas que j'ai autant de défenseurs qu'il y a d'habitans dans le village, et qu'avec un mot je disposerais de sa vie... Cependant il est clair que la liberté de mon mari est menacée... Peut-être aussi le fait-on surveiller pour s'assurer de la vérité des faits qu'on lui impute, et laisser tomber ensuite dans l'oubli une affaire qui ne peut avoir de fondement. Si elle en avait, si même l'imputation avait un caractère de vraisemblance, on ne se bornerait pas à des demi-mesures ; on aurait déployé la rigueur dont on accable ceux qui ne paraissent dignes d'aucun ménagement. Toutes mes réflexions tendent à me calmer, et j'éprouve un serrement de cœur, dont je ne peux me défendre.

Je viens de renouveler mes instances auprès de M. d'Apremont, et je l'ai encore trouvé inflexible. Ne pouvant le déterminer à fuir, j'ai voulu au moins gagner quelque chose. Je lui ai représenté qu'il est de notre intérêt à tous deux de mettre un terme à l'anxiété qui nous tourmente ; qu'une ame élevée peut mettre quelque gloire à braver le danger, et à se justifier avec éclat. Je voudrais qu'au moins il arrivât libre à Paris, et je crois fermement qu'une entrevue, avec le ministre de la police, dissiperait les nuages qu'on cherche à accumuler sur sa tête. Ce parti paraît lui convenir. Il réfléchit... Il est décidé à partir à l'entrée de la nuit.

Il faut maintenant garantir, de toute inculpation, l'honnête brigadier qui s'expose pour nous, et tourner toutes les apparences en sa faveur. Ses ordres ne lui prescrivent pas l'oubli des convenances ; rien ne l'oblige à s'établir dans la chambre à coucher de M. d'Apremont. Il l'y verra entrer ce soir ; il prendra, selon l'usage que nous avons établi, les clés de toutes les grilles; il se tiendra à son corps-de-garde, et fera de fréquentes patrouilles autour du château. M. d'Apremont, accompagné de Jérôme, sortira par les caves, qui communiquent dans le parc, avec la glacière. Les murs ne sont pas élevés; il les franchira, et il ira prendre, à l'entrée de la forêt, une voiture que, sous un prétexte quelconque, je vais faire rouler dans la cour de la ferme. Au déclin du jour, le fermier y mettra ses chevaux, et ira attendre M. d'Apremont à l'endroit dont on sera convenu. Ces mesures nous paraissent suffisantes, pour garantir la responsabilité du brigadier. D'ailleurs, s'il éprouvait des désagrémens trop sérieux, nous le dédommagerions amplement de ce qu'il aurait souffert.

J'ai employé quelques heures à faire préparer ce qui est nécessaire à M. d'Apremont pour le voyage : il trouvera le superflu à Paris. Une partie de la soirée s'est écoulée en épanchemens mutuels, bien sincères, et bien fortement sentis de ma part. Pour la première fois, je vais être séparée d'un homme, qui fait son affaire essentielle de me complaire en tout; qui n'a cessé de développer, à mes yeux, des qualités estimables, et de me combler d'égards, de prévenances, de soins, des marques de l'amour le plus vrai, et de la confiance la plus entière.

Je te jure, Claire, qu'en ce moment rien n'a pu me distraire de ce que je dois à mon époux.

La reconnaissance et l'affection ont tellement occupé mon cœur, qu'aucun souvenir n'y pouvait trouver de place. Hé, comment ne serais-je pas, toute entière, à celui qui a acquis tant de droits sur moi, et qui est menacé, peut-être, d'une catastrophe, sur laquelle mon imagination n'ose s'arrêter ?

Nous étions assis l'un à côté de l'autre; je tenais une de ses mains dans les miennes; je le regardais avec attendrissement, avec le plus vif intérêt, lorsque Jeannette est entrée, pâle, défaite, pouvant à peine articuler. « Des gendar- « mes... M. des Audrets... des agens de la police... » Voilà tout ce qu'elle a pu dire. La plume tombe de ma main... J'ai besoin de me remettre. Je continuerai mon récit, quand je pourrai donner de la suite à mes idées..........................
....

D'après les mots entrecoupés, qui venaient d'échapper à Jeannette, notre premier mouvement à tous a été de courir à la croisée. Le château cerné, des escouades placées à toutes les portes, des Audrets donnant des ordres, qu'on exécutait, avec des marques d'une déférence prononcée, tel a été le premier aspect, qui a frappé nos yeux, et qui m'a glacée d'effroi. Je me suis laissée aller dans les bras de M. d'Apremont. J'allais perdre l'usage de mes sens, lorsque des Audrets est entré dans le salon, à la tête de quelques hommes, dont le caractère n'était pas connu encore, et de la brigade même qui devait nous protéger contre lui. Notre bon brigadier avait été obligé de conduire le monstre, qu'il hait presque autant que nous. Je lisais dans ses yeux, sur son front, les sentimens pénibles dont il était agité. L'horreur, dont ce spectacle m'a pénétrée, a rappelé mes esprits, prêts à s'éteindre ; la crainte abat les êtres faibles, l'indignation les relève. Je n'ai rien perdu de ce qui s'est fait, de ce qui s'est dit.

Un de ceux qui suivaient des Audrets, était porteur d'un ordre qu'il a communiqué avec quelque politesse. M. d'Apremont l'a lu d'un air calme, et l'a rendu à l'inspecteur. « Partons, monsieur, « lui a-t-il dit. Je suis prêt. » Des Audrets était triomphant. Il regardait cette scène avec une espèce de rire insultant, qui tenait de la rage. Ses yeux se portaient sur moi par intervalles, et je croyais voir le tigre prêt à s'élancer sur sa proie.

« Monsieur, me suis-je écriée, en parlant à
« l'inspecteur, on n'arrête pas un homme comme
« M. d'Apremont, sans lui faire connaître et ses
« accusateurs et le délit qu'on lui impute. Celui
« qui vous guide, a repris le bon curé, est souillé
« de crimes ; on accumulera sur lui une masse
« de preuves suffisante pour l'écraser. »

L'inspecteur a répondu qu'il ne pouvait entrer dans aucune espèce de considération ; qu'il ne devait pas avoir égard à des allégations qui lui étaient étrangères; qu'il n'était qu'un simple agent, mais qu'il espérait faire valoir la soumission avec laquelle M. d'Apremont se soumettait à l'ordre qui lui était intimé. Hé, comment ne pas se soumettre à une troupe de gens armés, quand on n'a pour soi que son courage, une femme éplorée, un prêtre, et quelques domestiques, dont l'opinion n'était pas encore formée !

Je n'étais plus rien. Mon cœur, tout mon être était concentré dans mon infortuné mari ; j'étais lui, il était moi. Nos corps enlacés, douloureusement pressés, et fixés l'un à l'autre par des bras qui ne pouvaient plus s'ouvrir, nos corps n'en faisaient qu'un. Nos soupirs se répondaient ; nos vœux, nos craintes, nos peines étaient les mêmes, et s'exprimaient en même temps. L'infâme a eu l'audace de mettre la main sur moi ; il voulait m'arracher à mon époux. M. d'Apremont m'a quittée, et furieux il a imprimé, sur le visage de l'infâme, cet affront que l'homme ne peut laver que dans le sang. « Qu'on s'assure de lui, s'est « écrié le monstre. » Aussitôt des subalternes ont tiré ces instrumens réservés au crime, et qui souvent ont fait pâlir l'innocence. Des fers, ma compâtissante amie, des fers pour M. d'Apremont!.. Son front est resté serein, et il a présenté ses mains pures, avec une dignité qui semblait en imposer, même à des gens étrangers à tout sentiment noble. Ce spectacle affreux a brisé mon cœur ; j'ai oublié le mépris, la haine, ce que je me dois à moi-même ; je n'ai vu qu'un époux vertueux traité avec infamie. Je suis tombée aux pieds du monstre, et je lui ai demandé grace. Il m'a repoussée. « Exécutez votre ordre, monsieur, « a-t-il dit à l'inspecteur. Je reste, et je me con- « duirai, à l'égard de madame, selon que les cir- « constances l'exigeront. »

Le barbare a placé quelques gendarmes entre mon époux et moi. M. d'Apremont a étendu, vers sa malheureuse épouse, des mains chargées de fers. Je me suis élancée. Des carabines, présentées en travers, m'ont retenue, et mes gémissemens seuls ont suivi le plus respectable des hommes. Il a disparu de devant mes yeux, noyés de larmes.

Je n'étais plus soutenue par ces passions violentes et variées, qui avaient usé mes forces en les décuplant. Je suis tombée dans un affaissement profond; mais qui me laissait voir et juger ce qui se passait autour de moi.

Jeannette me faisait respirer des sels; le curé me soutenait la tête. Mes femmes, mes domestiques m'entouraient et semblaient se consulter. Jérôme fixait le monstre; ses poings étaient fermés, son air était menaçant. Il n'attendait qu'un mot, qu'un signal, et je n'osais le donner, de peur de compromettre un époux, dont la position était enveloppée encore d'une impénétrable obscurité. Les portes étaient ouvertes; je voyais des gendarmes, aller et venir dans la chambre voisine... Ce n'étaient plus ceux qui m'étaient dévoués, et que j'aurais trouvés prêts à me protéger.

Le maire du village, étonné, effrayé de l'enlèvement d'un homme tel que M. d'Apremont, était accouru auprès de moi, et m'offrait tous ses services. Les habitans, disait-il, étaient à mes ordres ; il me priait de me prononcer. Je ne désirais que la facilité d'exécuter un dessein, que je venais de former au moment même où l'ordre avait été signifié à mon mari. Je voulais le suivre à Paris ; employer les premiers talens pour établir son innocence ; prodiguer les démarches, les sollicitations et l'or. Je voulais m'acquitter envers lui, en le rendant à la liberté, en le faisant régner, sans partage, sur un cœur qui lui appartient à tant de titres ! J'ai prié le maire de faire retirer tout le monde, et de rester avec moi et le curé.

Depuis quelques minutes, des Audrets méditait profondément. Ses projets m'étaient connus ; mais j'étais entourée de manière à n'avoir rien à craindre, et il ne me paraissait pas présumable qu'il pût éloigner de moi des surveillans, qui me sont tendrement attachés, et dont quelques-uns ont un caractère public et respectable. Un scélérat adroit peut être embarrassé un moment ; mais il triomphe des obstacles à force d'audace et d'impudeur.

« Oui, a-t-il dit, que tout le monde s'éloigne ;
« mais tout le monde sans exception. Seul je dois
« veiller sur madame. Et quels sont vos droits,
« monsieur, a repris le maire, pour la priver des
« secours de ses amis et de ses femmes ? — Mon-

« sieur le maire, je vous parle au nom de l'em-
« pereur; je vous déclare que si je rencontre la
« moindre opposition au devoir que j'ai à remplir,
« vous en serez personnellement responsable, et
« votre commune sera soumise à une exécution
« militaire. — Monsieur, en pareille circonstance
« je n'ai d'ordres à prendre que de mon préfet,
« et si vous n'en avez pas de supérieurs à me com-
« muniquer, c'est vous qui sortirez à l'instant. »

Des Audrets a paru étonné un moment. Mais bientôt, revenant à lui, il a déployé une énergie qui a terrifié ceux qui m'entouraient, et qui m'a laissée sans ressources. « Monsieur, a-t-il dit au
« commandant des gendarmes, faites arrêter ce
« maire indigne de ses fonctions, ce maire qui
« s'oppose à l'exercice de l'autorité publique, et
« qui parle hautement de faire insurger contre
« elle les habitans de sa commune. Arrêtez-le,
« vous dis-je, et qu'il soit conduit à Paris. Je vais
« rédiger un procès-verbal de ce que j'ai vu et
« entendu. » Il s'est fait donner ce qui lui était nécessaire; il a écrit; il a lu à haute voix; il a requis les signatures de tous ceux qui étaient présens. Les gendarmes seuls ont signé : ils l'ont fait avec connaissance de cause, puisque les portes étaient restées ouvertes, et qu'ils n'ont rien perdu de ce qui s'est passé dans mon salon.

Le maire a protesté contre la violence qu'on exerçait à son égard; on n'a tenu aucun compte de ses réclamations. On l'a saisi; on l'a entraîné mes domestiques ont été expulsés de mon appartement; je me suis trouvée seule, avec le monstre, et l'aversion que je lui porte m'a rendu du courage et des forces nouvelles.

Il se préparait à parler, lorsque des vociférations, des menaces l'ont attiré à une croisée. Nos habitans étaient exaspérés du traitement indigne qu'avait éprouvé M. d'Apremont; leur fureur n'a plus connu de bornes, quand ils ont vu qu'on enlevait leur maire. Ils ont couru aux armes, et se sont mis en bataille sur la grande route. Des Audrets est sorti précipitamment, et j'ai conçu aussitôt le projet de m'évader. J'ai gagné le parc, par des corridors, des escaliers dérobés, qui ne sont connus que des habitués du château. Un instant après, j'ai vu paraître Jeannette, qui me cherchait partout; je me suis approchée d'elle. Nous raisonnions sur les moyens de franchir les murs, et je dois, à l'excellente jeune femme, la justice de déclarer qu'en ce moment, elle avait tout oublié pour ne s'occuper que de moi; nous cherchions, dis-je, à nous aider mutuellement pour sortir du parc, lorsqu'un feu roulant de mousqueterie nous a terrifiées, au point de nous rendre muettes et immobiles. Le sang a coulé, Claire, parce qu'un magistrat, honnête homme, a voulu me soustraire à l'oppression. Cette idée ajoutait, à ce que je souffrais déjà, une douleur profonde, un serrement de cœur insupportable.

Bientôt un lugubre et funeste silence a succédé

au bruit des armes. Un instant après les cris, les gémissemens des femmes et des enfans ont frappé mon oreille, et ont achevé de m'accabler. Clouée à la place où j'avais été forcée de m'arrêter, j'étais incapable de prendre une résolution. Jeannette et moi nous nous regardions ; la mort était dans nos cœurs, et nous ne trouvions pas une larme.

Un bruit plus alarmant encore, pour moi du moins, que le premier, nous a tirées de l'affaissement sous lequel nous allions, sous lequel je désirais succomber. Une insolente soldatesque, dirigée par le monstre, battait le parc dans tous les sens. Une joie féroce a brillé, dans les yeux de l'infâme, quand il m'a aperçue. Il m'a placée entre deux gendarmes, et ils m'ont contrainte à rentrer au château.

Il a prétendu avoir à m'interroger sur les détails de la conspiration, qui venait, disait-il, d'éclater, et d'être si heureusement comprimée. Il a laissé mes gardiens à l'antichambre, et il m'a traînée dans un arrière-cabinet, où je devais trouver la mort ou l'infamie. Combien j'ai été surprise, combien je me suis sentie soulagée, quand je l'ai vu s'asseoir à quatre pas de moi ! Il m'a adressé à peu près ce que tu vas lire.

« Jamais je n'ai daigné descendre avec vous jus-
« qu'à la feinte, et je vais continuer à m'expliquer
« avec franchise.

« Vous avez triomphé, le jour où vous m'avez
« fait charger de fers, et où j'ai été jeté dans une

« prison. La fortune est inconstante, et c'est moi
« qu'elle favorise aujourd'hui. Je rends à d'Apre-
« mont tout le mal qu'il m'a fait, et je ne m'en
« tiendrai pas à cette faible et stérile vengeance :
« je lui rendrai aussi le mal qu'il a voulu me
« faire.

« Vous avez adressé contre moi une plainte au
« ministre de la police, et je l'ai lue avant lui.
« Elle m'a été communiquée par un commis que
« j'ai gagné, sans savoir encore s'il me serait utile
« ou non. Mais la nature de mes projets devait
« me mettre en relation directe, et de quelque
« manière que ce fût, avec ce ministère. Les dé-
« marches multipliées, que j'ai faites depuis quel-
« que temps, m'ont coûté cher; mais j'emploie,
« à vous réduire, les biens de l'épouse qu'il vous
« a plu me donner.

« Vous sentez que je me suis hâté de prévenir
« d'Apremont : j'ai toujours été persuadé que la
« première impression est la plus durable. J'ai
« demandé une audience particulière au ministre,
« et je lui ai remis une lettre du marquis de Ter-
« refort, que votre mari a reçue il y a six mois, à
« laquelle il n'a donné qu'une très-légère attention,
« et qu'il a totalement oubliée. Il n'y a dans cette
« lettre qu'une phrase qui annonce des vœux di-
« rects contre le gouvernement actuel; mais un
« mot suffit pour alarmer ceux qui ne règnent que
« par la force. Le ministre a rougi, il a pâli, et
« m'a fait plusieurs questions. Je me suis paré de

« cet air, de ce ton de probité, de dévouement,
« de bonne-foi, qui a trompé d'Apremont pendant
« quinze ans, et dont le ministre a été complète-
« ment dupe. Il m'a présenté alors la plainte que
« j'avais ordonné qu'on mît au porte-feuille, et il
« a été au-devant de mes moyens de défense, en
« remarquant que d'Apremont devait craindre un
« sujet aussi fidèle, aussi dévoué que moi, et qu'il
« était naturel qu'il cherchât à me perdre, pour
« empêcher mes révélations, ou du moins pour
« en affaiblir le poids. On joue, on trompe tous
« les hommes, quand on est assez fort pour être
« toujours maître de soi.

« Le ministre m'a ensuite parlé de vous. Je
« vous ai peinte telle que vous êtes, jeune, fraî-
« che, très-jolie, bégueule, et simple au point
« qu'il est impossible que votre mari vous confie
« rien de sérieux. J'étais intéressé à vous conser-
« ver la liberté : ce n'est pas dans une prison,
« c'est dans un appartement commode et somp-
« tueux que je veux voir ma maîtresse.

« Il n'est pas de ministre qui ne s'empresse de
« se faire honneur de ce qu'il ne doit qu'au ha-
« sard, ou à des vues particulières. Celui-ci a
« couru à l'Élysée-Bourbon, et comme il n'a pas
« l'art de deviner, il a fallu qu'il déclarât que
« c'est à mes recherches, à mon adresse, à ma
« persévérance que le monarque doit la décou-
« verte de cette conspiration. Il a probablement
« ajouté qu'il a le mérite de déterrer les talens

« dans l'obscurité, et de les rendre utiles à son
« maître.

« Plus le ministre attachait d'importance à sa
« prétendue découverte, plus il croyait se faire
« valoir, et plus il me rendait intéressant. Je
« ne veux pas d'autre preuve de ma pénétration
« sur des choses, qui n'ont pu m'être rendues,
« que la conduite du monarque à mon égard. Il
« a eu la bonhomie de me donner mille Napo-
« léons, et quand il a su que je suis gentilhomme,
« que j'ai de l'esprit et des connaissances, il m'a
« nommé à une place éminente, qui me servira à
« perdre tous mes ennemis, les uns après les
« autres.

« Je sais que le souverain aime les plats valets ;
« j'ai paru reconnaître sa munificence, en me
« chargeant moi-même de diriger ceux qu'on avait
« chargés d'arrêter d'Apremont. Je voulais vous
« voir, vous parler, jouir de la douleur de votre
« mari, et c'est à l'importance de ma place que
« je dois l'obéissance aveugle de tous ceux que
« vous avez vus ici.

« Voilà pour le passé. Occupons-nous mainte-
« nant de l'avenir. Je n'avais contre d'Apremont
« que des armes incertaines ; vous venez de m'en
« fournir, dont l'effet ne peut être douteux. Les
« propos indiscrets du maire, l'espèce d'insurrec-
« tion qui vient d'éclater, donneront à l'accusa-
« tion que j'ai portée contre votre mari un carac-
« tère d'évidence, qui entraînera nécessairement

« les juges. Il paiera de son sang le bonheur de
« vous avoir possédée, et les obstacles qu'il a op-
« posés au succès de mes vœux.

« Vous ne supposez pas sans doute, qu'en vous
« rendant la liberté de disposer de vous, j'aie
« pour but de vous réunir à votre amant. S'il doit
« être votre époux, il ne le deviendra que lorsque
« j'aurai éteint, dans la jouissance, l'amour qui me
« dévore. Ce n'est pas de votre mari que je vous
« parlerai désormais : vous ne tenez pas à lui par
« des liens assez forts, pour sacrifier, à sa conser-
« vation, ce qu'il vous plaît d'appeler votre hon-
« neur. C'est l'amour que vous avez pour Jules,
« c'est votre attachement à votre père, qui vous
« rendront docile à ma volonté.

« Je n'ai aucune pièce à produire contre eux;
« mais j'en ferai. Voilà une lettre de Londres :
« voyez-vous ce timbre? Rien n'est si facile que
« de le contrefaire. Je leur fabriquerai une cor-
« respondance avec des émigrés; je la ferai cacher
« par une main sûre, dans leurs papiers, dans les
« murs du château de Velzac; je la ferai enterrer
« dans les jardins. On la trouvera quand je le
« voudrai, et on n'ira pas à Londres vérifier les
« signatures. Le gouvernement est soupçonneux,
« et la défiance se hâte toujours de frapper. La
« réflexion vient trop tard.

« Je me résume en deux mots : Voulez-vous
« être à moi, ou voulez-vous que votre amant et
« votre père meurent? »

Ah! Claire, jamais créature s'est-elle trouvée dans une position aussi horrible?... Je croyais n'avoir à craindre que pour M. d'Apremont, et tous les coups me menacent à la fois. Jules!... mon père!... traités en criminels, et traînés au supplice, par le plus infâme calomniateur! Jules!... Jules!... Je suis tombée aux pieds du misérable; je lui ai demandé grace pour moi; pour ce qui m'est plus cher que la vie; pour celui, pour ceux dont le souvenir seul m'a fait supporter l'existence. J'ai mouillé ses genoux, ses mains criminelles de larmes amères. « Ce ne sont pas « des pleurs que je vous demande, et ceux que « vous versez vous servent mal : ils vous rendent « plus touchante; ils ajoutent à mon ardeur. »

Il m'a relevée; sa bouche a souillé mes lèvres; sa main... J'ai essayé de me défendre; j'allais crier... « Si vous dites un mot, Jules est mort. Voyez-le, « tombant sous le plomb meurtrier; entendez le « dernier soupir s'échapper de sa poitrine; voyez « cette figure charmante sillonnée par les coups, « et couverte des ombres de la mort; contemplez « votre ouvrage, et applaudissez-vous de votre « résistance à mes volontés. »

Cet affreux tableau m'a tuée. J'ai couvert mon visage de mes mains; j'ai fermé mes yeux... Oh! si j'avais pu ne les rouvrir jamais!... « Voulez-vous « que Jules meure? a-t-il répété d'une voix effrayante... » Que pouvais-je répondre!... Ses efforts, ses succès se suivaient avec une effrayante

rapidité... « Vous voulez donc qu'il périsse, répé-
« tait-il, à chaque obstacle qu'il rencontrait... »

. . . .
. . . .
. . . .
. . . .
. . . .
. . . .

C'en est fait, le crime a triomphé; la vertu a péri;
je suis avilie, déshonorée, et je ne peux mourir!
Le monstre m'ordonne de vivre et de vivre pour
lui. « Je vous pardonne, pour cette fois, m'a-t-il
« dit, l'aversion que vous m'avez marquée, même
« au milieu de mes transports. Mais que je n'en
« retrouve plus de traces, quand je m'approcherai
« de vous. Que la haine, que vous me portez, se
« cache sous un air riant; que vos caresses ré-
« pondent aux miennes; qu'elles les préviennent
« même. Jouez l'amour, et jouez-le bien. Cet art
« est celui de beaucoup de femmes; vous y excel-
« lerez, comme une autre, quand vous voudrez
« en prendre la peine, et vous le ferez, si vous
« voulez conserver votre amant.

« Tels sont les ordres que je vous ai donnés un
« jour, à une époque où je me croyais sûr de
« vous. Vous m'avez échappé alors; maintenant
« vous êtes à moi. N'attendez pas de ma part au-
« cun de ces soins, de ces égards, de ces peti-
« tesses qui dégradent les hommes du siècle; je
« suis votre maître par la force des circonstances,

« et c'est elle qui vous soumettra à mes moindres
« fantaisies.

« Ne pensez pas à vous affranchir, en vous
« donnant la mort; elle entraînerait celle de Ju-
« les. Je ne m'éloignerai de vous, que lorsque
« je serai las de vos faveurs. Résignez-vous et
« obéissez.

« Je ne me soucie pas de me reléguer dans
« une campagne. Vous partirez à l'instant pour
« Paris, sous le prétexte de solliciter les juges de
« votre époux. Vous ferez, si vous le voulez, les
« démarches prescrites par l'usage; mais vous se-
« rez chez vous aux heures que je vous indique-
« rai; vous donnerez ordre que les portes me
« soient ouvertes, et qu'elles le soient pour moi
« seul. Je vous défends de recevoir des gens, qui,
« étonnés de me trouver avec vous, pourraient
« passer des conjectures aux recherches, et fini-
« raient peut-être par éclairer l'autorité. Vous
« m'avez entendu; vous savez quelle vie dépend
« de votre docilité; je n'ai plus rien à vous dire. »
Il a ouvert les portes.

« Madame est innocente, a-t-il dit, à haute
« voix, et elle doit être respectée. Partons, mes-
« sieurs, notre mission est remplie. »

Dès que je me suis trouvée seule, j'ai porté les
yeux sur moi, et je n'ai trouvé qu'une malheureuse victime de la plus atroce scélératesse. Un
trait acéré était enfoncé dans mon cœur, dans ce
cœur, sanctuaire de l'amour, et j'ose le dire, de

toutes les vertus. La vie m'était odieuse, insupportable. Dix fois, je me suis levée pour en terminer le cours; dix fois l'image de Jules a arrêté mon bras. Infortunée! je ne peux me résoudre à lui donner la mort, et pour qu'il vive, il faut que je me voue aux plaisirs de l'infâme. Oh! Claire, Claire, je ne crois pas que la tyrannie la plus féroce, la plus recherchée ait jamais inventé un supplice égal au mien.

Je me suis crue au comble du malheur, quand j'ai livré à M. d'Apremont des trésors, qui devaient n'appartenir qu'à l'amour. Insensée! c'était du moins à la vertu que je me sacrifiais, et, maintenant, je suis le jouet de ce que le vice a de plus bas et de plus dégoûtant.

Le monstre et ses satellites sont partis. Jeannette attendait ce moment, pour venir pleurer près de moi. Mes yeux sont secs, enflammés; ils me refusent des larmes; ma bouche est brûlante; mon sein est meurtri; je suis dans un état déplorable, et je ne meurs pas! et je n'ose désirer la mort! la bonne jeune femme a prévu tout ce qui est arrivé. Elle et son mari se sont présentés à chaque instant, et on les a constamment repoussés : ce jour était marqué pour ma ruine absolue. Plus d'avenir pour moi, puisque je suis morte à l'espérance. Indigne de l'époux le plus respectable, de l'amant le plus délicat, que serai-je désormais qu'un être dégradé, et qui chaque jour ajoutera à son avilissement?

Oh! Jules, Jules, apprécie mes tourmens. C'est à toi que je les offre; c'est pour toi seul que je peux les supporter. Quel amour m'a donc inspiré ce malheureux jeune homme, pour que je préfère sa vie à la mienne, à mon honneur, à celui de mon mari! il faut que je parte, j'en ai reçu l'ordre, et comment me présenter devant M. d'Apremont, que je pouvais sauver, en faisant pour lui ce que j'ai accordé à la conservation de Jules! épouse ingrate, tu serais déshonorée sans doute; mais il vivrait. Tu n'as pu que retarder ton ignominie, et tu perds ton bienfaiteur! quelle foule d'idées, de réflexions me tourmentent sans relâche! Jeannette pleure; elle me répond par des mots. Pas une pensée consolante à opposer à mon désespoir. Hé! que pourrait-on me dire? Mon opprobre est consommé; toutes les puissances ne peuvent faire qu'il ne le soit pas, et, pour comble de maux, il faut que je parte, que je parte pour aller recevoir encore le monstre dans mes bras, pour descendre au-dessous de la condition de la brute. Non, la brute ne connaît pas la jouissance du cœur; mais au moins la force n'obtient rien d'elle, contre sa volonté. Et moi... Et moi!...

Tout-à-coup Jeannette est sortie de l'accablement profond dans lequel elle était tombée. Sa figure s'est animée; elle m'a conjuré d'espérer la fin prochaine de mes maux. Son mari m'est dévoué, dit-elle; il l'aime, il est révolté, furieux de ce qui s'est passé; il ne respire que vengeance, il fera tout ce qu'on exigera de lui. Qu'on le cache bien armé, dans un cabinet de mon appartement, et que le monstre trouve lui-même la mort qu'il prépare à l'innocence ; qu'il la reçoive au moment même de commettre un crime nouveau.

Cette idée m'a rendu un moment l'usage de mes facultés. J'ai senti qu'on peut trouver un plaisir extrême à se venger. Déja j'entrevoyais la fin de mon supplice, j'assurais la vie de Jules, celle de M. de Méran, je pouvais me flatter de conserver celle de mon époux. Bientôt j'ai entrevu les dangers inséparables de l'exécution d'un tel projet. Un homme assassiné chez moi, sans que je puisse donner la moindre preuve de ses forfaits ; l'auteur du meurtre, poursuivi, condamné ; moi-même considérée comme sa complice, et partageant son triste sort... Sans doute je peux disposer de ma vie, la sacrifier à ce que j'adore, entreprendre seule cette grande action... Mais si ma main tremblante, affaiblie, égarée, ne répond pas à ma volonté, j'aurai frappé à la fois et mon amant et mon père ; j'entraîne, dans leur chute, Jérôme qui m'aura indirectement secondée ; j'ôte un mari à sa femme, un père à son enfant... Non, non, je n'y peux consentir.

« Partons, ai-je dit à la jeune femme. Mon sort
« est affreux ; il m'épouvante, il me désespère ;
« mais n'attendons de secours que du ciel ; les
« hommes ne peuvent plus rien pour moi. »

Je crains que le monstre soit assez puissant

pour violer impunément le secret des lettres. Je t'envoie ce paquet par un exprès, par un ami de Jérôme, qui courra jour et nuit. On n'a point d'intérêt à lire ta correspondance, et l'éloignement où tu es de Paris, me rassure totalement. Claire, ma bonne, ma seule amie, écris à ce malheureux, dont je ne prononce plus le nom sans rougir. Dis-lui qu'il ne perde pas un moment; qu'il passe en Espagne, avec mon père; qu'ils se jettent tous deux au milieu des troupes espagnoles. Que mon père déploie ses brevets; qu'il se décore de son cordon rouge. Les appuis des Bourbons accueilleront l'homme, qui les a si bien servis. Je te le répète : qu'ils ne perdent pas un moment. Un scélérat viole aisément sa promesse, et celui-ci, fatigué un jour de ce qu'il appelle mes faveurs, peut se faire un plaisir cruel de frapper l'infortuné, qui a conservé mon cœur, même au milieu des tourmens que le vice me fait éprouver.

CHAPITRE XXV.

Quel titre lui donner ?

Me voilà en route pour Paris. Je pense, avec horreur, que je ne fais point un pas qui ne me conduise à des affronts, à de nouvelles infamies. Oh, qu'il me tarde de recevoir ta réponse! Qu'elle m'apprenne que mon père et mon amant sont en sûreté, et j'aurai peut-être le courage de tenter ce que Jeannette voulait faire exécuter à son mari. C'est me vouer à l'échafaud, je le sais; mais je serai vengée, et la mort n'est-elle pas mille fois préférable à un supplice de tous les jours?

Il est des momens, où je suis tellement pénétrée de mon épouvantable situation, que je me décide à ne pas descendre à l'hôtel; à me cacher dans un coin ignoré; à voir en secret les juges de M. d'Apremont; à leur dévoiler, dans toute son étendue, la trame odieuse, dont je suis la victime, à pénétrer jusqu'au trône, et à demander partout appui et justice. Mais quelle confiance accorder à celle qui se porterait accusatrice contre le dénonciateur de son époux, et comment déterminer l'infortunée qui a été forcée à épouser ce monstre, à le déshonorer publiquement, en produisant les preuves de crimes antérieurs à celui qu'il a commis sur moi? N'a-t-elle pas le nom et l'état de son fils à conserver? Quelle justice attendre d'ailleurs d'un gouvernement ombrageux, qui encourage et récompense la délation? Non, je le répète, je ne peux rien attendre des hommes. Il faut souffrir aujourd'hui, souffrir demain, souffrir toujours. Et ne pas oser finir!

Déja je distingue le dôme des Invalides. Dans une heure je serai chez moi; dans une heure, peut-être, je recevrai des ordres, auxquels il faudra me soumettre sans résistance. Il faudra rappeler le sourire sur mes lèvres; il faudra le feindre au moins. Est-il vrai qu'il y ait des femmes qui, pour un peu d'or, se donnent à des hommes qu'elles détestent? Par quels efforts sont-elles donc parvenues à ce degré de dépravation?

Je l'avais prévu, il sort d'ici. Hélas! il est aussi impossible de se venger du monstre que de lui résister. Rien n'échappe à sa pénétration, et il n'est pas de précautions qu'il ne prenne. Il a réfléchi, dit-il, aux conséquences qu'entraîneraient ses fréquentes visites chez moi, et il exige que j'aille le trouver chez lui. Les attributions de sa place ouvrent sa porte à une foule de gens, au milieu desquels je ne serai pas distinguée, et quand on me remarquerait, on trouverait naturel que l'affaire de mon mari me pousse indistinctement chez ceux qui peuvent lui nuire, comme auprès de ceux que je crois lui pouvoir être utiles. Je te fais grace de ses expressions. Il joint constamment celles de la débauche à l'ironie et à l'insulte.

Il m'a prescrit, en sortant, d'être chez lui dans une heure. Mes premières démarches, en arrivant à Paris, ne seront donc pas pour mon époux! Elles ajouteront à ma honte et à la sienne. Les réflexions, les raisonnemens sont désormais inutiles. Il faut que je me courbe sous la main de fer qui m'écrase.

Quel jour! quelle nuit! je suis entrée chez l'infâme, accablée, à demi-morte. J'ai cru que j'exhalerais enfin le peu de vie qui me reste. Mais rappelée sans cesse à l'idée de Jules accusé, condamné, exécuté, je le suis aussi à l'existence, au désir de ma conservation. J'ai traversé une file de gens de tout sexe, de tous les âges, de toutes les conditions. On m'a annoncée. Ceux qui attendaient ont paru envier la préférence qu'on m'accordait. Hélas! ils ne se doutaient pas qu'on hâtait mon supplice. J'ai été introduite dans son cabinet. Il était entouré de sept à huit hommes, très-décemment mis, mais d'assez mauvaise mine. Il s'est hâté de les congédier; mais j'ai eu le temps de reconnaître que cet emploi éminent, dont les attributions sont si étendues, n'est autre chose qu'une place supérieure à la haute police. Ainsi, sa naissance, son esprit, son usage du monde sont pour lui des armes perfides, à la faveur desquelles il s'insinue au sein des familles, il en épie les démarches, il en surprend les opinions, il en interprète le silence. Malheur à qui lui déplaira; mort assurée à qui voudra l'arrêter dans ses projets quels qu'ils soient.

« Vous pourriez être tentée, m'a-t-il dit, quand
« nous avons été seuls, de singer la belle Judith,
« ou cette bégueule de Lucrèce, et je ne veux
« pas plus l'un que l'autre. Je vais m'assurer que
« vous n'avez point d'armes cachées. Quittez vos
« vêtemens. » Je balançais à me soumettre à cette nouvelle infamie; il s'est précipité sur moi. Il allait tout mettre en lambeaux; il a fallu lui obéir encore. J'ai été en butte, pendant deux heures, à ce que la débauche a de plus dégoûtant. O mon

Dieu, mon Dieu, votre bras vengeur ne s'armera-t-il jamais pour moi! Le plus cruel de mes maux était d'être obligée de lui paraître aimable, sensible; de lui rendre ou de provoquer ses affreuses caresses; de jouer l'amour enfin, quand je ne trouvais dans mon cœur qu'un insurmontable dégoût, et les glaces de la mort. Et je ne peux espérer d'autre prix du plus horrible sacrifice, que l'espoir de conserver la vie de l'homme adoré. Jamais, non jamais, je n'oserai fixer mes yeux sur les siens. Jamais je ne retrouverai ces baisers délicieux, qui faisaient le charme du présent, et dont je vivais pour l'avenir. Jamais ses lèvres n'approcheront mes lèvres polluées. Je ne le permettrais pas.

« Vous avez passablement joué votre rôle au-
« jourd'hui, m'a dit enfin le monstre. Je suis as-
« sez content de vous, et je veux vous marquer
« ma satisfaction. D'Apremont est au secret; voici
« un ordre, qui vous ouvrira les portes de sa pri-
« son. Allez contempler cette tête, qui bientôt
« n'existera plus, et souvenez-vous, en la voyant,
« que jamais je ne menace en vain. Je n'ai plus
« besoin de vous. Sortez. Je vous ferai connaître
« demain ma volonté. » Quand, et comment finira donc cette atroce tragédie!

Je suis rentrée à l'hôtel, fatiguée, excédée, torturée de toutes les manières. Je sentais la nécessité d'agir, sans délai, en faveur de mon mari...

Mon mari!... Mais je ne pouvais me soutenir. Je me suis laissée mettre au lit.

Je n'ai pu reposer. Si je cédais un moment au sommeil, des songes épouvantables me réveillaient en sursaut. Jeannette m'ouvrait ses bras; elle me pressait sur son sein, elle me rendait quelque calme.

J'ai craint qu'une maladie violente soit la suite de ces scènes de désolation. J'ai voulu rendre utiles à M. d'Apremont les derniers momens dont je pouvais disposer encore. Je me suis fait habiller; j'ai demandé ma voiture. Je suis partie, accompagnée de ma fidèle Jeannette; je suis descendue chez M. d'Estouville. Je le connais peu, et je n'ai jamais eu à me louer de lui. Mais je connais moins encore madame de Valny, et j'ai besoin d'un guide, qui dirige mes premiers pas, dans une ville où je suis étrangère, dans une affaire de la plus haute importance, où je ne trouve encore qu'obscurité, et que sujets d'alarmes.

Je m'attendais à être accueillie au moins avec bienveillance. Peut-on ne pas courir au-devant des malheureux avec qui on est en relation, et auxquels on peut être utile? M. d'Estouville ne m'a marqué que cette politesse froide, qui éloigne, parce qu'elle prouve une indifférence totale. Je me suis bornée à demander s'il avait transpiré quelque chose des circonstances de cette affaire.

M. d'Estouville a ouvert et refermé les portes.

Après s'être assuré que personne ne pouvait nous entendre, il s'est étendu sur l'imprudence de M. d'Apremont ; sur le choix irréfléchi des moyens qu'il a employés pour servir la cause des Bourbons. « Sans doute, a-t-il dit, il ne désire pas
« plus que moi le rétablissement de cette auguste
« famille ; mais l'exemple du général Mallet de-
« vait lui avoir appris le danger, et l'impuissance
« des commotions partielles. Cependant il ne s'est
« pas borné à établir une correspondance avec
« l'Angleterre ; il a travaillé l'esprit de ses paysans ;
« il a gagné le maire ; il a mis un village en in-
« surrection. Il s'était flatté, sans doute, que cet
« exemple serait suivi, et une fatale expérience
« vient de le convaincre que le temps seul mûrit
« tout, et que brusquer les choses, c'est renver-
« ser les espérances les mieux fondées ; redoubler
« l'activité du gouvernement, et multiplier ses
« précautions. Les journaux ont dû vous ap-
« prendre ce que je viens de vous dire. Je ne sais
« que ce que j'ai lu, et je me garderai bien de
« chercher, sur cette affaire, des renseignemens
« plus positifs : je me rendrais suspect, sans pou-
« voir être utile à M. d'Apremont. Les alliés font
« des progrès rapides. Du milieu de la Champa-
« gne, ils semblent menacer Paris. Ce n'est que
« d'eux que vous pouvez espérer quelque chose.
« Donnez à votre mari un défenseur habile, et
« surtout adroit. Qu'il ne s'occupe qu'à prolonger
« ce procès. Nous touchons peut-être au moment

« où l'autorité sera forcée d'oublier les affaires
« particulières. »

Je me suis empressée de rétablir les faits dans toute leur intégrité. Je suis entrée dans les moindres détails. J'ai déclaré tout, à l'exception du dénouement affreux, où le monstre m'a conduite. « Ces moyens de défense, a repris sérieu-
« sement M. d'Estouville, peuvent persuader les
« juges, et c'est pour eux qu'il faut les réserver.
« Pénétrez-en bien votre avocat, et voyez souvent
« le rapporteur de cette affaire. »

Il m'a ensuite priée de lui faire grace, à l'avenir, de visites, qui seraient sans fruit pour moi, et non sans danger pour lui. Je suis sortie indignée. Cet homme oublie que son neveu a été élevé, protégé, comblé de bienfaits par mon père. Voilà les hommes! L'intérêt personnel étouffe tout, jusqu'à la reconnaissance. Ils évitent soigneusement ce qui peut porter atteinte à ce mobile unique de leurs actions. Les premiers effets de la civilisation sont le rapprochement des hommes. Mais la civilisation amène le luxe, le luxe la dépravation, et la dépravation isole, et dessèche le cœur.

J'ignorais à quel point M. d'Apremont était instruit des moyens dirigés contre lui. J'ai cru ne pouvoir me dispenser d'acquérir des connaissances plus positives, et de lui aider à porter le flambeau dans ce dédale d'iniquités. J'ai fait venir les journaux, et cette lecture m'a fait frissonner. On parle de M. d'Apremont comme d'un homme capable de tout; on calomnie son moral; on insulte à son physique. On ne conçoit pas qu'il s'avise de conspirer, à un âge, où on n'ambitionne ordinairement que des jours et une fin paisibles. On termine cette longue et insolente déclamation, par laquelle on croit le rendre odieux et ridicule, en traduisant au tribunal de l'opinion le chef essentiel d'accusation : on a trouvé dans une lettre, datée de Londres, cette phrase, preuve irrécusable d'animosité contre le gouvernement actuel, et de complicité avec les ennemis extérieurs. *La tyrannie, qui pèse sur la France, ne peut durer long-temps, ses excès même hâteront sa chute. Attendons avec patience le rétablissement de l'autorité légitime.*

Attendons *avec patience!* Celui qui s'exprime ainsi, ne conspire pas; celui à qui il écrit ne peut être un conspirateur. L'espoir renaît dans mon ame. Mon époux sera rendu à la vie et à la liberté. Je cours, je vole lui porter des consolations.

Je me suis arrêtée à la porte de ce lieu, redoutable même pour l'innocent. J'ai fait un retour sur moi-même. Je ne suis pas coupable sans doute; mais je n'en suis pas moins une femme dégradée, indigne d'un honnête homme, et si M. d'Apremont pouvait lire sur mon front le crime que j'ai été obligée de partager, sa douleur préviendrait le coup que la mort se dispose à lui porter. Ma main est sur le marteau; elle ne peut le soulever. Un tremblement général s'est emparé de moi... Je ne suis pas coupable! ai-je dit. Ah! je le répète, si c'était pour lui que je me fusse prostituée, une voix intérieure ne s'élèverait pas contre moi. Elle me crie que je n'ai rien fait que pour mon amant, et que dans cette affaire l'innocence de Jules n'empêche pas que je sois une femme adultère. L'enfer est dans mon cœur; je ne peux supporter tant de maux; ils m'écraseront. Dieu le veuille!

Je cherche à m'étourdir sur les idées funestes qui m'obsèdent; je frappe, j'entre, je communique l'ordre de mon admission; on me conduit, la clé tourne, la porte crie... Une sueur froide coule de toutes les parties de mon corps.

Il était assis près d'une mauvaise table, qui soutenait son coude, sur lequel il appuyait sa tête. Un mauvais lit; des rideaux, dont on ne distingue plus la couleur; quelques fauteuils, dont l'étoffe est en lambeaux; un plafond presque noir; une chandelle, allumée à midi, dont la pâle et triste lueur ajoute à l'horreur du lieu; voilà le tombeau où j'ai trouvés ensevelis l'honneur, la probité, la vertu.

Au bruit que j'ai fait en entrant, il a soulevé sa tête. Il portait sur son front le calme qui distingue l'homme exempt de tout reproche. Il se croyait séparé de l'univers entier, et il retrouvait celle qui lui tenait lieu de ce qu'il avait perdu... celle qui, deux jours plus tôt, était digne en effet de lui faire tout oublier. Il s'est levé précipitamment ; il s'est jeté dans mes bras ; il m'a couverte de baisers... Ah! Claire, il me semblait que ces baisers effaçaient l'empreinte du crime ; je me sentais en quelque sorte purifiée.

Je voulais lui rendre compte de ce que j'avais fait, le prier d'ordonner ce qu'il voulait que je fisse ; chercher avec lui des moyens de défense, les discuter, les choisir ; le geôlier était là, toujours là. Nous sentions la nécessité de nous parler confidentiellement, et tu sens que, dans la position où nous étions l'un et l'autre, un témoin nous réduisait au silence. J'ai prié cet homme de se retirer : il m'a répondu que l'ordre portait que je verrais mon mari, mais que nous ne serions pas seuls. « Le monstre, a dit M. d'Apremont, « veut que je vous voie encore, pour que je sente « mieux ce que je vais perdre. Il m'envie un der- « nier moment, qui pourrait me consoler de tout. » Je lisais, dans ses yeux, qu'il ne tenait plus à la vie que par moi, et qu'il brûlait de m'en consacrer le reste. J'ai tiré une bourse pleine d'or ; je l'ai présentée au geôlier. Cet homme a détourné la vue. Je lui ai offert une somme plus forte, je l'ai supplié ; il s'est retiré à l'extrémité de la chambre. J'allais le maudire, quand je l'ai surpris essuyant une larme, qui s'échappait malgré lui. « Ici les murs ont des yeux, m'a-t-il dit à voix « basse. Je me perdrais, madame. — Je vous dé- « dommagerai de ce que vous aurez perdu. — Vous

« ne m'arracherez pas d'un cachot ; vous ne déta-
« cherez pas mes fers. Ce que vous demandez est
« impossible. Je gémis de vous refuser. » Ainsi un
geôlier est plus sensible que l'infâme à qui je me
suis livrée, et qui ne m'a permis d'entrer ici que
par un raffinement de cruauté.

Je me suis approchée du malheureux ; je me
suis assise près de lui ; j'ai pris ses mains dans les
miennes. Pour la première fois je lui ai parlé
amour, et ce sentiment était dans mon cœur.
Oh ! combien mon époux m'était précieux, comparé à l'homme, des bras duquel je sortais ! J'ap-
puyais ma joue à la sienne ; je la mouillais de mes
larmes. « Ah ! s'est-il écrié, il fallait donc que ma
« tête fût proscrite, pour que je jouisse du mo-
« ment le plus doux que j'aie goûté de ma vie ! »
Cette réflexion m'a atterrée. Elle m'a présenté tout
l'odieux de ma conduite, depuis que je suis unie
à cet excellent homme. Les illusions du monde
et du cœur s'évanouissent sous les verroux. On
s'y trouve ce qu'on est réellement. Le front de
mon mari était serein, et j'étais bourrelée de
remords.

Cette scène de tendresse et de douleur s'est
prolongée long-temps. Il a fallu enfin revenir à
soi-même, et s'occuper des moyens de sauver
l'innocence. Le maire, le bon curé de notre village sont enfermés dans cet enfer : le monstre a
enveloppé, dans sa vengeance, jusqu'à ceux qui
nous ont marqué quelque pitié. Ils ont subi un

interrogatoire, et on leur oppose des faits altérés, chargés, envenimés de toute la rage du crime. J'ai pris le nom et l'adresse du juge chargé de l'enquête. Je n'avais à opposer à sa conviction que le malheur et les larmes. Mais je suis jeune; la douleur ne m'a pas flétrie encore; un juge est un homme; il ne repousse pas une femme suppliante; il écoute, et la beauté éloquente entraîne quelquefois. Je me suis arrachée des bras de M. d'Apremont, je suis revenue à lui; le geôlier m'a entraînée. Je me suis jetée dans ma voiture. Je n'ai pu répondre aux questions multipliées de Jeannette; je suis arrivée chez le juge.

Sans doute l'altération, le désordre qui régnaient dans tout mon être, dans le son de ma voix, dans la tournure de mes phrases, ont fait juger aux laquais que ma raison était aliénée. Pendant un quart d'heure d'instances, de supplications, je n'ai essuyé que des refus, plus ou moins durs, plus ou moins humilians. Je suis descendue; j'ai écrit chez le portier; j'ai fait monter Jeannette, et j'ai attendu, pour savoir s'il serait permis à une femme mourante, de prendre la défense de son époux.

On est venu me dire que monsieur dînait, et qu'il me recevrait dans une heure. Quoi! des juges, qui vivent, pour ainsi dire, au milieu des malheureux, ne savent-ils pas ce qu'est une heure? Ignorent-ils que les ressorts d'une frêle machine se brisent enfin à force de tourmens? Que dis-je?

on ne compâtit point à des maux qu'on ignore, et personne au monde ne pouvait se faire une idée de ce qui se passait dans mon intérieur.

Où user cette heure éternelle? à quoi l'employer?... Me voici rentrée chez moi. Je t'écris; tu entendras, toi, le langage de la douleur; ta réponse, que j'attends, sera noyée de tes larmes. Je la déchiffrerai; je te devinerai.

As-tu écrit à cet autre infortuné? Mon père et lui sont-ils en sûreté? Qu'ils s'occupent de leur salut, je les en conjure. Je mourrai de mille morts, s'ils périsssent.

Je suis retournée chez ce juge. J'ai trouvé un homme affable, compâtissant; mais rigoureusement attaché à ses devoirs. Il ne peut, m'a-t-il dit, se former une opinion que d'après les pièces qui lui ont été remises, et elles sont d'un effet effrayant. Il ne m'a point dissimulé que j'ai tout à craindre pour M. d'Apremont; il m'a pressée de voir un avocat; il m'en a indiqué un, qui joint à un talent remarquable un tel amour de la gloire de son état, qu'il se chargerait avec empressement de cette affaire, ne dût-elle lui rien rapporter. Il a fini, comme M. d'Estouville, en me priant de ne pas donner lieu, par des visites multipliées, à des idées de séduction, auxquelles ma brillante fortune pourrait donner un certain poids. Cette espèce d'injonction ne m'a point affectée : cet homme est jaloux de sa réputation de magistrat intègre; il m'a témoigné de la compassion, de l'intérêt ; c'est tout ce que je pouvais attendre de lui.

Je n'ai pas perdu un moment. Je suis entrée chez l'avocat, chargée de ce que les pronostics du juge avaient ajouté à mes alarmes. Je lui ai parlé longuement, et sans doute je me suis répétée souvent : c'est le propre de la douleur de craindre de n'être pas assez entendue, et de ne pouvoir faire passer, dans l'ame de celui qui écoute, l'intérêt pressant qu'on voudrait lui inspirer. L'avocat m'a prêté une attention soutenue, une patience inaltérable, et il n'a cessé de me marquer la bienveillance la plus encourageante. « Je ne vois pas, m'a-t-il dit enfin, cette affaire « sous des rapports défavorables. Il est du devoir « de l'homme, chargé d'un ministère public, de « porter un œil scrutateur et sévère jusque dans « les moindres détails. Il passe légèrement sur les « circonstances atténuantes, que mon devoir, à « moi, est de développer et de faire valoir. Tous « les habitans du village n'ont pas pris part à une « émeute qu'on veut faire passer pour une in- « surrection générale, ménagée, provoquée dès « long-temps. Nous trouverons des témoins qui « attaqueront avec avantage la confiance, pré- « maturément accordée à des procès-verbaux, « rédigés par des gens qui n'ont pu connaître « évidemment que la résistance qu'on leur a op- « posée, et qui ignorent nécessairement tout ce « qui l'a précédée. J'ai au moins la certitude de

« gagner du temps, beaucoup de temps. Nous
« touchons à une crise universelle, prévue depuis
« long-temps, et la malheureuse facilité de faire
« des victimes s'éteindra avec l'autorité arbitraire.
« Espérez, madame. J'ose presque vous répondre
« de sauver M. d'Apremont. »

J'ai causé long-temps avec cet homme respectable, et il est parvenu à faire rentrer l'espérance dans mon cœur. Je l'ai pris dans ma voiture; je l'ai conduit à la triste demeure de M. d'Apremont. On lui en a refusé l'entrée, et on m'a répondu, à moi, que mon ordre d'admission ne pouvait me servir qu'une fois. Il faudra donc que je me prête à de nouvelles infamies, pour qu'il me soit permis de consoler, de serrer dans mes bras mon malheureux époux ! Que dis-je ? Le monstre n'a pas besoin de cette ressource, pour me rendre docile à ses volontés. Il sait trop qu'il est deux êtres, à la conservation desquels je ne peux rien refuser. Cette pensée m'a rejetée dans un accès de désespoir, qui a effrayé mon avocat. Il m'a ramenée à l'hôtel; il n'a pas voulu m'abandonner aux soins de Jeannette; il m'a prodigué tous ceux que la décence lui permettait de me donner. Bon et digne homme, tu étais loin de soupçonner que celle à qui tu marquais du respect est une femme souillée !

Vingt fois j'ai été poussée à lui dévoiler les secrets de la tyrannie affreuse sous laquelle je gémis, à implorer son appui contre l'infâme. Mais que peut-il pour moi? Il n'existe pas de preuves de tant de forfaits, et j'aurais inutilement avoué ma honte, et celle de M. d'Apremont. Que ta réponse tarde à venir! Oh! si je savais Jules et mon père hors d'atteinte, je braverais le scélérat, je le chargerais de malédictions, je lui rendrais les outrages que j'en ai reçus. Les lui rendre! cela ne se peut pas. Malheureuse! je ne peux me venger qu'avec des mots!

J'ai affecté un calme, que je ne connais plus, pour éloigner l'homme dont la présence arrêtait les sanglots qui pesaient sur mon cœur. Il m'a quittée pour aller demander au ministère de la justice, l'ordre d'être admis auprès de M. d'Apremont. On ne peut, dit-il, refuser un défenseur à un accusé; la loi est formelle à cet égard. Je suis restée avec Jeannette, et tu prévois aisément combien ces tête à tête sont lugubres et silencieux. Mais du moins on est libre. On peut répandre et essuyer des larmes.

Ah! voici enfin un instant de relâche. Je reçois cette lettre si désirée. Tu as écrit à Velzac, et de la manière la plus claire et la plus pressante. Tu as craint que ta lettre soit interceptée; tu l'as expédiée par un homme sûr, qui a dû courir le jour et la nuit. Tu viendrais me consoler ou partager mes peines... Ah! combien ta présence me serait chère! si tu n'attendais le moment d'être mère une seconde fois... Je conçois qu'un motif de cette importance peut seul t'arrêter. Ton mari accourrait s'il me connaissait comme toi; s'il ne tenait essentiellement à sa place; et s'il n'avait lieu de craindre que des démarches faites en faveur d'un homme accusé de conspiration la lui fissent perdre. Il a des enfans, et déjà il s'occupe de leur état à venir. Tu veux l'excuser près de moi! Claire, ne demandons rien à qui ne nous doit rien. Il est impossible que M. de Villers s'identifie avec toi au point de partager tes affections pour une infortunée, qui lui est inconnue. Tous ses vœux sont pour moi : que puis-je prétendre de plus?

L'infâme me dépêche un homme qui m'invite à me rendre chez lui. Il a quelque chose à me dire sur l'affaire de M. d'Apremont... Non, certainement, je n'irai pas, je n'irai plus; jamais il ne rentrera à l'hôtel, et j'en remercie le ciel dans toute la ferveur de mon ame. D'après ta lettre, il y a cinq jours que celle que tu as adressée à mon père est partie; elle est arrivée à sa destination. Les deux êtres chéris auront franchi les Pyrénées, avant qu'un ordre de Paris puisse parvenir à Velzac, et la vengeance la plus perfide, la plus astucieuse ne peut rien ajouter aux chefs d'accusation portés contre M. d'Apremont. Ta lettre brise le joug affreux sous lequel je périssais. Heureuse lettre, je te bénis; je te porte sur mes lèvres et sur mon cœur.

J'ai renvoyé l'émissaire du monstre avec une réponse sèche, et tellement positive, que le scé-

lérat en concluera facilement, qu'il n'a rien désormais à attendre de moi. Son ame atroce se révoltera; le blasphème sortira de sa bouche impure; il souffrira à son tour, et il ne pourra plus m'atteindre......................................
....

Vains projets, espérances trompeuses! le crime prospère; il lève sa tête altière; il ajoute, avec audace, à des maux, à un désespoir, qui semblaient ne pouvoir plus croître. Le monstre s'est présenté ici; mon suisse a exécuté mes ordres, il lui a refusé l'entrée de l'hôtel. Il est revenu deux heures après, suivi de satellites, et porteur d'un ordre, qui l'autorise à voir mes papiers. Mes papiers, à moi! si j'en avais, qui pussent me compromettre, ne les aurais-je pas brûlés, depuis deux jours que je suis à Paris? Cet ordre est d'un faussaire, ou d'un sot : n'importe, il faut s'y soumettre, puisque je ne peux rien lui opposer; mais je ne serai pas une minute à la disposition du scélérat.

J'ai fait ouvrir toutes les portes; je me suis entourée de mes gens; j'ai donné toutes mes clés à Jeannette; je lui ai ordonné de suivre l'infâme, et de faire ce qu'il lui prescrirait. Je suis restée au milieu de mon salon; j'ai gardé Jérôme près de moi. Sans doute, sa jeune femme lui a tout confié. Il me regardait de l'air le plus touchant; il ne m'adressait pas un mot, qui ne fût dicté par le plus vif intérêt. Quand il apercevait le monstre, son œil s'animait, la colère rougissait son front, ses muscles se contractaient; il brûlait de me venger. Je me suis efforcée de le contenir, et j'y suis parvenue.

Le scélérat, après avoir visité pour la forme un secrétaire et une commode, est rentré au salon, et m'a dit, avec des marques d'une considération dérisoire, qu'il avait à me parler en particulier. Mon cœur s'est soulevé; cependant j'ai consenti : il pouvait lui échapper quelque chose qui m'éclairât sur des embûches nouvelles, ou sur les moyens de prouver la suite, non interrompue, de piéges dont je suis victime, et dont mon déplorable époux le sera peut-être à son tour. Mais j'ai voulu qu'il me parlât dans mon salon, et que mes domestiques ne me perdissent pas de vue. « C'est ce que j'allais vous proposer, madame, « m'a-t-il répondu. Je me ferai toujours un devoir « de respecter les mœurs. » Quelle détestable hypocrisie! elle me garantissait au moins de nouvelles atteintes, et je lui en ai presque su gré. Il a placé lui-même ses recors et mes domestiques à portée de tout voir, et je l'ai suivi dans l'embrasure d'une croisée. « Vous vous croyez bien « forte maintenant, m'a-t-il dit à demi-voix; vous « ne serez jamais que ce qu'il me plaira. J'ai prévu « vos petites machinations, et j'ai établi des es- « pions partout. L'autorité publique est devenue « l'agent aveugle de mes passions. J'ai lu la der- « nière lettre que vous avez écrite à madame de

« Villers : votre exprès a été arrêté par mes or-
« dres. J'ai lu encore la lettre qu'on portait à votre
« amant et à votre père. J'ai lu, avant vous enfin,
« celle que vous avez reçue aujourd'hui de cette
« petite Claire. Elle me déteste presque autant
« que vous, et que m'importe? Elle ne m'a jamais
« plu; mais elle n'eût pas été plus capable que
« vous de m'arrêter dans mes projets. Ce qui vous
« sauve de moi pour l'avenir, c'est que vous
« êtes une bégueule, toujours larmoyante, même
« quand vous vous efforcez de rire. Déja votre
« chagrin ridicule a flétri ce teint si pur; vos yeux
« se cavent; vous ne m'inspirez plus que du dé-
« goût. D'ailleurs, je suis chargé de remplir une
« mission importante; je pars demain, peut-être
« pour long-temps, et certes je ne me chargerai
« pas d'une femmelette, qui ne vaut plus mes
« soins, et dont on ne peut rien faire que la me-
« nace à la bouche : je veux des plaisirs vrais et
« faciles. Je me venge de vos refus, de vos dé-
« dains, de votre haine, en vous laissant en proie
« à la douleur héroïque que vous aurez la sottise
« de nourrir. Votre mari et les autres apprendront
« qu'on n'outrage pas impunément un homme
« comme moi; qu'il faut s'en défaire, ou le crain-
« dre sans cesse; qu'une femme ne peut être la
« propriété d'un seul; mais qu'elle appartient,
« par le droit du plus fort, à celui à qui elle
« plaît, et que les imbécilles seuls soupirent en
« vain. Ce qu'on nomme amour, délicatesse, mo-

« destie, sont des chimères inventées par des
« êtres exclusifs, et que ne connaît pas la nature.
« Adieu, femme à principes. Vous désirez voir en-
« core d'Apremont ; voilà un ordre qui vous per-
« met un tendre tête à tête. Je crois qu'il se ter-
« minera d'une manière plaisante. — Arrêtez,
« arrêtez, écoutez-moi, par grace. On a surpris,
« dites-vous, la lettre que madame de Villers écri-
« vait à mon père : a-t-on permis, du moins, que
« cette lettre parvînt à son adresse ? — Oh ! très-
« certainement. On y a même joint une copie de
« de celle que vous avez écrite à votre confidente.
« — Dieu !... Grand Dieu !... Jules saurait ?... —
« Oui, ma petite, le bien-aimé sait que j'ai fait
« ce qu'il a eu l'extrême honnêteté de ne pas en-
« treprendre. » J'ai jeté un cri affreux ; Jeannette
et Jérôme sont accourus ; je suis tombée dans
leurs bras..............................

....

J'étais au lit, quand j'ai recouvré l'usage de
mes sens. Une fièvre dévorante s'est emparée
de moi On m'a amené un médecin. C'est l'ame
qu'il faut traiter, lui a dit ma bonne Jeannette :
c'est là qu'est tout le mal. On m'a ordonné des
calmans. Jeannette seule a adouci les crises, dans
lesquelles je ne cessais de tomber. Elle m'a répété
vingt fois que ce qui s'était passé, ne pouvait
altérer l'estime que M. de Courcelles m'a toujours
portée ; qu'il ne verrait dans ma conduite que le
dévouement le plus absolu que l'amour puisse

inspirer; qu'il sentirait que j'ai sacrifié plus que ma vie au désir de conserver la sienne. Elle ajoutait que depuis que la France est envahie, des femmes respectables ont cédé à la violence, sous les yeux mêmes de leurs maris, et n'ont pas perdu leur réputation. Ah! répondais-je, qu'il m'écrive donc; qu'il me dise que je ne suis pas indigne de ceux qui me sont chers, et je serai moins malheureuse.

La fièvre s'est modérée sur le soir. Il était possible que mon avocat n'ait pas obtenu encore la permission de voir M. d'Apremont, et j'avais à rendre compte à cet autre infortuné et de ma conversation avec son défenseur, et des espérances qu'il m'a données. J'étais oppressée par la douleur, et je sentais le devoir et le besoin de partager la sienne. J'étais faible, bien faible, et cependant je me suis fait habiller. Jeannette et Jérôme m'ont portée à ma voiture; je les y ai fait monter avec moi; je suis arrivée à la prison.

M. d'Apremont traite doucement ses domestiques; mais il ne s'est jamais familiarisé avec eux. J'ai cru devoir ménager son amour-propre. J'ai fait rester dans la voiture la jeune femme et son mari, et je me suis traînée à la chambre du malheureux. Oh! Claire, Claire, quelle entrevue! L'enfer n'a point de supplices comparables à ce que j'ai souffert. Ce n'est que trois jours après cette scène épouvantable, que je peux en tracer les détails.

5.

Il marchait à grands pas dans sa chambre; ses mains étaient croisées sous sa veste; sa figure et ses mouvemens peignaient à la fois l'indignation et le désespoir. Il a reculé jusqu'au mur en me voyant, et il m'a regardée avec horreur. « Qu'ai-je
« donc à redouter encore? me suis-je écriée. —
« Éloignez-vous, éloignez-vous, femme perfide et
« coupable. — Expliquez-vous, au nom de Dieu.
« — Des Audrets est venu ici ce matin. — Hé
« bien? — Il a voulu empoisonner mes derniers
« momens; il m'a tout déclaré, et pour que je ne
« conservasse aucun doute, il m'a cité des parti-
« cularités, qui ne peuvent être connues que dans
« une intimité sans bornes. Éloignez-vous, éloi-
« gnez-vous, vous dis-je. — Hé bien, je le con-
« fesse à genoux, j'ai été forcée de ployer sous la
« main du crime; mais il est là-haut un être qui
« connaît la droiture de mes motifs. — N'attestez
« pas le ciel, ennemi du mensonge. Ne sais-je pas
« avec quel dédain, avec quelle fierté vous avez
« entendu au château la lecture de la lettre du
« misérable; avec quel empressement vous avez
« attaché votre voile au balcon, lorsque ma tête
« seule était menacée? Il y aurait eu de l'héroïsme
« peut-être à vous sacrifier pour moi : ma vie ne
« vous a point paru digne de ce dévouement. C'est
« pour conserver votre amant, que vous vous êtes
« prostituée; c'est à un amour illégitime que vous
« avez immolé votre honneur, le mien, qui ne
« vous appartenait pas, et que j'ai eu la déplora-

« ble démence de vous confier. Cette vertu, que
« vous affichiez, n'était qu'un masque dont vous
« vous êtes servie pour me tromper. Si l'intérêt,
« que vous portez à ce jeune homme, a pu vous
« déterminer à céder au lâche que vous détes-
« tez, que n'avez-vous pas dû faire pour l'objet
« d'une flamme aussi coupable que violente, pen-
« dant les courts instans, dont mon aveugle con-
« fiance vous a permis de disposer? Laissez-moi,
« laissez-moi, vous dis-je encore. Il n'est pas de
« consolations qui puissent adoucir le coup que
« j'ai reçu. Les vôtres seraient dérisoires; elles
« me seraient odieuses. Laissez-moi, je veux, je
« dois mourir. Je m'accuserai moi-même au tri-
« bunal devant lequel je comparaîtrai... Des Au-
« drets! l'infâme! il allait périr de ma main;
« j'allais en purger la terre; j'avais saisi ce flam-
« beau;... il s'est élancé sur moi comme une bête
« farouche; il m'a terrassé; il m'a menacé de me
« charger de fers, si je faisais le moindre mouve-
« ment. J'ai été contraint de l'entendre, et c'est
« vous qui avez cumulé, sur ma tête, toutes les
« espèces d'outrages. Sortez, madame, sortez, s'il
« vous reste encore quelque sentiment des con-
« venances. Emportez mes regrets amers de vous
« avoir connue, et mon irrévocable malédiction. »

Je n'avais rien à répondre, Claire. J'étais atterrée, sinon sous le poids des preuves irrécusables,
du moins par des raisonnemens, qui me paraissaient sans réplique. Et je ne pouvais obéir à

l'infortuné, que j'ai en effet couvert d'opprobres : mes jambes ne me soutenaient plus. Je suis tombée sur le carreau. J'ai étendu mes bras vers lui, pour implorer sa miséricorde. Croiras-tu qu'il existât encore dans ce cœur torturé une place pour la pitié? Il s'est montré humain. Sans m'adresser un mot, il m'a relevée; il m'a portée sur son lit, couverte d'une sueur glacée, et pouvant à peine respirer. Elle sue le crime, s'est-il écrié, en s'éloignant avec effroi. J'ai cru, j'ai espéré, que ce moment serait le dernier de ma vie. Il est revenu à moi; il a soulevé ma tête; il a essuyé l'eau qui en ruisselait. « Vivez, m'a-t-il dit, vivez
« pour vous repentir, et regrettez un infortuné,
« qui méritait une autre femme. »

Il était temps que cette scène finît pour lui et pour moi : nous ne pouvions plus la supporter. On a ouvert la porte et j'ai reconnu mon avocat. Il a été effrayé de l'état dans lequel il m'a trouvée. Il m'a fait respirer des sels, qui m'ont rendu un peu de force. Il a couru appeler du secours. Jeannette et Jérôme sont entrés; on m'a portée dans ma voiture. « Il veut mourir, ai-je dit en sortant
« à l'avocat. Ah! qu'il vive, qu'il vive pour lui,
« s'il ne veut plus vivre pour moi. Au nom de
« Dieu, engagez-le à vivre, et sauvez un in-
« nocent. »

Quand j'ai été dans mon lit, et que j'ai pu classer mes idées, je me suis rappelé les détails de cette scène effroyable. Suis-je, en effet, aussi coupable que le croit M. d'Apremont? Un père ne nous touche-t-il pas de plus près qu'un époux? Est-ce un crime de le préférer, surtout quand l'amour n'a pas formé des nœuds, respectables sans doute, mais moins forts que ceux qu'a serrés la nature?... Mais si mon père eût été seul, est-il bien certain que j'eusse fait pour lui?... Ah! Claire, cette réflexion m'a anéantie. « Il a raison, me « suis-je écriée, il a raison. Je n'ai rien fait que « pour l'amour; je ne suis qu'une vile adultère. »

J'ai passé les trois jours dont je t'ai parlé plus haut, dans des angoisses, dans des crises continuelles. Oh! les femmes sont nées pour souffrir, puisque la douleur ne les tue pas. Jeannette me ramenait sans cesse à la vie, en me parlant d'un époux, qui me rejette, mais que je ne peux abandonner dans son affreuse situation; en me parlant de Jules, envers qui l'infâme aura sans doute violé sa parole; en me parlant de mon père, qui partage sa captivité. « Avant de penser à mourir, « madame, il faut savoir si ces infortunés n'ont « pas besoin de secours, s'il est démontré que « vous ne puissiez leur en donner aucun. »

Oui, Claire, je suis revenue à la vie, non pour moi, le ciel m'en est témoin. J'ai fait venir Jérôme, et je lui ai demandé s'il était disposé à s'exposer pour me servir. Il m'a répondu, en embrassant sa femme, et en me demandant mes ordres. «Va, « lui a dit Jeannette, en pleurant; n'oublie pas ta « femme et ton enfant; tâche de te conserver pour

« eux ; sois prudent ; mais ne balance pas à tout
« entreprendre pour notre bonne maîtresse. »

Les communications ne sont pas libres, je le sais. Mais avec un habit de paysan, de l'adresse et de la résolution on passe partout. J'ai donné à Jérôme les instructions les plus détaillées; je les lui ai répétées vingt fois. Il doit tourner les camps, les avant-postes ; entrer dans les villages, dans toutes les villes où il pourra s'introduire. Il s'informera si on n'a pas vu passer, sous escorte, un vieillard vénérable, et un jeune homme remarquable par sa beauté. Si mes soupçons se confirment, s'ils sont dans les fers, il les attendra sur la route; il se liera avec leurs gardes; il saisira l'occasion de leur parler. Il leur adressera, de ma part, des paroles de consolation ; il affaiblira les cruelles impressions qu'a dû produire l'horrible aveu que le monstre leur a fait, et il reviendra m'instruire de ce qu'il est possible de faire pour eux. S'il n'en apprend aucune nouvelle, il ira jusqu'à Velzac. Il les informera de tout ce qui se fait ici, à l'exception des choses qui se sont passées entre M. d'Apremont et moi. Il verra ma pauvre mère, que j'ai trop négligée, et qui doit être aussi l'objet de ma tendre sollicitude. Hélas! elle aura senti, plus vivement que mon père et Jules, les attentats, que l'on se sera permis sur eux. Y aura-t-elle survécu? Ah! Claire, depuis des semaines, des mois, je ne t'ai pas dit un mot de cette excellente mère; à peine y ai-je pensé! je ne me suis tant occupée de mon père, que parce que son idée et celle de Jules sont inséparables. Déplorable effet des passions! Elles nous rendent indifférens à tout ce qui n'est pas elles! M. d'Apremont m'a jugée sévèrement; mais il a prononcé en homme intègre. Je suis coupable, Claire. Je ne m'en consolerai jamais.

Jérôme vient de partir, avec ce qu'il faudrait d'or pour faire le tour de l'Europe. J'attends beaucoup de son zèle et de son intelligence. Ses adieux à sa famille ont été déchirans, et cependant il est parti. L'amitié a donc aussi une force irrésistible, et il est constant que l'espérance aveugle l'homme sur les dangers auxquels il s'expose. Jérôme peut tomber dans un parti ami, ou ennemi. Il peut être dépouillé par les uns, maltraité par les autres... Il est parti.

J'ai envoyé Jeannette dans la rue où demeure l'infâme. Je l'ai chargée de s'informer adroitement dans le voisinage, s'il a réellement quitté Paris, et si on a quelque connaissance de ses projets. J'espère qu'enfin il se lassera de persécutions et de vengeances, et que je pourrai respirer.

Oh! je respire enfin. On l'a vu monter en voiture; deux domestiques couraient devant lui. Il a dit simplement aux postillons: *à la barrière de Pantin*. On ne sait rien de plus; mais cela suffit pour moi: cette route est opposée à celle qui conduit à Velzac.

Je respire, ai-je dit. Non, non, mes alarmes se

renouvellent, et se soutiennent. A-t-il besoin d'être présent à l'exécution des ordres qu'il obtient sur de perfides exposés? Ma mère, mon père, Jules, Jules!.. dans quelle position êtes-vous, où êtes-vous? Jeannette prétend qu'il est impossible qu'on pense à les traduire dans les prisons de Paris, lorsque l'étranger couvre tout le sol de la France. Cette réflexion est tuante. Hé! ne peut-on, par cette raison, les avoir conduits, jugés, exécutés à Tarbes? Je marche de crainte en crainte, et souvent les plus cruelles anxiétés viennent m'assaillir à la fois... Et je vis! O mon Dieu, est-ce un effet de votre bonté, ou de votre justice? Un temps meilleur doit-il succéder à celui-ci?

CHAPITRE XXVI.

Procès instruit et jugé.

Les crises, que produit l'infortune, ressemblent à ces rêves effrayans, qui nous poursuivent encore après le réveil, et dont on cherche à écarter le douloureux souvenir. Les épouvantables succès du monstre, les imprécations de mon époux me semblent quelquefois n'être qu'un songe trompeur. Je saisis avec avidité cette illusion consolante. Mais cette illusion même me reporte sur ce qui s'est passé, et elle produit sur moi l'effet d'un danger éminent et imprévu. Je souffre tous les maux de la réalité; je ne cesse pas de souffrir.

Cependant l'éloignement altère la force des objets; l'imagination fatiguée ne les saisit plus qu'avec peine; la nature affaissée cède au besoin du repos, et, à chaque intervalle, les images les plus cruelles se rencontrent sans doute; mais toujours plus affaiblies. J'ai trouvé enfin quelques momens de sommeil, et je jouissais d'une pénible tranquillité, quand mon avocat est entré. Sa vue a rouvert mes blessures, et m'en a fait une nouvelle : il a été témoin de la manière dont je me suis séparée de M. d'Apremont. Il ignore, je le crois, du moins, jusqu'où sont fondés les reproches, les emportemens dont j'étais accablée. Mais voilà la première fois que j'ai à rougir devant un homme qui m'est étranger, et la rougeur de la honte est l'aveu d'une faute, que la malignité aggrave toujours.

L'avocat a eu la délicatesse de ne pas me dire un mot de ce qu'il a vu. Il s'est renfermé dans les bases de la procédure; il s'est étendu sur les moyens de les détruire. La lettre, qu'on oppose à M. d'Apremont, ne lui paraît pas devoir être l'objet d'une longue discussion. Cette phrase, qui paraît foudroyante, annonce des vœux secrets, et non l'intention d'agir. Elle ne prouve nullement que M. d'Apremont partage le désir d'un nouvel ordre de choses, et fût-elle plus positive, quel homme est garant de ce qu'on lui écrit? Que deviendrait la sûreté publique, si, avec une lettre, on pouvait perdre l'individu le plus étranger aux sentimens qu'elle exprime? Sans doute, il sera facile de prouver que la prétendue insurrection n'est autre chose qu'un acte de violence, où se sont portés quelques villageois, très-attachés à leur maire, et à un riche propriétaire dont chaque jour était marqué par des bienfaits.

L'avocat a demandé à M. d'Apremont les noms des habitans étrangers à cette affaire. L'infortuné n'a eu le temps de rien voir. Je suis restée au château quelques heures après lui, et je pouvais seule donner des renseignemens utiles. L'avocat a établi une liste sous ma dictée, et ces témoins prouveront authentiquement que M. d'Apremont n'a employé, directement, ni indirectement, aucun moyen de séduction. Heureusement, ceux que j'ai nommés sont les habitans les plus riches du lieu; ceux qu'il aurait fallu gagner d'abord, pour entraîner les autres. En effet, qu'attendre de misérables journaliers, qu'on aurait mis en opposition avec une classe directement intéressée à la répression de toute espèce de délit?

Tel est le sens sous lequel mon avocat se propose de présenter cette affaire. Il est constant que si M. d'Apremont eût dit un mot, tout le village se serait armé pour lui. Mais cela n'est pas arrivé, et les jurés ne peuvent prononcer que sur des faits positifs.

Ah, mon Dieu!.. quel oubli!.. Comment l'ai-je pu faire! Il a fallu que des peines bien cuisantes, des intérêts bien majeurs... L'avocat est aussi chargé de défendre le maire et le bon curé. Les malheureux ont été arrachés à leur domicile, sans qu'ils aient eu le temps de se reconnaître; sans qu'ils aient pu se munir de la moindre chose; ils sont au secret, depuis plusieurs jours; ils doivent manquer du nécessaire. Je donne de l'or à mon avocat; je le presse de courir, de ne pas perdre un moment. Ma fortune m'a coûté bien cher; je l'ai dédaignée long-temps; je la bénis dans cette circonstance... Mais, hélas! à qui la dois-je!.. à celui... Ah! Claire, Claire!

L'avocat sortait; je l'ai retenu. Je ne l'avais pas interrogé sur l'état actuel de l'époux infortuné; je ne l'ai pas osé. Sans faire de question positive, j'ai ramené la conversation sur cet article délicat, et j'ai saisi quelques mots jetés avec intention peut-être. Il paraît qu'après que je l'ai eu quitté, M. d'Apremont a recouvré les forces de l'esprit et la dignité de son caractère. Il s'est expliqué en homme qui veut éviter le coup qui le menace. Ah! s'il eût persisté dans la volonté de s'accuser et de finir, j'aurais été son assassin. Puisse-t-il être acquitté, et ne pas mourir de sa douleur! Qu'il me méprise, qu'il me haïsse; mais qu'il vive; que je ne sois pas chargée d'un crime de plus : j'ai déja trop du fardeau du premier!

Les débats commencent demain. J'ai le plus violent désir de me rendre au Palais. Le sentiment de ma faiblesse, de mon épuisement ne peut rien

contre l'intérêt respectable qui me pousse; je me prononce formellement. Je lis dans les yeux de l'avocat et de Jeannette qu'ils redoutent une démarche, qui peut m'être funeste. Je les presse de s'expliquer. L'avocat ne m'oppose que l'état déplorable de ma santé. Jeannette, plus franche, vient me parler à l'oreille. « Vous serez près de
« M. d'Apremont. — Il verra ma douleur, mon
« repentir.—Si votre aspect rallume son désespoir;
« s'il va au-devant du supplice; s'il provoque sa
« condamnation? — Tu as raison... tu as raison.
« Je n'irai pas là... Mais ne plus voir le plus res-
« pectable, le meilleur des époux! vivre éloignée
« de lui, sans savoir s'il me pardonne... » Mon émotion m'a emportée; je n'ai pas mesuré le volume de ma voix; l'avocat m'a entendue. Il a baissé la tête et a gardé le silence. J'ai senti qu'il me jugeait coupable, plus coupable que je le suis, et malgré une répugnance, presque invincible, à parler d'infamies, dont le nom seul est un affront, j'ai commencé le récit de mes infortunes. L'avocat a voulu m'interrompre, et porter mon attention sur un autre objet. « Vous en savez trop, mon-
« sieur, pour qu'il me soit permis de me taire. J'ai
« succombé, je l'avoue; mais l'horreur a précédé,
« accompagné et suivi mon crime. Je ne veux pas
« que vos soupçons placent près de lui l'amour
« et la volupté. Je suis une victime et je puis vous
« en convaincre. » Il m'a paru soulagé d'un pesant

fardeau; il s'est approché de mon lit, avec un air de bienveillance que je ne lui avais pas vu encore; il m'a prêté une oreille attentive.

Je ne pouvais présenter mes idées avec cette suite, cette clarté, cette gradation qui commandent l'intérêt. Plusieurs fois Jeannette a aidé à ma mémoire, ingrate, ou infidèle. Cependant mon récit a excité l'indignation et la terreur. Quand j'ai cessé de parler, l'avocat a paru méditer profondément. « Ce des Audrets, a-t-il dit enfin, est un
« scélérat adroit et prévoyant. On peut le recher-
« cher sur sa vie passée; mais je ne vois pas qu'on
« puisse l'attaquer, avec avantage, sur ce qui vous
« est personnel. Il faut ensevelir, dans l'ombre et
« le secret, cette déplorable aventure; il faut sur-
« tout ramener M. d'Apremont à des sentimens
« modérés. Il a acquis la triste conviction que ja-
« mais il n'a possédé votre cœur, que jamais il ne
« le possédera. Mais l'équité lui ordonne de con-
« venir que nos affections sont indépendantes de
« notre volonté; d'examiner les circonstances; de
« se pénétrer de ce qu'elles ont d'affreux, et d'a-
« vouer que celle, qui cède, quel que soit son
« motif, à une violence physique ou morale,
« n'est pas, rigoureusement parlant, une épouse
« criminelle. Accordez-moi votre confiance, ma-
« dame; permettez-moi de traiter cette affaire dé-
« licate, et peut-être la pitié compatissante suc-
« cédera-t-elle à la haine et au mépris. »

Je me serais élancée de mon lit, si j'en avais

eu la force. J'ai étendu les bras vers l'homme secourable, qui veut répandre sur mes blessures un baume consolateur. Il m'a rendue à l'espérance de pouvoir donner, à mon malheureux époux, des soins qui lui sont si nécessaires; de pouvoir être vue, par lui, comme son amie la plus sincère et la plus dévouée.

Cette nuit s'est écoulée comme celles qui l'ont précédée. Des peines cuisantes, des alarmes, quelques momens rares d'un sommeil troublé par des songes plus ou moins effrayans, voilà de quoi se composent maintenant mes nuits. Les jours tout entiers appartiennent à la douleur.

Non, Claire, je ne suis point allée au Palais; mais j'y ai envoyé Jeannette. Je lui ai recommandé d'examiner M. d'Apremont, de deviner, de lire, sur son front et dans ses yeux, si la paix est rentrée dans son cœur; s'il paraît avoir, dans ses juges, la confiance que son innocence doit lui inspirer. Je la charge d'écouter attentivement la lecture de l'acte d'accusation; de voir quel effet elle produit sur l'auditoire : l'opinion générale se manifeste toujours, et elle est souvent la mesure de l'opinion de gens investis de grandes fonctions, parce qu'ils ne jugent que d'après des organes qui sont communs à tous. Je l'ai pressée de recueillir tout ce qui sera dit en faveur de l'accusé, et de prier mon avocat de venir me rendre compte du résultat des démarches qu'il aura faites pour me rapprocher de mon époux.

Dès que j'ai été seule, je suis retombée dans ma douloureuse apathie, effet certain de l'accablement moral, et de l'épuisement des organes. Je ne sais quel temps j'ai passé dans cet état; le retour de Jeannette m'en tira. Un intérêt pressant m'a rendu quelques forces.

L'acte d'accusation est terrible. Il ne semblait pas qu'on pût rien lui opposer; l'auditoire paraissait convaincu. M. d'Apremont a été interrogé. Il a répondu avec une modestie et une simplicité qui ont paru faire quelque impression. L'avocat a pris la parole. Il a attaqué d'abord la seule phrase de la lettre qu'on pût tourner contre l'accusé; il a développé les moyens victorieux, dont il m'a entretenue hier; il a anéanti ce premier chef d'accusation. Il s'est attaché ensuite à prouver que les procès-verbaux, rédigés par le monstre et ses adhérens, ne peuvent être vrais qu'en ce qui s'est passé sous leurs yeux; qu'ils déclarent n'avoir pu s'éloigner du château; qu'ainsi, s'il y a eu une émeute, ils ignorent les causes particulières qui l'ont produite, et qu'il est de toute justice d'entendre les témoins à décharge. Il a présenté la liste que je lui ai remise, et le tribunal a ordonné que ceux qui y sont portés y seraient mandés pardevant lui. Le public a applaudi à une décision aussi simple : on sait toujours gré, d'un acte d'équité, à ceux qui peuvent être impunément injustes.

Les communications sont coupées de toutes

parts ; il n'est plus possible d'assigner les témoins; ainsi ce procès sera long. Nous touchons au moment de l'explosion, et nous avons tout à espérer. Cette lettre, qui a servi de base à une accusation au premier chef, peut, dans quelques semaines, devenir un gage d'estime : des circonstances différentes donnent aux choses une qualification et une valeur opposées.

Mon avocat, après avoir reconduit M. d'Apremont à sa triste demeure, est venu me confirmer ce que Jeannette m'a rapporté. Il a parlé à l'infortuné de mon état, de mes peines et des siennes, avec beaucoup de raison et de chaleur, s'il m'a rendu exactement ce qu'il lui a dit pour le désarmer. M. d'Apremont a paru surpris et affligé de la confidence que j'ai faite à l'avocat; cependant il a écouté avec beaucoup d'attention, et il lui a répondu sans détour. Il est convenu franchement qu'il a eu le premier tort, en épousant une jeune personne qu'il savait fortement prévenue en faveur d'un autre. « Mais, a-t-il ajouté, ma faute
« n'efface pas celle d'une femme qui me doit sa for-
« tune et le bien-être de ses parens ; que j'ai com-
« blée des marques de l'amour le plus tendre et
« le plus délicat; à qui j'ai accordé une confiance
« et une estime sans bornes, et qui n'a point ba-
« lancé à donner, pour sauver son amant, ce
« qu'elle a refusé à la conservation de son mari.
« Cependant, c'est un malheur de haïr dans toutes
« les positions de la vie, et, dans celle où je me

« trouve, la haine est un fardeau insupportable.
« Je veux l'éteindre entièrement, et j'y parvien-
« drai, je l'espère ; mais madame d'Apremont ne
« sera jamais ce qu'elle fut pour moi. J'éprouve,
« en ce moment, un besoin pressant des soins de
« l'amitié. Elle m'a donné, de la sienne, des preu-
« ves trop multipliées, pour qu'il me soit permis
« de douter de sa sincérité, et je saisis, avec quel-
« que plaisir, l'occasion de lui reconnaître des
« qualités, et de lui rendre justice devant vous.
« Dites-lui, monsieur, que je n'oublierai pas le
« passé, cela est impossible ; mais que j'aurai la
« délicatesse de ne jamais lui en parler, et que je
« suis prêt à la recevoir en qualité d'amie. »

Des larmes d'admiration et de reconnaissance ont inondé mes joues, et m'ont beaucoup soulagée. Je me suis fait habiller, et j'ai trouvé la force d'aller jusqu'à ma voiture. J'y ai fait monter avec moi l'avocat et Jeannette. Je sentais bien que la présence d'un étranger ôterait à la conversation cette intimité consolante, si nécessaire au malheur; mais je sentais aussi qu'elle nous sauverait, à M. d'Apremont et à moi, un embarras, et peut-être une explication cruelle qu'aurait pu amener le tête à tête.

Ma bonne Claire, il m'a reçue avec une bonté désespérante pour moi. Combien je me suis trouvée petite et humiliée auprès de lui ! Avec quelle aménité touchante il s'est efforcé de dissiper les impressions douloureuses dont il me voyait tourmentée! Cet homme est étonnant, admirable, et je n'ai pu l'aimer!

Je lui ai demandé, comme une grace, de permettre que je m'établisse près de lui, et que je ne le quittasse plus. Il a refusé; mais seulement par ménagement pour moi. Il croit que ma santé, déja très-affaiblie, acheverait de se perdre dans un lieu malsain, et où tous les objets portent à une pénible mélancolie. J'ai insisté; il a persisté dans son refus, et je crois, qu'en cette circonstance, nous avons fait tous deux notre devoir. J'ai obtenu la permission de passer avec lui les journées, et l'avocat, à qui seul j'ai dû l'accès de ces tristes lieux, s'est chargé de faire lever l'ordonnance qui met mon mari au secret, et qui maintenant n'a plus d'objet.

Je me suis retirée à la chute du jour. Je l'ai laissé assez tranquille. Je goûtais moi-même un certain calme, et j'en ai profité pour te détailler ce qui s'est passé pendant cette longue journée.

Quand j'ai eu cessé d'écrire, je me suis occupée des besoins de l'infortuné : on a tout avec de l'argent, dans ces maisons-là; mais il est beaucoup de petites choses auxquelles un homme ne pense pas, et qui contribuent à la conservation de la santé et aux douceurs de la vie. J'ai passé deux heures avec Jeannette, à chercher et à mettre en ordre ce qui peut être utile ou agréable à un prisonnier, et je me suis endormie, bercée par l'espoir de voir enfin M. d'Apremont rendu à mes vœux.

A mon réveil, j'ai surpris la sérénité dans mon cœur, et le sourire sur mes lèvres. J'ai pris, avec goût, quelques alimens, et je me dispose à aller partager la solitude de mon mari..............
....
....
....
....
....

Jour terrible! jour affreux! jamais il ne sortira de ma mémoire; jamais je n'en parlerai sans verser des larmes de sang. Déja une semaine s'est écoulée, et l'horrible spectacle, dont j'ai été témoin, me poursuit sans relâche. Adoucirai-je mes maux, en te dévoilant jusqu'aux moindres circonstances? Non, sans doute, et je ne peux résister au désir de verser dans ton sein mes dernières douleurs. Jeannette m'aime; elle m'aime bien tendrement; mais le genre d'éducation qu'elle a reçue ne lui permet pas toujours de m'entendre, et je n'ai plus que toi au monde à qui je puisse parler le langage qui m'est propre.

Cette journée, ainsi que je te l'ai dit, paraissait devoir être triste, mais paisible. J'allais sortir... Jeannette entre dans ma chambre. Elle ne sait pas dissimuler, et la décomposition de ses traits m'effraye. Je l'interroge, elle balbutie; je la presse,

elle se tait. Elle me prend les mains; elle les porte sur sa bouche et sur son cœur; elle semble me préparer, m'encourager à soutenir un nouveau coup. « Le monstre est à Paris! — Non, madame.
« — Mon père et Jules sont morts! — Non, ma-
« dame. — Qu'ai-je donc à redouter! Parle, parle,
« cruelle femme. Ton silence me fait souffrir mille
« morts. — Ce papier, qu'on crie dans les rues... »
Je le lui arrache; je lis : *Décret impérial qui ordonne que tous les individus prévenus de conspiration contre l'État, seront traduits de suite devant une commission militaire, qui jugera sans désemparer.* M. d'Apremont est perdu, me suis-je écriée!

L'avocat entre au même instant. Il m'apprend que mon malheureux époux va être traduit devant un tribunal, équitable sans doute, mais à qui la marche, trop rapide, des affaires ne permet pas toujours d'en saisir tous les rapports, d'entendre et d'apprécier des développemens, qui, seuls, peuvent porter la lumière sur des incidens nombreux et compliqués.

Mes chevaux partent comme l'éclair. Nous arrivons à la prison; déja l'infortuné n'y était plus. Nous courons rue du Cherche-Midi; nous entrons; nous perçons la foule avec peine : *Étrange empressement de voir des misérables!* Qu'allaient faire là des gens qu'une curiosité barbare pouvait seule y pousser?

L'avocat me guide; nous parvenons dans l'enceinte où siégent les juges, et où on admet quelques protégés. Malheureuse! Pourquoi suis-je entrée ici? Cette réflexion est venue trop tard. Je n'ai rien à reprocher à personne : on a voulu m'arrêter, je n'ai pas écouté.

Mon déplorable époux, le bon curé, le maire de notre commune étaient placés au banc des accusés. Ils étaient séparés et gardés par des gendarmes, qui semblaient leur envier ces communications intimes, qui peuvent adoucir l'horreur de pareils momens. Le capitaine rapporteur avait déja lu l'acte d'accusation. Le président interrogeait les prévenus.

Pas de jurés à cet effrayant tribunal; pas de contre-poids, qui balancent la prévention, ou l'ignorance de juges plus habiles à vaincre, qu'à discuter le fond d'un procès. Ceux-ci prononcent qu'on n'écrit pas à un ami des choses qui blessent son opinion; que mon mari, n'ayant pas déposé dans les bureaux de la police une lettre qui pouvait donner des indices sur les dispositions et les espérances des émigrés, il partage nécessairement les sentimens de celui qui l'a écrite. Ils décident aussi légèrement que la commune s'est armée en faveur de M. d'Apremont; que l'insurrection a été dirigée par le maire, et ils concluent que le maire était gagné. Ils ajoutent que le moment où les étrangers parcourent la France en la dévastant, où un prince français s'est montré dans une province méridionale, a dû paraître favorable pour susciter des mouvemens partiels, qui bientôt auraient encouragé à une révolte générale.

J'ai éprouvé à la fois tous les genres de terreur, et l'auditoire paraissait improuver formellement et l'exposition de l'affaire et les conséquences tirées des détails. En effet, la France est rassasiée de gloire; elle est lasse du meurtre. Le sang français n'a-t-il pas assez rougi la terre? Faut-il qu'il coule encore sous la hache des bourreaux?

L'avocat a pris la parole. Il a combattu tous les chefs d'accusation avec une clarté, une chaleur, une élégance, auxquels il me paraissait impossible de répliquer victorieusement. Il était près de moi, et souvent entraînée par la force de ses moyens, je prenais sa main, je la pressais sur mon cœur; elle y portait une nouvelle vie, à mesure que son inappréciable talent y faisait rentrer l'espérance. Des femmes, qui sans doute n'ont pas chez elles de quoi exercer leur sensibilité, me regardaient avec attendrissement. Le curé et le maire étaient plongés dans un accablement profond. M. d'Apremont semblait attendre la mort, sans la désirer, ni la craindre.

En moins de deux heures les débats ont été terminés. On a fait sortir les accusés, et je me suis précipitée sur leurs pas. J'ai enlacé de mes bras mon malheureux époux, et la nature, longtemps comprimée, est rentrée dans ses droits. Il a mêlé ses larmes aux miennes; il s'est laissé aller sur un banc; la pâleur couvrait son front; ses yeux étaient éteints; ses mains, que je m'efforçais de retenir, tombaient à chaque instant à côté de lui. Un gendarme, un tigre, m'a forcée à m'éloigner. Un jeune officier, de la plus aimable figure, dont les yeux exprimaient la plus touchante sensibilité, m'a rendue à mon époux. « N'ôtez « pas à madame, a-t-il dit, la triste satisfaction « d'embrasser son mari. Adoucissons, autant qu'il « est en nous, la rigueur de la loi. » On a voulu me reconduire à l'hôtel; je ne l'ai pas souffert. Je brûlais de connaître mon sort. Je serais morte chez moi d'anxiété et d'impatience.

On a fait rentrer les accusés; je les ai suivis encore. Il ne m'a pas été possible de reprendre ma place dans la salle. Je suis tombée sur un tabouret, qui était auprès de la porte. Là, couverte d'une sueur froide, mon visage caché dans mes mains, je retenais mon haleine; je tremblais de perdre un mot; je tremblais de ce que j'allais entendre. Le président m'a invitée à me retirer, et son ton était celui de la tendre humilité. « Non, « monsieur, non, permettez que je reste. Il m'est « impossible de faire un pas. »

J'ai entendu !... J'ai entendu !... Ah, Claire !... M. d'Apremont n'a répondu que quelques mots. Ils sont pour jamais gravés dans ma mémoire. « Hé bien ! oui, tous mes vœux sont pour les « Bourbons. Au moment où vous briserez cette « tête, elle sera couronnée, malgré vous, d'une

« auréole de gloire. Vive le Roi, aux genoux du-
« quel vous serez peut-être bientôt trop heureux
« de vous jeter. »... Je me suis retrouvée dans
mon appartement. Le bon curé me prodiguait ses
soins. Je l'ai revu avec quelque joie, tant il est
vrai que les sentimens les plus opposés trouvent
à se placer à la fois dans le cœur humain. Le digne prêtre a été acquitté... Les deux autres!...

J'ai pris quelques cordiaux, et j'ai exigé formellement qu'on me conduisît à la prison. La
nuit, qui commençait, était la dernière, où l'infortuné pouvait recevoir les consolations et les
soins de sa meilleure, de son unique amie. Je l'ai
trouvé triste sans faiblesse. Le passé n'existait
déja plus pour lui; il paraissait vouloir s'élancer
dans un monde nouveau. Ses yeux s'élevaient
vers la voûte rembrunie, qui lui dérobait le ciel.
Il les a baissés sur moi; il a répondu, avec tendresse, aux marques multipliées que je lui don-
nais de la mienne. Il a répété le pardon le plus
solennel. Il m'a recommandée au bon curé, qui
saisissait les intervalles que lui laissait notre douleur, pour nous faire entendre ce que la morale
évangélique a de plus doux et de plus consolant.
Cet oubli généreux et absolu du passé a réveillé
mes remords. Il a tout fait pour me calmer, et
des heures se sont écoulées au sein du plus sincère attendrissement.

Cette nuit douloureuse a cependant été trop
courte. L'horloge de la prison nous avertissait

sans cesse qu'un quart d'heure de plus était rayé de son existence. Bientôt nous en sommes venus à compter ceux qui lui restaient encore : cette idée a jailli de nos deux cœurs à la fois. De longs et lugubres embrassemens, des sanglots étouffés ont exprimé long-temps les sensations déchirantes qui nous torturaient. Le bon curé nous regardait, nous bénissait, et priait sur nous.

Un faible rayon de jour a percé par une lucarne élevée, et a frappé nos yeux. « Ce jour est « donc le dernier, » a-t-il dit, avec un accent qui m'a jetée dans des angoisses mortelles. Sans doute on attendait que je fusse privée de sentiment, pour m'arracher de ce triste lieu, et moi-même j'attendais à chaque minute mon anéantissement total.

Celui-ci a été si entier, si absolu, que j'ai cessé de voir, d'entendre, de sentir pendant plus de la moitié de la journée. Quand mes yeux se sont rouverts, Jeannette était près de moi. Je voulais l'interroger ; ma langue se refusait à mes efforts, et cependant j'avais besoin d'une dernière, d'une bien triste consolation, de celle qu'on ne croit pas être possible, quand on n'a pas atteint le dernier terme de l'infortune, je voulais savoir si le malheureux avait cessé de souffrir. Jeannette m'a devinée : *c'en est fait*. Ces mots, faiblement articulés, m'ont suffi. J'ai refermé mes yeux, et, le croiras-tu ? j'ai éprouvé une sorte de jouissance en pensant que les hommes ne pouvaient plus rien sur lui.

Le bon curé a assisté à ses derniers momens, et il ne l'a pas quitté même après sa mort. Il l'a conduit à son dernier asile. Il a appelé sur lui les bénédictions célestes.

CHAPITRE XXVII.

Son père et Jules.

Que s'est-il passé? où suis-je? que vais-je devenir? Tout mon être est un chaos, où les sensations se confondent, et où elles exercent cependant un empire irrésistible. Claire, je crois avoir tenu une conduite, irréprochable, pendant les derniers jours de M. d'Apremont. Pas une pensée ne s'est tournée vers un autre que lui, j'en atteste l'honneur. Mais à présent que ces nœuds sont rompus; que je ne peux vouer à l'homme respectable qu'un souvenir d'estime et de reconnaissance, souvenir qui durera autant que moi; à présent, dis-je, ne m'est-il pas permis de revenir à des êtres qui ont sur moi des droits sacrés? Abandonnerai-je mon père et M. de Courcelles, pour aller pleurer au milieu des tombeaux? De quoi serviraient des larmes à des cendres inanimées, et me condamnerai-je à en verser de nouvelles sur des malheurs qu'il m'est possible de prévenir?

Ma tête, extrêmement affaiblie, ne peut arranger aucun plan; elle est moins capable encore d'en suivre l'exécution. Jeannette n'est pas plus à elle que moi. Constamment occupée de son mari, dont nous n'avons pas de nouvelles; placée, sans cesse, entre mes malheurs et ceux qu'elle redoute pour elle, comment conserve-t-elle assez de force pour me servir? Elle fait plus cependant: elle prévient mes besoins, mes désirs, et jamais il ne lui échappe un mot qui puisse me rappeler que ma volonté seule l'a séparée de son mari. Je ne saurais l'oublier, et l'incertitude, où nous sommes de la destinée actuelle de ce fidèle serviteur, est pour moi un fardeau de plus.

Pas de lettres de toi! Je me plains de cette privation, et je sens qu'elle est inévitable. Des partis ennemis ont déja pénétré jusqu'à Meaux. Ainsi, il n'est pas possible que tu suives ton premier projet. Tu dois être rétablie, et je ne te verrai pas! Notre correspondance, si triste, mais quelquefois si consolante, est arrêtée, peut-être pour long-temps. Cependant je continue à t'écrire, sans prévoir ce que deviendront mes lettres. J'en commence une; ma faiblesse m'oblige à poser la plume; je la reprends pour la quitter encore; je poursuis, je termine, je ferme mon paquet; je le dépose avec les autres. Tôt ou tard, ils te parviendront, je l'espère. Mais quoi qu'ils deviennent, je n'aurai pas perdu mon temps. En t'écrivant, je soulage, ou je satisfais mon cœur ; je crois te parler, t'entendre me répondre, et quand on ne peut espérer un moment de bonheur réel, on s'applaudit de trouver des illusions, on s'efforce de s'y attacher.

Pas un moment de bonheur réel ? ai-je dit... Non, non, il n'en est plus pour moi. L'honneur, la délicatesse, rejettent une femme que le crime a souillée, et si l'effervescence des passions aveuglait, égarait celui qui partage un amour éternel, ce serait à moi à me faire justice... Comment le mot amour a-t-il coulé de ma plume ! comment ce sentiment se retrouve-t-il dans mon cœur ! Malheureuse ! le corps mutilé de ton époux est à peine refroidi, et tu...

Parlons d'autre chose. Une fortune immense me reste ; j'en ennoblirai l'emploi. Le malheureux maire de notre village laisse une femme, jeune encore, et trois enfans en bas-âge ; il a péri victime de son attachement pour nous. Je ne peux rendre le bonheur à sa triste famille ; je la mettrai, du moins, dans une honnête aisance. Le bon curé participera à des largesses expiatoires. Jeannette et son mari ne serviront plus, du moment où leurs soins cesseront de m'être absolument nécessaires. Je leur assurerai un sort indépendant.

Depuis que j'ai écrit le précédent paragraphe, j'ai pensé que je ne pouvais m'occuper trop promptement des dispositions qui y sont énoncées : sais-je si ma jeunesse triomphera des assauts multipliés que m'a livrés l'infortune? Paris est menacé : puis-je prévoir ce qui arrivera, si nos troupes sont forcées de céder au nombre? N'a-t-on pas tout à craindre d'un vainqueur irrité? Les souverains n'ont-ils pas à venger leurs capitales envahies, insultées, pillées, incendiées? Où s'arrêteront ici la dévastation et le carnage?

D'après ces réflexions, j'ai fait venir mon notaire, et j'ai signé les actes qui assurent à chacun des marques de ma reconnaissance. Quels que soient les événemens de la guerre, la terre restera, et on ne pille pas les dépôts publics, qui n'offrent à la cupidité que des papiers sans valeur. Ainsi, ceux qui survivront aux fléaux qui nous menacent pourront jouir d'une existence heureuse.

Enfin voici une lueur de soulagement et de consolation. Jérôme se fait entendre tout à coup dans les cours de l'hôtel; il franchit l'escalier en chantant; il entre dans ma chambre. Je désespérais presque de le revoir; je l'ai embrassé avec transport. Il m'apprend qu'il les a vus, que leur santé n'a pas souffert. Où les a-t-il rencontrés? dans quel état les a-t-il laissés? Voilà les questions que j'allais lui faire... Sa femme est accourue; elle lui a apporté son fils. Ce moment appartenait à la nature; je me suis bien gardée d'en troubler la douceur. Il les a vus! Leur santé n'a pas souffert, répétais-je à voix basse, pendant que

l'intéressante famille se livrait à ses transports...
Il les a vus! Leur santé n'a pas souffert!

Jérôme, rendu à son attachement pour moi, est entré dans des détails, qui excitaient, alternativement, en moi toutes les sensations. A la terreur, à la pitié, succédait un rire, machinal sans doute; mais qui reposait ma tête et mon cœur. C'est pour prolonger cet état apathique, dont tout le prix est dans l'absence de la douleur, que je vais te transcrire le récit du bon Jérôme. Je conserverai ses expressions autant que je le pourrai.

Je ne te dirai rien des dangers auxquels cet excellent homme a été exposé: c'est à moi qu'il appartient de m'en souvenir. Ces détails seraient froids pour ceux qui ne le connaissent point, ou qu'il n'a pas obligés. A travers des obstacles, sans cesse renaissans, et presque insurmontables, il a pénétré jusqu'à Limoges. Là, il se disposait à renouveler les questions indirectes, qu'il avait multipliées dans tous les lieux où il espérait obtenir quelques renseignemens; là, assis modestement dans une cuisine d'auberge, il parlait de choses indifférentes, et un verre de vin, offert à propos, forçait l'attention, et obligeait à lui répondre. Un postillon paraît, se fait servir, et, en prenant un repas frugal, il raconte qu'il vient de faire une course, et qu'il a rencontré deux prisonniers sous l'escorte d'une escouade de gendarmerie. Jérôme

parle de l'ennui de vivre seul en voyage; il demande une bouteille du meilleur vin, et il propose au postillon de mettre leur dîner en commun. La proposition est acceptée; la conversation s'engage. Jérôme la ramène sur les prisonniers, et verse au postillon. Le vin rend causeur, et celui qui ne coûte rien donne de la complaisance. Le postillon répond à tout, et Jérôme commence à croire que les deux prisonniers sont ceux qu'il cherche depuis si long-temps. Son joyeux convive ne s'arrête plus. Fier d'appartenir à un sous-officier, il prouve très-longuement que le commandant de l'escouade est son cousin-germain. « Eh!
« comment ne dîne-t-il pas avec vous? — Oh!
« dame, il est vaniteux, et il a cru me faire beau-
« coup d'honneur en payant chopine à la dernière
« poste. — Il faut prouver à ce monsieur-là qu'on
« doit accueillir ses parens, sous quelque habit
« qu'on les trouve. Monsieur l'hôte, une chambre
« et un bon repas. — Ma foi, je n'ai pas le sou. —
« J'ai de l'argent, moi, et mon unique objet n'est
« pas de donner une leçon à votre cousin : j'ai fait
« la campagne de Talaveyra... — Et lui aussi. —
« Bon. Nous parlerons guerre ; rien ne m'amuse
« davantage, et quand je peux me procurer ce
« plaisir-là, je ne regrette point un ou deux écus.
« Ah! çà, j'ai une grace à vous demander.—Qu'est-
« ce que c'est, mon brave homme? — Vous invi-
« terez, en votre nom, monsieur le maréchal des

« logis; vous ferez les honneurs du dîner. Je veux
« qu'il vous en ait l'obligation toute entière. »

Le postillon a trouvé très-commode de paraître généreux sans rien dépenser. Il est allé chercher le parent, qui s'est fait un peu prier; mais qui, à l'aspect d'une table bien servie, s'est attendri en faveur du cousin. Il a nommé avec complaisance leurs ancêtres communs, en observant, toutefois, que personne de la famille n'a poussé sa fortune aussi loin que lui.

Jérôme glissait un mot de temps en temps; il hasardait une question; il revenait promptement à l'affaire de Talaveyra. Il a acquis la certitude absolue que mon père et M. de Courcelles étaient dans les prisons de Limoges, et qu'on les conduisait à Paris. C'était beaucoup que de savoir cela; mais il fallait les approcher, leur parler, et pour amener ce moment intéressant, il était essentiel d'écarter toute espèce de soupçon, et de gagner l'affection du maréchal des logis. En revenant à cette bataille de Talaveyra, Jérôme a parlé, avec les plus grands éloges, de je ne sais quel régiment de Cuirassiers, qui s'est réellement distingué à cette journée. Par un heureux hasard, ce régiment est celui d'où sort le maréchal des logis. Des louanges que rien n'avait provoquées l'ont flatté sensiblement; la confiance et la cordialité se sont établies aussitôt.

Jérôme était déjà très-avancé; mais il lui restait bien plus à faire. Il a aussitôt imaginé une histoire assez vraisemblable, et qui pouvait le conduire à son but. Il s'est dit jardinier à Paris. Il a déclaré avoir quelques épargnes, qu'il voulait mettre à l'abri des chances de la guerre, et qu'il allait confier à son père, tisserand à Tarbes. Il a ajouté que l'armée anglaise étant entrée à Bordeaux, le retour de Tarbes à Paris pourrait n'être pas sûr plus tard, et que, toutes réflexions faites, il retournerait auprès de sa femme et de ses enfans, s'il pouvait se procurer une escorte.

L'avantage de voyager avec un homme, qui avouait avoir de l'argent, et qui paraissait disposé à la reconnaissance; peut-être un désir naturel d'obliger, et les éloges continuels que donnait le postillon à son nouvel ami, ont déterminé le maréchal des logis. Il a proposé à Jérôme de faire route avec lui. Jérôme a marqué combien il était sensible à la proposition, en faisant couler le vin à flots.

Une interpellation inattendue a failli tout renverser. Le maréchal-des-logis a dit à Jérôme que sans doute il avait un passe-port. Personne de nous n'avait pensé à cette pièce importante, surtout dans les circonstances actuelles. Jérôme a balbutié; il s'est appuyé sur son ignorance de toute espèce de formalité. Il a fait remarquer que s'il avait quelque chose à craindre, il ne s'empresserait pas de se lier avec des officiers de gendarmerie. Le maréchal des logis paraissait incertain du parti qu'il prendrait; le postillon se prononçait pour Jérôme. Il soutenait que les honnêtes gens n'ont pas besoin de passe-port, et que les fripons s'en procurent, pour échapper aux recherches dirigées contre eux. Cette manière de juger ne paraissait pas convaincante au maréchal des logis; il appuyait avec force sur son attachement à ses devoirs. Jérôme proteste qu'il n'aura pas de contestations avec un homme qui a été comme lui à la bataille de Talaveyra, et qu'il consent à sacrifier une partie de son avoir pour conserver le reste. Il met, dans la main du scrupuleux officier, un rouleau de cinquante louis; il en donne dix au postillon. Dès-lors, plus de difficultés, plus de craintes: tout le monde est intéressé à garder le secret.

Le postillon écrit le nom d'un vieux journalier, qui demeure à une lieue de Limoges, et qui a des enfans de l'âge de Jérôme. Le maréchal des logis prend le fidèle serviteur et le conduit à la mairie. Là, il déclare que déja fatigué de la route, et ayant encore une longue carrière à parcourir, il a pris au village voisin un homme pour le servir, et il demande un passe-port pour lui. On ne refuse pas un passe-port demandé par un sous-officier de gendarmerie, en qui on a assez de confiance pour le charger de conduire des prisonniers d'État. On expédie, on signe, le cachet de la municipalité est apposé; Jérôme est au comble de ses vœux.

Il était essentiel qu'il parût ne pas connaître les prisonniers; il l'était plus encore de se mettre en mesure de favoriser leur évasion. Jérôme a employé le reste de la journée à trouver un cheval, grand, fort, d'une prodigieuse vitesse, et dont l'extérieur très-commun excitât plutôt le rire que l'envie. Il lui fallait un prétexte pour se monter, et il a eu le rare courage de se faire une plaie à une jambe. Le maréchal des logis n'a pas été fâché du prétendu accident qui mettait son domestique dans la nécessité de lui faire honneur, et il l'a un peu raillé d'avoir payé cinq louis une rosse qui paraissait valoir vingt écus. Ce pauvre cheval, si méprisé, a coûté huit cents francs, et ce que j'ai de plus cher au monde. lui doit son salut.

Le lendemain, à la pointe du jour, on s'est mis en route. Mon père et Jules étaient dans une voiture assez commode. Ils regardaient Jérôme avec attention. Ils cherchaient à reconnaître des traits qu'ils avaient oubliés. Bientôt un léger signe d'intelligence a fait connaître au digne serviteur que les deux êtres chéris savaient qu'ils étaient toujours présens à ma mémoire. Le maréchal des logis voulait pousser ce jour-là jusqu'à Morterolles. Il n'était pas possible que les mêmes chevaux fissent douze lieues sans se rafraîchir plusieurs fois, et c'est à ces haltes que Jérôme se proposait d'agir. En attendant le moment favorable, il chantait, il causait, il riait avec les gens de l'escorte. Il paraissait ne pas s'occuper des prisonniers.

On s'est arrêté dans un assez fort village, à quatre lieues de Limoges. Jérôme, toujours empressé de plaire à messieurs les gendarmes, a rassemblé ce qu'il y avait de mieux dans cinq à six cabarets, et a fait préparer un bon et copieux déjeuner. Il a poussé la complaisance jusqu'à prendre soin des chevaux, pendant que le feu de tous les fourneaux pétillait sous les casserolles. Mais il ôtait le fourrage des rateliers; il le rejetait dans le grenier à foin, qui est précisément au-dessus de l'écurie, et il doublait la ration de son cheval. Il allait et venait; il avait l'œil à tout. Monsieur le maréchal des logis était enchanté de son domestique.

On a servi. Les prisonniers et les gendarmes se sont réunis autour d'une grande table, et après avoir satisfait la première faim, on a commencé à parler. Cinq à six hommes du même métier, rassemblés pour une même opération, reviennent nécessairement, par intervalles, à l'affaire du moment, et les questions naissent naturellement du fond du sujet. Mon père et M. de Courcelles aidaient à les amener. Ils étaient convaincus que Jérôme était chargé d'une mission importante. Ils ignoraient quel en était l'objet, et combien de temps le brave homme resterait avec eux. Mais ils prévoyaient qu'il était utile de l'instruire de détails dont la connaissance pouvait le diriger dans son entreprise, quelle qu'elle fût. C'est alors que Jérôme a appris que mon père et Jules ont été arrêtés le 15 de février... Le 15 de février, Claire ! c'est le jour même, où, pour leur conserver la liberté et la vie, je me suis abandonnée à l'infâme ! Il avait tout disposé d'avance, et en se livrant à ses affreux transports, il avait la conviction intime que ses ordres étaient exécutés partout, et il jouissait du plaisir cruel de frapper toutes ses victimes à la fois. Et cet être odieux prospère ! Et les larmes, les vœux de l'innocence ne sont point exaucés ! Il n'y a pas de Providence... Que dis-je ! elle existe, et sans doute sa vengeance, si long-temps différée, ne sera que plus terrible.

Au moment où les suppôts de la police sont entrés au château, où ils ont découvert dans le jardin cette prétendue correspondance, où ils ont saisi mon père et Jules, ma pauvre mère est tombée dans une crise violente. On n'a pas daigné s'occuper d'elle; on a privé son époux et son fils adoptif de la consolation de la voir revenue à la vie; on l'a abandonnée aux soins de ses domestiques; on a enlevé les deux infortunés. Quel tigre ! Quel tissu d'abominations ! Mon sang bout dans mes veines ; ma bouche est desséchée ; je suis altérée de vengeance. Si le monstre était devant moi, je lui plongerais un couteau dans le cœur.

Le maréchal des logis n'est pas un être inhumain. Il avait des procédés pour les intéressans captifs; mais il les surveillait de très-près. Il les consolait, il les encourageait; il cherchait à les rendre à l'espérance; mais il convenait de la difficulté de percer jusqu'à Paris. Il laissait entrevoir qu'il faudrait peut-être s'arrêter à Châteauroux, et que là... Il a fait résonner à l'oreille de Jérôme le mot *commission militaire*, mot terrible, que je ne peux plus entendre sans tressaillir.

Jérôme a senti qu'il n'avait pas un instant à perdre; qu'il fallait tirer les deux proscrits des mains de la gendarmerie; les servir ensuite autant qu'il le pourrait, et, si les circonstances l'exigeaient, les abandonner enfin à la fortune, qui se lasse quelquefois de persécuter. En conséquence, et sans affectation, il a prolongé le déjeuner, en provoquant sans cesse la sensualité des gardes. Pendant qu'ils sablaient le vin chaud, il est sorti pour faire donner l'avoine aux chevaux. A peine le garçon d'écurie avait-il vidé le boisseau dans la mangeoire, que l'avoine était reportée dans le coffre. Le cheval, sur qui reposait un grand dessein, était seul dans l'abondance de toutes choses.

On repart; on marche au pas; on arrive à Bois-Mandé. Le dîner se prépare; la manœuvre de l'écurie se renouvelle. On met la table; on y reste long-temps : il n'y a que deux lieues de Bois-Mandé à Mortérolles. Mais déja les chevaux en ont fait dix, sans manger et sans boire; ils ont déja marché pendant dix jours. Jérôme est certain qu'ils n'iront pas jusqu'à Morterolles.

On se remet en route à la chute du jour. Deux excellens repas ont égayé messieurs les gendarmes. On rit, on chante, et Jérôme en donne l'exemple. On le proclame un bon vivant. Bientôt un des chevaux de la voiture s'arrête ; on le frappe, il se couche. Deux gendarmes descendent pour le relever ; leurs chevaux se couchent à leur tour. La gaieté disparaît ; l'embarras lui succède. Quel parti prendra-t-on ?... Il reste à peine une lieue et demie à faire, et on peut mettre les détenus à pied. Mais tous les chevaux se couchent successivement ; ils appartiennent aux gendarmes. Les exposera-t-on à être volés, ou à périr faute de secours ? Le maréchal des logis parle ; mais l'intérêt personnel commande ; personne ne veut s'éloigner. Un bûcheron sort d'une forêt qui borde le chemin. On apprend qu'un maréchal demeure à un quart de lieue de là. Un gendarme propose de monter le cheval de Jérôme, et de prendre le bûcheron en croupe, pour lui servir de guide. Jérôme fait observer, au maréchal des logis, que ce cheval est le seul qui soit debout ; qu'il a fait dix lieues, et qu'il est important de le ménager pour quelque besoin plus urgent. Il ramène la troupe à son avis. Deux gendarmes partent à pied ; le bûcheron les conduit. Jérôme a acheté sa bourrée. Il y met le feu ; on se forme en cercle, et on attend, en se chauffant, le retour des deux camarades.

Le maréchal paraît. Il prononce que la fatigue a échauffé les chevaux ; il les saigne et les affaiblit davantage. Ils résistent aux caresses, aux menaces, aux coups. Le maréchal conseille de les laisser reposer quelques heures, et il proteste qu'ils se lèveront. Jérôme appuie, et fixe les irrésolutions. Il ne s'agit plus que de s'arranger pour se garantir du froid. On envoie le bûcheron couper du bois dans la forêt: On alimente le feu qui commence à s'éteindre. Le maréchal des logis monte dans la voiture avec les prisonniers. Son brigadier appose des cadenas aux deux portières, et serre les clés dans sa poche. On dételle, on desselle les chevaux, pour les mettre plus à l'aise ; chacun s'enveloppe dans son manteau, et se couche auprès du feu.

Jérôme n'a rien prévu des événemens de la journée ; mais il est prêt à tout. Il tire de sa valise d'excellente eau-de-vie de Cognac ; la bouteille circule à la ronde. L'intempérance, à laquelle on s'est abandonné pendant le jour, la lassitude, et le cognac enfin appesantissent les paupières. Bientôt un sommeil profond règne partout. Jérôme écoute ; il attend ; il ne veut rien donner au hasard : ce moment est décisif.

Il s'approche de la voiture ; il écoute encore. Le silence le plus absolu lui donne lieu de croire que le maréchal des logis a cédé aussi au besoin du repos. Il quitte son habit; il met sa chemise en pièces; il enveloppe les fers et les sabots de son cheval; il le conduit sans bruit dans les brancards de la voiture. Il retourne à la portière; il revient au feu; il prête une oreille attentive; il n'entend pas le moindre mouvement. Il place une pièce du harnois; il s'arrête. Il en place une seconde, une troisième. Son cœur bat avec violence; il se dilate, quand il pense que dans cinq minutes, les êtres chéris seront libres. Il se resserre à la seule idée qu'un homme peut s'éveiller, le surprendre; que ses maîtres seraient perdus sans ressources, et lui peut-être avec eux.

Il s'assure, autant que le lui permet l'obscurité, que rien ne manque au harnais; que tout est à sa place et bien fixé. Il ôte les linges qu'il a mis aux pieds de son cheval; il s'élance sur le siége; il enlève la voiture au galop. Il entend des cris derrière lui; il entend le maréchal des logis, frappant du poing à droite et à gauche; il fouette plus fort, et son cheval, qu'il n'a contenu qu'avec peine pendant la journée, répond à son impatience. Bientôt il n'entend plus que les vociférations impuissantes du maréchal des logis.

Un chemin de traverse se présente à sa gauche. Jérôme a parcouru ces cantons à pied, et, en évitant les lieux trop habités, il est sûr que ce chemin lui fera tourner Morterolles. Il s'y jette, ventre à terre, au risque de tout briser. Il entre dans un bois de quelques arpens ; il se reconnaît ; il arrête. Il s'arme d'un caillou ; il fait sauter les cadenas des portières.

« Vous êtes seul contre trois, dit-il, au maré-« chal des logis, ainsi la résistance est inutile. On « ne vous fera pas de mal ; mais soyez docile. « Descendez. » Jules élève la voix et d'un ton à faire sentir au sous-officier qu'il faut qu'il ploie. Cet homme s'est bien gardé de prendre, dans ses poches, des armes, dont les prisonniers auraient pu s'emparer. Confiant en ceux qui devaient entourer la voiture, il a laissé ses pistolets dans ses fontes, et un sabre est inutile, quand on est serré de manière à ne pouvoir le tirer. Il descend, confus, humilié ; Jérôme le désarme, et la pointe sur le cœur, il l'oblige à passer ses mains derrière le dos. Jules les attache fortement avec son mouchoir ; celui de M. de Méran les lie fortement à un arbre, de façon à interdire toute espèce de mouvement. Les deux infortunés respirent ; ils se jettent dans les bras de leur libérateur.

Tout à coup, on entend un cheval, qui arrive à toute bride. On se croit poursuivi ; on tremble de retomber dans les fers. Jules prend le sabre des mains de Jérôme ; il jure de périr plutôt que de se rendre. Bientôt on distingue un bruit égal et mesuré ; on en tire cette conséquence qu'un seul homme va paraître. C'est peut-être un voyageur, peu disposé à se mêler des affaires d'autrui.

Quoi qu'il soit, au reste, il ne peut être redoutable.

Le cavalier arrive et s'arrête; Jules lui ordonne de passer. « C'est vous, M. de Courcelles! c'est « vous, monsieur le comte! » s'écrier et sauter de son cheval sont l'affaire d'une seconde. Plus de doutes, plus de craintes; on s'est reconnu, on est enchanté de se revoir. Ce cavalier est encore un modèle de dévouement et d'activité. C'est Firmin, que ma mère a fait partir avec ordre de suivre les proscrits, de leur aider, si les circonstances le permettent, et de lui écrire chaque jour où ils sont, et ce qu'il est permis d'espérer.

Un cri unanime s'élève : « Comment avez-vous « laissé madame de Méran? — Pas mal, messieurs; « assez bien à l'égard de la santé; mais horrible- « ment inquiète de votre avenir, ainsi que vous « pouvez le penser. » On n'avait pas de temps à perdre, on le sentait, et cependant on voulait savoir comment Firmin avait eu connaissance de la route que les voyageurs venaient de prendre, et qu'il pouvait très-bien ne pas connaître. Il a eu le bon esprit d'être court. Il a constamment suivi la voiture à une demi-lieue de distance. Il avoue n'avoir eu ni l'audace ni l'adresse de former un plan d'évasion; mais il était préparé à toute espèce d'événemens. Quand les chevaux ont été forcés de s'arrêter, il s'est glissé dans la forêt; il y a attaché son cheval, et il s'est avancé à la lueur du feu. La lumière portait alors sur le visage de Jérôme; il l'a reconnu, assis au milieu des gendarmes et buvant avec eux. Son aspect lui a paru d'un heureux présage; mais dans l'ignorance absolue où il était de ses desseins, il s'est bien gardé de paraître; il s'est borné au rôle d'observateur. Au moment où il lui a vu mettre son cheval dans les brancards, il a pénétré ses vues, et il s'est hâté de prendre le devant, en suivant la lisière intérieure du bois. La voiture a passé, et il a marché, cent toises en arrière, armé jusqu'aux dents, et décidé à faire sauter la cervelle au premier gendarme qui se montrerait. « Et « si de Velzac ici, on t'eût demandé tes passe- « ports? — J'en ai un bien en règle, monsieur le « comte, que je me suis fait moi-même, et que « j'ai scellé du cachet de la municipalité, en bu- « vant bouteille avec l'adjoint du maire. »

Ce récit terminé, on a raisonné sur le parti qu'il fallait prendre. Jérôme connaissait les routes, et répondait de tout. Firmin priait ses maîtres d'observer qu'il faudrait s'arrêter quelque part; que les princes légitimes ont des partisans partout; mais que personne n'osait se prononcer à soixante lieues des armées alliées; que sans doute, à la pointe du jour, trente brigades de gendarmerie battraient le pays, fouilleraient partout, et que très-probablement les fugitifs seraient repris. Il ajoutait que, dans sa première jeunesse, il avait été jockei chez M. de Perceville, ancien lieutenant-général et cordon rouge; que ce seigneur, très-attaché à la cause des Bourbons, s'est retiré depuis quinze ans dans un château, situé à deux lieues d'Argenton, et que c'est chez lui qu'il faut chercher un asile. Jules a déclaré nettement qu'il voulait aller à Paris. « Madame d'Apremont est « en proie à tous les genres de douleurs; je serais « un lâche, si je l'abandonnais. Hé, à qui appar- « tient-il d'essuyer ses larmes, si ce n'est à son « père et à moi. »

Être adorable, être adoré! Il est donc vrai que l'amour est encore tout pour toi, et que tu n'au- rais pas balancé à lui sacrifier ta vie!

M. de Méran lui a fait sentir aisément les dan- gers de ce dessein, et l'inutilité de son exécution. « Ma fille nous a écrit que M. d'Apremont a un « excellent avocat; qu'elle multiplie les démar- « ches, les sollicitations : que pouvez-vous faire « de plus? — La consoler, ou pleurer avec elle. « — Hé, qui la consolera, jeune homme, si vous « périssez vous-même? » Ce raisonnement a en- traîné Jules. On arrête qu'on se rendra chez M. de Perceville, et qu'on lui demandera l'hospitalité et le secret. Hélas! ils s'occupaient du salut de M. d'A- premont, et déja c'était fait de lui.

On met le cheval de Firmin en bricolier à la voiture. Celui de Jérôme, déchargé de la moitié du fardeau, repart comme un trait. Il y avait huit lieues à faire; on les parcourt en trois heures. Le jour allait paraître, et il fallait dérober à tous les yeux les traces des fugitifs. Mon père et le bien-aimé descendent à peu de distance du château. Jérôme, bien instruit de la position, se remet en route, tourne Argenton, gagne la grande route de Châteauroux, verse la voiture dans un fossé, détèle les chevaux, les abandonne dans un champ de blé, et revient à Perceville.

Firmin a caché ses maîtres et leurs minces valises dans un petit vignoble. Il se présente à la grille du château : il était alors sept heures du matin. M. de Perceville n'était pas levé encore, et il fallait éviter de marquer un empressement, qui aurait pu donner des soupçons aux domestiques. Firmin demande au concierge des nouvelles de ses anciens camarades. Il n'en est qu'un, que ses longs services ont porté à l'emploi de valet de chambre. Il est difficile de parler à un valet de chambre, qui attend le lever de son maître. Mais le concierge est un bonhomme, étranger par sa place à toute espèce d'étiquette. Il fait asseoir Firmin, et va chercher Baptiste. Baptiste se souvient parfaitement de l'espiègle, qui faisait quelquefois rire monsieur, et qui ne manquait pas de faire danser les filles le dimanche. Il dit au concierge de le faire passer à l'office, où il ira le trouver dès qu'il sera libre.

Firmin déjeune, en attendant Baptiste, et recommence quand Baptiste est arrivé. Il sentait que ses maîtres étaient exposés au froid, et souffraient du besoin. Il sentait aussi qu'il pouvait tout perdre, en précipitant les choses. Il raconte à Baptiste une partie de ses aventures, et il a la patience d'écouter le récit verbeux du bonhomme. Il témoigne enfin le désir de présenter son hommage à son ancien maître. Baptiste lui répond qu'il se promène ordinairement en famille une heure avant le déjeuner, et qu'il saisira ce moment pour le présenter. Il faut se résigner et attendre.

M. de Perceville paraît enfin dans son parc. Il donne le bras à madame; ils sont précédés de leurs enfans, une demoiselle de seize à dix-sept ans, et un fils, qui en a douze. Baptiste présente humblement son ancien camarade; M. de Perceville adresse, avec bienveillance, quelques mots à Firmin, et passe. Firmin, désolé, court après lui; Baptiste le retient par sa redingotte; Firmin lui échappe, et il demande tout simplement un entretien particulier à monsieur et à madame. On s'éloigne des enfans, on change d'allée; Firmin s'explique. Le nom de M. de Méran entraîne avec lui l'estime et la considération. M. de Perceville n'a rien à lui refuser; il ne trouve même aucun mérite à le recevoir chez lui : le gouvernement a tellement tendu les ressorts de sa machine, que tout est prêt à rompre, et à entraîner le souverain dans la chute universelle. Cependant il faut se défier encore des dépositaires de l'autorité, fidèles, par intérêt, à un parti auquel ils doivent ce qu'ils sont.

Sous quel prétexte introduira-t-on au château M. de Méran et son ami? Quel rôle y joueront-ils? M. de Perceville et Firmin réfléchissent et se regardent. « Un chef d'escadre, dit madame de Per-« ceville, doit savoir encore assez de mathéma-« tiques pour donner les premiers élémens de « cette science à un enfant. M. de Courcelles, re-« prend Firmin, est un musicien consommé. » De ce moment il n'existe plus d'obstacles; tout est arrangé, tout est convenu.

M. de Perceville remarque que la terre est humide, et il invite sa famille à rétrograder. On rentre au château, et madame ordonne qu'on mette les chevaux à la calèche. « Mes enfans, dit « M. de Perceville, je vous ai ménagé une surprise « agréable. J'ai mandé de Limoges un professeur « de mathématiques, et un maître de piano. Je ne « réfléchissais pas qu'ils peuvent être ici dans une « heure, s'ils ont pris la diligence. Vous ne mon-« terez pas en voiture avec nous, parce que si « nous les rencontrons, nous les prendrons dans « la calèche. Je vous invite à leur marquer la bien-« veillance et les égards que vous devez à ceux qui « veulent bien vous donner des connaissances « utiles ou agréables. Baptiste, ce Firmin me « priait dans le parc de le placer chez quelque « ami en qualité de cocher. Il était déja bon pos-« tillon, quand il m'a quitté; il annonçait des dis-« positions. Cependant je veux connaître ce qu'il

« sait faire, et si je suis content de lui, je m'oc-
« cuperai de son sort. Dites à la Brie qu'il ne mon-
« tera pas sur le siége aujourd'hui. »

Firmin n'a jamais été cocher; mais il n'est pas difficile de mener à la campagne, où on rencontre à peine une voiture par heure. La calèche part; on arrive sous le vignoble, dépositaire de la vie de trois personnes. Firmin descend et va avertir ses maîtres que tout est arrangé. Mon pauvre père mourait de froid. Jules et Firmin le soulèvent sous les bras, et lui aident à marcher. M. de Perceville court au-devant de lui. Les premiers complimens sont courts : les malheureux ne sont pas parleurs, et l'homme bienfaisant s'exprime par ses actions. On place les intéressans proscrits, et en retournant au château, on les instruit de ce qu'ils doivent faire et dire.

Le premier soin de M. de Perceville est de les faire changer d'habits, avant que les domestiques puissent remarquer comment ils sont vêtus. Il leur fait prendre une redingote et un pantalon de coton blanc. Ce genre d'habit ne se reconnaît pas : il est d'un usage général, et il est de mise à neuf heures du matin. On charge une table de papiers, de crayons et d'instrumens de mathématiques; on ouvre le piano et une partition : il était temps. On voit arriver quatre gendarmes à la grille principale. M. de Méran et Jules ne les connaissent point. Il est clair qu'on a remplacé ceux qui les escortaient, et dont les chevaux

8.

étaient hors de service : voilà un avantage. Ceux-ci n'ont pour connaître les proscrits que la ressource de signalemens, toujours fautifs, et dont, par cette raison, l'application est difficile. M. de Perceville court au-devant des gendarmes, pour prévenir des questions, auxquelles les domestiques pourraient répondre de manière à compromettre les hôtes, qui viennent d'arriver. Le chef de l'escouade communique un ordre, et M. de Perceville lui sert de guide. Firmin saute par une fenêtre, jette la livrée dans une touffe de lilas, et s'arme d'une bêche ; Jérôme se réfugie dans une étable ; il s'y cache à tous les yeux, même à ceux des gens de la maison. M. de Méran prépare une première leçon ; Jules prélude sur le piano. Les gendarmes entrent, et les accords de Jules fixent leur attention. Il a la complaisance de leur toucher une sonate, et il conserve un sang-froid imperturbable. Mon père se sert alternativement de la règle et du compas ; madame de Perceville brode ; sa fille est appuyée sur le dossier de la chaise de Jules, et elle jouit ; son frère joue au volant.

Ce tableau, tout naturel, éloigne les soupçons. Les gendarmes sortent de la salle ; ils visitent tout le château ; ils passent dans le parc ; ils entrent dans le potager ; Firmin travaille, et ne daigne pas lever la tête. Il restait à voir la ferme et les bâtimens qui en dépendent, lorsqu'un second détachement paraît. L'infatigable M. de Perceville aborde cette nouvelle escouade ; personne ne peut parler qu'à lui : la curiosité des domestiques est encore en défaut. Les deux chefs sont en présence, et celui qui arrive dit que les fugitifs ont dépassé Argenton; qu'on a trouvé leur voiture et leurs chevaux sur le chemin de Châteauroux; que c'est de ce côté-là qu'il faut les chercher, et qu'il est essentiel de se réunir. En un clin d'œil, la troupe est à cheval; les commandans font beaucoup d'excuses à M. de Perceville; ils s'éloignent; le calme renaît; l'espoir brille dans tous les yeux; on déjeune : on en avait besoin.

Quand les domestiques ont eu fini leur service, que les enfans ont été reprendre leurs jeux accoutumés, on s'est demandé ce qu'on ferait de Jérôme et de Firmin. M. de Perceville n'avait pas de motif pour augmenter le nombre de ses gens, et ceux dont on s'occupait pouvaient être très-utiles encore à leurs véritables maîtres. On décide, après une courte discussion, que Firmin se logera dans une auberge à Argenton; qu'il y produira son passe-port et un certificat de service très en règle, qu'on lui fabrique à l'instant, et qu'on signe d'un nom en l'air; qu'il paraîtra chercher une nouvelle condition, et qu'il attendra les ordres de mon père et de Jules. On arrête que Jérôme tâchera de rentrer à Paris, et qu'il me remettra des lettres de M. de Méran et de son ami. Ils m'écrivent, ils écrivent à ma pauvre mère, pour la rassurer sur leur sort. M. de Perceville

fait venir Baptiste. « Je suis, lui dit-il, très-con-
« tent de Firmin, comme cocher. Il est inutile
« qu'il se fatigue là-bas, pour me prouver qu'il
« entend le jardinage. Qu'il reprenne son habit
« et qu'il entre. » Firmin paraît et reçoit ses instructions. Il cherche, il trouve Jérôme; il lui remet le paquet qui m'est destiné; il prend congé
de son ami Baptiste et part. Jérôme saute par-
dessus les murs du parc; il retrouve les détours
qui ont assuré sa marche; il évite les avant-postes
des alliés; il traverse ceux des Français, à l'aide
du passe-port que l'officieux maréchal des logis
lui a fait obtenir; il ne perd pas une heure; à
à pied, à cheval, en voiture, selon les circonstances, il arrive sous les murs de Paris, et son
cœur palpite de joie; il entre à l'hôtel; il retrouve
sa femme et son fils; il me revoit; son bonheur
est complet.

J'ai différé, pour ne pas interrompre son récit,
à te parler des deux lettres, dont une est maintenant mon unique consolation. Je les ai; elles
sont là; elles ne me quittent plus. Celle de mon
père est tendre. Il s'accuse de mes malheurs; il
me demande pardon; il espère que mon mari
échappera à la proscription. M. de Méran ne m'aurait pas écrit ainsi, il y a deux mois. Isolé, maintenant, dépouillé d'un vain éclat, il est forcé de
descendre dans son cœur, d'y chercher un appui,
de s'abandonner exclusivement à ses affections.

Oui, Claire, le malheur est bon à quelque chose : il m'a rendu mon père.

Il me demande pardon ! Jamais je n'ai eu, contre lui, le plus léger ressentiment. Il a tout sacrifié à l'orgueil, comme j'étais disposée à tout faire pour l'amour. Nos passions étaient différentes, voilà tout. Nous leur avons cédé, chacun de notre côté. La nature et son autorité étaient du sien ; je devais être sa victime. Je l'ai été ; qu'il soit heureux !

Il ne me dit pas un mot du monstre. L'homme adoré ne me parle que de lui : il veut me rétablir dans ma propre estime. Un faible enfant qu'on assassine, n'est pas, dit-il, complice de son meurtrier ; il meurt pur et innocent. Toute sa lettre est du style le plus touchant, le plus animé. C'est un cœur souffrant, déchiré, qui en a dicté les moindres expressions. Le mot *amour* ne s'y trouve pas, Claire ; mais je le devine à chaque ligne ; je crois le lire sur le blanc du papier ; il y serait sans doute, si Jules était instruit de la terrible catastrophe... Quand Jérôme est parti, M. d'Apremont vivait.

Non, je ne suis pas digne de lui. L'amour, une fausse délicatesse l'égarent. Le rebut d'un scélérat ne portera pas le nom du premier des hommes. Je veillerai sur son honneur, s'il oublie d'en prendre soin. J'ajouterai à mes maux, en résistant à mon cœur ; mais je ne partagerai pas une faiblesse, qui serait suivie d'inutiles regrets, quand

la raison ouvrirait les yeux fascinés de mon amant...
Et pourquoi te cacher le plus fort des motifs qui
s'opposent à notre commune félicité, sans lequel,
peut-être, l'amour triompherait à la longue des
plus fortes résolutions?... J'attends depuis six
jours... Je ne vois pas... m'entends-tu?... L'enfant
du crime sera haï de Jules, et en abhorrant son auteur, je sens que je serai sa mère. La force m'abandonne... mes idées s'obscurcissent... la plume
tombe de ma main.

CHAPITRE XXVIII.

Trois jours passés dans un camp russe.

Jamais autant de maux se sont-ils accumulés
sur une pauvre créature! jamais se sont-ils succédé avec cette effrayante rapidité? Que leur opposer? la résignation? j'en suis incapable; le courage? que peut-il opérer? Du moins l'accablement,
où je suis, a cela de bon qu'il rend presque insensible à la douleur.

Chaque jour, le soupçon que je t'ai exprimé
se fortifie; des symptômes se joignent au retard...
Je suis mère, mon amie, et ce titre, qui eût été
délicieux pour moi, qui m'eût enivré d'une sainte
joie, si c'était l'homme adoré... ce titre est un opprobre de plus.

Enchaînés l'un et l'autre par des circonstances
différentes; séparés, en apparence pour toujours;

faisant d'inutiles efforts pour arracher de nos cœurs un amour, qui survit à tant d'infortunes; libres enfin, par ces coups du sort, qu'on n'attend pas, qu'on ne désire pas, qui arrachent, au contraire, des regrets et des larmes sincères; maîtres de nous livrer, sans remords, à une passion invincible, qui ferait le charme du reste de notre vie, il faut renoncer encore à l'espoir le plus décevant. Il faut s'arrêter devant la nouvelle barrière que le crime a élevée entre nous. Il faut que je porte l'héroïsme de l'amour jusqu'à fixer le bonheur suprême, jusqu'à le toucher, pour ainsi dire, et ne pas oser le saisir. Son ombre chérie errera sans cesse autour de moi; sans cesse j'en sentirai le prix inestimable, et son aspect désespérant ne m'arrachera que des soupirs douloureux.

L'homme adoré et mon père sont restés chez M. de Perceville : y sont-ils encore? quel avenir leur est réservé? Jérôme croit ce M. de Perceville probe et loyal. Mais sais-je quelles idées la réflexion aura produites? Un père de famille ne se doit-il pas exclusivement aux siens? Expose-t-il sa vie, pour conserver celle de gens, estimables sans doute, mais qui lui sont inconnus? J'admets que la probité lui fasse rejeter une trahison, ne dois-je pas craindre les alarmes, qu'en pareille circonstance une mère éprouve nécessairement pour ses enfans et son époux, et quels effets terribles peut opérer son influence sur un homme habitué à l'aimer ! Il est décidé que je n'aurai plus un moment de repos. Ah! que je revoie le bien-aimé, que je l'entende, que je touche ses vêtemens, que je m'assure qu'il existe, et je pourrai vivre encore.

Que je le revoie! Ah! Claire, ce vœu est le seul que je forme maintenant. Il me soutient; il nourrit le souffle de vie qui me reste, et je sens que je ne dois pas le revoir. Une entrevue comblerait mes maux et les siens; elle m'exposerait à des combats que je n'ai plus la force de soutenir. N'importe, quel que soit le sort qui m'attend, je me dois à mon père; Jules et lui sont maintenant inséparables; je les verrai tous deux; je veux goûter encore un moment de bonheur.

Te l'avouerai-je, Claire? au sein d'une extrême débilité, ces premiers baisers d'amour se retracent à ma mémoire; ils font battre mon cœur; ils exaltent ma tête; ils m'enivrent; ils me font délirer, et je n'en jouirais plus!... Oh! encore un, encore un, et la mort après!

Mais où sont-ils? Où les chercher? Si je le savais, Claire, je partirais, je partirais à l'instant... Bonheur inattendu, inespéré!... J'entends la voix de Firmin... Je le vois... Il est là! Je te quitte pour l'entendre, pour recueillir ses moindres paroles.

Que t'ai-je dit! M. de Perceville a cédé à un premier mouvement de générosité; il n'a pas eu le courage de persévérer. Dès le troisième jour, qui a suivi l'admission des proscrits, madame de

Perceville a exprimé, avec beaucoup de politesse, des craintes, qui, je ne peux me le dissimuler, n'étaient que trop fondées. Son mari a donné à entendre que des services, dangereux pour celui qui les rend, doivent avoir un terme. Un journal, qui, par une espèce de hasard, est parvenu jusque là, a porté les alarmes à leur dernier période. Il annonçait la fin tragique de M. d'Apremont, et l'espérance de voir bientôt frapper ses complices. Jules a tremblé pour mon père et pour moi; mais il a su que je suis libre, il l'a su, Claire, et il a respecté les bienséances; il a été maître de lui jusqu'à renfermer sa joie. De ce moment, les infortunés n'ont pu se faire entendre. On comptait les heures, les minutes; on brûlait de les voir sortir du château. Mais où iront-ils? où seront-ils en sûreté?

Jules prend aussitôt une résolution désespérée, mais digne de lui. « Depuis long-temps, dit-il à « mon père, une affreuse oppression pèse sur la « France. Déja elle regarde les princes alliés comme « ses libérateurs. Osons contribuer à l'affranchir. « Allons joindre les Russes; plaçons-nous dans leurs « rangs. Justifiez, monsieur le comte, les graces « que vous ont accordées vos rois, et permettez- « moi de partager votre gloire. » Mon père l'a embrassé avec transport. M. de Perceville a applaudi à un dévouement dont il partagerait les dangers, a-t-il dit, si sa femme, jeune encore, si ses enfans, en bas âge, ne réclamaient impérieusement sa présence. Il a ouvert sa bourse, il a invité M. de Méran à y puiser. Jules avait une ceinture fournie d'or : on a remercié M. de Perceville.

On a envoyé Baptiste à Argenton. Il porte à Firmin l'ordre de revenir au château. Il arrive ; on le charge d'acheter une voiture, telle qu'il pourra se la procurer; on lui prescrit d'être à l'entrée de la ville, à dix heures du soir.

Pendant le dîner, M. de Perceville déclare poliment à ses hôtes qu'il n'est pas satisfait entièrement de leur manière d'enseigner. Son fils, à qui les mathématiques, et peut-être la méthode de mon père ne plaisent pas, laisse percer sa joie. Une larme mouille la paupière de mademoiselle de Perceville. Pauvre petite! sous tous les rapports, l'éloignement de Jules devenait nécessaire. On feint d'arrêter que ces messieurs iront coucher à Argenton, et que demain ils prendront la diligence de Châteauroux à Limoges. Ils se prêtent à cacher aux enfans, aux domestiques, que M. de Perceville a reçu des proscrits. Il ne finissait pas bien avec eux; mais l'honneur leur imposait la loi d'assurer sa tranquillité.

Sur les huit heures du soir, un cabriolet est amené devant le péristyle du château. Mon père et Jules prennent congé, montent en voiture et partent.

Le domestique, qui devait ramener le modeste équipage, s'était placé derrière : ainsi on pouvait causer. L'action du froid agissait, puissamment, sur des cerveaux qui avaient été long-temps exaltés. Ces malheureux ne voyaient plus que des périls où ils avaient mis la gloire. Comment voyager en sûreté sans aucune espèce de papiers, et si, par une espèce de miracles, on échappe à toutes les recherches, de quelle manière sera-t-on reçu des Russes, à qui on ne peut produire aucun titre? Ces réflexions étaient accablantes. Cependant on ne savait où trouver un asile; il était avantageux de s'éloigner de Velzac, et de dix plans proposés, discutés, rejetés, l'idée première de Jules est la seule où on puisse s'arrêter.

Firmin, aussi intelligent qu'exact, se trouve à l'endroit assigné. Il conduit les fugitifs à son auberge, et il va demander des chevaux à la poste, avec la hardiesse et le ton assuré d'un homme qui est parfaitement en règle. On célébrait la fête du maître. Pas un postillon ne voulait écouter Firmin; ils passaient, repassaient, pour se dispenser d'entendre, et par conséquent de partir. Le courage de Firmin commençait à faiblir; l'inquiétude allait naître sans doute, lorsqu'il aperçoit dans la cheminée un vieillard, qui paraît étranger à l'allégresse générale, qui semble ne désirer que le repos. C'est un vieux postillon, que le maître de poste loge et nourrit en reconnaissance de ses services passés. Firmin l'aborde, lui promet dix francs pour sa course, et s'engage à l'aider en tout. Le vieillard refuse. Firmin insiste;

il promet quinze francs; il en promet vingt. Le vieillard se lève de dessus son escabelle, et suit pesamment le fidèle serviteur. Ils vont à l'écurie, choisissent des chevaux, prennent des harnais, les placent : Firmin aide au bonhomme à se mettre en selle; on arrive à l'auberge; la carriole est attelée; on part.

Il est difficile d'avoir des chevaux à une première poste, quand le maître suit strictement ses instructions. On ne fait aucunes questions aux postes suivantes, et on est servi promptement, quand on paye bien les guides. Firmin payait de manière à satisfaire la cupidité; il ne donnait pas assez pour faire naître le soupçon. A l'exception de celui qui semblait communiquer à ses chevaux le poids et les glaces de l'âge, tous les postillons servaient l'impatience de nos voyageurs. Les nuits sont longues dans cette saison, et à la pointe du jour on distinguait les clochers de Vierzon. On avait couru quatorze postes; on n'était plus qu'à vingt lieues d'Orléans. Pendant toute la nuit, mon père et Jules s'étaient occupés de la manière dont ils se présenteraient aux Russes; ils cherchaient les idées, les expressions les plus propres à se les rendre favorables, lorsque, par une inspiration subite, mon père s'est souvenu qu'il a connu autrefois à Brest un marquis de Langeron, qui peut être celui qui commande avec distinction en Russie; qu'au moins il doit être parent du général, et qu'il doit y avoir de l'avantage à s'appuyer de son nom.

Déja on était levé partout, et partout on parlait de manière à dissiper les craintes des voyageurs. On attendait la subversion totale du gouvernement, et on paraissait la désirer. Les gendarmes se promenaient par les rues en redingotes bourgeoises, d'un air mélancolique, inquiet, abattu; ils ne pensaient à inquiéter personne. On change de chevaux devant eux, sans qu'ils adressent un mot aux fugitifs.

On arrive à Salbris. Les charrois militaires ont ruiné les chemins. Mon pauvre père, moulu par les cahots, demande une heure ou deux de repos. Là, le bruit se répand qu'un parti de Cosaques a poussé jusqu'à Orléans; le maître de poste refuse des chevaux. Jules lui en achète deux des plus forts, et les lui paye ce qu'il veut. On remonte en voiture; on part. C'est Firmin qui conduit.

A mesure qu'on avance, les chemins sont moins praticables. Il est trois heures, quand on parvient au haut de la colline d'où on aperçoit Orléans. On arrête, on regarde, on observe. Des partis de cavalerie battent la plaine. Ces troupes ne paraissent pas disciplinées, et c'est dans leurs bras qu'il faut se jeter. On avance; on descend la côte avec incertitude, avec anxiété. Un régiment d'infanterie, embusqué dans des vignes, se lève tout à coup. Mon père et Jules mettent pied à terre; ils agitent leur mouchoir blanc, en signe de paix; ils abordent le colonel. Cet officier parle français ; ils lui racontent leurs déplorables aventures ; ils nomment le général Langeron.

Les Russes n'ont pas toujours eu à se louer des Français, à qui ils ont accordé leur confiance. Le colonel paraissait défiant et irrésolu. Cependant l'âge de mon père, une figure noble et vénérable, un langage qui avait l'accent inimitable de la vérité, tout concourait à éloigner des idées défavorables. Pouvait-on le confondre avec ces hommes, à qui l'inconduite rend les aventures inévitables, et qui portent partout leur indigence, et des vues toujours au-dessus de ce qu'ils valent? Malgré cela, l'officier russe a cru ne devoir pas se rendre à des qualités apparentes, qui pouvaient n'être que des moyens de séduction. Il a interrogé séparément mon père, le bien-aimé et Firmin. Persuadé enfin par la conformité de leurs réponses, il leur a expédié une espèce de passeport, à la faveur duquel ils pouvaient se rendre au corps d'armée placé entre Orléans et Étampes.

On repart; on est arrêté à chaque pas par des Cosaques, qui semblent regretter de laisser échapper cette proie; on tourne la ville d'Orléans; on arrive aux avant-postes d'un corps de dix à douze mille hommes, commandé par le général Pulki. On bande les yeux aux voyageurs; on leur fait traverser le camp; on les conduit au quartier-général. Mon père se nomme, et le général fait lever les mouchoirs. Il fixe M. de Méran avec la plus grande attention ; il l'écoute avec une extrême bienveillance, avec le plus vif intérêt ; enfin il lui jette les bras au cou, et il s'écrie : « Quoi ! M. de « Méran ne reconnaît pas ce petit garde de la « marine, qu'il mettait si souvent aux arrêts, à « bord du *Tonnant !* »

Le général Pulki est un seigneur polonais, que ses parens voulaient faire entrer dans la marine royale de France. Les troubles qui bientôt agitèrent ce malheureux pays, déterminèrent sa famille à le rappeler. Après le partage de la Pologne, il entra au service de la Russie, et il est parvenu, à force de mérite, au grade d'officier-général.

Mon père a revu, avec un sensible plaisir, un homme qui lui fut recommandé autrefois ; qui donnait dès-lors les plus belles espérances, et sur qui il veillait avec une affection paternelle. La fortune ne pouvait le servir plus favorablement dans les circonstances où il se trouvait : au moment où il était sans ressources, il rencontrait un ami puissant, disposé à tout faire pour lui.

De ce moment, la maison du général est devenue la sienne. Il a été convenu qu'ils ne se quitteraient que lorsque les malheurs de notre déplorable famille seraient réparés.

A cet endroit du récit de Firmin, il m'a semblé qu'on me déchargeait d'un énorme fardeau. J'ai respiré avec plus d'aisance ; mon cœur s'est dilaté ; un sourire de Jeannette m'a rendue à une sorte de gaieté. Ah! mon amie, après tant de revers, d'angoisses, de tourmens, je voyais mon père et l'homme adoré dans un asile sûr; ils devaient m'être rendus; comment ne serais-je pas revenue à la vie et à l'amour!

Le lendemain, le général Pulki a reçu l'ordre de faire un mouvement à droite, et de se porter sur Meaux. Mon père a repris ses décorations, et il est monté à cheval. Jules marchait à côté de M. de Méran. Il formait des vœux ardens pour la délivrance de son pays; il brûlait de seconder ses libérateurs; sa figure était rayonnante. Jamais, dit Firmin, il n'avait été aussi beau. Ah! je le crois. L'amour qu'il me porte suffisait pour l'embellir; l'amour de la gloire, unie à ce premier sentiment, devait lui donner quelque chose de céleste.

Après quelques coups de canon, échangés de part et d'autre, le général Pulki est entré dans Meaux. Là, il a su que des forces immenses se rassemblaient pour faire une attaque générale sur Paris. Il a parlé franchement à mon père des dangers auxquels je pourrais être exposée si les alliés entraient de vive force dans la capitale. « L'em-
« pereur Alexandre, lui a-t-il dit, est plein de ma-
« gnanimité. Cependant il a de longues injures à
« venger, et en admettant qu'il porte la généro-
« sité à son dernier période, il n'est pas sûr qu'il
« puisse contenir des vainqueurs, irrités par une
« opiniâtre résistance. Écrivez, mon cher comte,
« à madame d'Apremont. Dites-lui qu'elle vienne,

« et que je m'estimerai heureux de lui donner des
« marques de l'éternelle reconnaissance que j'ai
« vouée à son père. »

Voilà encore deux lettres, dont je t'aurais parlé plus tôt, si je n'avais craint de couper ma narration, et de nuire à l'intérêt qu'elle a dû t'inspirer. Mon père me renouvelle les assurances du plus tendre attachement; il désire vivement me presser dans ses bras; il me conjure de ne pas laisser échapper l'occasion de me soustraire à de nouveaux malheurs. Il m'invite à suivre Firmin, dont la fidélité et l'intelligence sont éprouvées. Oh! oui, oui, je le suivrai; je ne perdrai pas un moment.

J'arrive enfin à la lettre du bien-aimé. Oh! Claire, quelle lettre! il ne me dit pas un mot de la fin déplorable de M. d'Apremont. Mais il écrit à une femme, dont les tristes nœuds sont rompus; il s'abandonne à la violence d'un amour devenu légitime; des torrens de feu jaillissent de son cœur; il brûle le papier. Il me comble de témoignages de reconnaissance, d'estime, de respect, il veut me faire oublier... ce qu'il est impossible que j'oublie jamais, ce qui nous séparera sans retour. Mais il ranime en moi cette soif d'aimer, ces transports inexprimables, ces souvenirs délicieux, qui sont autant d'ennemis que je porte dans mon sein, et auxquels je m'abandonnerai sans réserve, tant que je serai éloignée de lui.

Je suis née exclusivement pour l'amour. Ce que

la réflexion, le courage n'ont pu faire, l'idée, la seule idée de Jules, toujours constant, vient de l'opérer. Je me rattache à la vie, pour le revoir encore; je suis plus forte à présent que je l'étais il y a cinq minutes; je l'étais plus alors que pendant celles qui les ont précédées; je le serai toujours davantage par l'espoir de fixer bientôt mes yeux sur ceux de l'objet adoré.

Voilà le seul bonheur, auquel je doive, auquel je puisse prétendre : il faut que je sache encore maîtriser mes désirs. Mais quand je pense qu'il a fallu renoncer l'un à l'autre; que tout ce qu'il y a de respectable au monde s'est élevé entre nous; que j'ai tremblé pour sa vie; que je me suis sacrifiée pour la lui conserver, et qu'il est sauvé enfin, m'est-il défendu de jouir de mon dévouement, et de céder au besoin irrésistible d'être près de lui, de le voir, de lui parler, de l'entendre ?

Je fais mettre en paquets les objets dont j'ai un besoin indispensable; on en remplit les coffres de ma diligence. Je prendrai avec moi Jeannette et son fils; Jérôme prendra les guides; Firmin montera derrière la voiture; je n'abandonnerai pas des êtres qui ont tout fait pour moi. Les barrières sont libres. Je sortirai de Paris comme quelqu'un qui va prendre l'air dans les environs. J'abandonnerai l'hôtel et tout ce qu'il renferme : que m'importe ce qui n'est pas amour et amitié?

Dans une demi-heure je serai en route; dans une demi-heure, je ne ferai plus un pas qui ne me rapproche de lui. Combien ton amie est heureuse! Jeannette prétend que les roses reparaissent sur mes joues. Il est certain qu'à chaque instant je surprends le sourire sur mes lèvres, et que rien n'embellit autant que le bonheur. On m'appelle; je quitte la plume; je ne la reprendrai que quand j'aurai vu le bien-aimé. Oh! Claire, que de choses j'aurai à te dire! et un mot les renferme toutes : amour, amour, amour, toujours amour...........................

....

Il est là, mon amie; il est debout derrière moi; sa main est appuyée sur mon épaule; il lit ce que je t'écris, et je ne m'y oppose pas. Il sait combien je l'aime; il connaît la résolution cruelle que j'ai prise; je lui en ai dévoilé le motif; qu'ai-je à lui cacher maintenant?

Je ne perdrai pas de temps à te rendre compte des détails de mon voyage. Nous avons rencontré quelques détachemens français et russes. Les premiers nous ont fait des questions. J'ai répondu, selon les lieux, tantôt que je suis de Claye, tantôt que j'habite Meaux, et que je fais prendre l'air à mon enfant, qui dort dans les bras de sa nourrice. J'ai fait voir aux Russes le passe-port que le général Pulki a donné à Firmin. Je suis arrivée, sans avoir éprouvé de difficultés réelles, au quartier-général, établi au centre de la ville.

Firmin dit à Jérôme d'arrêter. Je baisse la glace,

et lorsque mon œil avide va se porter sur les croisées de la maison, un cri frappe mon oreille. Un ange, un dieu s'élance, se précipite; il ouvre la portière; il me reçoit dans ses bras. Je sens mon cœur battre contre le sien; je suis ivre de joie, de bonheur, et cependant je détourne la tête; la bouche adorée ne doit pas se reposer sur des lèvres que l'infâme a souillées. L'homme charmant ne rencontre que mes joues; il ne peut que les effleurer, et ce léger contact électrise tout mon être.

Mon père paraît. J'oublie, en le voyant, tous les maux, dont il est la cause première, et je le comble de caresses. Le général se présente; il me salue, il se félicite de pouvoir être utile à la fille d'un ancien ami. Il ajoute, aux premiers complimens, de ces choses flatteuses, qu'on ne manque jamais d'adresser à une femme un peu jolie. Nous entrons, nous montons; le bien-aimé m'a présenté la main; je ne vois, je n'entends plus que lui.

M. de Méran a pensé sans doute que deux êtres éperdûment amoureux, et qui se retrouvent, après une longue et cruelle séparation, ont le plus pressant besoin d'épancher des cœurs trop long-temps comprimés. Il a emmené le général, sous prétexte de lui parler d'affaires importantes. Il n'est plus le temps où on épiait toutes nos démarches; où on s'efforçait d'intercepter jusqu'à nos pensées! la fortune nous a comblés l'un et l'autre de ses dons, et tous les obstacles semblent disparaître. Il en est un qu'aucune puissance humaine ne peut lever.

Nous étions seuls. J'étais plongée dans une sorte d'extase, d'abnégation de moi-même. J'étais tout Jules; je m'étais identifiée avec lui; je ne pouvais être que lui. Il tombe à mes genoux; il me porte tous les hommages d'un cœur brûlant, et pénétré de reconnaissance. Il me rappelle que nous sommes libres tous deux; que je me suis dévouée pour lui conserver la vie, et que son devoir, sa suprême félicité seront de me consacrer la sienne. Il prévient ma réponse. L'amour, dit-il, doit s'enorgueillir de ses sacrifices, quelque humilians qu'ils paraissent, et c'est à lui seul qu'il appartient d'effacer les souillures du crime. Il invoque les lois divines et humaines; il invoque l'ivresse même où je suis plongée en ce moment; il me supplie de me rendre et de lui promettre ma main.

Les larmes inondent mon visage, les sanglots me suffoquent. « Malheureux ! tu ne sais pas tout.
« — Que puis-je craindre maintenant ? — Je n'ose
« te le dire, et je ne peux me taire. — Parlez, au
« nom de Dieu, parlez. — Hé bien, je porte un
« gage de l'infamie dont j'ai été couverte. — Ciel !
« juste ciel ! qu'ai-je entendu ! — Je serai mère;
« j'aimerai cet enfant, qui n'est pas coupable des
« atrocités de son père, et tu ne pourras l'envi-
« sager sans horreur. — Je ne verrai en lui que

« l'enfant de mon Adèle. — Il t'enlèvera la fortune
« de M. d'Apremont. — Je n'y ai aucun droit, et
« je suis riche pour deux. — Mais quand ton
« amour sera calmé par la jouissance... —La jouis-
« sance, dis-tu! tu ne la connais pas. Pourquoi
« juges-tu de ses effets? — Quand ta raison s'élè-
« vera contre toi... — C'est d'après elle que je te
« juge, et que je te proclame la première des fem-
« mes. — Que dira le monde? — Que m'importe
« son opinion? — Un honnête homme ne peut vi-
« vre sans estime. — Mes semblables m'approu-
« veront. »

Je ne savais plus que lui dire. Ses réponses ne me persuadaient pas; mais elles me prouvaient l'excès de son amour. Je me suis penchée vers lui, attendrie, hors de moi. J'ai pris ses mains dans mes mains; j'ai porté ma bouche sur sa bouche. Des torrens de feu et de volupté circulaient dans mes veines; j'oubliais mes maux, ma honte, l'avenir. J'étais incapable de rien apprécier que l'amour qui me dominait sans partage.

Il s'est dégagé le premier; il a repoussé mes bras, qui le pressaient sur mon sein. « Tu me
« résistes, m'a-t-il dit, et tu vois que tu ne peux
« vivre sans moi. Abandonne-toi, sans réserve, à
« l'homme qui t'adore, et dont tu auras le dernier
« soupir. Sois ma femme, et je serai fier d'être ton
« époux. Que le monde applaudisse à une union,
« qui servira de modèle à tous les amans. Tu ne
« peux opposer à ton cœur et au mien que de

« misérables préjugés : prêter l'oreille à leur voix
« insidieuse, c'est empoisonner ta vie, la mienne
« et celle de tes parens. Rends-toi, Adèle, rends-
« toi. » Il était prosterné à mes pieds. Il s'est relevé ; il s'est rapproché de moi ; il a essayé encore
la puissance de ces baisers de feu dont il sait que
je ne peux me défendre. Il a voulu me faire sou-
haiter un autre avenir, en ajoutant aux désirs
dont il me voyait dévorée. Je me suis dégagée à
mon tour. J'entendais, moi, qu'il tînt tout de ma
volonté, et rien du délire dans lequel il m'avait
plongée.

« Non, je ne peux vivre sans toi; mais jamais
« je ne consentirai à ton déshonneur. J'ai fait
« beaucoup pour l'amour, et je suis prête à faire
« davantage. Je ne peux être ta femme, et je con-
« sens avec joie à descendre au rang de ta maî-
« tresse. J'ai renoncé, pour te sauver, à mon hon-
« neur privé ; je t'offre à présent le sacrifice de
« ma réputation publique. Le veux-tu? parle, et
« je tombe dans tes bras. »

Il s'est éloigné, saisi d'un sentiment de terreur.
Il s'est écrié que jamais il n'avilira ce qu'il adore.
J'étais décidée à vaincre, à mettre un terme à ses
privations et aux miennes, à me l'attacher plus
étroitement par l'attrait du plaisir. J'ai été à lui ;
je l'ai ramené sur cette ottomane, qu'il ne regardait qu'avec effroi. Je l'ai couvert des plus vives
caresses ; j'ai porté au dernier terme le désordre
de ses sens ; je l'ai provoqué, pressé par tous les

moyens qui pouvaient m'assurer la victoire... Nous avons acquitté enfin toutes les dettes de l'amour.

Moment ravissant, céleste, divin, dont je n'avais pas même d'idée; bonheur inexprimable, qui semble nous élever au-dessus de nous-mêmes, vous êtes gravés en traits ineffaçables dans ma mémoire et dans mon cœur. Non, je ne vous ai pas trop achetés par les plus horribles souffrances. S'il le fallait, je paierais du même prix un jour, une heure, une minute de cette inconcevable félicité. Je m'arrête, Claire; je ne peux te peindre ce que j'éprouve; je ne trouve pas de mots; je m'arrête malgré moi.

« Je triomphe, lui ai-je dit enfin. Je suis à toi,
« et tu es encore M. de Courcelles, le digne héri-
« tier d'un grand nom. Que gagnerais-tu mainte-
« nant à être mon époux? Quel bonheur nouveau
« aurais-je à t'offrir? Nourrissons, perpétuons,
« éternisons celui dont nous venons de jouir, et
« nous n'aurons plus de vœux à former. »

Il fondait en larmes auprès de moi; il paraissait bourrelé de remords. J'ai recueilli ces larmes précieuses; mes baisers en ont tari la source, et ont rouvert son cœur à la volupté... Je me tais, Claire : il est des choses dont on parle avec délices dans le premier élan du cœur, et sur lesquelles la décence se plaît ensuite à jeter un voile épais.

Il est là; je te l'ai dit. Il m'interrompt, il m'embrasse... il revient à notre mariage, il me supplie...

il m'embrasse encore... Je te quitte, Claire... je... je reviens à toi; je reprends mon récit.

Mon père et le général sont rentrés. Le comte de Pulki m'a fixée, et s'est écrié : Elle est charmante. Ah! je devais l'être : je n'ai pas vingt ans, et j'étais au comble du bonheur.

On a parlé long-temps de mes malheurs, de ceux qui ont pesé sur tout ce qui m'est cher. Déja ces souvenirs étaient loin de moi. Concentrée dans les plus délicieuses pensées, j'ai pris une faible part à la conversation. On s'est étendu ensuite sur les affaires publiques; on a conjecturé, établi des probabilités, et j'ai cessé d'écouter. J'étais assise en face du bien-aimé. Je ne voyais que lui, je ne pouvais entendre que lui, et, quoiqu'il ne parlât point, je lisais dans son ame comme dans la mienne : elle avait passé toute entière dans ses yeux.

On a dîné. Mon père s'est emparé de la conversation, et l'a portée sur moi et sur l'homme adoré. Il s'est complu à raconter à M. de Pulki l'histoire de nos premières amours; des revers qui nous ont séparés. Il a laissé échapper quelques mots sur l'espoir d'un plus heureux avenir, sur la possibilité d'oublier enfin tant d'infortunes, lorsque le délai, que me prescrivent les bienséances et les lois, sera expiré. Jules a relevé avec vivacité des expressions favorables à ses vues. Je l'ai regardé d'un air mécontent et sévère; il a continué. Il veut me forcer à être sa femme. Je le répète : je ne le serai jamais.

J'ai cru devoir détruire, sans retour, des projets qu'il m'aurait fallu combattre plus tard, et qui ne pouvaient que me tourmenter. J'ai pris la parole, et j'ai protesté de la sincérité de mon amour, de mon éternelle fidélité ; mais j'ai déclaré, du ton le plus ferme, que jamais je n'épouserai M. de Courcelles. Mon père a paru stupéfait, et l'étonnement lui a ôté, pendant quelques minutes, l'usage de la voix. Il a semblé craindre que ma raison fût aliénée. En effet, comment concilier un refus aussi positif avec les transports dont il a été autrefois témoin, avec le double aveu que je venais de prononcer ? Il m'a interrogé avec beaucoup de douceur, avec le ton de la plus touchante anxiété. Le moment était décisif, et je voulais donner à mes désastres une publicité telle que le bien-aimé n'osât braver l'improbation générale. En présence de M. de Pulki, de ses aides-de-camp, et des domestiques, j'ai raconté comment j'ai été obsédée par le monstre, quelles puissantes raisons m'ont déterminée à tomber sous ses coups ; j'ai ajouté que je porte dans mon sein un gage de ses atroces amours.

L'indignation et la pitié se sont peintes dans tous les yeux. La colère dominait sur la figure de mon père. Ses muscles étaient en contraction ; ses lèvres étaient agitées de mouvemens convulsifs; il articulait avec peine le nom de des Audrets. Un morne silence a régné dans l'assemblée, et la tristesse générale a hâté la fin du repas. On s'est levé; j'ai regardé Jules; il me suivait. M. de Méran s'est mis entre lui et moi. Il m'a conduite à la chambre qui m'est destinée, et là, il m'a accablée de reproches sanglans. Il prétend que j'ai dévoilé, sans nécessité, des horreurs que doit étouffer la sagesse des familles; que j'ai déshonoré son nom; que de tels aveux seraient tout au plus excusables dans la bouche d'une femme du peuple, qui chercherait à inspirer de l'intérêt. Son ton était exaspéré; ses gestes contraints indiquaient la violence qu'il se faisait; il oubliait qu'il parlait à une femme, qui s'est sacrifiée une fois pour lui, et qui ne lui doit maintenant que de la tendresse et du respect. Je ne suis point sortie des bornes qu'établit la qualité ineffaçable de fille; mais j'ai répondu avec la fermeté décente qui convient à une femme libre. J'ai répété ce que je t'ai déja dit, ce que j'ai dit à Jules lui-même sur l'impossibilité d'un tel mariage. Mon père, étourdi d'un ton que je n'avais pas pris encore avec lui, s'est modéré aussitôt. Il a passé de la colère aux plaintes et aux tendres reproches; il m'a parlé du retour prochain de nos rois, et de la loi que je lui impose d'ensevelir au fond d'une terre les titres les plus distingués à la faveur. Il a cru me gagner en me peignant avec chaleur l'amour, les privations et la douleur de Jules.

J'ai répondu, avec l'accent de la modération, que c'est à l'amour seul qu'il appartient de défendre sa cause, parce que personne n'est éloquent comme lui; que Jules m'a attaquée avec une force d'idées et de moyens, qui n'entrent pas dans un cœur indifférent; que je lui ai résisté; que je résisterai à l'univers, à moi-même, et que jamais je ne l'épouserai.

Mon père m'a opposé alors un raisonnement qui m'a embarrassée. « M. de Courcelles vous aime
« assez, m'a-t-il dit, pour vous épouser, indépen-
« damment de tant d'événemens déplorables, qui
« bientôt deviendront publics. Sa main est la seule
« ressource qui vous reste. On a vu des époux irré-
« prochables rétablir la réputation équivoque de
« celles qu'ils ont épousées. Vous vous croyez dés
« honorée? Pourquoi refuser l'avantage inappré-
« ciable, qui vous est offert, pour traîner un nom
« avili? Expliquez-vous franchement : qui voulez-
« vous charger de votre opprobre, d'un père, ou
« de votre amant? »

Il était difficile de répondre à cette question d'une manière satisfaisante; il ne l'était pas de prouver que l'égoïsme l'avait dictée : je me suis décidée à l'éluder. « Jules ne peut se déclarer le
« père de l'enfant d'un scélérat, et je ne saurais
« soutenir l'idée d'exposer cet enfant au mépris,

« et à la haine d'un étranger, ou de n'oser lui don-
« ner mes soins, sans rougir pour mon époux. »

Mon père est sorti, et il m'a sans doute envoyé Jules. L'homme adorable est venu renouveler ses instances, ses prières, ses supplications. Il a parlé avec une éloquence entraînante, et pour me défendre de son ascendant, il fallait que je l'aimasse jusqu'à l'idolâtrie. « Mon ami, parle-moi de « ton amour, de ton bonheur, du mien, de la « scène délicieuse qui s'est passée ce matin. Je « t'appartiens. Sois heureux autant que tu vou- « dras l'être, et sois sûr que je partagerai ta fé- « licité.

« J'ai trahi la confiance de M. de Méran, s'est-il « écrié. J'ai réellement déshonoré sa fille, puis- « qu'elle a partagé mes transports. Je suis coupa- « ble, je le sens, j'en fais l'aveu; mais jamais je « ne serai un homme vil. Non, je n'ajouterai point « à mes remords. Je jure, par l'amour et l'hon- « neur, de vous respecter jusqu'à ce que le ma- « riage ait légitimé la plus violente passion. Le « mariage seul peut effacer le délire auquel je me « suis abandonné, et me rétablir dans ma propre « estime. En refusant ma main, vous me condam- « nez, au mépris de moi-même, à traîner partout « une conscience bourrelée. — Sois toujours mon « amant; le titre de ta maîtresse me suffit; jamais « je ne serai ton épouse. »

Ils ont mis Jeannette dans leurs intérêts. Pour la première fois, elle ne pense pas comme ton

Adèle. Elle parle, elle parle; bien ou mal, elle ne cesse de parler. Je n'écouterai personne.

Le bien-aimé m'évite; il sent donc sa faiblesse. Laissons-lui l'inutile orgueil de vouloir se vaincre. L'orgueil n'est qu'une sensation : que peut-il contre l'amour et la nature ?

Accablée sous les premiers myrtes que j'ai cueillis, satisfaite de sauver mon amant du blâme et même du ridicule, j'ai dormi d'un sommeil profond. Je me suis éveillée, calme, heureuse, et, je crois, embellie. Qu'il y a long-temps que je n'ai joui d'une nuit semblable!

Je suis descendue. M. de Pulki m'a témoigné les plus grands égards; ses aides-de-camp m'ont comblée de marques de respect. Non, ces braves gens ne me croient pas avilie. Peut-être ne le suis-je pas, Claire... Mais cet enfant... cet enfant!...

On m'invite à passer dans la salle à manger; on se met à table; on déjeune. Un officier supérieur se présente; il parle assez long-temps à l'oreille du général. « Est-il possible, s'écrie le « comte; êtes-vous bien sûr de ce que vous me « dites là? — Général, j'ai la correspondance dans « ma poche. — Voyons cela, monsieur, voyons « cela. » L'officier tire un paquet; le général parcourt les différentes pièces. « Oh! le malheureux! « s'est-il écrié encore. Le malheureux! A quel « point il m'a trompé! A qui désormais accorde-« rai-je ma confiance!... M. de Méran, M. de

« Courcelles, soyez bien convaincus que vous êtes
« étrangers à la réflexion qui vient de m'échap-
« per. Mais ce misérable !...

« Il arrive, je ne sais comment à mon état-
« major; il me fait l'histoire des dangers préten-
« dus, à travers lesquels il est parvenu jusqu'à
« moi. Il me présente des brevets en bonne forme,
« qui me prouvent qu'il est colonel au service de
« France. Il se plaint amèrement de la tyrannie
« qui pèse sur son pays, d'un passe-droit qu'il a
« essuyé. Il parle facilement, et son langage a
« l'accent de la vérité. Je le présente à mon sou-
« verain, comme un officier remarquable et mé-
« content. Il obtient un régiment, et il se distin-
« gue dans plusieurs occasions. Je me félicitais de
« lui avoir été utile; j'allais appeler sur lui de
« nouvelles faveurs, et j'apprends, j'ai la preuve
« écrite que cet homme est un traître, un vil es-
« pion. Qu'on me l'amène, et que je l'accable de
« reproches, avant que de le livrer à un conseil
« de guerre. Avez-vous entendu, messieurs, parler
« en France du colonel Dénisson ? — Non, géné-
« ral. — L'ingratitude et la perfidie sont les vices
« les plus bas, et en même temps les plus dan-
« gereux. Je ferai un exemple terrible... Oh! qu'il
« est cruel d'être ainsi trompé ! »

J'ai cherché à adoucir le général. Je lui ai représenté que ce malheureux colonel a peut-être
été forcé, par des circonstances, inconnues encore, à jouer le rôle vil qui va lui coûter la vie;

que les lois de la guerre sont déja tellement dures, qu'il serait cruel d'y rien ajouter. Je sentais, Claire, que je suis Française, et je défendais un compatriote de tous mes moyens. Mon père et Jules se sont joints à moi : le général a été inexorable. « Un espion ordinaire, a-t-il dit, sait
« qu'il joue sa tête contre une somme déterminée.
« Il perd, ou il gagne; il est préparé à tout. C'est
« une couleuvre qui se cache, qui rampe, qui se
« glisse, et qu'on écrase quand on la découvre.
« Mais quelle qualification donner à un homme
« qui s'annonce avec faste; qui paraît avoir les
« sentimens les plus généreux; qui surprend ma
« confiance; qui acquiert l'estime de l'armée pour
« la perdre plus sûrement, et qui joint, à l'adresse
« de mener une trâme inouïe, la lâcheté insigne
« de m'insulter dans sa correspondance ? Prenez,
« madame ; lisez, messieurs, et prononcez. »

Une des pièces contient les railleries les plus piquantes, les plus amères sur le compte du général. Il y est dépeint comme un homme crédule, sans discernement, sans pénétration, et qu'il n'y a pas de mérite à tromper. Je sens que l'amour-propre de M. de Pulki est trop vivement, trop justement blessé pour qu'il puisse pardonner, et je ne me permets pas d'insister davantage.

Les mouvemens des différens corps russes sont indiqués dans un autre écrit. On établit des conjectures très-vraisemblables sur leurs projets; on ouvre différens avis, sur les moyens de forcer les alliés à s'éloigner de Paris, et partout on trouve une grande connaissance de la guerre, et une plume exercée : c'est ainsi du moins qu'ont prononcé le général et M. de Méran.

Quand une idée occupe presque exclusivement, on a la faiblesse d'y tout rapporter, et te l'avouerai-je, Claire, en compulsant ces papiers, en les examinant, il me semble que l'écriture ne m'est pas étrangère... Je rejette une idée, dépourvue de toute espèce de vraisemblance. L'officier, qui a reçu l'ordre d'amener le colonel Dénisson, rentre et annonce que cet homme a refusé d'obéir; qu'il s'est défendu opiniâtrement; qu'il a fallu le réduire, par le nombre et la force; le terrasser, le garrotter, et qu'enfin il va paraître. Il ajoute que le paysan, sur qui les dépêches ont été saisies, est dans l'antichambre.

La curiosité est de tous les âges et de tous les temps. Mon père, le bien-aimé et moi nous nous levons et nous passons à l'antichambre. Nous regardons attentivement ce misérable; la compassion se peint sans doute dans nos traits, et il frissonne en nous voyant. Ce mouvement me rend plus attentive encore. Mon père et Jules paraissent frappés, comme moi, de la terreur que notre aspect imprime dans l'ame de ce malheureux. Nous nous écrions ensemble qu'il ne nous est pas inconnu; nous allons l'interroger... La porte d'entrée s'ouvre... Au milieu d'une garde nombreuse... Mes yeux me trompent-ils !... Non,

non. Oh! mon Dieu, vous êtes juste, et partout vous atteignez le criminel.

Je pousse un cri d'effroi et d'horreur; Jules et mon père s'élancent sur le monstre; les soldats qui le gardent, peuvent à peine les écarter. Des Audrets, des Audrets, des Audrets, voilà le nom qui éclate, qui est répété autour de nous. La soif de la vengeance se réveille en moi; j'excite, je pousse Jules; je lui demande du sang. Je le retiens; je le supplie. Le mal est sans remède : je désarme son bras.

« Arrêtez, arrêtez, s'écrie de son côté le géné-
« ral. Ne souillez pas vos mains; c'est au bourreau
« à châtier l'infâme : il expiera tous ses crimes à
« la fois. Un homme est venu des bords de la
« Néva pour vous rendre la justice que vous ont
« refusée vos compatriotes. »

Croiras-tu qu'au moment où la mort planait sur sa tête, ce misérable a conservé son sang-froid et son audace? Il me regardait avec dédain, pendant que je lui reprochais ses attentats, que je l'accusais, en sanglotant, de m'avoir réduite à n'oser jamais prendre le nom de mon amant.

« Je prévois le sort qui m'est réservé, a-t-il dit
« fièrement au général Pulki. Finissez et délivrez-
« moi des imprécations de cette femme. Ce qui
« me console, ce qui me soutient, c'est que ma
« vengeance me survivra. Il n'est pas de puissance
« qui parvienne à empêcher mon enfant d'hériter
« de l'immense fortune de d'Apremont, et toi,

« Courcelles, tu ne peux, avec tes préjugés, épou-
« ser, sans t'avilir, une femme que j'ai eue, que
« le dégoût m'a fait quitter, et que je te laisse
« enceinte de ce que vous appelez les œuvres du
« crime. Je vais mourir; mais souvenez-vous que
« vous êtes morts mille fois de vos alarmes et de
« vos douleurs, et qu'il vous est impossible de
« me rendre le mal que je vous ai fait. »

Jules et mon père frémissaient de rage, et pouvaient à peine se contenir. Une scène aussi violente était au-dessus de mes forces. Je suis retournée à la salle à manger, et je me suis laissée aller dans un fauteuil. Je ne sais ce qui s'est dit, ce qui s'est fait, pendant quelques minutes. Le bien-aimé et mon père sont rentrés; je me suis sentie pressée dans leurs bras, et j'ai respiré librement.

Pendant deux grandes heures, nous avons été seuls dans la maison. Quand M. de Pulki a paru, les impressions qui m'avaient déchirée, commençaient à se calmer; j'étais capable d'écouter et de comprendre.

Le prétendu paysan, porteur des dépêches, est le domestique du monstre, et l'espoir d'obtenir sa grace, lui a fait tout révéler. Le scélérat avait reçu à Paris, pour sa correspondance, un alphabet en chiffres, qu'il a perdu, avec une partie de ses équipages, dans les plaines de la Champagne, et pour s'exposer moins, il s'est servi de la main de son valet. C'est cet homme, qui,

sous la dictée de son maître, a écrit la lettre que j'ai reçue à Velzac, et qui me laissait le choix de l'infamie ou de la mort de ce que j'avais de plus cher. C'est lui qui a fabriqué la correspondance supposée; qui a été, la nuit, l'enterrer dans le jardin de mon père, et qui a conduit les sbires qui ont arrêté les deux infortunés. Il a fait d'autres révélations encore, qui nous sont étrangères; mais qui prouvent une habitude, et un besoin insatiable de crimes. Le conseil de guerre est assemblé. Il va procéder sur tous ces chefs d'accusation, et le général requiert notre témoignage. « Vengeance, vengeance, s'écrient Jules et mon « père en se levant. » Je ne peux me décider à les suivre, à me trouver une seconde fois en présence de l'infâme; à entrer dans les détails de mes malheurs et de ma honte. « Songez, dit le géné-
« ral, que dans trois jours, peut-être, nous serons
« dans Paris, et qu'un gouvernement paternel fera
« droit à vos réclamations. Vous devez à M. d'A-
« premont de faire réhabiliter sa mémoire, et il
« est possible d'ôter sa succession à un enfant qui
« n'y a aucun droit. Pour arriver à ce but, il faut
« des pièces régulières et probantes. Elles ne peu-
« vent l'être, qu'autant que votre témoignage con-
« firmera les aveux que le criminel a commencés
« dans cette chambre, et qu'avec un peu d'a-
« dresse on lui fera développer devant le conseil
« de guerre.

« — Général, le supplice qu'a subi mon époux

« n'a rien d'infamant, et le vœu qu'il a prononcé
« en plein tribunal, pour le retour de nos rois
« légitimes, honore sa mémoire. Ainsi je n'ai pas
« de réhabilitation à poursuivre. Le gouvernement
« actuel me repousserait, et celui que nous espé-
« rons, que nous attendons, consacrera les noms
« de ses serviteurs fidèles.

« M. d'Apremont n'avait plus de parens : qu'im-
« porte donc à qui appartiendra la portion de ses
« biens qu'il ne m'a pas donnée en m'épousant?
« Ce qui serait affligeant, cruel pour moi, serait
« d'ajouter une cause aux causes malheureuse-
« ment célèbres; de porter, devant les tribunaux,
« une affaire scandaleuse; de faire imprimer, pour
« éclairer mes juges, des mémoires que le public
« lirait avec avidité; qui me rendraient l'objet des
« conversations générales, et peut-être du mépris
« universel. De très-fortes raisons, un mouvement
« d'enthousiasme, m'ont portée à me découvrir
« devant vous, monsieur le comte, et devant votre
« état-major. C'en est assez. Je ne rougirai pas ail-
« leurs, et je veux, dès ce moment, m'envelopper
« du voile épais qui doit couvrir le reste de ma vie.

« D'ailleurs, quelle serait l'issue d'un semblable
« procès? J'ai la conviction intime que l'infortuné
« d'Apremont n'est pas le père de mon enfant;
« mais comment le persuader aux juges, lorsqu'il
« est connu que j'ai toujours habité avec mon
« mari, et que je lui ai donné mes soins jusqu'à

« sa dernière heure? Je vous rends grace, géné-
« ral, de l'intérêt que vous me portez : c'est lui
« qui vous fait croire à des résultats impossibles
« à obtenir. Permettez que je ne suive pas vos
« conseils; mais vengez-moi, vous en avez le pou-
« voir, et je vous supplie de le faire. »

M. de Pulki n'a pas insisté. Mon père et le bien-aimé sont sortis avec lui, et je suis restée à mes réflexions. Il en est une, Claire, dont la justesse te frappera. Personne, je viens de le dire, ne peut établir de prétentions fondées aux biens de M. d'Apremont. Cet enfant tient la vie d'un homme abhorré; mais ne suis-je pas sa mère? Le condamnerais-je à l'indigence, en le faisant déclarer illégitime, si cela était en mon pouvoir? m'accuserait-il un jour d'être aussi barbare que son infâme père? — Non, qu'il jouisse d'une fortune que la loi lui assure et qu'on ne lui enviera point.

Mais si un sentiment anticipé, une affection, pressentie plutôt que réelle, me parlent en faveur de l'innocente créature, je suis impatiente de voir punir son détestable auteur. Il mourra, chargé de ma haine, de mes imprécations. Un mouvement de pitié m'a égarée, lorsque dans cette même chambre, Jules allait le frapper... Non, ce n'est pas la pitié qui lui a arraché le glaive de la main; c'est la crainte que l'infâme meure, sans éprouver une partie des tourmens dont il m'a accablée.

Qu'il souffre, qu'il souffre long-temps. Je suivrai d'un œil avide l'instrument de son supplice; je jouirai de ses douleurs, de ses cris; je voudrais pouvoir me baigner dans son sang.

Ah! Claire, Claire, en me parlant ainsi, j'étais devant une glace; j'y ai involontairement porté la vue... Mes yeux étincelans semblaient vouloir sortir de leur orbite; mes joues étaient pourprées; mes lèvres décolorées et tremblantes; mon sein, tous mes membres étaient agités de mouvemens convulsifs... Je me suis fait horreur. Haïr, est un supplice : comment une femme si jeune, si aimante a-t-elle pu donner accès dans son cœur à une passion infernale?... Que dis-je? Mes fureurs sont légitimes. Le monstre m'a forcée à recevoir ses affreuses caresses; il a tué mon époux; il a menacé la vie de mon père et de Jules; il m'a réduite à n'oser avouer désormais un sentiment enchanteur; à n'être que la maîtresse de l'homme dont je m'honorerais d'être l'épouse; à ne jamais me relever de l'état abject où je suis descendue, à ne rien attendre de l'avenir... Non, rien, rien. Ah! qu'il meure; qu'il expire dans des tourmens affreux.

Mon père et mon amant rentrent et m'abordent avec une joie féroce. Le monstre et son valet sont condamnés à mourir du supplice du knout (1).

---

(1) On attache les mains du criminel derrière le dos. On

Jules, si sensible, si humain, parcourt la chambre à grands pas; elle retentit de ses vociférations. Mon père répond à ses cris; je mêle ma voix à la leur. Nous ne nous entendons pas, et comment nous entendre? Des exclamations, des mots sans suite s'échappent, avec l'accent de la rage. Une charrette, chargée de bois de charpente, s'arrête sur la place; Jules s'écrie : voilà l'échafaud, et il ouvre les croisées. Nous nous pressons sur un balcon ; nous suivons le moindre mouvement des ouvriers; chaque coup de marteau nous fait éprouver une jouissance.

Le peuple s'assemble. On s'arrête devant nous; on nous fixe, et nous ne voyons que l'échafaud. Jeannette accourt; elle nous fait remarquer que la surprise et le mécontentement se peignent sur toutes les physionomies; que des murmures commencent à s'élever. Je regarde mon père et Jules; ils m'effrayent, comme une heure auparavant, je m'étais effrayée moi-même. Je leur prends la main ; je les entraîne; je les conduis devant cette glace, qui rend si fidèlement les mouvemens hon-

---

l'enlève par le moyen d'une poulie, fixée à une potence, ce qui lui disloque les bras à l'omoplate.

Le bourreau est armé d'une espèce de fouet, formé d'une longue courroie de cuir très-dur, et de deux lignes d'épaisseur. Chaque coup de fouet enlève une bande de peau, du cou au bas des reins.

teux de l'ame. La confusion nous fait baisser les yeux à tous trois. Nous sortons de cette chambre, sans proférer un mot; nous allons nous cacher dans un bâtiment qui est au fond de la cour; nous voudrions pouvoir nous cacher à nous-mêmes.

Un roulement de tambours annonce l'arrivée des coupables. Une réflexion nouvelle me frappe; un trait douloureux pénètre au fond de mon cœur. L'idée du crime s'affaiblit à mesure que le moment fatal approche; celui sur qui j'ai appelé la mort, dont on va mettre le corps en lambeaux, n'est plus que le père de mon enfant; chaque goutte du sang qui va couler, est de celui qui vit dans mon sein... Je sors, poursuivie par cette idée; je gagne une porte de derrière, qui ouvre sur les champs; je marche au hasard, égarée, éperdue. Jules et mon père m'ont suivie; ils me soutiennent sous les bras, ils me conduisent à un petit village; nous entrons dans une méchante auberge.

Jeannette vient nous y joindre; il était temps: l'hôte ne savait quelle opinion il devait se faire de nous. Le désordre de notre maintien et de nos expressions ajoutait, à chaque instant, à son incertitude. Quelques mots de Jeannette ont mis cet homme à son aise, et son auberge à notre disposition. Nous nous sommes enfermés dans une chambre, et chacun de nous sentait, isolément, que la vengeance est le plaisir des tigres.

Firmin et Jérôme sont venus nous avertir que

tout était fini; qu'il ne restait plus de traces de ce qui venait de se passer, et que nous pouvions retourner au quartier-général. Ils ont voulu assister à l'épouvantable exécution, et elle a fait sur eux l'impression la plus profonde. Ils étaient pâles, défigurés; ils se soutenaient à peine. Ils allaient entrer dans des détails: je n'ai rien voulu entendre.

Nous avons rencontré le général, qui venait au-devant de nous. Il a eu la discrétion de ne pas nous parler de ce misérable. Son air ouvert, une conversation, variée et attachante, a dissipé peu à peu les idées sombres qui nous affectaient.

Ce corps d'armée vient de recevoir l'ordre de se porter sur Claye : il paraît que le sort de Paris et de la France va être très-incessamment décidé. Quel qu'il soit, nous n'avons plus rien à craindre : nous avons la preuve écrite que les papiers dont on s'est servi contre Jules et mon père, ont été fabriqués par leur persécuteur.

Puissions-nous rentrer enfin dans nos foyers, et y trouver la paix, qui nous fuit depuis si longtemps.

CHAPITRE XXVIII.

Conclusion.

Je n'avais pas encore d'idée de la guerre; je ne me figurais pas ce qu'est une armée. Un pays dévasté; des maisons incendiées, sans motifs; des habitans ruinés, pour des intérêts qui ne sont pas les leurs; des époux, des pères désespérés du déshonneur de leurs femmes et de leurs filles ; des mères éplorées tombant aux genoux du soldat qui leur a arraché leur dernier morceau de pain ; des figures hâves, des spectres, parcourant les rues, et sollicitant humblement la pitié du vainqueur; la rapacité cherchant dans les recoins les plus cachés, enlevant une dernière poignée de farine, de froment, de légumes; des chariots, entrant dans la ville, chargés des dernières dépouilles de nos campagnes ; des boulangers contraints de préparer des alimens, dont il leur est défendu de prendre la moindre parcelle ; des troupes insensibles à ce spectacle, et qui oublient qu'elles ont une patrie et des parens, voilà ce que j'ai vu, ce qui a navré mon cœur.

J'ai pris le bras de Jules. J'ai parcouru les rues de Meaux. J'entrais partout où je voyais couler des larmes; j'offrais de l'or; on me bénissait, et on refusait mes dons. C'est du pain qu'il fallait, et je n'en avais point à donner.

Plus loin, un immense appareil de guerre se déploie. Ici des faisceaux d'armes ; là, cent pièces d'artillerie, des caissons, des instrumens à faire rougir des boulets; ailleurs des bataillons se forment, s'exercent à l'art affreux de la destruction; des chefs impitoyables punissent une négligence comme un crime. L'Europe est couverte de sang; n'importe, il n'en a pas coulé assez encore. Il faut détruire, toujours détruire; l'enfer semble s'être emparé de la terre, et en avoir banni, sans retour, les vertus simples et touchantes. Tremblez, monarques, qui, pour satisfaire votre détestable ambition, accumulez tous les maux sur la triste humanité. Vos contemporains se taisent; mais ils vous jugent, et la postérité, armée de l'inexorable histoire, confirmera leur jugement.

Je rentre, honteuse d'appartenir à l'espèce humaine. Je descends dans mon cœur, et j'y cherche l'amour, pour l'opposer aux sentimens douloureux qui m'agitent. Jules est là, et bientôt je ne vois plus que lui. Je prends sa main, il la retire; il recule, je le suis. Je l'invoque, et il sort. Un instant après je reçois ce billet: « Je ne dois, je « ne veux tenir mon bonheur que de madame de « Courcelles. » Je réponds : « Les privations que « vous nous imposerez n'empêcheront pas que « j'aie été un instant votre maîtresse: jamais je « ne serai votre épouse. »

Il est maître de lui! Voilà ce que je ne conçois pas, et ce qui pourtant me paraîtrait possible, si je ne l'avais vu ardent, impétueux, délirant, buvant à longs traits dans la coupe de la volupté. Il a connu le bonheur suprême, et il peut y renoncer! Est-ce vertu, est-ce orgueil? c'est vertu, et je me montrerai aussi forte que lui. Je vivrai pour lui, pour lui seul; je l'adorerai, comme un être au-dessus de l'humanité; mais je ne le dépouillerai pas de l'auréole de gloire dont je ceins sa tête en ce moment. Il ne rougira pas en présence de ceux qui connaissent mes malheurs; jamais l'enfant d'un monstre ne l'appellera son père.

Que vois-je? Que signifient ces apprêts? Que porte-t-on dans la chambre de mon père?... J'y cours. Il examine le tranchant d'un sabre; des pistolets sont sur sa table; il a endossé l'uniforme des volontaires russes, et il a soixante ans! Je m'écrie; il me ferme la bouche de sa main. «Nous « n'avons pas pris cet habit pour nous soustraire « aux recherches de nos ennemis; mais pour nous « présenter devant eux. Nous devons la vie aux « Russes, et nous nous montrerons dignes de « leurs bienfaits. Nous devenons leurs alliés, et « nous combattrons ensemble tout ce qui s'op- « posera au rétablissement du pouvoir légitime. « Épargnez-vous, ma fille, des représentations « inutiles : notre parti est pris irrévocablement. « — Et ma mère, ma mère! Que deviendra-t-elle? « Qui la consolera de ses chagrins présens et de « ceux que vous lui préparez, peut-être? Occu- « pez-vous d'elle, mon père, si je ne vous inspire « plus aucune espèce d'intérêt. Vous voulez com- « battre! que sont deux hommes de plus dans « une armée, et que nous restera-t-il, si nous « vous perdons tous deux? le désespoir et la « mort. — Ma fille, vous cédez à l'impulsion de « votre cœur, et vous remplissez un devoir en ce « moment; nous ferons aussi le nôtre. La recon-

« naissance, l'honneur, la patrie nous appellent ;
« nous ne serons pas sourds à leur voix. — Mais
« votre âge, mon père... — Une ame guerrière
« est toujours maîtresse du corps qu'elle anime.
« — Mais réfléchissez, je vous en supplie... — Je
« vous le répète, madame, épargnez-vous des re-
« présentations inutiles, et laissez-moi. » Son front
était sévère; son ton absolu. Je connais son in-
flexibilité; j'ai senti que je ne gagnerais rien sur
lui; mais j'ai cru pouvoir tout attendre de l'amour.

J'ai passé chez Jules. Il avait aussi pris l'uniforme. Claire, c'était Adonis sous l'armure de
Mars. Jamais il ne m'avait paru aussi beau; jamais la crainte de le perdre ne m'avait autant torturée. Les mouvemens impétueux, dont j'étais
agitée, m'ont rendue aussi éloquente que forte en
raisonnemens. Le barbare n'avait rien de positif
à me répondre; il m'a opposé l'honneur, toujours
l'honneur. Ah! c'est avec ce mot qu'on porte des
millions d'hommes à s'entr'égorger. « L'honneur,
« cruel, l'honneur, dis-tu? Consiste-t-il à con-
« damner ton amante à des larmes éternelles, ou
« à lui plonger un poignard dans le sein? Quoi !
« tu veux sacrifier, à des chimères, le bonheur
« du reste de ta vie, et jusqu'au souvenir des mo-
« mens délicieux que nous avons passés ensem-
« ble ! Tu braves, tu dédaignes cet honneur, quand
« tu sollicites ma main, et tu deviens son esclave,
« quand il faut t'arracher de mes bras, et aller
« t'exposer à la mort ! Tu ne combattras pas; je

« ne le veux pas, je te le défends : voyons si tu
« comptes encore ton Adèle pour quelque chose. »

Un regard douloureux a été sa seule réponse.
Une larme a mouillé sa paupière. Je me suis avancée pour la recueillir; il a pris mes mains; il les a baisées avec transport; il m'a baisée au front. J'ai voulu l'enlacer dans mes bras, épuiser cette fureur guerrière au sein de la volupté... Le barbare s'est dégagé; il m'est échappé encore... il a laissé ses armes; je les tiens... Hé! qu'en ferai-je? Ces instrumens de mort sont-ils les seuls qu'il puisse se procurer?

Je descends, je cherche, je trouve le général. Je tombe à ses pieds; je lui demande, en sanglottant, la vie de mon père, celle de mon amant, la mienne. Il me relève; il me presse sur son cœur; il me répond, il raisonne... Hé, sont-ce des raisons que je lui demande! Qu'il les arrête, qu'il s'assure d'eux, qu'il les charge de fers, s'il le faut; mais qu'ils restent... Il ne m'écoute plus, il est déja loin.

Le tambour bat, la trompette sonne. On ne s'entend pas dans cette maison. Je la parcours comme une insensée... Je ne sais plus à qui m'adresser. J'appelle Jeannette, Jérôme, Firmin. Je les conjure, je les supplie de s'opposer aux projets meurtriers de leurs maîtres... Hélas, que peuvent-ils? J'entends du bruit dans la rue; je me précipite à une croisée... les troupes commencent à défiler. Je retourne à la chambre de mon père... il est sorti. Je vole à celle de Jules... il n'y est pas. Malheureuse! pourquoi l'ai-je quitté ? Il n'est pas de puissance qui l'eût arraché de mes bras; il se serait rendu peut-être à mes larmes, à mes caresses... Pourquoi l'ai-je quitté! pourquoi l'ai-je quitté!

Je les suivrai, je les suivrai. Je me jetterai, s'il le faut, au milieu des armes et des combattans. Je n'ai plus rien à craindre, pas même la mort. Je les trouverai; ils ne souffriront pas qu'une femme leur fasse un rempart de son corps; ils rétrograderont, s'ils veulent que je me dérobe aux coups. « Jérôme, Jérôme, mettez les chevaux à ma ber-« line, je veux partir à l'instant... » Les chevaux, ma voiture sont enlevés; on a tout prévu. Je fais courir partout. « Une charrette, un cheval... qu'on « les paye au poids de l'or. »

Jérôme, dit-il, ne peut rien trouver... Je sors, je vais moi-même de maison en maison... Il a raison; les Russes ont tout enlevé... Ils ne m'ont pas ôté mon courage; je partirai à pied.

Jeannette me supplie de me modérer, de réfléchir. Deux heures, dit-elle, sont déjà écoulées; le corps du général Pulki s'est joint à d'autres troupes. Où trouver maintenant deux hommes, perdus dans une multitude, qui s'accroît à chaque instant? M'exposerai-je aux affronts répétés d'une soldatesque sans frein? Veux-je ajouter à mon déshonneur, me rendre plus indigne encore de mon amant, ne plus oser lever les yeux sur lui, quand je le retrouverai? Si l'amour est une passion invincible, la pudeur est-elle une chimère, et renonce-t-elle volontairement à ses lois, celle qui veut plaire et être aimée encore?

Pour me rendre attentive, pour me retenir, pour me vaincre, elle ne pouvait m'opposer que mon cœur. J'ai consulté les vrais intérêts de l'amour, et j'ai senti la solidité des raisonnemens de Jeannette. Mais en lui cédant, j'étais horriblement tourmentée; je ne pouvais plus me reposer sur de délicieux souvenirs; je ne voyais que l'avenir; et il s'offrait à moi sous l'aspect le plus effrayant.

Ils ont formé et suivi un plan, dans lequel Jeannette est entrée. Quand je me suis rendue, qu'elle m'a vue décidée à rester à Meaux, où j'ignorais ce que je ferais, ce que je deviendrais, elle a cru, dit-elle, pouvoir me rendre au repos et à l'espérance. Du repos! les cœurs déchirés n'en connaissent plus. Mais ils s'ouvrent avec avidité à la moindre lueur d'espoir; ils interrogent, ils consultent, disposés à croire ceux qui voudront les abuser: Jeannette m'a remis une lettre du bien-aimé.

Il ne craint, quand il m'écrit, ni mon ascendant ni sa faiblesse; il s'abandonne, sans réserve, à une passion, qu'il combat sans cesse, quand il est auprès de moi; sa plume est toujours brûlante. Il me peint en traits ineffaçables les efforts cruels qu'il a faits pour me résister; les angoisses qu'il a éprouvées, en s'éloignant sans me parler, sans me voir, sans reposer encore ses yeux sur les miens, sans y lire mon amour, mon abandon, mon ivresse. Insensé! que ne restais-tu? que ne faisais-tu circuler, dans mes veines, ce feu divin que tu aurais partagé avec moi? que n'épuisais-tu ces trésors de volupté, par qui la vie est tout; sans qui elle n'est rien, quand on les a connus? Mais tu ne pouvais, dis-tu, abandonner mon père, déterminé à combattre et à mériter la bienveillance de son roi; tu devais contribuer de tes faibles moyens à renverser le despotisme le plus désastreux qui ait pesé sur l'espèce humaine. Ne mépriserais-je pas moi-même un lâche qui ne saurait qu'aimer? Tu crois que l'amour est aussi une providence; il veillera sur ta vie; il te ramènera à mes pieds, brillant de quelque gloire. La gloire, ingrat! ai-je tenu à la mienne, quand ta vie a été menacée? Ne t'ai-je pas sacrifié sans hésiter, honneur, repos, félicité? J'ai fait plus, peut-être : j'ai surmonté l'inexprimable dégoût que m'inspirait une union monstrueuse. Et qu'as-tu fait pour moi? tu m'as accordé un moment de délices, que tu me fais payer par les plus vives alarmes qui puissent torturer une femme aimante ; tu m'abandonnes à mon cœur et à mes sens, pour courir après des chimères. Que t'importe l'éloge d'une bouche froide? le compareras-tu à un baiser de la mienne? Tu obtiendras des rubans ? que sont ces hochets, auprès de la couronne de myrtes et de roses dont ma main a ceint ton front, et qu'elle aurait renouvelée tous les jours, à toutes les heures, à tous les momens? Tu iras briguer à la cour un regard de protection, que tu n'obtiendras pas, peut-être, quand tu peux régner sur nos bons villageois, et voir en moi la première de tes sujettes!

Quelle foule de réflexions a fait naître en moi cette lettre! Non, les hommes, agités, sans cesse, par des mouvemens impétueux, et souvent opposés, ne peuvent point savoir aimer. C'est dans le silence, le recueillement, la méditation, dans une sorte d'abnégation de soi-même, qui est propre à notre sexe, que l'amour naît, croît, se développe, devient un sentiment exclusif, et s'identifie entièrement avec nous. Il nous suffit, il comble tous nos vœux; l'être adoré alors est l'ame de notre vie; nous ne pouvons plus voir et sentir que par lui. Notre gloire est dans notre constance, dans les soins, les prévenances, les caresses, qui assurent, à notre amant, un bonheur, sans lequel il n'en est plus pour nous. L'homme veut une autre espèce de gloire, il l'avoue, il le proclame : l'homme ne sait pas aimer... éloignons, s'il est possible, ces idées affligeantes.

Demain, à la pointe du jour, ajoute l'homme adoré, on attaquera Paris, et le succès n'est pas douteux. Les Russes ont poussé devant eux quelques corps de troupes françaises; ainsi les derrières sont libres. A huit heures du matin, je trouverai, à la sortie de Meaux, une voiture et une escorte de cavalerie, qui me conduiront à Saint-Denis, à l'auberge de l'Arbalète, où le bien-aimé viendra, après l'action, se réunir à moi. Demain à huit heures du matin ! Et on aura attaqué au point du jour ! Peut-être, quand je monterai en voiture, aurai-je déja tout perdu... Le succès n'est point douteux, dit-il ! Ignore-t-il de quels prodiges les Français sont capables ? Si les alliés succombent, sa tête et celle de mon père seront doublement proscrites. Si les Français sont accablés par le nombre, que de larmes coûtera encore cette fatale journée !

Qu'ont fait aux rois les habitans paisibles, qu'on arrache à leurs familles, à leurs travaux, pour les traîner à la guerre ? Qu'importe à ces malheureux que telle limite soit portée là, ou reculée ici ? Quelques milles carrés de terrain valent-ils le sang dont on les arrose ? Déja l'Europe est un vaste cimetière, et demain la terre couvrira encore des milliers d'hommes, pleins de vie aujourd'hui, et qui marcheront au-devant de leur destruction et du néant.

C'est dans ces réflexions déchirantes que s'est passée cette interminable nuit. Jeannette a tout fait pour me rassurer, pour me consoler. Jeannette a auprès d'elle son mari et son enfant : il est facile d'écouter la raison, de calculer des probabilités, quand on n'a rien à craindre pour soi, ni pour les siens. Mais ton amie, Claire, ta déplorable amie est maintenant seule au monde, et elle ne prévoit que des malheurs. Elle voudrait échapper à elle-même, et son cœur la suit partout.

Le soleil se lève. Il va éclairer de nouveaux crimes, décorés du titre pompeux d'exploits... Mon Dieu, veille sur mon amant et mon père, conserve-les-moi, ramène-les-moi.

Jérôme est allé attendre, hors la ville, la voiture et l'escorte que m'annonce le bien-aimé. Je vais partir; et j'ignore si des circonstances imprévues ne me jetteront pas hors de ma route; ne m'éloigneront pas, pour long-temps, des êtres précieux que je chercherai. Il ne faut pour cela que rencontrer un piquet de troupes françaises... Quelle vie que la mienne! Qu'elle soit heureuse enfin, ou qu'elle finisse.

Jérôme rentre. Il me dit qu'on m'attend. Il prend mes paquets; nous sortons. Je traverse la ville, appuyée sur le bras de Jeannette. Les habitans, que je rencontre, paraissent me plaindre... Ah! la mort doit être sur ma figure, comme elle est dans mon cœur.

Je vois une assez bonne voiture, qu'entourent une vingtaine d'hommes à cheval. Un jeune officier vient au-devant de moi. Il m'apprend qu'il est chargé, par le général Pulki, de veiller rigoureusement à ma sûreté, et il ajoute qu'il s'honore d'avoir cette mission à remplir. Ce jeune homme parle très-bien français, et je m'en félicite : je peux l'interroger, et fixer au moins mes idées. Il tient à un corps de cavalerie, qui ne doit pas prendre part à l'action : il paraît qu'on a mis en observation une certaine partie des forces des alliés. Il ne croit pas que l'affaire soit longue, ni meurtrière, parce que les Français ont en tête des forces trop supérieures pour qu'ils puissent espérer de se défendre avec succès... Que le ciel l'entende et m'exauce.

Il a fallu arrêter à Claye, pour rafraîchir les chevaux. Je reste sur la porte de l'auberge; je demande à tous ceux qui viennent du côté de Paris, si on a quelques nouvelles. Les uns prétendent que les alliés reculent; d'autres assurent qu'ils gagnent du terrain; tous s'accordent à dire que l'affaire a commencé à six heures du matin. A six heures! et il en est dix! Que de sang a déja coulé! Ah! Claire! Claire!

Des hommes se mettent ventre à terre, et paraissent écouter attentivement. Je demande à l'officier ce qu'ils font : ils se reposent, me dit-il. Ils se reposent, et ils se relèvent aussitôt avec l'expression d'une profonde mélancolie! Cherche-t-on à me tromper? Je passe dans le jardin avec Jeannette; je veux répéter ce que ces hommes ont fait dans la rue. Jeannette me retient; je m'éloigne. Elle m'appelle, elle me suit; je ne l'écoute pas, je la repousse. Je me couche sur le gazon... Oui, oui, on a voulu m'abuser. Un bruit sourd de coups de canon, multipliés à l'infini, frappe mon oreille.. Jugez de l'impression qu'il fait sur moi, puisqu'il affecte douloureusement des gens étrangers à ce

qui se passe... « Partons! m'écrié-je. Partons sans
« différer. Je ne peux supporter l'affreuse anxiété
« qui me tue. Je veux connaître mon sort. »

A une lieue de Claye, j'entends distinctement
l'artillerie, et chaque coup me semble dirigé
contre Jules et mon père. Je me réfugie dans le
sein de Jeannette; je crois y trouver un asile :
insensée! en est-il un pour moi?

Nous prenons sur la droite, pour tourner Paris, et arriver à Saint-Denis, par Clichy, et les
derrières de Montmartre. L'explosion d'une mousqueterie soutenue se joint à celle du canon. Déjà
j'aperçois des tourbillons de fumée, qui couvrent
une partie de la ville; je crois entendre les cris
des mourans.

Des charrettes viennent à nous. Elles sont encombrées de malheureux, mutilés, couverts de
sang et de fange. Leur physionomie, pâle et défaite, a encore une force d'expression, qui annonce des douleurs cruelles. Je ne peux soutenir
cet affreux spectacle; je cache mon visage dans
mes mains. Je me relève; je reproche à l'officier
de s'être joué de ma crédulité. Il fait signe à Jeannette de baisser les stores. Je ne respire plus, je
ne vis plus. Quand finira cette nouvelle agonie?

Ma voiture s'arrête enfin; nous sommes à Saint-
Denis. On m'invite à descendre. Les rues sont
jonchées de blessés, de mourans. On les transporte, on les entasse dans les maisons, les granges, les écuries, les églises. Ils périront faute d'air

et de soins. Et c'est là qu'on a placé la gloire ! Ces infortunés doivent la maudire.

J'ai été frappée aussitôt de l'idée terrible que Jules pouvait être parmi eux. Ce nouveau genre d'exaspération m'a rendu quelque force, et m'a fait supporter l'aspect de ce que la nature a de plus hideux. Soutenue par mon officier, j'errais à travers ces misérables ; j'examinais leurs vêtemens ; je cherchais leurs traits sous les voiles de la mort, et quand j'avais acquis la certitude que celui que je regardais n'était pas l'homme adoré, je me livrais à une joie féroce, et je passais plus loin.

L'officier était stupéfait de ma persévérance, et de l'énergie qui avait succédé à des mouvemens d'horreur. Sans doute il ne concevait pas qu'une jeune femme pût repaître ses yeux d'un spectacle qui blessait les siens. Quelques mots, qui me sont échappés, l'ont instruit de mon secret et du motif de mes démarches. « S'il arrivait quelque chose
« à M. de Courcelles, m'a-t-il dit, on ne le con-
« fondrait pas avec les blessés ordinaires. Ceux-ci
« sont malheureusement trop nombreux, pour
« qu'on puisse leur donner tous les soins que ré-
« clame l'humanité. Mais nous avons à chaque
« état-major de l'armée des litières destinées aux
« officiers de marque, et bien certainement le gé-
« néral Pulki en ferait donner une à votre ami,
« si malheureusement il en avait besoin. Permet-
« tez, madame, que je vous conduise chez vous ;
« j'irai ensuite m'informer des noms des officiers

« supérieurs et des volontaires nobles, qui sont
« déja transportés ici. — Et si on l'avait conduit
« ailleurs? — Cela n'est pas présumable. Saint-
« Denis est l'endroit le plus voisin de l'armée, et
« c'est celui qui offre le plus de ressources. —
« Au nom de Dieu, ne me trompez pas. — Je
« vous le jure. »

Je rentrais à mon auberge; l'officier allait s'éloigner. J'ai pensé tout à coup que, par des ménagemens cruels, ce jeune homme pourrait me priver de la triste satisfaction de revoir le bien-aimé, de l'embrasser encore, de mêler mon dernier souffle au sien, d'expirer avec lui. J'ai repris le bras de l'officier. « Ne soyez pas offensé, lui « ai-je dit, que, dans une affaire de cette impor- « tance, je ne m'en rapporte qu'à moi. » J'ai été partout avec lui. Je me suis convaincue que Jules et mon père ne sont pas au nombre des blessés...
« Mais s'ils sont morts ! S'ils sont là-bas, étendus
« sur la terre, foulés aux pieds des hommes et
« des chevaux... vous êtes humain, vous êtes sen-
« sible, guidez-moi, monsieur, allons recueillir ces
« restes précieux, ou nous assurer que la mort a
« respecté des têtes si chères. » Il m'a opposé des raisons, qui ne persuadent pas une amante; j'ai insisté vivement, je l'ai menacé de partir seule. Il s'est jeté au-devant de moi; il a saisi mes mains; il m'a entraînée à l'auberge. Il a placé deux sentinelles en dehors de ma porte; il a ordonné à

Jeannette et à Jérôme de se tenir devant la croisée, et de ne pas me permettre de l'ouvrir.

Il a senti qu'un étranger est déplacé auprès d'une jeune femme, éperdue, désespérée ; il a jugé que mon cœur avait besoin de s'épancher ; il a reconnu que Jeannette et son mari ont toute ma confiance ; il m'a laissée avec eux.

Ainsi on s'assure de moi ! Je ne peux savoir ce que j'ai à espérer ou à craindre ! Quelle situation ! Je t'ai fatiguée souvent de mes plaintes répétées ; je croyais avoir souffert tout ce qui peut frapper la plus malheureuse créature : mes maux n'étaient rien, Claire, comparés à ce que je souffre à présent.

Le canon tire sans relâche. Les Français, dit Jérôme, se battent en désespérés. Un reste d'armée arrête toutes les forces de l'Europe réunies et combinées. Des enfans, qui n'ont pas vu le feu encore, servent les pièces avec l'intrépidité, le sang-froid, et le talent des plus vieux artilleurs... Il est deux heures ; il y en a huit que le sang coule à flots... Ah ! je n'ai plus d'amant ; je n'ai plus de père.

Une voiture arrête à la porte de l'auberge. Jeannette se tourne et pousse un cri douloureux. Je m'élance ; on me retient ; n'importe, j'ai reconnu mon père... Il est à cheval... Il est seul !... J'ouvre la porte ; je me précipite... Les sentinelles n'ont pu que m'entrevoir... Je suis dans la rue...

« Où est Jules, mon père, où est-il ?... Parlez, ou
« je meurs. »

Mes yeux avides, égarés, se portent dans l'intérieur de la voiture... Je reconnais Firmin... Il est profondément affligé... Sans doute le bien-aimé est là... Est-il vivant encore ? Pourra-t-il recevoir mes derniers adieux ?... J'écarte tous ceux qui veulent me retenir... Je suis dans la litière... Je ne sais comment j'y suis entrée... Il est là !... Il est là !.. Sa main a légèrement pressé la mienne... Je tombe évanouie à côté de lui.

Je reviens à moi. Je suis sur un lit, et à quatre pas il y en a un second. Ah! on a senti qu'on ne devait plus nous séparer; qu'on ne pouvait pas priver deux êtres, qui n'ont pu vivre l'un pour l'autre, de la satisfaction de mourir ensemble.

Je me lève; je m'approche, en frémissant, de ce lit funèbre. Le malheureux me voit, et un sourire, presque imperceptible, vient effleurer ses lèvres. Quel bien ce sourire m'a fait! il a ranimé mon cœur déja glacé... Mais quelle est sa blessure ?... Est-elle dangereuse ?... Personne ne me répond... Je ne voulais, il y a un moment, que le revoir encore, l'embrasser pour la dernière fois... Maintenant c'est sa vie que je demande... Je me jette à genoux; je prends sa main; je la couvre de baisers et de larmes... J'invoque le ciel, je le supplie; je reviens à mon amant; je retourne à Dieu... Je me lève, j'interroge... « Répondez-
« moi donc, mon père, vous qui me sacrifiez

« pour la seconde fois. » Il m'a répondu enfin. Un coup de feu terrible... Un coup de feu dans le corps!... « Ah! c'est votre détestable ambition « qui l'a tué!... Des titres, des cordons, des grâ- « ces!... Tout cela vaut-il une goutte de son « sang! » J'ai vu des larmes rouler sur les joues de M. de Méran... « Pardon, pardon, mon père... « Sais-je ce que je fais, ce que je dis!... Excusez « les expressions du plus affreux désespoir... » Je n'ose me jeter dans ses bras; je lui ouvre les miens; il s'y précipite; il me presse contre son sein; il veut que j'espère; il cherche à me consoler... De l'espoir! je n'en ai plus. Que m'importent des consolations stériles! il n'y a de repos pour moi que dans la tombe. J'y descendrai avec lui.

Que font là ces deux étrangers?... Ah! ce sont des chirurgiens. Je les emmène dans une chambre voisine; je les presse de questions... Ils ont beaucoup à craindre; mais ils sont loin de désespérer. Je leur offre mon or, mes diamans, ma fortune; je donnerais tout mon sang, si mon sang pouvait le sauver... *Ils sont loin de désespérer!* Ah! s'il faut qu'il meure, me le diront-ils? Ne voient-ils pas que ma vie est attachée à celle de mon amant?

Mon père vient à moi. « Ma chère enfant, Jules « te demande. — Il me demande!... Il parle donc « encore! Je vole...

« Modérez votre douleur, Adèle, et ne me pri- « vez pas du plaisir de vous voir. — Ah! oui, tu

« me verras, tu me verras toujours, sans cesse.
« Que tu vives ou que tu meures, je ne te quit-
« terai plus. Je m'établis dans cette chambre, mon
« père; on ferait de vains efforts pour m'en ar-
« racher. »

Je le fixe pour la première fois... Les roses de ses joues sont éteintes, ses yeux ont perdu leur expression, ses lèvres sont décolorées, et cependant l'amour respire encore dans tous ses traits.

Voilà, diras-tu peut-être, une remarque bien futile, dans un semblable moment. Elle doit paraître telle à un cœur froid; pour le tien, il n'en est pas qui soit indifférente. Sens-tu combien il est important pour moi de savoir que je suis encore aimée? Même vie, ou même mort, voilà notre destinée.

J'ai traîné un grand fauteuil près de son lit. C'est la place qui me convient; c'est celle où me fixent l'amour et le devoir.

On veut me distraire. On me fait remarquer que le bruit du canon a cessé. On me dit que Paris s'est rendu à des conditions honorables. Hé, que me fait Paris? que me fait l'univers? l'homme adoré est mourant.

Mes yeux sont sans cesse fixés sur les siens. Laissent-ils échapper une étincelle de vie? Je crois me sentir renaître. Se ferment-ils un moment? il me semble qu'ils ne doivent se rouvrir jamais, et je retombe dans des crises violentes. Ceux qui sont autour de moi, me témoignent le plus vif intérêt, me prodiguent leurs soins... Ils me fatiguent, ils me déplaisent. Ce ne sont pas des marques de pitié qu'il me faut, c'est Jules que je leur demande... Insensée! dépend-il d'eux de me le rendre?

Pendant des heures entières, je tiens une de ses mains dans les miennes; je compte les battemens de son pouls; j'en calcule l'inégalité, la faiblesse ou la force; je suis sa respiration; j'épie les opérations de la nature. Hélas! l'avenir est encore couvert d'un voile impénétrable.

Oh! combien il paraît satisfait de m'avoir auprès de lui! de temps en temps un regard plein de charme, me remercie de tant d'amour, d'assiduité, de persévérance. Ah! tu ne me dois rien; pourrais-je vivre, si je te quittais un moment?

Les chirurgiens reviennent, ils vont lever l'appareil. On veut que je me retire : la décence l'exige, dit mon père. « Hé, que me parlez-vous « de vertus de convention? Les miennes sont « celles de la nature; elle m'ordonne de rester; je « lui obéirai. Quoi, ces filles respectables, qui se « vouent au soulagement de l'humanité, ne quit-« tent pas un mourant qui leur est étranger, et « par des considérations frivoles, j'abandonne-« rais un homme que j'adore! Jamais, jamais. » Claire, un sourire du bien-aimé, une légère pression de sa main ont été la récompense de mon dévouement et de ma fermeté.

J'ai vu lever l'appareil; j'ai contemplé sa blessure; j'en ai eu le courage. J'y ai laissé tomber une larme... Bientôt toute mon attention s'est portée sur les chirurgiens. Je cherchais mon arrêt dans un mot équivoque, dans leurs regards, dans leur maintien... Tout se tait en eux!... Ah! n'est-ce pas s'exprimer clairement? ils parleraient, s'ils avaient quelque chose de consolant à me dire... Dieu, mon Dieu!... il faut donc perdre... me séparer... m'anéantir... Je ne trouve plus d'expressions, Claire, je n'ai plus même d'idées.

Il veut parler. Je fais de longs, de pénibles efforts; je rappelle mes sens; j'approche encore mon oreille; je suis avide de recueillir ses derniers mots. Ah!... ah! le malheureux désespère de sa vie. « Mourrai-je, dit-il, d'une voix éteinte, sans « emporter le titre de votre époux? » Non, Claire, je ne lui opposerai plus ces vertus de convention, auxquelles tout à l'heure mon père voulait me soumettre, et dont je me suis affranchie. Non, il n'est plus de considération qui me retienne, puisque je n'ai plus d'avenir. Il n'aura pas formé un vœu inutile. Trop heureuse, si en remplissant le dernier, peut-être, que m'adressera son cœur, je pouvais contribuer à le ramener à la vie! « Oui, « mon ami, mon bien-aimé; oui, mon père, je « me rends. »

« — Les lois, ma fille, ne vous permettent pas « de disposer de vous encore; mais la religion « vous offre son secours. — Ah! qu'elle consacre « une union, qui durera peu sur la terre; mais

« qui nous en préparera une qui ne finira jamais. »
Mon père sort. Un sentiment de calme et de bonheur semble ranimer l'être adoré; il me remercie.
« Hé, de quoi, mon ami? te complaire, n'est-ce
« pas être heureuse encore? »

Je vais donc, pour la seconde fois, m'engager auprès du lit d'un mourant. A la première, j'ai juré de renoncer au bonheur de ma vie; à celle-ci, je jurerai du fond de l'ame, de ne pas survivre à l'époux de mon cœur, et je tiendrai mon serment.

Mon père rentre; il introduit un vieux prêtre hongrois, qui parle à peine français; on prépare tout pour l'auguste cérémonie.

Il n'y a ici, Claire, ni la pompe, ni le luxe qu'on étale aux mariages de convenance, et par lesquels on croit étourdir la victime. On appelle l'attention de la Divinité sur deux cœurs, unis par de longues infortunes, et que la mort même ne peut séparer. Mon père, Jeannette, Jérôme et le ciel, voilà nos témoins. Nous prions tous avec ferveur; nous demandons tous la vie de l'infortuné. N'est-il pas parmi nous un cœur assez pur pour l'obtenir !

Tout est terminé, je suis sa femme, il est mon époux. Mon Dieu, laissez-le-moi. N'ai-je pas assez souffert? Ne suis-je pas digne, devant vous, de quelques années de félicité?

Cette union, si triste dans de pareilles circonstances; cette union, l'objet de tous ses vœux...

et des miens, Claire, quoique je m'y sois constamment refusée; cette union, qui semblait devoir le ranimer, a ajouté à sa faiblesse! moi-même, je me sens mal, très-mal... Ah! sans doute, la perte de son sang; la contention d'esprit que produit nécessairement un pareil moment; mes alarmes toujours croissantes, des secousses violentes; des fatigues au-dessus de mes forces, tout a contribué à produire l'affaiblissement où il est tombé, et les douleurs internes que j'éprouve. Je me sens malade, bien malade; le mal augmentera, je n'en doute point. Mais quoi qu'il arrive, je viens d'acquérir des droits sacrés, incontestables; personne n'a celui de m'arracher de cette chambre. Nous confondrons notre dernier soupir.

Son accablement, sa faiblesse et mes douleurs augmentent. On cherche en vain les chirurgiens, obligés de se partager entre tant de malheureux... Ils ne peuvent plus rien pour lui; que feraient-ils pour moi? Je ne veux plus de secours humains. Que les portes de l'éternité s'ouvrent pour nous deux.

. . . .
. . . .
. . . .
. . . .
. . . .
. . . .

Après huit jours d'alternatives, plus ou moins alarmantes, nous revenons l'un et l'autre à la vie. La nature m'a délivrée avec effort d'un fruit, qui ne pouvait pas prospérer dans mon sein. Voilà déja un premier bienfait de la Providence, qui veut me laisser jouir de toute la plénitude du bonheur d'être à lui. Il a été, trois jours et trois nuits, sur les bords de la tombe; ceux qui nous gardaient, n'attendaient que le moment de l'y voir descendre. J'étais mourante alors, et mon père gémissait sur sa fille et sur son meilleur ami.

Quand mes yeux se sont rouverts à la lumière, ils se sont portés avec effroi sur le lit du bien-aimé; je tremblais de ne plus l'y revoir. Agité, tourmenté par la crainte et l'espérance, il semblait chercher, dans mes traits, un reste de vie, et désespérer de l'y trouver. Le malheureux! il n'avait pas assez de ses maux : il fallait encore qu'il souffrît des miens... Le mouvement que j'ai fait, lui a arraché un cri de joie.

A l'instant, j'ai été entourée de mes fidèles amis. Le médecin a prononcé qu'il répondait de M. de Courcelles, puisqu'il cessait de craindre pour moi. Dès-lors, l'inquiétude, l'affliction ont été bannies sans retour. Tous nos cœurs se sont ouverts à l'allégresse, à ces sentimens doux, que depuis long-temps nous ne connaissions plus. Il manquait beaucoup encore à mon bonheur. J'ai étendu mes bras vers Jules; Jeannette m'a devinée. Elle a fait signe à son mari; ils ont roulé mon lit contre celui du bien-aimé. J'ai touché ses mains, ses bras, son cœur; j'ai respiré son haleine ; je ne pouvais me convaincre assez qu'il fût vivant encore. Je lui parlais, il me répondait ; il parlait à son tour, nous parlions ensemble ; nous ne nous entendions plus, et cependant nous étions dans l'ivresse.

On nous recommandait une extrême modération : les jouissances de l'ame ne sont pas dangereuses, et nous en étions si avides ! Chacun de nous avait à célébrer une espèce de résurrection ; chacun de nous s'applaudissait de renaître dans l'objet adoré ; chacun de nous jurait de lui consacrer une vie, que l'amour embellira jusqu'au dernier moment.

Silence... Plus bas au moins : voilà les mots qu'on répétait sans cesse autour de nous, et que nous n'écoutions pas. La bonne Jeannette a cru tout concilier en rapprochant nos oreillers. Nous nous sommes parlé à voix basse, et l'amour y a gagné : plus de contrainte, plus de choix dans les expressions. L'abandon le plus absolu a ajouté au délire, qui nous agitait si délicieusement. Nous en avons prolongé la durée jusqu'au moment où le médecin a sérieusement ordonné qu'on nous séparât.

On m'a remise à ma place ; mais l'amour heureux a toujours des ressources. La pensée se peint dans les yeux ; qui aime bien entend ce langage, et sait y répondre. Ah ! Claire, qu'il est expressif pour nous, et que de sujets de joie pour ton amie et l'homme adoré ! Plus d'obstacles dès à présent ; plus d'alarmes pour l'avenir. Un baume vivifiant circule dans nos veines, et nous en sentons à chaque instant des effets nouveaux. Ah! tu le sais : je suis née pour l'amour; je vivrai pour lui seul.

Dieu charmant! Dieu des prodiges! sois à jamais l'objet de mon culte et de ma reconnaissance : il n'y a que trois jours que je suis rendue à la vie, et déja on me permet de me lever. Mon mari... mon mari ! Que ce nom est doux à prononcer maintenant! Mon mari se lèvera demain pour la première fois. Nous commencerons, nous suivrons, quelque temps encore, une vie de convalescens ; mais chaque jour nous offrira une jouissance nouvelle. Oh! comme elles vont se multiplier! Des épanchemens, des félicitations continuelles; de tendres agaceries qui provoquent le baiser; un voyage autour de notre chambre; une pause à chaque fauteuil, pour répéter ces jeux charmans; un repas servi par l'amitié, auquel préside l'amour; un lit, parsemé de roses, et près duquel le myrte va commencer à croître... Que sais-je enfin ? Une idée succède à une autre, et toutes sont d'espérances, de délices, de volupté. Je ne me possède plus; je suis trop heureuse.

Tu connais, Claire, les événemens qui ont suivi la reddition de la capitale; je ne t'en parlerai pas. Mon père, rassuré sur notre existence, commence à se livrer à ses goûts favoris. Il se fait faire un habit de chef d'escadre; il doit être présenté; il ne dort plus, il va tous les jours à Paris, et il ne reparaît ici qu'avec un projet nouveau. Les dignités, les graces vont tomber sur lui. Il le croit!

Une partie de ses rêves vient de se réaliser. Le général Pulki a fait valoir, auprès de son souverain, ses services passés, et la conduite brillante qu'il a tenue pendant la journée du 30. Il a reçu la décoration de je ne sais quel ordre qu'on ne confère qu'à de très-grands seigneurs : il est dans l'ivresse. Il ne manque, a-t-il dit, à sa satisfaction, que de voir son gendre partager ses honneurs. Son gendre m'a pris la main, et m'a placée devant lui : « Voyez, monsieur, si je puis désirer « quelque chose. » Mon père a fait la moue; moi j'ai embrassé mon mari... Je l'ai embrassé!... Oh! Claire, comme on embrasse ce qu'on adore. Ainsi il place en moi toute sa félicité! Tout ce qui n'est pas moi lui est indifférent! Ah! j'ose le croire, il n'y a que mon cœur qui puisse payer tant d'amour.

M. de Méran a écrit plusieurs fois à ma mère. Il a cru d'abord ne devoir pas lui cacher le triste état de sa fille et de son amant; il croyait la préparer au plus cruel événement. Depuis, chacune de ses lettres était plus rassurante, et les réponses de ma bonne mère annoncent la plus forte anxiété. Je viens d'écrire moi-même. Elle croira sans peine à mon parfait rétablissement : tout dans ma lettre est bonheur et gaieté.

Le bien-aimé écrit aussi à son oncle qui m'a dédaignée, qui a accumulé sur nous tous les maux, et qui va me combler de prévenances, maintenant que j'ai trois cent mille livres de rente... Je lui pardonne tout ; je recevrai de vaines démonstrations comme des marques d'un sincère attachement.

Nous allons quitter Saint-Denis et cette chambre étroite, où j'ai passé des momens si cruels... et si doux ! Ce déplacement a amené une discussion très-sérieuse entre mon père et moi. Il a prétendu que Jules devait habiter son hôtel, et moi le mien, jusqu'à ce que notre union soit constatée par les lois civiles. J'ai opposé des raisonnemens à des préjugés; mon père persiste dans sa manière de sentir, et il a déclaré à mon mari qu'il se brouillerait avec lui, s'il ne respectait les bienséances. Le bien-aimé m'a adressé un regard douloureux ; je l'ai vu prêt à se sacrifier encore à la délicatesse.

« Ah ! me suis-je écriée, j'ai trop payé cher le
« bonheur d'être à lui, pour que je consente à le
« quitter un moment. Que m'importe le monde ?
« qu'a-t-il fait pour moi, quand l'infortune m'ac-
« cablait ? que dois-je avoir maintenant de com-
« mun avec lui ? Je suis la femme de Jules; ma
« conscience est tranquille. Je serai heureuse. J'ai
« enfin le droit de l'être, et je le veux. »

« — Quoi, ma fille, vous serez assez peu réser-
« vée, pour ne point attendre que la loi ait ratifié
« votre mariage ! Vos malheurs ont inspiré le plus

« vif intérêt à ceux qui les connaissent : leur don-
« nerez-vous à croire, par une suite de faiblesses,
« sans exemple dans notre famille, que vous vous
« seriez tue, si votre persécuteur ne vous eût in-
« spiré un insurmontable dégoût? savez-vous si on
« n'ira pas jusqu'à imaginer que vous vous êtes
« volontairement donnée; que cet homme a pu
« avoir ensuite des torts graves envers vous, et
« que vous n'avez parlé que pour l'en punir et
« vous venger? Si ce que vous devez à votre ré-
« putation ne suffit pas pour vous arrêter, pensez
« du moins à votre père. Voulez-vous me voir la
« fable du public, me réduire à n'oser paraître à
« la cour? »

Jules sentait que notre union, selon l'Église, ne lui laissait aucune opposition à craindre de ma part pour l'avenir. Il brûlait d'être tout à moi, et il n'osait se prononcer contre mon père. Je m'étais avancée au point...

―――――

Les communications étaient rouvertes sur toute la France. Madame de Villers, mère pour la seconde fois, et rétablie, tremblante pour son Adèle, accourait, du fond de sa province, pour partager ses peines ou son bonheur. Elle est entrée au moment où la discussion allait devenir violente. Vous sentez que du moment de son arrivée la correspondance des deux jeunes femmes a cessé.

Madame de Villers est jeune, très-aimable, et

très-jolie, quoi qu'en ait dit ce vil coquin de des Audrets. J'ai toujours beaucoup aimé ces femmes-là. J'ai trouvé l'occasion de me lier avec celle-ci, je l'ai saisie avec empressement. J'y ai trouvé deux avantages : une société pleine d'agrémens, et la satisfaction de connaître quelques détails, importans pour mon Adèle, à qui je m'intéresse fortement.

L'entrée de madame de Villers chez son amie a changé les idées à l'instant, et a calmé des têtes trop exaltées. On est revenu, plus tard, sur un projet, qui paraissait difficile à concilier avec les bienséances. Adèle, toute à l'amour, ne voulait rien céder; M. de Méran persistait dans sa manière de voir et de sentir. Madame de Villers s'est rendue médiatrice, et elle est parvenue à rapprocher le père et la fille. On est convenu que madame de Courcelles irait passer le temps de son deuil à Velzac. Quoi de plus décent pour une très-jeune veuve, que de se retirer auprès de sa mère ? Quel inconvénient y avait-il que Jules élevé dans cette maison, qui y était retourné après la mort de sa première femme, allât s'y fixer de nouveau ? Quoi de plus facile à madame de Méran que de paraître ne rien voir ?

Nos tendres amans sont partis, ivres de bonheur, d'espérance et de joie. C'est une sauvegarde, très-passable en route, que la présence d'une femme de chambre, et quel témoin plus indulgent, et par conséquent plus aveugle que Jeannette? Quinze jours de voyage ont été une suite continuelle de délices.

Madame de Méran a été trop enchantée de voir sa fille pour être bien sévère. Cependant elle a tenu invariablement à ce qu'il y ait deux appartemens. Mais Jeannette est ingénieuse, autant que dévouée, et le valet de chambre de monsieur le trouvait tous les matins chez lui.

A la fin de l'année, un mariage, de pure forme, a été célébré avec la plus grande pompe, et Adèle n'a pas été fâchée, cette fois, d'être couverte de diamans et de dentelles. La nature lui a prodigué tous ses dons; mais l'art embellit la nature, et elle s'entendait, avec une secrète joie, proclamer, par son heureux époux, la plus jolie et la plus aimable.

M. de Méran était resté à Paris. Partout on le voyait à la suite du roi, et il voulait bien prendre pour lui quelque chose des acclamations qu'on prodigue au prince. Il était accouru à Velzac, accompagné de quelques seigneurs, couverts comme lui de broderies et de cordons. Les tristes aventures de sa fille avaient été oubliées, au milieu de cette foule d'événemens qui venaient de changer la face de la France, et il ne manquait à son bonheur que de présenter son Adèle à la cour.

Le jour du mariage est celui où toute espèce de contrainte s'évanouit. Le résultat de cette noce si brillante a été un beau petit garçon, qui héritera réellement des biens de M. d'Apremont; et quoi de plus juste, puisqu'ils ont été donnés à sa charmante petite maman? Mais n'anticipons point sur le temps : son vol est assez rapide.

M. de Méran a parlé, dès le lendemain du mariage, d'équipages, de livrées neuves, et enfin de la présentation de madame de Courcelles. Du moment où il ne faut plus qu'une chambre et un lit, qu'importe de les trouver dans une auberge ou ailleurs? Adèle, que le projet de son père ne contrarierait en rien, s'est empressée de l'adopter. Elle a été présentée, et en sortant des appartemens, elle disait au bien-aimé : Je n'ai rien vu là que je puisse te comparer.

M. de Méran est resté à la cour : les jeunes gens ont eu le bon esprit de vouloir vivre pour eux. Ils ont été s'établir à Champville, à la grande satisfaction du bon curé, qui a fini par convenir que le second mari vaut beaucoup mieux que le premier, et qu'il peut servir d'excuse à quelques tendres folies.

Jeannette et Jérôme sont établis au tourne-bride, où ils font très-bien leurs affaires. Jeannette est plus souvent au château que chez elle. Son dévouement ne varie point, et si la jolie petite comtesse devenait inconstante, ce qu'à Dieu ne plaise, elle ne manquerait pas de lui prouver que l'amour ne peut être éternel, et que le mariage n'est qu'un contrat civil.

Firmin a été élevé au rang de secrétaire, quoiqu'il ne sache pas l'orthographe. Mais M. de Courcelles n'est pas de ceux qui déclarent qu'attendu leur qualité de gentilhomme, ils ne savent pas signer.

Enfin, madame de Villers m'a donné toute cette correspondance, que j'ai classée par chapitres, pour établir plus de régularité dans l'ordre des faits.

FIN D'ADÉLAIDE DE MÉRAN.

L'OFFICIEUX,

ou

LES PRÉSENS DE NOCES.

L'OFFICIEUX,

OU

LES PRÉSENS DE NOCES.

INTRODUCTION.

J'étais fort embarrassé, quand j'ai conçu l'idée de cet ouvrage. Comment faire, pensais-je, pour plaire à tout le monde? Si je suis raisonnable, on dira que je suis froid; si je me permets de m'égayer, selon ma bonne ou ma mauvaise habitude, la *Quotidienne* est là. C'est un bien pauvre journal que cette *Quotidienne!* beaucoup de monde le dit, mais enfin,

> Quoi qu'on en puisse dire,
> Un sot trouve toujours un plus sot qui l'admire.

Et puis ce journal est toujours farci de grands mots déplacés, que personne n'entend, ni le journaliste non plus; cela impose. Par exemple, parler du jansénisme à propos du *Garçon sans souci* (1), c'est annoncer qu'on est prêt d'expliquer ce que c'est que la grace qui *suffit ou ne suffit pas*. Je félicite le rédacteur de cet article sur ses connaissances d'en-haut. Mais, à propos de cette grace-là, je lui conseille de commencer par en mettre un peu dans ses écrits, et jusque-là, je dirai et répéterai sans cesse, que monsieur le rédacteur n'est pas un fin *Merle*.

J'étais donc très-embarrassé, ainsi que je viens de vous le dire. Mais, un peu *sans souci* moi-même, j'ai bientôt pris mon parti, et j'ai résolu de laisser courir ma plume au hasard, et d'aller droit devant moi, comme j'ai coutume de le faire. Je ne peux d'ailleurs me dispenser d'écrire, car, dans mon dernier ouvrage, je n'ai pas dit adieu au lecteur, mais un simple *au revoir*. Ceci entraîne nécessairement l'obligation de rentrer dans une carrière, que je parcourais plus lestement autrefois, mais à laquelle je tiens encore, et je m'y laisse assez facilement entraîner par maître *Jean-Nicolas Barba*.

Je vais donc vous faire *un Officieux* ou *des*

---

(1) Si, pour vos menus plaisirs, vous conservez des absurdités, voyez, an 1817, le n° 285 de la lamentable *Quotidienne*.

Présens de noces. Je ne sais si je vous amuserai, mais je vous assure que je ferai pour y parvenir... *l'impossible.*

Vous me demanderez peut-être pourquoi ce double titre. Je vous avoue, bien franchement, que je ne sais pas encore comment je remplirai le second. Mais j'ai, pour le mettre, des raisons qu'il vous importe peu de savoir. D'ailleurs, si vous êtes curieux de les connaître, je vous promets que les journalistes, qui devinent tout, *à peu près*, ne vous les laisseront pas ignorer.

Je prends congé de vous à regret, mon cher Lecteur, ou mon aimable Lectrice; mais, c'est pour m'occuper de ce que je vais vous dire, et vous ne pouvez me savoir mauvais gré du motif.

CHAPITRE PREMIER.

Faisons connaissance avec notre principal personnage.

En l'an 1780, je cite l'année, pour que mon graveur, si je mets des images en tête de ce livre, ne fasse pas d'anachronismes, et n'habille pas des Espagnols, si j'en présente au lecteur, comme ils l'étaient du temps de Ferdinand et Isabelle; en 1780 donc, vivait un marquis d'Oliban, dont le père avait été fermier-général, le grand-père, sous-fermier, et le bisaïeul, commis aux barrières. Son vrai nom était Guérault. Ce nom n'est pas noble assurément; mais le quatrième Guérault dont je parle, ayant hérité de Guérault III, de cent cinquante mille livres de rente, et voulant dérouter les généalogistes et les médisans, acheta la terre d'Oliban, qui avait été un marquisat, dans le bon temps où les seigneurs châtelains détroussaient les passans, se faisaient la guerre entre eux, et jouissaient du droit de jambage, qui avait bien ses petits agrémens.

Guérault IV prit, sans hésiter, la qualification de marquis, que personne ne pensa à lui contester. Discute-t-on jamais avec un homme qui a cinquante mille écus de revenu, et qui sait s'en faire honneur? On m'a même assuré qu'une paire de girandoles, données à propos, avait fait obtenir des lettres de noblesse; or, quand on est noble, on peut très-bien se faire marquis de son autorité privée : on ne voit que cela tous les jours.

Et comme de temps immémorial, un gentilhomme doit servir le roi, monsieur le marquis se présenta pour entrer aux Mousquetaires. On examina sa noblesse de près, et ses titres parurent bien légers : il n'avait encore qu'un quartier. Cependant le capitaine des mousquetaires gris n'était pas fâché d'avoir un homme opulent, et qui était marquis, à peu près; il conseilla à Guérault IV de demander la croix de Malte, et cent ans pour faire ses preuves, ce qui s'accordait alors assez facilement aux gens riches. Or, comme un mousquetaire avait nécessairement quatre quartiers bien compté, monsieur le marquis était évidemment gentilhomme.

A l'époque dont je parle, monsieur le marquis avait vingt-cinq ans. Il n'était ni grand ni petit, ni beau ni laid, ni spirituel ni sot. Il était riche, et tout le monde le trouvait charmant.

Il usait noblement des dons de la fortune. Généreux, sans être prodigue; plein d'ordre, pour avoir toujours des fonds à sa disposition; ami du plaisir, mais économe de sa vie; il comptait pousser sa carrière très-loin, et faire souche, à la première occasion favorable, de véritables marquis.

Un défaut assez remarquable était le seul qu'on pût lui reprocher. Il était toujours disposé à rendre service, et bien des gens appelleront cela une qualité. Mais il avait la mauvaise habitude de chercher à obliger tout le monde, même ceux qu'il connaissait très-superficiellement; il s'efforçait d'obtenir une confiance qu'on ne lui accordait pas toujours, et alors, sans mission, souvent sans trop connaître les circonstances d'une affaire, il se portait en avant et manquait toujours le but avec les meilleures intentions du monde. Il amenait des méprises, des incidens qui amusaient beaucoup ceux que la chose ne regardait pas, et qui ne l'appelaient plus que l'officieux marquis.

Ce penchant s'était développé en lui dès sa première jeunesse, et lui avait valu au collége des horions et des gourmades, et à l'académie, deux petits coups d'épée qui avaient fait un grand bruit dans le monde.

A chaque mésaventure qu'éprouvait le marquis, il se promettait bien d'abandonner le genre humain à sa triste destinée, et il saisissait avec empressement l'occasion nouvelle qui s'offrait à lui pour tâcher de rendre un service. Quelquefois même, fatigué de son oisiveté, il cherchait cette occasion qui ne se présentait pas.

Vous présumez facilement qu'il s'était fait dispenser de coucher à l'hôtel des Mousquetaires. Le propriétaire d'une maison somptueuse ne pouvait s'accommoder d'une chambre modeste; et son capitaine, plus noble que riche, trouvait très-commode de trouver tous les jours son couvert mis chez monsieur le marquis, et cent louis à son service.

Cependant il pensait sérieusement à acheter une compagnie de cavalerie. Le droit de se faire tuer s'achetait alors, et, pour mériter cette faveur insigne, le marquis faisait très-exactement son service de mousquetaire. Il courait à l'hôtel le matin ; il y courait après avoir dîné : les gens du bon ton dînaient alors à deux heures. Très-souvent monsieur le marquis faisait la course à pied, pour ne pas humilier ses camarades en étalant un luxe qu'ils ne pouvaient égaler. Vous voyez que notre héros était un homme à procédés.

Un domestique de son père, nommé Antoine, tenait sa maison, et justifiait sa confiance. Vous sentez que le factotum d'un marquis ne peut s'appeler Antoine. Le bon domestique avait consenti à reprendre son nom de famille, qu'il avait oublié depuis long-temps, et il se laissait appeler Ducroc, pour flatter l'amour-propre de son maître, et peut-être un peu le sien.

Ducroc avait sous ses ordres Denis, chef de cuisine ; Thérèse, femme de charge ; tous les gens de l'écurie, et il étendait sa surveillance jusque sur Zéphire, valet de chambre de Monsieur.

Thérèse avait été mariée... peut-être. Il est au moins constant qu'elle avait une fille qui s'élevait à l'hôtel, et qui allait avoir seize ans. Thérèse était vaine des charmes de sa Julie, et elle portait ses prétentions pour elle jusqu'au ridicule : elle avait refusé avec dédain le bédeau de la paroisse, et un caporal aux Gardes Françaises. C'était d'ailleurs une bonne femme qui tenait aux intérêts du marquis, autant qu'on peut le faire pour de l'argent.

Zéphire était un grand et joli garçon qui s'était singulièrement formé en causant avec son maître lorsqu'il le coiffait ou qu'il lui passait sa chemise. C'était l'homme du bon ton de toutes les soubrettes de qualité. Elles se l'arrachaient, le gâtaient, et elles avaient porté au dernier degré une fatuité qui lui était naturelle. Je ne dirai rien des autres commensaux de l'hôtel,

Ce reste ne vaut pas l'honneur d'être nommé.

CHAPITRE II.

Julie.

Julie était aussi simple que jolie. Elle répondait par *Vous êtes bien bon, monsieur*, à tous les complimens qu'on lui faisait, et on lui en faisait souvent. Un vieillard lui prenait-il la main, elle la retirait aussitôt. Un homme agréable prenait-il cette main effilée et blanchette, elle baissait les yeux et rougissait. Elle ne pensait plus à la retirer quand elle était dans celle de Larose.

Larose est le jeune caporal que dame Thérèse avait éconduit. Julie, sans ambition, trouvait le parti très-sortable puisqu'il lui plaisait beaucoup. D'ailleurs, Larose était un garçon de mérite qui devait être fait sergent à la première promotion, et tout le monde sait qu'un sergent aux Gardes Françaises était un gros monsieur.

Mais comment Larose avait-il plu à notre petite Julie? c'est ce qu'il importe de vous faire connaître, et ce que je vais vous apprendre.

L'hôtel de monsieur le marquis était situé à l'extrémité d'un faubourg. Moitié ville, moitié campagne, il réunissait les agrémens de l'une et de l'autre. Ses heureux habitans jouissaient de la liberté que donne nécessairement une semblable situation, et Julie avait pris l'habitude de travailler ou de lire sur un banc de gazon placé à deux pas de la porte cochère, que dame Thérèse tenait toujours ouverte, parce que, disait-elle, il ne fallait pas que monsieur le marquis attendît quand il rentrait en carrosse. La véritable raison était de voir d'un œil les passans pendant que la bonne dame fixait l'autre sur une pièce de linge qu'elle faisait ou qu'elle raccommodait.

Larose était du nombre des passans. Il ne pouvait aller dans l'intérieur de Paris, sans se faire voir à dame Thérèse, dont il se souciait fort peu, et sans voir lui-même notre petite Julie qui bientôt fixa tellement son attention, qu'il employait le temps dont il pouvait disposer à passer et à repasser devant l'hôtel.

Julie, de son côté, avait remarqué le beau Larose, et, sans réflexion, sans qu'elle se rendît compte de rien, le livre sentimental, passionné même, avait remplacé l'ouvrage instructif ou amusant.

Larose commença par sourire quand ses yeux rencontraient ceux de Julie. Julie souriait à son tour : c'était le sourire de l'amour, quand il avait son innocence. Larose s'enhardit un peu. Il osa saluer profondément, et Julie se leva et répondit par une grande révérence. Thérèse, qui avait l'œil à tout, vint demander à sa fille qui elle avait salué. « C'est monsieur le curé, maman. » Fillette qui aime ment apparemment toujours. Il faut bien que cela soit vrai, car ce mensonge est le premier que Julie eût proféré.

Le beau Larose pouvait-il s'arrêter, flatté, entraîné par les plus douces espérances ? non, sans doute. Julie pouvait-elle reposer, quand l'image de Larose souriant se présentait à elle ? Et quand ne le voyait-elle pas ? Insomnies d'amour ne flétrissent pas la beauté : le petit dieu la berce d'illusions si douces ! Julie aimante devenait chaque jour plus belle. Larose dormait ; mais le nom de Julie était le dernier mot qu'il prononçait le soir ; c'était le premier qu'il articulât au réveil.

Julie lui avait souri d'abord ; elle lui avait ensuite rendu ses révérences. Répondra-t-elle à un billet ? Il est des momens où il se flatte d'être aimé ; mais il ne peut vivre sans un aveu auquel il attache le bonheur de sa vie tout entière : vous voyez bien que le beau Larose était amoureux pour la première fois.

Il entre dans un café ; il tire de sa poche la feuille de papier à lettre, le pain à cacheter, et la plume qu'il a achetée toute taillée. Il écrit, il écrit... Bientôt les quatre pages sont remplies, et il ne sait ce qu'il a dit. N'importe, Julie le comprendra bien : c'est l'amour qui a dicté. Il ploie sa lettre, il la ploie encore, il la réduit de manière à la tenir, avec le pouce, cachée dans la paume de sa main, et il marche droit à l'hôtel.

Le banc de gazon était à deux pas de la porte. Ce jour-là, Julie avait mal aux reins; il fallait qu'ils fussent soutenus, et une chaise de jardin était placée presque dans la rue. Avait-elle vraiment mal aux reins?... Oh, non, non. Mais, elle lisait des romans; elle savait qu'il est de règle qu'un amant écrive à sa maîtresse. Larose ne pouvait entrer dans la cour pour remettre ses billets, et il eût fallu un bras long d'une toise pour arriver au banc de gazon. Voyez, cependant, comme l'esprit vient aux filles!

Larose arrive à la porte de l'hôtel. Il croit devoir jeter sa lettre sur le banc; il sent qu'il ne peut s'arrêter, et il fait un mouvement pour lancer le paquet à son adresse : on le lui a pris de la main. Interdit, inquiet, désolé, il reste cloué à sa place. Cependant il veut savoir quel est le ravisseur, l'ennemi de son repos, qui s'est rendu maître de son secret. Il passe, il se retourne, et Julie, appuyant la main sur la pochette de son tablier noir, lui indique l'endroit qui cache le précieux billet, et calme ses alarmes.

La pauvre petite ne savait pas mal faire. Thérèse avait cru devoir entretenir long-temps la candeur du premier âge; élève de la nature, Julie en suivait la douce impulsion.

Un essai heureux en détermine un second. Larose écrivit encore un billet, et il suppliait Julie de lui faire connaître s'il était assez heureux pour lui plaire. Julie trouvait tout simple de répondre à une lettre qu'on a reçue avec plaisir. Sa mère, d'ailleurs, lui avait toujours dit, lorsque quelqu'un lui parlait : Levez la tête, petite, et répondez. En fallait-il davantage pour la déterminer à prendre la plume, dont elle se servait assez mal? Mais, pensait-elle, ces lettres-là se lisent avec le cœur, et je donnerai à mon joli soldat une feuille de papier blanc, qu'il y trouverait amour et bonheur.

Elle ne veut pas perdre une occasion de voir Larose. Elle attend qu'il ait passé, et sûre d'avoir au moins une heure à elle, en quatre sauts elle arrive à sa chambrette. Elle ne se doute pas que son agilité s'accorde peu avec un mal de reins, et que sa mère a deux yeux.

Pendant que Thérèse réfléchit, et qu'elle cherche les raisons qui peuvent rendre le mal de reins nécessaire, Julie a ployé son billet et a repris sa place.

L'impatient Larose revient sur ses pas. Depuis dix minutes, il a son mouchoir à la main; il le laissera tomber à la porte de l'hôtel. Pendant qu'il se baissera, qu'il se relèvera, qu'il le mettra dans sa poche, qu'il se gardera bien de trouver de suite, vingt à trente minutes s'écouleront, et il n'en faut pas tant pour donner et recevoir un billet.

Tout se passe en effet comme il l'a prévu. La lettre de Julie tombe sur le mouchoir, et la main du beau caporal rencontre celle de la fillette. Il la baise, il la rebaise, et disparaît. Julie éprouve un trouble qu'elle ne connaissait pas; l'usage de ses sens est suspendu; elle est restée immobile. Sa jolie main garde la position où Larose l'a laissée, il n'est plus là pour la baiser encore.

Thérèse avait remarqué que, malgré le mal de reins, sa fille s'était levée précipitamment; mais elle n'avait pu voir ni le mouchoir, ni la lettre, ni le billet, ni les baisers, parce que Julie n'était pas diaphane. Cependant la vivacité des mouvemens, et un bras toujours tendu, lui donnent des soupçons vagues; elle accourt. « Que faites-vous
« là, ma fille? — Je montre à un monsieur qui
« vient de passer... à ce monsieur en habit brun...
« qui est là-bas... — Eh bien, que lui montrez-
« vous? — Le n° 45, ma mère. — Hom, hom. »

Thérèse suit le monsieur qui, ne pensant ni au bras indicateur, ni au n° 45, va frapper au n° 53. La bonne dame est convaincue que sa fille la trompe, et elle sait à merveille quels sont les motifs qui déterminent ordinairement une jeune fille à feindre. « Venez travailler auprès de moi,
« mademoiselle. Le grand air ne vous vaut rien;

« il faut de la chaleur à des reins malades. — Je
« me trouve beaucoup mieux, maman. — Je veux
« ajouter à ce mieux-là. Marchez, mademoiselle,
« et ne répliquez plus. »

Julie était douce, timide; elle avait été ployée à une obéissance aveugle. Elle suivit sa mère, en essuyant furtivement une larme qui s'échappait malgré elle. Thérèse la place le dos tourné du côté de la cour; elle lui donne de l'ouvrage, et prend dans la poche du petit tablier noir, le livre qui, sans doute, avait fait naître des idées romanesques. C'était le fameux *Comte de Douglas*, que Thérèse avait lu trente-deux fois, et elle ne pouvait raisonnablement gronder sa fille de le lire une. Mais, dans ce malheureux livre étaient les deux billets de Larose, que la petite avait arrangés suivant le format du livre, officieux alors; et elle les lisait en paraissant uniquement occupée du héros du roman.

La petite se croit perdue; elle tombe à genoux, elle demande grace. Sa mère qui, peut-être, ne se serait pas arrêtée à deux chiffons de papier, déjà moulus à force d'avoir été tournés et retournés, les tourne à son tour, les lit, applique deux grands soufflets sur les joues rosées de Julie, et va faire fermer la porte cochère, sauf à monsieur le marquis à attendre cinq minutes, quand il voudra rentrer à l'hôtel.

Julie avait versé des larmes de plaisir; elle en répand de bien amères. Plus d'espérance de revoir le beau Larose; pas de moyens de recevoir ses lettres, et d'y répondre. Si du moins elle avait pu conserver celles qui, pendant deux jours, ont fait son bonheur! Mais sa mère les a mises en pièces. Quel triste avenir attend la pauvre petite! Voilà où mène l'amour, mesdemoiselles : vous devriez bien n'aimer que par avis de parens. Je conviens cependant que l'homme qu'ils vous présentent est rarement celui qui peut vous plaire.

Larose était loin de prévoir le coup qui avait frappé sa charmante amie. Ivre de joie et de bonheur, il ne se lassait pas de relire le doux aveu de la candide Julie. Il écrivait en lisant, et son imagination séduite traçait des tableaux délicieux qui ne devaient pas se réaliser.

Il revient à l'hôtel. Il compte bien échanger sa lettre contre une autre aussi tendre, aussi séduisante : la porte de monsieur le marquis est fermée. Larose est étonné; mais il ne soupçonne rien encore. Il passe une partie de la journée dans la rue, et, à chaque instant, il croit voir cette porte s'ouvrir, à chaque instant son espérance est déçue. Il rentre à l'heure de l'appel, étonné, mais loin encore du découragement.

Le lendemain il revient, et son cœur se serre. Le surlendemain, il s'afflige, il se désole. Il regarde atttentivement la sonnette et le marteau. Osera-t-il se faire ouvrir, et que dira-t-il au suisse? Il avait la portion d'esprit qui convenait à celui de Julie. Elle trouvait ses lettres dignes d'être gravées en lettres d'or; Larose n'en était pas moins embarrassé en cherchant ce qu'il dirait au suisse, ou à telle autre personne de l'hôtel qui se présenterait à lui. Le quatrième jour, cependant, fatigué, excédé, désespéré, il sonne et frappe à la fois. Le suisse, qui se croit un personnage parce qu'il porte un habit galonné et un baudrier qui ne sont point à lui, le suisse trouve très-mauvais qu'un soldat aux gardes s'annonce avec un tel éclat. Il intimide le pauvre Larose, au point qu'il ne peut prononcer que le nom de Julie.

A ce nom, le suisse tire le cordon d'une sonnette qui est suspendue dans le laboratoire de Thérèse, Thérèse accourt. «Voilà, lui dit le suisse, «un jeune soldat qui veut parler à Julie», et il se renferme dans sa loge.

A sa rougeur, à son air embarrassé, à son attitude suppliante, Thérèse a deviné l'amant de sa fille. Elle lui demande d'un ton très-élevé et d'un air menaçant, comment il ose aimer une demoiselle bien née, que le premier sergent du régiment n'obtiendrait pas. Larose, piqué, retrouve du courage. Il établit une généalogie, qui prouve que sa naissance vaut celle de mademoiselle Julie. Thérèse lui réplique qu'un garçon bien élevé qui s'engage, est nécessairement un libertin. Larose répond que M. de Chevert a été soldat comme lui, et qu'il est mort lieutenant-général des armées du roi. Il ajoute que la plus grande preuve d'estime qu'on puisse donner à une femme, est de chercher à obtenir sa main, et il conclut en demandant celle de Julie. Thérèse lui rit au nez d'un air de dédain, et le pousse vers la porte. Larose, exaspéré, sort en maudissant les parens dont le cœur est flétri, et qui ne veulent pas que leurs enfans sentent battre le leur. Il s'assied sur le banc de pierre qui est à l'extérieur de la porte de l'hôtel; il remet un peu d'ordre dans ses idées, et plus il réfléchit, moins il a d'espoir à fléchir l'impitoyable Thérèse.

Thérèse, de son côté, se rappelait ses premières amours. Elle se souvenait que les remontrances paternelles, que les voies de rigueur n'avaient eu aucun succès, et que le temps seul avait éteint ses feux, qu'elle avait crus inextinguibles. Elle se promit de laisser couler les jours, les semaines, les mois; de rendre la vie de sa fille assez douce, et de la distraire enfin, par une réunion de plaisirs innocens, de l'idée d'un plaisir plus vif. Il est un instinct plus sûr que les grands principes et l'éducation. Thérèse pensait en femme sage, et Julie eût été heureuse si elle n'avait pas connu le beau Larose.

XX.

CHAPITRE III.

Larose est introduit à l'hôtel.

Le beau Larose n'avait rien qui pût le dédommager de la perte de sa Julie. Une vie uniforme, contrainte, ennuyeuse, ajoutait à l'amertume de ses privations. Il n'avait pas un ami qui pût entendre le langage du cœur, et Larose ne savait plus parler que celui-là. Il ne pouvait calmer ses souffrances qu'en allant s'asseoir sur le banc de pierre qui touchait à l'enceinte où languissait l'objet des plus tendres amours.

Monsieur le marquis venait de gâter les affaires d'un jeune homme qui traitait d'une charge de conseiller au parlement. Il l'avait fait avoir à un cousin-germain qui portait le même nom, et qui travaillait, en secret, à supplanter celui que servait notre officieux. Un nom de baptême, changé, avait suffi pour que son protégé restât avocat sans causes.

Le marquis rentrait chez lui avec beaucoup d'humeur. Il jurait que jamais il ne se mêlerait des affaires de personne, et il ne réfléchissait pas qu'il eût réussi, s'il n'eût inscrit sur ses tablettes, *Pierre* pour *Paul*. Il voit un jeune soldat assis à la porte de son hôtel. Sa figure est heureuse ; mais elle porte l'empreinte d'une profonde douleur.

« Que faites-vous là, mon ami? — Je pleure,
« monsieur. — Un soldat pleurer! — Un soldat
« a un cœur. — Ah, je vois ce que c'est : vous
« êtes amoureux. — Comme on ne l'a jamais été.
« — Mais il me semble que vous pourriez penser
« à vos amours à la chambrée comme ici. Il y a
« plus d'une heure que la retraite est battue, et...
« — Vraiment, monsieur! Ah, je suis perdu!
« Quinze jours de prison! Quinze jours sans m'ap-
« procher de l'enceinte... — Qu'habite l'objet de
« vos vœux? — Il y a de quoi mourir. — Non,
« mon ami, non, vous ne mourrez pas. J'espère
« même que vous n'irez pas en prison. Comment
« se nomme votre capitaine? — Le comte d'Or-
« ville. — C'est mon ami particulier. Je le verrai
« demain matin, et j'arrangerai votre affaire. En
« attendant, je vais vous faire donner à souper et
« un lit à l'hôtel. »

Larose ne sait s'il rêve. Au lieu d'un réduit
humide et obscur, il va habiter le lieu qu'embellit sa Julie; il reposera sous le même toit! Reposer! Amour et repos habitent-ils le même
cœur? demandait autrefois Beaumarchais au parterre.

Le marquis a frappé; la porte s'est ouverte;
Larose est sur les talons de son protecteur. Le
suisse a sonné, et il précède le maître, un flambeau dans chaque main. Zéphire paraît sur les
degrés du péristyle; il porte aussi deux bougies.
Appelez Thérèse, lui dit le marquis. Larose prend

obligeamment les lumières des mains du valet de chambre; il marche devant son nouveau patron qui le dirige, et ils entrent dans l'appartement de monsieur. Le marquis regarde son protégé, et sa figure, qu'il trouve encore jolie et candide, lui inspire un intérêt réel. Allons, pensait-il, je tenterai encore cette bonne action-ci, et je ne serai pas toujours malheureux dans mes résultats.

« Thérèse, vous ferez souper ce jeune soldat, « et vous lui donnerez un lit convenable. » Thérèse, en voyant Larose, recule de quatre pas. « Un soldat aux gardes à l'hôtel, monsieur le « marquis! Voilà du nouveau, par exemple! Et « où soupera-t-il, s'il vous plaît? à la cuisine, « probablement? — Thérèse, que seraient les of- « ficiers, si le métier de soldat était avili? Ce jeune « homme mangera à l'office. — Avec moi, mon- « sieur le marquis? — Vous pouvez souper dans « votre chambre, si cela vous arrange mieux. — « Mais, monsieur... — Je le veux; obéissez. »

Thérèse sort en grommelant. Ce rusé soldat, pensait-elle, a attendu monsieur le marquis à la porte de l'hôtel; il lui a parlé de son amour. Le marquis, qui se mêle de tout, excepté de ses affaires, et qui est trop heureux d'avoir Ducroc et moi à son service, le marquis voudra conclure ce ridicule mariage: les hommes distinguent très-bien les distances au-dessus d'eux; au-dessous, tout leur paraît égal. Je résisterai; mais Julie ne manquera pas de prier, de supplier monsieur le marquis, si elle sait que l'impertinent caporal a trouvé accès près de lui. Oh, je vais mettre bon ordre à tout cela.

On vient avertir M. d'Oliban qu'il est servi, et Ducroc s'empare de Larose. « J'aime les soldats, « disait-il au marquis. Mon père l'a été, et celui-« ci a l'air d'être un honnête garçon.—Je le crois « comme vous, Ducroc; ayez-en bien soin. »

Thérèse se garde bien de paraître à l'office. Le factotum, le chef de cuisine et le valet de chambre fêtèrent, de leur mieux, le protégé de monsieur le marquis. Il parlait peu, mangeait moins, et cependant sa figure était rayonnante. « Allons, allons, lui disait le bon Ducroc, un sol-« dat ne trouve pas toujours un pareil souper. « Faites honneur à celui-ci, mon camarade. » Larose laissait charger son assiette, et son imagination errait dans l'hôtel, qu'il ne connaissait pas. Il créait une chambre à Julie, il la voyait assise devant une petite table; elle y appuie son coude; sa charmante figure est penchée sur sa main ; elle relit les deux billets qu'il lui a donnés ; peut-être, avant de sortir, trouvera-t-il quelque moyen de lui remettre le troisième.

La cordialité de Ducroc l'encourage, il le tire à part pour lui confier son malheureux amour. Il réfléchit aussitôt que Ducroc est peut-être le père de Julie, et qu'il pense comme sa mère. Il est debout devant lui; il n'articule pas un mot, et Ducroc attend en vain qu'il s'explique.

Larose rentre. Il prend Zéphire par la main, et le conduit dans la cour. Celui-là est jeune, pensait-il; il compatira à des peines qu'il éprouve peut-être, et si je ne peux voir ma Julie, il se chargera de mon billet. Mais, se disait-il à l'instant, il doit tenir de plus près aux intérêts de ses vieux camarades qu'à ceux d'un jeune homme qu'il ne connaît pas. Si je m'étais ouvert à monsieur le marquis?... Est-il présumable qu'il veuille contraindre des domestiques qui, selon les apparences, le servent depuis long-temps, à marier leur fille contre leur gré?

« Ah çà, lui dit Zéphire, parlerez-vous bientôt ?
« — Monsieur, je n'ai plus rien à vous dire. — Il
« faut convenir, monsieur, que votre conversa-
« tion est fort intéressante, et qu'il y a beaucoup
« à gagner avec vous. » Il tourne le dos au jeune soldat; il rentre à l'office, et dit à Ducroc : « Je
« crois que le protégé de monsieur le marquis est
« fou. — Mais, je le crois aussi. — Il faudra lui
« ôter sa lumière, quand il sera couché. — Je le
« crois bien, vraiment. Il mettrait le feu à l'hôtel. »

« Mais, monsieur, disait Zéphire au marquis,
« en le déshabillant, le jeune soldat que vous
« avez reçu chez vous a des absences bien extra-
« ordinaires. — Des absences? Je ne me suis pas
« aperçu de cela... Ah, je me rappelle... Il est
« amoureux, Zéphire, très-amoureux. — Je l'ai
« été aussi, monsieur. Mais l'amour ne m'a ja-
« mais empêché de souper; jamais je n'ai regardé

« en face, et pendant cinq minutes, les personnes
« à qui je voulais parler, sans leur adresser un
« mot. — C'est que tu n'as jamais aimé véritable-
« ment, Zéphire. Tu es un assez mauvais sujet. »

Monsieur le marquis n'a jamais aimé autrement que moi, pensait Zéphire; et si j'étais seulement baron, je lui dirais qu'il vient de faire son procès comme le mien. Mais je suis valet de chambre; et, pour faire fortune à ce métier-là, il faut être sans humeur, quelquefois même sans honneur. L'auteur qui a pensé cela connaissait bien les grands seigneurs.

« Zéphire, demain matin tu feras attendre ce
« jeune soldat à sa chambre, et tu me l'amèneras,
« quand je serai habillé. »

Larose avait été conduit à cette chambre par Ducroc, qui lui avait donné le temps de reconnaître le local, et qui subitement s'était esquivé avec la lumière, et avait donné un tour de clé à la porte. « C'est le père, c'est le père, disait La-
« rose. Sa femme lui a tout dit, et il a voulu me
« mettre dans l'impossibilité de chercher l'ado-
« rable Julie, et de lui parler de mon amour. Ils
« ne savent pas que je la respecte autant que je
« l'aime. »

Ah! par exemple, voilà des sentimens bien chastes. Ils seront approuvés par les jolies dames d'une petite ville, qui lisent assez volontiers mes ouvrages, et qui me reprochent, en riant, certains tableaux qui ne les ont pas fait bâiller. Cependant, quelque désir que j'aie de leur plaire, je ne peux me décider à être le continuateur de l'*Amadis des Gaules*. J'aime à peindre les objets tels qu'ils sont, et je félicite bien sincèrement ces dames de ne se reconnaître dans aucun de mes portraits.

On rencontre quelquefois un *Céladon* de dix-huit ans. Céladon Larose, ou Larose Céladon, ne pensa pas à se coucher. Il se promenait en long et en large dans sa chambre; il dirigeait ses soupirs sur les quatre murs qui le retenaient, bien sûr que la chambrette de Julie était placée dans une des quatre positions. Il lui adressait les plus jolies choses du monde; et, quelquefois, il était si content de lui, qu'il regrettait de ne pouvoir écrire les pensées brillantes et passionnées qui se succédaient sans interruption.

Un bruit léger frappe son oreille. Il écoute... On marche sur la pointe du pied; on passe devant sa chambre... Bientôt il n'entend plus rien... et il écoute encore.

Julie ne dormait pas plus que lui. Elle portait son image dans son cœur; son nom errait sans cesse sur ses lèvres, et des sensations bien pénibles l'affectaient en ce moment.

Une nuit d'été passe bien vite quand on est fortement préoccupé. Déjà l'*Aurore aux doigts de rose ouvrait les portes de l'orient*. Les premiers rayons du soleil *doraient* les faîtes des cheminées, et Larose, fatigué de se promener, de soupirer et de penser, se jeta tout habillé sur son lit. Il n'y a jamais eu, et il n'y aura jamais d'amant malheureux qui n'ait fini, et qui ne finisse par prendre ce parti-là.

Celui-ci goûtait, *dans les bras de Morphée*, les douceurs d'un profond repos, et, en style vulgaire, il ronflait à faire résonner les vitres de sa chambre, quand Zéphire vint savoir comment il avait passé la nuit, et lui dire que monsieur le marquis l'attendait. On est bientôt prêt quand on ne s'est pas déshabillé. Larose étend les bras, se frotte les yeux, suit son introducteur, et se présente devant le patron. Monsieur le marquis avait déjeuné. Tout entier à son plan de conciliation entre le soldat et son capitaine, il ne pensa point que Larose déjeunerait peut-être volontiers aussi. Il ne s'informa pas même s'il avait soupé la veille. Les chevaux étaient mis; on monta en voiture.

CHAPITRE IV.

Monsieur le marquis fait de nouvelles bévues.

Le comte d'Orville était un gentilhomme de vieille race qui faisait peu de cas de la nouvelle noblesse. Avait-il tort ou raison? Il me semble à moi que le premier d'Orville n'était pas plus noble que le premier d'Oliban, et que le mérite essentiel de ce d'Orville-ci était d'en compter dix-neuf avant lui. Le burin de l'histoire n'avait gravé le nom d'aucun de ses aïeux. Pour lui, il était disposé à se faire tuer, quand le service du roi l'exigerait; et il attendait, tantôt à son corps, tantôt dans ses terres, le grade de maréchal de camp.

Il était très-occupé avec son notaire, quand notre marquis fut annoncé. Un noble d'hier et des affaires à terminer suffisaient bien pour n'être visible que dans une demi-heure. Le marquis fut choqué de la réponse qu'il reçut par l'intermédiaire d'un laquais; mais il avait protesté à Larose qu'il n'irait pas en prison, et il ne voulait pas que le jeune soldat le fît passer, dans l'esprit de ses camarades, pour un seigneur sans crédit. Il se décida à attendre.

Comment se passera cette demi-heure? Le marquis ne s'occupait ni de la latitude, ni de la quadrature d'un cercle. Il était bien avec une femme de finance; mais cette liaison était devenue habitude, et une maîtresse de tous les jours agit peu sur l'imagination. Le marquis ne trouva pas de moyen plus agréable de filer le temps, que de parler à Larose de ses amours. Larose, enchanté de pouvoir dire à quelqu'un ce qu'il avait répété pendant toute une nuit aux murailles de sa chambre; Larose, oubliant sa prudence de la veille, et passant à l'excès contraire, parla avec une abondance, une volubilité, qui ne permirent pas au marquis de placer un mot. Il apprit enfin que Julie était l'objet de tant d'amour, de tant d'inquiétudes, de tant de peines, et il finissait de lire le billet où la petite développait si naïvement son cœur, lorsque le notaire de M. d'Orville sortit, et qu'on introduisit M. d'Oliban.

D'Oliban avait annoncé d'Orville à Larose, comme son ami particulier. Il l'avait vu trois ou quatre fois dans le monde, et il lui avait parlé pendant un quart d'heure au plus : on a à Paris de bons amis, dont on ne connaît bien que le nom. D'Orville, satisfait de la suprématie qu'il venait d'exercer sur d'Oliban, le reçut avec cette urbanité dont les gens du bon ton savent si bien masquer leur profonde indifférence. Il voulut bien s'excuser sur la lenteur de son notaire, et, comme l'aristocratie de l'opulence étaie fort bien celle du rang, d'Orville ne laissa pas ignorer qu'il traitait du joli domaine de Barjac, qui touche à la plus belle des terres de sa famille. Il ajouta, que son notaire agissait secrètement pour que le propriétaire ne lui fît pas payer la *convenance*; il s'informa enfin de l'objet qui lui procurait le plaisir de voir monsieur le marquis.

D'Oliban avait arrangé une histoire. La retraite battait; Larose, se rendant à l'appel, s'était trouvé très-mal; des passans l'avaient mis sur un des bancs de pierre qui sont à la porte de l'hôtel; le marquis l'avait jugé hors d'état de rentrer aux casernes. Il lui avait donné un asile pour la nuit, et il venait prier monsieur le comte de le dispenser de quinze jours de prison voulus par l'ordonnance.

Le comte, comme tous les capitaines aux gardes, s'occupait fort peu de sa compagnie ; ces soins, tout-à-fait roturiers, étaient abandonnés à un sergent. Il était égal à d'Orville que Larose allât ou n'allât pas en prison ; mais il était bien aise d'accorder une grace à un marquis de fraîche date, qui, par sa position militaire, resterait toujours son obligé. Il écrivit quatre mots à son sergent de confiance ; Larose fut appelé ; son capitaine lui remit le billet, et il daigna conduire d'Oliban jusqu'à la porte de son cabinet.

L'impertinent ! disait entre ses dents le marquis, en descendant l'escalier ; je lui ferai voir que mon crédit ne se borne pas à dispenser un pauvre soldat de la prison. Il donne rendez-vous à Larose à son hôtel, et il fait *toucher* à celui du capitaine des mousquetaires gris.

« Je sors de chez le comte d'Orville, lui dit-il.
« Il m'a reçu avec une hauteur dont je suis révolté.
« Je lui prouverai cependant que je ne sais me
« venger qu'à force de générosité. Vous êtes mon
« ami, monsieur le duc. — Comptez sur moi dans
« toutes les occasions. — Vous voulez vous défaire
« de votre domaine de Barjac, et d'Orville en a
« envie. — Vraiment ! — Je viens vous prier de
« le traiter doucement, à ma considération, et je
« suis persuadé que vous m'accorderez ce que je
« vous demande. — Ah ! d'Orville veut s'agrandir !

« — et vous lui ferez connaître que c'est à moi
« que vous sacrifiez quelque chose de vos pré-
« tentions. — Parlons raison, mon cher marquis.
« Je suis mal dans mes affaires, et voilà pourquoi
« je vends. Convenez que je serais une grande
« dupe, si je ne profitais pas de l'avis que vous
« me donnez. — Quoi, monsieur le duc, après ce
« que vous venez de me promettre... — Je ne ba-
« lancerai pas à vendre trente mille francs de
« plus; je vous rendrai deux cents louis que je
« vous dois, et je garderai ma petite danseuse
« trois mois encore. — Si vous aviez assez peu de
« délicatesse... — Pas de grands mots, mon cher,
« des choses. D'Orville veut enclaver un hameau
« de plus dans ses terres; il est naturel qu'il paie
« cette jouissance. Vous avez à vous plaindre de
« lui, et vous vous vengez en servant un homme
« qui vous est dévoué, c'est encore tout simple. »

Le marquis répliqua vivement, et le duc prit
ses grands airs. Le marquis insista avec plus de
chaleur encore, et son capitaine l'envoya aux arrêts pour quinze jours.

D'Oliban allait se retirer, quand le notaire de
d'Orville parut. « Je viens finir avec vous, mon-
« sieur le duc, lui dit-il. On vous accorde les deux
« cent vingt mille francs que vous demandez; on
« vous en paiera moitié en signant le contrat, et le
« reste dans six mois. Cela vous arrange-t-il ? —
« Monsieur, vous avez fait vos réflexions, j'ai aussi

« fait les miennes. Le domaine de Barjac vaut
« cent mille écus pour un voisin, et M. d'Orville
« le paiera cela, ou je le garderai. »

Le marquis saute à droite, à gauche; ses poings sont serrés; les muscles de sa figure jouent avec une force étonnante; il est furieux au point de ne pouvoir articuler un mot. Enfin il retrouve des idées, et il reproche amèrement au duc de porter à quatre-vingt mille francs une augmentation de prix que tout à l'heure il bornait à trente. Le duc lui reproche de n'être pas rendu encore aux arrêts; le notaire lui reproche son indiscrétion; le marquis se la reproche maintenant; mais il proteste qu'il a voulu servir M. d'Orville, et se venger ainsi de ses hauteurs. Il sort enfin et se rend à son hôtel, ne sachant trop comment il passera la quinzaine.

Larose, exact au rendez-vous d'amour, comme à ceux que son sergent lui donne de par le roi, Larose est déja chez monsieur le marquis. Il n'a pas vu Thérèse, et il s'en félicite; mais il ne voit pas Julie, et il la demande à Ducroc, à Zéphire, à l'antichambre et à l'écurie. Son protecteur a écouté favorablement la courte histoire de ses amours; il n'a plus rien à craindre, et il vague dans l'hôtel, chantant Julie, ses seize ans et ses charmes.

Le marquis rentre en grondant. Si le duc n'était pas mon capitaine, pensait-il, je lui ferais tirer l'épée. En quittant les mousquetaires, je redeviens son égal; mais aussi je perds mes titres à une compagnie de dragons.

« Ah çà, voyons, dit-il, en commençant un
« monologue, tantôt assis, tantôt se promenant
« dans son salon, voyons quelle conduite je dois
« tenir à l'égard de M. d'Orville. Il est évident
« que pour m'être voulu venger en le servant,
« je lui coûte quatre-vingt mille livres. Ma ven-
« geance serait bien plus éclatante, si je payais
« cette somme pour lui... Oui, mais, quatre-vingt
« mille francs!... Diable! quatre-vingt mille francs...
« Réfléchissons un peu. J'ai cinquante mille écus
« de rente, et je suis garçon. Il me semble qu'a-
« vec soixante-dix mille francs, qui me resteront
« pour l'année, je peux vivre honorablement :
« beaucoup d'honnêtes gens vivent à moins. Et
« puis, je tirerai quelque avantage de mon sacri-
« fice. Ceci se saura, car tout se sait. On en parlera,
« on louera ma délicatesse... Mais cela transpirera-
« t-il? Eh! pourquoi ne le dirai-je pas à l'oreille
« de trois ou quatre femmes de distinction?...
« Allons, allons, je suis décidé; mais aussi je ne
« me mêlerai plus des affaires de personne. »

Il fait venir Ducroc; il lui donne un mandat sur son banquier, et il lui ordonne de porter la somme chez son capitaine, et d'en tirer un reçu d'à-compte sur le prix du domaine de Barjac.

Ducroc était à peine sorti, que Zéphire accourt, criant à tue-tête que Larose est plus fou que jamais; qu'il bouleverse tout dans l'hôtel ; qu'il cherche Julie dans et dessous les lits, dans les cabinets, dans les armoires, et même dans les tiroirs des commodes ; qu'il se plaint amèrement que monsieur le marquis l'a trompé, et qu'il a fait disparaître la mère et la fille. « Je l'ai trompé! « je l'ai trompé! Qu'il sache que je ne trompe « personne. Qu'il vienne, et que j'arrange ce ma-« riage-là. Il ne me coûtera pas quatre-vingt mille « francs. »

Larose paraît; Larose gémit; le marquis le console et le rassure. Il sonne à tout briser ; il fait venir tous ses gens; il leur ordonne de trouver Julie et sa mère. « Eh, monsieur le marquis, « dit Zéphire, comment trouverons-nous ce que « Larose a inutilement cherché? Il n'y a pas de « rat de cave au monde qui retourne une maison « comme lui. » Le marquis se fâche, ses domestiques répliquent; il s'emporte, ils se défendent sur l'impossibilité d'obéir; les voix se montent; on parle tous ensemble, ce qui ne manque jamais d'arriver quand une discussion s'anime, et ce qui fait qu'on s'entend un peu moins qu'auparavant.

Pendant que de part et d'autre on se donne au diable pour se faire écouter, Thérèse paraît; elle se glisse au milieu du cercle : toutes les voix tombent à l'instant. On prête l'oreille à ce qu'elle va dire, et toutes les bouches sont ouvertes avant qu'elle ait parlé.

« Il y a trois heures qu'on vous cherche, lui

« crie le marquis. D'où diable venez-vous, et
« qu'avez-vous fait de votre fille? — Ma fille! ma
« fille!... — Voilà un joli garçon qui l'aime et qui
« en est aimé; je veux que ce mariage se fasse.
« — Je veux! je veux!... M. Guérault, votre père,
« que j'ai servi quinze ans... — Je sais bien que
« mon père s'appelait Guérault. Finissons : où est
« Julie? — Monsieur le marquis, monsieur le
« marquis... — Vous m'impatientez à la fin! où
« est Julie?—Monsieur le comte, votre père...—
« Mon père n'était pas comte. — M. Guérault,
« votre père... — Que le diable t'emporte. — Eh
« bien, monsieur, votre père, tout court, ne
« m'eût pas dit : Je veux que ce mariage se fasse.
« — Bah, bah! — Il m'eût dit : Ma bonne Thé-
« rèse, ces jeunes gens s'aiment; voyez si Larose
« est un parti sortable; je serai bien aise que cette
« affaire se termine. Nous nous serions parlé,
« expliqués, entendus; mais, je veux! je veux!
« En achetant la terre d'Oliban, monsieur le mar-
« quis a sans doute acquis aussi le droit de dis-
« poser des filles de ses gens. On dit qu'autrefois
« les seigneurs avaient des droits bien plus éten-
« dus, mais je croyais tout cela supprimé depuis
« long-temps. — Allons, ma bonne Thérèse, par-
« lons, expliquons-nous, entendons-nous. Sortez,
« vous autres; Larose, restez. Commencez par
« me dire, Thérèse, ce que vous avez fait de
« Julie. — Monsieur, j'ai prévu ce qui arrive, et
« cette nuit, j'ai conduit ma fille dans un couvent.

« Au couvent ! s'écrie Larose. — Au couvent ! ré-
« pète le marquis. — Oui, monsieur, dans un
« couvent où on sait que c'est aux mères à dis-
« poser de leurs filles, et où la mienne est serrée
« de manière à ce que personne ne puisse l'ap-
« procher, pas même un franc-moineau. — Elle
« est prisonnière, elle est prisonnière, balbutie
« Larose, en sanglotant, et c'est moi qui en suis
« cause ! — Non, c'est moi, reprend le marquis;
« mais je réparerai le mal que j'ai fait. Allons,
« Thérèse, laissez-vous toucher, et occupons-
« nous de ce mariage. — Monsieur, je ne consen-
« tirai jamais à marier Julie à un soldat aux gardes.
« — Il est caporal. — Fût-il sergent; et je vous
« prie, monsieur, de ne pas me parler de cela
« davantage. »

Larose frappe du pied, il s'arrache une pincée
de cheveux, et il sort en désespéré, à peu près
comme Talma dans sa sortie d'Oreste. Le marquis
l'appelle; il est déja loin.

« Mais voyez donc, Thérèse, dans quel état
« vous mettez ce jeune homme. Il n'y a au monde
« que vous qui puissiez supporter un pareil spec-
« tacle. — Larose se calmera et ma fille aussi. —
« J'achète le congé du jeune homme. — Ensuite,
« monsieur le marquis? — Je l'adjoins au régis-
« seur de ma terre de Sélicourt, qui est très-
« vieux. Il s'instruira auprès du bon homme, et
« il courra pour lui. Je donnerai aux jeunes ma-
« riés mille écus par an, jusqu'à ce que la place

« soit vacante. Cela vous arrange-t-il? — Ah, par-
« lons, parlons, monsieur le marquis. Le jeune
« homme est vraiment très-bien, et si sa famille
« est honnête... — Eh, pourquoi pas? — C'est ce
« qu'il faut savoir. — Vous avez raison. Zéphire,
« cours à la caserne de Larose. Dis-lui que tout
« est arrangé, et qu'il revienne à l'instant. — Ar-
« rangé, monsieur le marquis, oui, si la famille
« est honnête. — Oh! vous ne finissez pas sur
« l'article des objections. Que diable! vous ne
« prétendez pas marier votre fille au fils d'un
« avocat ou d'un médecin? — Eh, pourquoi pas,
« monsieur le marquis? Aujourd'hui une fille sage
« et jolie peut prétendre à tout, puisqu'on voit
« des femmes, sans réputation, faire de brillans
« mariages. — Oh! vous allez vous perdre dans
« les probabilités : c'est le moyen de ne rien
« finir... Va où je t'envoie, Zéphire, et amène-moi
« ce jeune homme. »

Zéphire sort, et rentre quelques secondes après,
avec une lettre à la main. « Quoi, tu n'es point
« parti? — J'ai envoyé un de vos laquais. Vous
« sentez, monsieur, qu'un valet de chambre ne
« peut décemment se montrer dans une caserne.
« — Où la vanité va-t-elle se loger? — Ce n'est
« pas vanité, monsieur; mais chacun doit obser-
« ver les bienséances de son état. Que deviendrait
« l'ordre social, si les rangs étaient confondus?
« seriez-vous bien aise qu'un petit bourgeois
« voulût vivre avec vous d'égal à égal? — En voilà

« assez, en voilà assez. Quelle est cette lettre ? —
« Elle vient de Pithiviers ; elle est à l'adresse de
« dame Thérèse. — De Pithiviers ? C'est peut-être
« de mon compère le greffier. Monsieur le mar-
« quis, voulez-vous bien me permettre... Je suis
« impatiente de savoir ce que m'écrit mon com-
« père. Il a un fils, monsieur le marquis, que je
« n'ai jamais vu, et qu'on dit beau comme un
« ange. L'an passé le compère est venu me voir,
« et nous avons, assez légèrement, j'en conviens,
« parlé de marier nos enfans, quand ils seraient
« un peu plus avancés en âge. — Ta, ta, ta ! Il
« ne faut qu'un mari à Julie, et il est trouvé. Lisez
« votre lettre, et revenons à Larose.

« Ah, mon Dieu, mon Dieu !... Ai-je bien lu !...
« Grande sainte Thérèse ! — Eh bien ! qu'y a-t-il
« donc ? — Écoutez, monsieur le marquis, écoutez :

« Madame et chère commère,

« Le compère est très-poli.

« J'ai eu bien du chagrin depuis que je vous ai écrit.

« Il y a près de huit mois. Quel chagrin a-t-il
« donc eu ?

« Mon pauvre Charles, à la suite d'une querelle assez vive
« que lui a faite sa mère, s'est engagé dans les Gardes fran-
« çaises ;

« Ce pauvre garçon ! Ce pauvre garçon ! Il y a

« des mères bien dures, il faut en convenir. —
« En vous comptant, n'est-ce pas, Thérèse?

« il s'y est si bien conduit qu'on l'a fait caporal. Cela nous a
« un peu calmés, sa mère et moi, et nous sommes décidés à
« lui acheter son congé. Il est doux, honnête, et ne s'entend
« pas mal à rédiger un jugement. Pour prévenir de nouvelles
« fredaines, j'ai résolu de le marier et de lui passer ma
« charge. Si vous êtes toujours dans les mêmes intentions à
« son égard, nous serons bientôt alliés de plus près que par
« le compérage.

« Vous voyez, vous voyez, monsieur le marquis.
« Ma fille, bru d'un magistrat! Que dis-je, bru!
« Épouse du magistrat lui-même! Oh, il y a de
« quoi perdre la tête! Ah! voici encore quelque
« chose.

« En attendant que nos bonnes intentions puissent s'effec-
« tuer, faites-moi le plaisir de passer à la caserne de Popin-
« court. Vous y trouverez, compagnie d'Orville, mon Char-
« les, qui, par égard pour sa famille, se fait appeler Larose...

« Larose! Larose! Ah! monsieur le marquis, je n'y
« tiens plus; bien décidément, j'en perdrai la tête!
« Ma fille greffière! Sentez-vous quel relief cela
« va me donner? — Mais, finissez donc votre
« lecture. — Vous avez raison, monsieur le mar-
« quis, vous avez raison.

« Vous lui donnerez des consolations, des espérances, et un
« peu d'argent, s'il en a besoin. »

« Oh, certainement, j'irai à la caserne! Je ne serai

« pas si fière que M. Zéphire. Ce cher Larose !
« Vous me croirez si vous le voulez, monsieur le
« marquis; mais, en le refusant, en le rebutant,
« je sentais, là, une voix intérieure qui me parlait
« pour lui. Je lui donnerai des consolations, de
« l'argent, dit son père ! Tout ce que j'ai est à son
« service, et il sera bientôt consolé. Je vais faire
« sortir ma fille du couvent; et, en attendant le
« mariage, il la verra ici tous les jours, sous mes
« yeux, bien entendu. Ils parleront de leur amour,
« et cela me rajeunira. — Et moi, que le bien-être
« de Larose ne regarde plus, je me charge des
« présens de noce. Zéphire, va chez ma lingère...
« Un joli trousseau pour la fille d'une femme de
« charge. Passe chez mon bijoutier... Une parure
« complète en corail. Tu iras ensuite chez ma-
« dame de Verneuil. Tu lui diras que je n'irai pas
« la saluer aujourd'hui, par la raison que je suis
« aux arrêts pour quinze jours... A propos, Thé-
« rèse!... »

Thérèse était déjà loin, elle avait les jambes aussi souples que la langue.

CHAPITRE V.

Événemens nouveaux.

Ma foi, pensait le marquis, cette journée ne sera pas longue; et, si je trouve toujours à m'occuper ainsi, la quinzaine s'écoulera sans que je m'en aperçoive. Il y aura bien quelques momens de vide ; madame de Verneuil les remplira. Une femme fait ce qu'elle veut à Paris, et ce que madame de Verneuil a de mieux à faire, c'est de venir jouer à l'*écarté* avec moi.

Il est clair, pour mon lecteur désœuvré, que madame de Verneuil est la femme de finance dont j'ai déja eu l'honneur de lui parler.

Monsieur le marquis finissait son soliloque, ou son monologue, comme on voudra l'appeler, lorsqu'il vit entrer, chez son suisse, un coureur, couvert de galons et de franges d'argent. Un instant après, un laquais lui remit le billet, dont la teneur suit :

« Mon notaire, sortant de chez moi, vous a ren-
« contré comme vous y entriez. Il vous a retrouvé
« chez le capitaine des Mousquetaires gris, et c'est
« à votre ineptie, ou à votre indiscrétion, que je
« dois une augmentation de quatre-vingt mille
« francs sur la terre de Barjac. J'espère vous ap-
« prendre, mon petit monsieur, à ne vous mêler
« désormais que de vos affaires. »

« Quelle insolence, s'écrie le marquis! traiter
« ainsi un mousquetaire! » Et vite, il saute, non sur son épée, mais sur sa plume, et il écrit :

« Quelques torts que j'aie pu avoir, c'est vous
« maintenant qui êtes l'agresseur, et c'est moi qui
« vous demande raison. Je suis aux arrêts, et je
« vous attends dans mon salon. »

Le coureur attendait probablement une réponse,

car il bâillait en se promenant dans la cour. Il reçut le *poulet*, et partit d'un train à se faire enfler la rate comme un ballon.

Raisonnons un moment sur le duel dont on a tant parlé, et sur lequel on a tant écrit. Jean-Jacques lui-même, avec tout son génie, s'est exprimé en homme qui n'est pas très-versé dans l'histoire. Une petite digression me reposera la tête un moment; et si le lecteur n'aime pas ce genre-là, il est bien le maître de tourner le feuillet.

Les comtes de Champagne, de Flandre, d'Artois; les ducs de Bretagne, de Normandie, d'Aquitaine, de Bourgogne, etc., étaient réellement de hauts et puissans seigneurs. Souverains dans leurs domaines, ils étaient vraiment pairs de France, ou égaux du roi, à qui, dans certaines circonstances, ils pouvaient faire la guerre, sans être accusés de rébellion. Leurs privilèges n'étaient pas, comme le prétend l'ignorance, un empiètement sur les droits du peuple; ils étaient anciens comme la monarchie; ils avaient été établis avec elle, et le peuple n'était composé que des vaincus à qui on avait laissé la vie et leurs propriétés, sous l'obligation de certaines redevances, qui, je l'avoue, s'étendaient un peu loin.

Par exemple, il était assez désagréable pour un jeune homme qui épousait une jolie fille, de ne pouvoir coucher avec elle que la seconde nuit de ses noces. Mais ce qui se faisait alors avant, se fait maintenant après; et l'ancien axiome : *Est pater ille quem nuptiæ demonstrant*, est toujours en vigueur.

Ces hauts et puissans seigneurs, dépouillés peu à peu de leurs priviléges, ne jouissaient plus que de celui de faire égorger leurs vassaux pour un faucon, et même pour un cygne, lorsqu'un roi, soufflé par un ministre adroit, leur représenta que ces guerres particulières privaient l'état de ses plus braves défenseurs, ce qui voulait dire que le roi entendait qu'à l'avenir on ne se ferait plus tuer que pour lui. Les hauts et puissans seigneurs, trop affaiblis pour résister, cédèrent encore sur ce point; mais ils se réservèrent *positivement* le droit de venger leur querelle en champ clos, lorsqu'ils seraient attaqués en leur honneur ou dans leurs intérêts.

Cette transaction devint la loi de l'état, tellement que plusieurs de nos rois ont assisté à quelques-uns de ces combats particuliers. Les moines, notamment ceux de l'abbaye de Saint-Germain-des-Prés, avaient fait arranger des lices, où, pour son argent, bien entendu, on trouvait tout ce qui est nécessaire pour tuer ou se faire tuer commodément.

Telle est l'origine du duel, qu'on a tant calomnié; et si vous ne voulez pas m'en croire, lisez M. de Boulainvilliers, M. de Montlosier, qui vous apprendront en détail ce que je viens de vous conter en gros.

J'avoue, par exemple, qu'on a donné une grande

extension à ce droit de venger son honneur en champ clos. Au temps où je remonte, en 1780, tout le monde portait l'épée, et on se coupait la gorge à tous les coins de rue, ce qui ne laissait pas que d'être abusif. Mais M. le comte d'Orville, dont la noblesse datait des croisades, pouvait fort bien user du droit concédé à ses ancêtres, dont le sang était arrivé pur jusqu'en ses veines. Or, comme un noble du temps des croisades ne trouve pas toujours à se mesurer avec un homme comme lui, le comte d'Orville n'avait pas balancé à provoquer monsieur le marquis d'avant-hier.

Après s'être servi de la plume, notre marquis pensa à son épée. Il en regarda la lame, par dessus, par dessous; il s'assura de la pointe avec le bout du doigt; il jugea qu'elle glisserait parfaitement entre deux côtes, et il ne s'occupa plus que de la botte qu'il porterait au descendant des comtes de Nazareth et des marquis de Béthléem. Il se décida pour la quarte-basse, à laquelle on ne s'attend jamais quand on est menacé d'une quarte sur les armes.

Il ferraillait seul dans son salon, et il regardait l'ottomane sur laquelle il déposerait le vaincu, lorsque Thérèse entra. « Ma bonne, vous arrivez « à propos. — Larose n'est pas à la caserne. — « Allez me chercher du vieux linge. — Mais, sans « doute, il rentrera pour l'appel. —Vous le mettrez « sous le coussin de cette bergère. — Larose?

« — Eh, non, le vieux linge. — Du vieux linge ! Je
« vous parle de notre Larose. On me l'enverra de-
« main matin. — C'est bon. Faites ce que je vous
« dis. — Du vieux linge ! Qui donc est blessé ici ? »

Le marquis jugea qu'il pouvait éveiller le soupçon, et il se tut. Thérèse, plantée devant lui, droite comme un échalas, attendait qu'il répondît ; et le marquis ne savait plus que dire, lorsqu'on lui annonça madame de Verneuil. Elle rit comme une folle de la retraite forcée de son ami ; elle l'embrassa ensuite de tout son cœur ; elle lui conta l'histoire du jour ; lui dit qu'elle lui demandait à dîner ; et, comme deux personnes qui sont dans l'habitude de causer d'assez près n'ont pas besoin d'une pièce de douze pieds en carré, le marquis, qui voulait que son salon fût libre, présenta la main à madame, et la conduisit à l'espèce de boudoir où ils tenaient leurs conférences ordinaires.

Je ne sais pas trop à quel degré de chaleur était montée la conversation, lorsqu'on annonça M. le comte d'Orville. Ce qu'il y a de certain, c'est que, pour éviter des distractions, on avait ôté la clé de la serrure, que l'annonce fut faite par le trou, et que madame de Verneuil marqua assez d'humeur. D'Oliban lui dit qu'il ne pouvait se dispenser de recevoir un homme du rang de monsieur le comte ; mais qu'il allait s'en défaire, sous un prétexte quelconque.

Il passe au salon, et sans dire un mot ; il quitte

son habit, et met l'épée à la main. « Je vous dois
« des excuses, lui dit le comte, et je viens vous
« les faire. Vos procédés sont ceux d'un gentil-
« homme du temps de Pharamond, et je déclare
« que je vous tiens pour aussi noble que qui que
« ce soit en France. Si cette réparation ne vous
« suffit pas, je suis prêt à tirer l'épée. — Monsieur
« le comte, lui dit le marquis, je vous prie de
« croire que j'avais envoyé la somme au capitaine
« des Mousquetaires gris, avant que j'eusse reçu
« votre billet. — Je le sais, monsieur. Mon cou-
« reur était à peine sorti, que le duc m'a fait
« dire ce que vous veniez de faire, et je me suis
« hâté de me rendre chez vous. — Voilà mon
« honneur à couvert ; mais l'insulte que vous m'a-
« vez faite n'est pas lavée par de vaines paroles.
« — Monsieur, je suis à vos ordres. » Et le comte
met flamberge au vent.

Quelque brave qu'on soit, on ne tire pas l'é-
pée comme on boit un verre de vin. Au moment où on avait annoncé M. d'Orville, madame
de Verneuil avait cru voir quelque altération dans
les traits de son ami : les femmes possèdent à
un degré éminent l'esprit de la minute ; je l'ai
dit souvent, et je ne me lasse pas de le répéter.
Sans que son imagination fût frappée d'une idée
positive, la dame avait vaguement pressenti quelque chose de fâcheux ; elle crut devoir suivre son
ami ; elle s'arrêta à la porte du salon ; elle prêta
l'oreille, et fut frappée du cliquetis des armes.

Elle ouvrit avec violence, et, sans rien calculer, elle se précipita entre les combattans. Il était trop tard : le marquis avait manqué sa quarte-basse, et il avait reçu une riposte à travers le bras.

Madame de Verneuil voit couler le sang, et elle jette les hauts cris. Zéphire paraît, et il place son maître sur l'ottomane, qui devait recevoir d'Orville mourant; Thérèse accourt, et dit en sanglotant: « C'était donc pour cela qu'il fallait « du vieux linge! » Elle prend d'Oliban dans ses bras; elle cherche à étancher son sang; elle baise sa blessure, et, en deux secondes, elle ressemble à une Hottentote tatouée. D'Orville, qui seul avait conservé du sang-froid, sort et revient avec un chirurgien, que, par prévoyance, il avait mis de planton à la porte de l'hôtel. Le chirurgien visite la plaie, et il prononce avec le ton solennel ordinaire à ces messieurs, que le marquis sera guéri avant que ses quinze jours d'arrêts soient expirés. Le marquis présente la main gauche à d'Orville; on s'embrasse; on a tout oublié, et on convient qu'on dînera tous ensemble.

On se met à table; c'est madame de Verneuil qui en fait les honneurs. D'Oliban a le bras droit en écharpe; c'est elle qui le sert, qui lui coupe ses morceaux, et qui lui aide à les porter à sa bouche. Cela donnait au marquis un air tout-à-fait intéressant.

Madame de Verneuil était femme : elle ne pouvait se borner à donner des secours à son ami blessé ; il était tout simple qu'elle voulût savoir ce qui avait amené la catastrophe. Son amant s'exécuta de bonne grace ; il raconta les faits sans la moindre altération. « Eh, mon ami, pensez « donc au ridicule affreux que vous vous donnez « dans le monde. N'avez-vous pas assez de vos « affaires et de moi pour vous occuper sérieuse- « ment? » On trouvera étrange en province que madame de Verneuil s'expliquât aussi clairement en présence de Dorville. Mais, alors, il était reçu à Paris qu'une femme peut avoir un amant, sans que sa réputation en soit blessée. Si elle en avait deux, oh! alors elle était notée ; on en parlait, et on lui faisait toujours le même accueil. Au fait, qu'était-on en droit de lui dire? Ce n'était plus une femme comme il faut, d'accord ; c'était une femme comme il en faut, et il est toujours beau d'être utile.

Les temps sont bien changés ; nos jolies Parisiennes sont chastes, comme les *habitantes* d'une ville de province, et il en résulte un grand bien : les jeunes gens, forcés de se marier, ne peuvent plus calculer, et ils épousent sans dot, ce qui est un grand avantage pour les fillettes qui ne possèdent que leur petite personne.

Le marquis convint de la justesse des observations de son amie ; il protesta se les être souvent faites à lui-même, et il disait vrai ; il s'engagea formellement à laisser chacun user sa vie comme il l'entendrait. Mais,

Chassez le naturel, il revient au galop.

« Ah çà, monsieur le comte, vous achetez le
« joli domaine de Barjac. Vous abattrez sans doute
« ce quinconce qui vous prive de la belle vue
« des clochers de Chartres. — Mon cher marquis,
« il faut vingt ans à la nature pour faire un arbre,
« et, bien certainement, je n'abattrai rien. — Vous
« abattrez, vous abattrez. — Bien décidément je
« n'abattrai pas. — Vous passerez pour un Goth.
« — Tout comme il vous plaira. C'est pour moi
« que j'achète; et, comme *je laisse chacun user
« sa vie comme il l'entend*, j'espère qu'on aura
« pour moi la même indulgence. Voilà un homme
« bien corrigé, dit madame de Verneuil, en écla-
« tant de rire, et en effleurant de sa jolie main la
« joue de son ami. — Je me corrige, mon ange,
« je me corrige. Tout ceci n'est que plaisanterie...
« Ah, par exemple, voilà qui est sérieux : votre
« régisseur est un fripon. — Tout le monde le
« dit. — Et vous le renverrez. — Il a volé deux
« mille livres de rente, et c'est une fortune pour
« cet homme-là. Si je le congédie, son successeur
« voudra avoir aussi deux mille livres de rente,
« et il est clair que je gagne quarante mille francs
« à garder celui qui est en place. — Vous êtes un
« homme bien extraordinaire. — Et vous, mar-
« quis, et vous?

« Zéphire, dit madame de Verneuil, donnez-
« nous du champagne, et allez dire à monsieur

« le duc que je le prie de venir passer la soirée
« avec nous. — Mon capitaine! je ne reverrai ja-
« mais cet homme-là. — Il a eu des torts avec
« vous, mais il est votre chef, et c'est à vous à
« revenir le premier. — Mais, madame... — Il n'y
« a que ce moyen-là de faire oublier à nos supé-
« rieurs les sottises qu'ils nous ont faites. Il est
« constant, dit le comte, que le duc s'est montré
« peu délicat. — Nous le mettrons à son aise, en
« ne paraissant pas nous en souvenir, et il nous
« en saura bon gré. — Mais, ma chère amie, il
« me semble que vous avez aussi la manie de vous
« mêler des affaires des autres. — Mon cher d'O-
« liban, cela se gagne peut-être; mais je crois
« qu'en cette circonstance je vous donne un sage
« conseil. Suivez-le, je vous en prie; et surtout,
« pas un mot qui rappelle le passé, quand le duc
« sera ici. — Zéphire, obéissez à madame. »

Zéphire part. On plaisante, on rit, on chante.
La gaieté s'épuise enfin, et, pour la ranimer, on
médit un peu du prochain. Alors, la conversation
devient inépuisable. Une grande ville offre tant
de ressources en ce genre! C'est un fermier-général et une chanteuse; un duc et une grisette;
une comtesse et un évêque; une agnès et un
vieux maréchal; et la banqueroute d'un receveur-
général des finances, et les vers rocailleux de
Lemière, et le bon Sédaine, et le fécond Grétry,
et Gluck et Piccini, et Mesmer, et les calem-
bours du marquis de Bièvre, et le mandement

de monseigneur... Que sais-je, moi? Avec tout cela, trois interlocuteurs, dont une femme, peuvent parler pendant six heures consécutives.

On avait encore mille choses à dire, quand le duc parut, avec un air assez embarrassé; et, au fond, il y avait de quoi l'être. Madame de Verneuil fut au-devant de lui, et présenta ses deux joues. Le marquis le salua d'un air riant, et la conversation reprenait une certaine chaleur, lorsque le duc, qui cherchait le moment de soulager son cœur, et qui voyait bien qu'il ne le trouverait pas, interrompit le comte, qui commençait le récit d'une anecdote tant soit peu scandaleuse.

« Votre valet de chambre m'a tout conté, mon
« cher marquis. On ne doit pas rester aux arrêts,
« quand on a soutenu d'une manière aussi bril-
« lante l'honneur de son corps : vous êtes libre. »
Le marquis remercie, comme s'il eût reçu une faveur insigne; le duc s'applaudit d'avoir quatre-vingt mille francs de plus en caisse, et il dépose sur la cheminée deux rouleaux... Vous n'avez pas oublié qu'il devait de l'argent au marquis. Il est assez commode de payer ses dettes avec l'argent de ses créanciers. Le comte se félicite d'avoir la terre de Barjac pour le prix convenu; et devait-il avoir quelque arrière-pensée? D'Oliban avait fait la faute; était-ce à d'Orville à la payer? Peut-être un vieil honnête homme aurait-il eu quelque scrupule; mais un jeune seigneur n'y regardait

pas de si près. Madame de Verneuil était enchantée de pouvoir se montrer avec son amant à l'opéra et aux Champs-Élysées ; le marquis avait fait de bonne foi le sacrifice de ses quatre-vingt mille francs ; et il ne s'en occupait plus. Tout le monde était content. Le passé ressemblait à un nuage qu'a dissipé un rayon brûlant du soleil, dont l'œil peut à peine distinguer les dernières traces. Il faut attendre le souper : d'Oliban fait venir des glaces et des cartes.

« Faites la révérence, petite fille, plus bas que « cela... bien. Remerciez monsieur le marquis. » C'est Julie, que sa mère a retirée du couvent, et qui vient présenter ses devoirs à son maître. « Oui, « oui, dit d'Oliban ; on la marie à Larose, un fort « joli soldat de votre compagnie, monsieur le « comte, et je me suis chargé du trousseau. — « Moi, reprit madame de Verneuil, je ferai la « première layette. Et moi, poursuivit d'Orville, « je fais présent à Larose de son congé. Il sera « expédié demain. »

La gaieté passe du salon à l'antichambre. Toute la maison est en l'air. Ducroc racle un mauvais violon ; il fait danser l'allemande à Julie et à Zéphire, et le vin de monsieur le marquis circule à la ronde. « Demain, demain, disait Thérèse, le beau « Larose sera libre, et il sera avec nous. Comme « il est taillé ce garçon-là ? Comme il doit faire « des *passes* ! Tu en feras avec lui, Julie. — Oh ! « oui, maman. » Et elle rougissait de plaisir, de pudeur.

« Demain, demain, disait madame de Verneuil,
« au salon, je donnerai un bal. On dansera dans
« mon appartement, pour ne pas déranger M. de
« Verneuil. S'il veut paraître un moment, je lui
« en saurai gré. Vous y viendrez, marquis, avec
« votre bras en écharpe; cela vous sied à ravir.
« — Eh, madame, que ferai-je au bal? — Vous y
« viendrez, je le veux, et elle lui dit à l'oreille :
« Je suis bien aise qu'on sache que mon amant est
« brave, et je vous ferai l'honneur de vos quatre-
« vingt mille francs. J'en dirai deux mots, en pas-
« sant, à la présidente, à la baronne, et, après
« demain, ce sera l'histoire de tout Paris. »

Il faut se quitter enfin, quand on ne doit pas passer la nuit sous le même toit. Le comte commençait à avaler des bâillemens; le rouge de madame de Verneuil tombait; le chirurgien attendait depuis deux heures pour panser le bras de monsieur. On demande les voitures; on y monte, on part.

Le bon Verneuil avait déja fait la moitié de sa nuit. Il se levait à six heures du matin, et travaillait jusqu'à celle du dîner. Il gagnait des sommes énormes; mais madame avait loge aux trois spectacles; elle donnait des fêtes; elle ne comptait jamais après son bijoutier ni ses marchandes; l'argent du peuple retournait à sa source. Oh, c'était une femme bien estimable que madame de Verneuil!

CHAPITRE VI.

Il commence mal. Comment finira-t-il?

Il était huit heures du matin, Larose ne paraissait pas, et Julie comptait les minutes. Thérèse, aussi impatiente que sa fille, prend son mantelet de taffetas noir, ses gants de fil et son éventail de papier vert. Elle trotte, elle court à la caserne; elle entre dans la chambre du beau soldat; elle s'informe... il ne s'est pas trouvé à l'appel de la veille. Thérèse tombe, non sur un fauteuil, on n'en met pas ordinairement dans les casernes; elle se laisse aller sur un banc, et le sentiment l'abandonne. Il n'y avait là, non plus, ni sels, ni éther. Le chef de chambrée vide ce qui reste d'eau dans le *bidon* sur le nez de la défaillie. Thérèse revient à elle, et se trouve mouillée comme la rivière. Elle sort en grommelant. « Bah, bah! dit le chef de chambrée, si on usait « de ce moyen-là avec les grandes dames, elles « ne se trouveraient pas mal si souvent. »

Thérèse court chez le comte d'Orville. Elle lui raconte ce que le rapport du sergent lui a déja appris. Le comte lui dit, du ton le plus obligeant, qu'il suffit de l'intérêt que le marquis porte à Larose, pour qu'on lui passe encore cette escapade. Il ajoute que le congé absolu sera expédié dans la journée, ainsi qu'il l'a promis, et qu'on peut être fort tranquille sur le sort du futur époux. Thérèse retourne à l'hôtel, assez satisfaite, et son premier mot, en rentrant, est : A-t-on vu Larose ?

Julie s'était mise en vedette à une croisée qui donnait sur la rue. Ses yeux charmans plongeaient à droite et à gauche. Ce fut elle qui répondit d'un ton dolent : Non, ma chère mère.

Thérèse se désole; elle trépigne; elle jurerait si elle l'osait. Comme un incident change un homme en bien ou en mal! Larose, qui, trente-six heures auparavant, n'était bon à rien, est devenu tout à coup l'objet de l'affection, de la sollicitude, des alarmes de Thérèse.

Julie demande et obtient, sans difficulté, la permission de travailler dans la chambre où elle est, et vous sentez bien qu'elle ne fait pas un point : il est difficile de regarder à la fois et son ouvrage et ce qui se passe dans la rue. Un uniforme des Gardes Françaises se montrait-il à deux cents pas? le cœur de la pauvre petite volait au-devant de lui, et une larme mouillait sa paupière, lorsque le passant trompait son espoir. Que de larmes elle versa dans cette triste journée!

Sa mère vint la prendre pour la faire dîner. Julie se laissa entraîner, se mit à table, et ne mangea point. Thérèse lui servait ce qu'il y avait de meilleur; Julie portait un morceau à la bouche, et le laissait retomber sur son assiette. Sa mère lui parlait de Larose, pour l'égayer un peu, et Julie répondait par un soupir. Elle ignorait encore que pour bien servir l'amour, il faut avoir dîné.

Vers le soir, elle supplia sa mère de retourner à la caserne. Thérèse, qui avait eu le temps de réfléchir, et qui redoutait le *bidon*, prit le bon Ducroc avec elle, et promit à sa fille de rester dans la chambre de Larose, jusqu'à ce que l'appel soit fait.

Les ténèbres couvraient notre petit globe, et la mauvaise huile des réverbères ne permettait pas de bien distinguer les objets de quatre pas. Julie, cependant, restait immobile à sa croisée. Il peut s'arrêter, pensait-elle, en se rendant à l'appel, et s'asseoir sur ce banc de pierre, témoin de ses premiers vœux ; je le reconnaîtrai ; je l'appellerai ; je lui parlerai bonheur.

En effet, un homme vient droit à la porte ; il s'arrête, il frappe, et Julie croit reconnaître l'uniforme des Gardes. L'oiseau qui fend l'air pour tomber sur sa proie est moins vif que Julie. Elle est chez le suisse, et ne sait comment elle est descendue. C'est un sergent de la compagnie d'Orville qui apporte le congé. « Où est Larose, mon-« sieur, où est-il ? — Je ne le sais pas, mademoi-« selle. » Et monsieur le sergent est déjà dans la rue.

Julie a reçu la cartouche. Elle la lit, la relit ; elle est bien sûre que son amant est libre, et son cœur tressaille de plaisir. Elle porte son nom à ses lèvres; elle l'y reporte; elle ne se lasse pas de le baiser. Que réserve-t-elle donc à Larose?

Thérèse et Ducroc tenaient ferme sur le banc de la chambrée. Les allans et venans, les chansons bachiques, les propos gaillards, rien n'altère leur imperturbable tranquillité, si ce n'est pourtant les réflexions assez tristes que dame Thérèse faisait de temps en temps. Enfin le sergent de semaine paraît, sa lanterne à la main. Il appelle tous les commensaux de la chambre, et tous sont présens, Larose excepté. Thérèse interroge, presse, interpelle le sergent. Le sergent lui répond que le jeune homme ne s'est pas présenté depuis quarante-huit heures; qu'il ignore que son congé vient d'être expédié, et que, selon les apparences, il a déserté.

A ce terrible mot, Thérèse s'évanouit une seconde fois. Une seconde fois, le chef de la chambrée s'approche, le redoutable *bidon* à la main. Ducroc enlève Thérèse, et moitié soutenant, moitié portant, il arrive dans la cour. Le grand air rend la bonne dame à elle-même; mais elle pousse des cris à amollir des roches; elle maudit le marquis; elle arrache son bonnet de point d'Alençon, et elle le foule aux pieds. A ses cris, huit cents hommes, en chemise, paraissent aux croisées, et parlent tous à la fois; plusieurs sergens s'approchent pour faire cesser ce tintamarre; ils enlèvent Thérèse, la portent au-dehors de la grille d'entrée, et laissent Ducroc maître d'en disposer, comme bon lui semblera.

Ducroc ne voit rien de mieux à faire que d'aller chercher un fiacre. A l'aide du cocher, il y monte la dame, et il invoque l'assistance du suisse pour la mettre dans sa chambre, la déshabiller et la coucher. Julie est accourue. L'état affreux où est sa mère, lui fait pressentir son malheur. Cependant elle l'engage à prendre un peu de repos ; elle fait retirer Ducroc et le suisse, et elle veut commencer la toilette de nuit de sa maman. « Il « a déserté ! il a déserté ! s'écrie Thérèse en se « dégageant des bras de sa fille. — Il a déserté ! » s'écrie Julie, et elle tombe à la renverse. Fort heureusement, sa tête a porté sur le lit de sa chère mère.

Thérèse, à demi déshabillée, sort de sa chambre, et court l'hôtel, en criant : « Il a déserté, « il a déserté ! » Ici, elle s'écorche le coude ; là, le genou ; plus loin, le front, parce qu'elle a négligé de prendre une lumière. A force d'aller et de crier, elle arrive à l'appartement de monsieur le marquis, qui se faisait habiller pour aller au bal, et qui s'occupait agréablement de l'effet qu'y produirait son bras en écharpe, et les quatre-vingt mille francs qu'il a si noblement donnés.

« Que diable avez-vous donc, Thérèse ? Faut-il « vous mettre aux petites-maisons ? On en est « quelquefois plus près qu'on ne le pense. — Ce

« n'est pas moi qu'il faut y loger, monsieur. —
« Eh, qui donc, s'il vous plaît? — Il a déserté, il
« a déserté! — Qui? — Mon cher Larose. — Eh,
« qu'importe, puisqu'il a son congé? — Il a son
« congé, il a son congé; sait-il qu'il l'a, et ne
« va-t-il pas se dérober à tous les yeux? Où le
« chercher? où le trouver maintenant? Mort de
« ma vie, vous aviez bien affaire de l'introduire à
« l'hôtel! — Vous allez voir que je ressemble aux
« harpies, qui gâtent tout ce qu'elles touchent.
« — Je ne connais pas les harpies, monsieur le
« marquis; mais il est sûr que vous brouillez tout.
« — Plus de respect, s'il vous plaît, Thérèse. —
« Il s'agit bien de respect! Ma fille est au déses-
« poir, et je me désespère pour elle et pour moi.
« Du respect, du respect! Si Larose n'était pas
« entré ici, il eût, selon sa coutume, passé et
« repassé devant l'hôtel. La lettre du compère se-
« rait arrivée; Julie aurait instruit son amant; il
« serait dans mes bras; il serait à ses pieds... Où
« le chercher? où le trouver? je le répète... Bonne
« sainte Thérèse, secourez-moi.

« Allons, ma bonne, allons, il n'y a rien de
« désespéré. Zéphire, tu iras demain aux Pe-
« tites-Affiches et au journal de Paris. Tu feras
« annoncer, trois jours de suite, que Larose,
« déserteur des Gardes Françaises, a son congé
« absolu, et qu'il peut reparaître avec sécurité.
« — Ces Petites-Affiches et ce journal de Paris,
« vont-ils loin, monsieur le marquis? — Par toute

« la France, Thérèse. — Et si Larose est passé en
« pays étranger ? Il n'en a pas eu le temps. — C'est
« vrai, c'est vrai ; je me modère, je reviens à moi,
« monsieur, et je vous demande pardon de ce
« que j'ai pu vous dire de déplacé. »

Elle sort et gagne sa chambre en criant : « Il
« reviendra, il reviendra. Demain, les Petites-Affi-
« ches et le journal de Paris annonceront qu'il a
« son congé. » Julie prête une oreille attentive ;
elle nomme son amant, soupire, et retombe, les
bras sur son lit, et sa tête sur ses mains. « Pos-
« sède-toi, possède-toi, mon enfant ; il reviendra,
« te dis-je. » Julie n'entend plus rien. La fatale
nouvelle a enflammé son sang ; la fièvre se manifeste ; elle dérange le cerveau ; Julie est dans le
délire, et c'est Larose seul qu'elle voit, à qui elle
parle, et qu'elle croit presser dans ses bras. Thérèse, effrayée de l'état de sa fille, court chez le
marquis, pour l'accabler de reproches. Le marquis, que ces scènes répétées auraient pu fatiguer, était, fort heureusement, allé au bal.

O puissance de l'amour maternel ! Thérèse oublie que son bonnet est resté à la caserne, et
son fichu dans le fiacre ; elle ne s'aperçoit pas
que la violence de ses mouvemens a cassé le cordon d'une de ses jupes, et elle court chez le médecin de la maison. Elle n'a pas fait cinquante
pas que le jupon glisse ; ses jambes s'embarras-
sent ; elle chancelle. En pareille circonstance,
notre premier mouvement est de porter les mains

en avant. Celles de Thérèse tombent d'aplomb sur l'étalage d'une fruitière. Les abricots, les pêches, les poires roulent sur le pavé, et la fruitière jure... comme une dame de la halle. Thérèse s'écrie qu'elle va payer le dommage... Autre mésaventure! ses poches sont restées dans la cour de l'hôtel. La dame *harangère* saute à son chignon; il lui reste à la main. Elle crie, elle tempête, elle va frapper... Une patrouille passe, et monsieur le commandant n'a pas besoin de faire une enquête : les fruits, dont la rue est jonchée, l'ont mis au courant. Il interpelle Thérèse de répondre. Thérèse, exaspérée, parle de Julie, de Larose, de Zéphire, des Petites-Affiches, de M. d'Oliban, qu'elle charge d'imprécations. Un fiacre allait rentrer, et les chevaux, l'oreille et la tête basses, espéraient jouir enfin de quelques heures de repos. Le caporal-commandant arrête la voiture; il y fait monter Thérèse, y place un de ses hommes avec lui, et renvoie les autres au corps-de-garde. Il fait toucher rue de Sèvres.

Thérèse crie plus haut que jamais, et la colère l'empêche de donner de la suite à ses idées. Plus elle crie, et plus monsieur le commandant se confirme dans l'idée qu'il a conçue d'abord. On arrive aux Petites-Maisons. Le cocher sonne; on force Thérèse à descendre, et on mande l'économe pour qu'il ait à reconnaître une folle, qui, selon les apparences, s'est échappée de l'hospice. A ces mots, Thérèse se tord les bras; elle déchire l'oreille du caporal et arrache le bonnet de velours crasseux de l'économe. Elle veut parler, et ne trouve plus de voix. « Quel... qu'elle soit de... « de... de cette mai... mai... maison ou d'une « autre, dit l'économe, c'est une... une femme « dont... dont... dont il faut s'ass... s'ass... s'assu- « rer. » Il livre Thérèse à deux sœurs vigoureuses, qui, pour avoir plus tôt fait, l'enferment dans la première loge qui se présente, et retournent s'étendre sur leur couchette.

Contre qui Thérèse s'emportera-t-elle maintenant ? contre quatre murailles ? Le parti le plus sage, le seul même qu'elle pût prendre, était de se calmer, et c'est ce qu'elle fit. Elle revint à elle si complètement, que, si elle avait pu vaincre l'inquiétude que lui donnait Julie, elle eût fini par rire de cette aventure. Elle tâtonne; elle cherche; elle rencontre quelques brins de paille, et elle s'assied, pour attendre plus commodément que le jour lui permette de revendiquer son marquis, et de retourner à l'hôtel.

Elle pensait à sa fille, et elle regrettait amèrement de n'avoir mis personne auprès d'elle; elle pensait à Larose, à l'effet de l'annonce qui allait le rendre à l'amour et au bonheur; elle pensait à monsieur le marquis, qui, fort innocemment, et elle en convenait, l'avait poussée aux Petites-Maisons, lorsqu'un certain bruit vint frapper son oreille. Elle tressaille, elle écoute; le bruit augmente, et elle reconnaît le son de quelques vieilles ferrailles qui s'agitent avec assez de force. Thérèse croyait aux revenans et aux sorciers. Cependant elle ne s'arrêta pas à cette idée. Elle jugea qu'on l'avait rendue commensale d'une loge, déja habitée par quelqu'un qui n'était pas plaisant. Elle se serre contre le mur, et elle retient son haleine : la crainte avait fait disparaître le côté plaisant de sa réclusion. « Ah! pensait-elle, c'est « moi seule qui suis cause de tout. Si je n'avais « pas rudoyé, humilié, désespéré Larose, il n'au- « rait pas déserté, Julie ne serait pas malade, ni « moi aux Petites-Maisons : le malheur est un juge « inflexible qui ne nous permet plus de nous « flatter. Diable! je viens de trouver là quelque « chose qui a l'air d'une maxime. »

Tout à coup une voix sépulcrale se fait entendre. « J'ai perdu ma couronne, et j'en suis au « désespoir. — Ah! disait bien bas Thérèse, c'est « un roi détrôné. — Si du moins, avant de des- « cendre du trône, j'avais pu étrangler cette mal- « heureuse femme de chambre qui me mettait « toujours ma robe à l'envers. — C'est une reine. « — Malheur à la première qui se présentera de- « vant moi! je la mets en lambeaux. — Oh, mon « Dieu, mon Dieu, secourez-moi! » Et une sueur froide coule de tous les membres de Thérèse.

« Qu'aperçois-je là-bas, reprend la folle? — « Ciel! elle a des yeux de chat. — Venez ici, ma « mignonne, venez, nous causerons ensemble. » Thérèse se sent mourir. « Si ma chaîne n'était

« pas si courte, j'irais vous trouver ; mais je ne
« peux faire deux pas. » Ici, Thérèse commence à
respirer.

Bientôt le jour naissant éclaire le triste réduit
où Thérèse a éprouvé tant de sensations différentes. Ses yeux se portent sur la princesse infortunée, qui ne peut souffrir qu'on lui mette sa
robe à l'envers. Une jeune personne, nue comme
Ève, avant son joli péché, que couvrait à demi
une longue chevelure noire, que son extrême
pâleur rendait plus intéressante, dont les grands
yeux bleus, pleins de douceur, inspiraient la confiance, la regarde d'un air touchant. « Vous n'êtes
« jamais méchante, lui dit-elle, puisque vous
« n'êtes pas enchaînée. Moi, j'ai des momens af-
« freux, et on me les fait cruellement expier.
« Vous me regardez avec affection ; vos yeux se
« remplissent de larmes ! Ah ! voilà la première
« marque d'intérêt que je reçois depuis que je suis
« ici. Approchez-vous ; que j'aie encore le plaisir
« de porter ma main sur un cœur sensible. Venez,
« ne craignez pas Cécile ; je sens venir mes accès,
« et je vous avertirai. »

Thérèse, émue au-delà de toute expression,
avance, recule, avance encore, et retourne à la
place où elle a passé trois heures. L'infortunée
lui tend les bras, et l'appelle de nouveau, avec
un accent qui porte le trouble dans son ame.
Le sentiment l'entraîne ; elle ne connaît plus la
crainte, elle presse Cécile contre son sein.

« Êtes-vous aussi une victime de la méchanceté
« des hommes? Rien en vous n'annonce l'aliéna-
« tion d'esprit. — Une méprise m'a conduite ici,
« mon enfant; j'en sortirai bientôt. — Vous sor-
« tirez, vous sortirez! Et moi, je suis condamnée
« à vivre, à souffrir, à mourir dans ce cachot! Un
« frère! Quel frère! grand Dieu! Il a tué l'amant
« que j'adorais, au moment où nous allions for-
« mer les nœuds les plus désirés et les plus doux.
« Le désespoir m'a écrasée de sa main de fer; ma
« raison s'est aliénée; on a saisi ce prétexte pour
« m'enfermer ici; on y paie une modique pension
« pour moi, et on jouit de ma fortune, qui est
« considérable. Il est des maisons où je serais dé-
« cemment, où on me traiterait avec douceur. Ici,
« je n'ai que des bourreaux. Voyez ces fers, qui
« m'entrent dans la chair, mon sein meurtri, cette
« paille humide et infecte, ce vase grossier, le
« seul que j'aie, et qui reçoit alternativement ma
« nourriture et sa décomposition... Éloignez-vous,
« éloignez-vous, ou votre mort est certaine. »

A l'instant les yeux de Cécile s'enflamment,
son teint s'anime; elle agite ses fers; elle vomit
des imprécations. Thérèse a eu le temps de fuir.

Une autre scène se passait dans la cour. L'é-
conome querellait les sœurs qui avaient enfermé
Thérèse dans la loge de Cécile. Cette imprudence,
leur disait-il, lui a peut-être coûté la vie. Il regarde au guichet de la porte, et l'explication que
désirait si vivement Thérèse, commence enfin. Elle

raconte tout ce qui lui est arrivé depuis la veille au soir. Les faits sont si précis, ils ont un tel caractère de vérité, que l'économe ne sait à quelle idée s'arrêter. « Elle est bien dans ce moment, « pensait-il, et hier au soir elle était furieuse. « Elle a peut-être des intervalles de raison; je vais « profiter de celui-ci. »

Il fait ouvrir la porte; on prend Thérèse, et on la conduit dans une loge plus saine et plus agréable. Thérèse trouve très-mauvais qu'on ne se rende pas aux indications qu'elle a données; elle exige, elle ordonne qu'on aille à l'instant à l'hôtel, qu'on y prenne des renseignemens positifs, et qu'on lui rende sa liberté.

Ce que demandait Thérèse parut très-juste à l'économe. Mais il n'était pas expéditif, et son bégaiement allongeait singulièrement la conversation. Deux heures s'écoulèrent encore avant que la porte s'ouvrît définitivement. Ducroc parut enfin. Il portait ce qui était nécessaire pour que Thérèse pût sortir décemment. Cinq minutes suffirent à sa toilette, et elle courut joindre Ducroc, qui, par respect pour la bienséance, l'attendait dans la cour.

Son premier mot fut pour Julie, et le second arrêta le rire fou du *factotum* de M. d'Oliban. Julie était faible; mais la fièvre avait cessé. Ducroc avait passé la nuit auprès d'elle, il lui avait parlé constamment de Larose, de son prochain retour, et il était parvenu à la calmer. Thérèse l'embrassa; elle envoya l'économe à tous les diables, et monta dans la voiture qui l'attendait à la porte.

Tous les gens de l'hôtel avaient été sur pied pendant la nuit. Ils l'avaient cherchée chez ses amis, chez les fournisseurs du marquis; ils avaient pris des informations dans tous les corps-de-garde du quartier. Éconduits par les uns, mal menés par ceux qui n'aiment pas à se lever à deux heures du matin, ils avaient appris seulement qu'une patrouille avait arrêté une folle qui courait les rues, et qu'on l'avait conduite aux Petites-Maisons. La raison, le jugement, la gravité de dame Thérèse n'avaient pas permis qu'on s'arrêtât au récit du caporal; mais quand elle descendit à l'hôtel, chacun se dédommagea des fatigues de la nuit, par des éclats de rire, par des plaisanteries, plus ou moins piquantes, auxquelles il fallut bien que la bonne dame se prêtât : le moyen le plus sûr de désarmer les railleurs est de rire avec eux.

A travers ces accès d'une gaieté feinte, Thérèse réfléchissait. Elle sentait bien que son aventure avait un caractère qui ne flattait pas son amour-propre, et que, par cette raison, on ne l'oublierait pas de sitôt. Elle résolut de lui donner une tournure solennelle, et de se rendre ainsi plus recommandable que jamais.

« Le désagrément que j'ai éprouvé, dit-elle,
« m'a fait faire de profondes réflexions sur la per-

« versité humaine, et il me fournit l'occasion
« d'être utile à une victime de la plus noire scé-
« lératesse. » Elle nomme Cécile; elle vante ses
charmes et sa candeur; elle raconte ses malheurs;
elle peint l'horreur de sa situation actuelle. Dès-
lors la disgrace de Thérèse s'ennoblit; c'est un
ange tutélaire qu'une main divine a conduit pour
punir un frère dénaturé. L'esprit des auditeurs
est tourné vers Cécile; chacun lui prête les at-
traits qui flattent le plus son imagination. On
entend le bruit de ses fers; on voit ses meurtris-
sures; on répète les paroles qu'elle a adressées à
Thérèse. Zéphire proteste qu'il ne laissera pas un
moment de repos au marquis, que la pauvre demoiselle ne soit placée dans un asile décent. Ses
camarades échauffent son zèle, lui montent l'imagination, et le désignent comme le vengeur, le
libérateur de la beauté. Thérèse l'embrasse sur
les deux joues. Cette faveur, qu'il eût dédaignée
un quart d'heure auparavant, est pour lui une
marque précieuse d'estime, un prix honorable de
ses bonnes intentions. Dans tout l'hôtel on ne
parle plus que de Cécile et de sa prochaine délivrance. Julie pleure sur ses infortunes. Et comment ne donnerait-elle pas des larmes à une demoiselle qui a perdu son amant?

Ne l'imitez pas, mon cher lecteur. Passons à
des objets plus gais, et sachons ce que faisait le
marquis pendant le cours de cette nuit désas-
treuse : il n'y a pas de moment dans la vie où on

ne puisse trouver un Jean qui pleure et un Jean qui rit.

CHAPITRE VII.

Il est capitaine.

Il y a différentes sortes de bals. Chez les uns on a dîné en famille un dimanche. Le moka a égayé tout le monde, même les grands parens. La demoiselle de la maison regarde sa maman d'une certaine manière. La maman dit un mot à l'oreille du jeune frère. Il saute sur son chapeau, il saute en sortant, il saute dans la rue. Au bout d'une demi-heure, cinq à six jeunes personnes paraissent; elles sont accompagnées de leurs frères, de leurs cousins, d'amis avoués de la famille. Point de prétentions, point de toilette; on ne dansera que pour le plaisir de danser. Le ménétrier ordinaire est là; son violon est encore discord, après avoir été accordé; mais le premier coup d'archet est le signal de la joie. On court prendre ses places; on se lance; une contredanse succède à une autre; la vieille servante ne suffit pas pour faire circuler l'orgeat, le sirop de groseille, l'eau sucrée et la brioche. Chacun sert sa danseuse, et ne s'oublie pas. Enfin on se sépare à minuit, avant d'être fatigué, avant d'avoir épuisé le plaisir, et on se réunira avec une satisfaction toujours nouvelle.

Ailleurs, un bal est une affaire importante. Les invitations sont faites huit jours d'avance; et pendant huit jours les unes font travailler leurs couturières; les autres, moins riches, mais tourmentées aussi du désir de briller, passent ces huit jours à faire et à défaire. Les jeunes demoiselles oublient des occupations utiles; les jeunes femmes oublient leur ménage, leur enfant; car maintenant il est du bon ton de n'en avoir qu'un. Elles ne pensent à leur mari, pendant cette semaine, que pour lui demander de l'argent. Le mari est assez porté à en refuser; mais sa femme le couvrira de ridicules, et un ridicule est mortel à Paris. Une banqueroute s'oublie bien plus promptement.

Enfin le grand jour, que dis-je, la grande nuit commence à étendre ses voiles; on commence à s'habiller. Quelle délicieuse jouissance doit suivre des travaux de huit jours! Pas du tout. Ici, une malheureuse robe est trop longue par devant; là, une guirlande de roses, qui en garnit le pourtour, est inégalement placée; plus loin, un peigne ne peut percer un diadème qu'on n'a formé qu'en relevant avec force, et au risque de se donner une migraine, les cheveux du derrière et du devant de la tête. Deux dents du peigne ont ployé; il faut l'envoyer chez le bijoutier. Partout le dépit, l'impatience succèdent au plaisir qu'on s'était promis. Onze heures ont sonné, et on n'est pas prête encore. Enfin, on monte dans sa voiture, dans un remise, dans un fiacre; on arrive, et il n'y a pas encore une contre-danse formée. On se regarde, on rougit; on est confuse d'être venue sitôt. Cet empressement donne un air tout-à-fait bourgeois. Cependant, dans une réunion quelconque, il faut bien qu'il y ait un premier.

A minuit l'orchestre est placé, et comme là tout est ambition, des malheureux qui ne connaissent pas une note s'avisent de jouer en partie. Ces malheureux-là se font payer trente-six francs par séance, et on se perdrait de réputation, si on ne les avait pas. Aussi font-ils les importans, et les gobe-mouches leur marquent des égards.

On a eu grand soin de s'assurer d'une ou de deux femmes qui ont la réputation d'être excellentes danseuses, et qui n'ont que celle-là. Elles ne quittent pas le parquet, et des gens, aussi superficiels qu'elles, ne se lassent pas de les admirer. Elles excitent une émulation générale, et monsieur de la Gavotte ne sait plus à qui entendre. Il est fatigué, excédé; il ne tiendra pas long-temps à ce genre de vie; aussi compte-t-il se retirer, quand il aura douze mille livres de rente. En attendant, il court donner ses leçons dans un très-bon cabriolet; et le maître de français, son voisin, n'est pas sûr de payer comptant la paire de souliers qu'il lui faudra à la fin du mois.

A trois heures du matin, on sert un magnifique ambigu, où on mange sans faim, on boit sans soif, et il faut digérer. On saute des *boulangères*, des ronds de *Ronchin*; on se fait enfler les pieds au *carillon de Dunkerque*. On se sépare enfin; on rentre chez soi, accablé, affaissé, et on se met au lit pour en sortir avec un mal de tête qui durera pendant le reste de la journée.

Vous prévoyez bien que le bal de madame de Verneuil était du second genre. Le marquis avait un habit lilas, brodé en argent, sur lequel son écharpe noire tranchait d'une manière tout-à-fait agréable. Les femmes ne lui disaient rien de son affaire; mais elles le regardaient avec une bienveillance marquée, et quelques-unes murmuraient tout bas : « Oh, je voudrais que mon amant se fît donner un petit coup d'épée ! Comme cela rend un homme intéressant ! Ce serait à qui l'aurait, et il n'aimerait que moi, car enfin, ces dames... Je vous entends; elles sont loin de vous valoir, n'est-ce pas?

Le comte d'Orville fixait aussi l'attention de quelques connaisseuses. Selon elles, celui qui avait donné le coup d'épée valait au moins celui qui l'avait reçu. D'Orville n'était pas de la société ordinaire de madame de Verneuil; sa belle amie n'avait pu être invitée; madame de Verneuil, d'ailleurs, ne la connaissait pas. Au bout d'un quart d'heure, toutes ces dames virent qu'il n'avait là personne à lui. On le supposa libre, et bientôt il s'aperçut qu'il n'avait qu'à jeter le mouchoir. Le pas était glissant pour un jeune seigneur. Celui-ci succombera-t-il à l'occasion? non. Ce n'est pas qu'il se pique de fidélité; ne lui faites pas l'injure de le croire. Mais, son amie a du crédit; elle est au moment de lui rendre un service essentiel; et tout se sait dans le monde. « Ah, pensait-il, si j'avais mon régiment!... » Ingrat !

M. de Verneuil avait paru un moment, comme l'avait pressenti madame son épouse. Il avait salué quelques personnes de sa connaissance ; il leur avait adressé quelques mots, auxquels on avait répondu d'une manière assez insignifiante. Du reste, on lui avait laissé liberté entière de rester ou de se retirer : dans une certaine classe, le mari est l'être le moins remarquable de la maison. Celui-ci se retira à une heure, sans marquer ni humeur, ni satisfaction. Il semblait ne s'être montré là que pour calculer ce que lui coûterait la fête que donnait sa femme.

Entre une *walse* et une *colonne*, on remarqua que la présidente et la baronne allaient de femme en femme, ne disant que quelques mots, mais parlant avec une extrême vivacité. Celles qu'elles venaient de quitter portaient les yeux sur d'Orville et d'Oliban. Tout à coup on se divisa deux par deux, et on ne parla plus que des quatre-vingt mille francs. L'officieux marquis fut le héros du moment. On commençait à lui adresser des félicitations, et à regarder d'Orville d'un air moins favorable, quand l'orchestre joua un *été*. On ne résiste pas à cela. D'Orville, d'Oliban, et les quatre-vingt mille francs furent oubliés; mais on se promit bien de s'en souvenir le lendemain, d'en faire la nouvelle du jour, et de la commenter, selon l'usage.

On est un peu vicieux dans le monde; mais on y couvre le péché d'un vernis flatteur : c'est la différence essentielle qui existe entre la bonne et la mauvaise compagnie. Cependant, un vice qu'on a l'art de rendre aimable, n'exclut pas une certaine délicatesse qu'on porte à l'excès, quand il est question des intérêts d'autrui. Ceux qui ne dansaient pas, continuaient à parler de d'Oliban, et trouvaient fort extraordinaire qu'une indiscrétion lui coutât quatre-vingt mille livres et une palette de sang. Il était clair que plaindre l'un, c'était blâmer l'autre. D'Orville ne perdait rien, et il est des choses qu'on devine, quand on ne peut les entendre. Son embarras croissait à chaque instant, et, cependant il sentait la nécessité de rester pour contenir les causeurs par sa présence; il sentait aussi l'air gauche qu'il devait avoir, et qu'il avait réellement. Un coup inespéré lui ramena tous les esprits.

Un laquais vient lui dire que le coureur de la comtesse d'Orfeuil demande à lui parler. D'Orville ne soupçonne rien encore ; mais il est enchanté de pouvoir sortir un moment, ne fût-ce que pour reprendre la suite de ses idées.

Il rentre cinq minutes après, et son air est radieux. « Messieurs, dit-il, je voulais acheter la
« terre de Barjac, et je n'avais en caisse que la
« somme qu'on en demandait. Une indiscrétion,
« faite cependant par un motif très-louable, en a
« fait porter le prix à cent mille écus. Il fallait
« que je renonçasse à l'acquisition de cette terre,
« qui, vous le savez, est à ma convenance, ou
« que j'acceptasse le sacrifice de M. d'Oliban.
« C'est ce que j'ai fait en me réservant de lui
« rendre plus tard une somme que je ne consi-
« dère que comme un prêt. » Monsieur le comte a-t-il bien pensé ce qu'il dit là? Il me semble que voilà la première fois qu'il parle de rendre. Il continue.

« En attendant, je me suis empressé de recon-
« naître un procédé par un autre. J'ai vu ce matin
« quelqu'un à qui on ne refuse rien, et voilà ce
« qu'on m'écrit : Je me hâte de vous apprendre
« que le roi vous a donné le régiment de chas-
« seurs à cheval des Vosges, qui sera formé à Pi-
« thiviers (1), et qu'il fait présent à M. d'Oliban
« d'une compagnie dans ce corps. »

---

(1) J'ai plusieurs fois conduit mes personnages dans différentes villes où se sont passées des scènes plus ou moins plai-

Un homme qui promet de payer ses dettes, et qui, en attendant, fait avoir à son créancier, et pour rien, une compagnie de cavalerie, qui alors coûtait assez cher, est au-dessus de tout reproche. Les figures s'épanouissent; les félicitations se succèdent; d'Oliban marque sa reconnaissance par des expressions qui partent du cœur; madame de Verneuil embrasse d'Orville; d'Orville est à son aise. Une joie franche commence à régner partout; le jour paraît, et on ne pense pas à se retirer : on est si rarement gai à Paris! Ce bal, enfin, se termina à la satisfaction de tout le monde, ce qui n'était pas sans exemple; mais ce qui n'arrivait pas tous les ans.

CHAPITRE VIII.

Cécile.

Le marquis venait de rentrer à l'hôtel. Zéphire, plein encore du noble enthousiasme que lui avait inspiré la beauté souffrante, ne put s'empêcher d'en parler à son maître, en le déshabillant. « Laisse-moi tranquille; j'ai promis à madame

---

santes. Je ne sais encore ce qui arrivera à Pithiviers; mais je déclare que je n'ai jamais été dans cette ville, que je n'y connais personne, et que j'ai pour ses habitans l'estime que je dois à tous mes compatriotes. J'espère, d'après cela, qu'on ne cherchera à faire aucune application.

« de Verneuil de ne plus me mêler des affaires
« des autres. D'ailleurs, je viens d'obtenir une
« compagnie de cavalerie, et il faut que j'aille re-
« mercier le ministre. Du chocolat à midi; que
« mes chevaux gris-pommelés soient à mon car-
« rosse neuf, et mes gens en grande livrée. »

Il prenait son chocolat. Zéphire, poussé par Thérèse et Ducroc, stimulé déjà par le désir de jouer un rôle dans une affaire qui devait avoir de l'éclat, Zéphire présente à son maître un écrit qui courait partout, jusque dans les antichambres, et que le libraire de monsieur, disait-il, venait de lui envoyer : c'était un mémoire de M. de Voltaire en faveur des *Calas*. « Cet homme de génie,
« disait Zéphire, se couvre d'une gloire immor-
« telle, et vous pouvez, monsieur, en acquérir
« comme lui : la situation de Cécile est aussi dé-
« plorable que celle des Calas; comme eux elle
« est victime de l'injustice, et elle attend un li-
« bérateur. — En effet un mémoire composé par
« un avocat célèbre, et qui paraîtrait sous mon
« nom, parce que je l'aurais payé... — C'est cela,
« monsieur, c'est cela. — Mais, j'ai promis à ma-
« dame de Verneuil... — Vous ne vous êtes pas
« engagé à ne pas faire de bien, et elle est loin
« de l'exiger. — Nous parlerons de cette affaire à
« mon retour de Versailles. »

D'Oliban fut forcé de reconnaître encore la suprématie de d'Orville. Celle du grade militaire était incontestable; mais un capitaine, fût-il duc, n'entrait pas chez le ministre; il lui fallait un introducteur. L'amour-propre est adroit; il tire parti de tout. Le marquis devait une visite de remercîment au comte, et il saisit ce prétexte pour descendre chez lui. Il fit tomber la conversation sur les obligations qu'ils avaient tous deux au ministre, et le comte adopta cette idée; il proposa de partir pour Versailles : c'est où d'Oliban l'attendait.

On va, on revient, très-satisfait de l'accueil qu'on a reçu. On arrête chez le tailleur en réputation, et on commande des uniformes. On court chez le sellier, chez le fourreur, et dans huit jours au plus tard on pourra partir pour Pithiviers. D'Oliban remet le comte chez lui, et pendant le trajet qu'il lui reste à faire pour rentrer à l'hôtel, le mémoire de Voltaire lui revient à l'imagination; il se rappelle les paroles de Zéphire; la belle chaleur de son valet de chambre le pénètre par degré. Tout à coup il tire le cordon, et il ordonne à son cocher de le conduire aux Petites-Maisons.

L'économe voit sortir d'un équipage brillant un jeune seigneur couvert de broderies, et précédé par trois laquais galonnés sur toutes les tailles; toutes les portes s'ouvrent à l'instant; le marquis se fait conduire à la loge de Cécile.

Ce n'était pas en ce moment une reine détrônée et vindicative. Elle était dans ce calme touchant qui avait si fortement intéressé Thérèse. Elle déplorait ses malheurs, et elle était disposée à répondre aux questions que le marquis, déjà très-ému, devait nécessairement lui faire. « Dites-« moi, ma petite, comment se nomme ce frère « dénaturé ? — Le baron de Vercelle. — Où de-« meure-t-il ? — En son hôtel, rue de l'Université. « — Quel était le nom de l'amant que vous avez « perdu d'une manière si déplorable ? — Le che-« valier d'Hautecourt... Oh, malheureuse, tu veux « encore me mettre ma robe à l'envers ! Plus de « pitié, plus d'espoir de pardon. Meurs... meurs... » Et Cécile agite ses fers avec une violence qui effraie le marquis. Il s'éloigne à grands pas de ce lieu d'horreur, et, des Petites-Maisons chez lui, il répétait sans cesse : « Est-il possible que la na-« ture ait produit un être comme ce baron de « Vercelle. »

Comment entamera-t-il cette affaire ? Fera-t-il commencer de suite le mémoire qui doit l'immortaliser?... Non, non, il faut avoir des procédés, même pour ceux qui en méritent le moins. Il écrit au baron, et il lui demande un rendez-vous.

Le baron de Vercelle se pique de politesse. Il répond aussitôt qu'il recevra monsieur le marquis demain à midi. Il ajoute qu'il se rendrait à l'instant à son hôtel, si une indisposition assez grave ne le forçait à garder la chambre.

Le reste de cette journée devait appartenir au plaisir. D'Oliban court chez madame de Verneuil ; sa femme de chambre lui apprend qu'elle est allée rendre une première visite à madame d'Orfeuil.

Le marquis s'étonne d'une démarche qui ne lui paraît pas motivée. La femme de chambre lui dit à l'oreille que sa maîtresse a su que madame d'Orfeuil est la personne *à qui on ne refuse rien.*

Il se fait conduire chez cette dame à qui il doit aussi un tribut de reconnaissance. Un service rendu, et le sentiment qu'il inspire, ont bientôt établi une sorte d'intimité entre deux femmes que l'uniformité des goûts tendait déjà à rapprocher. D'Oliban les trouva occupées de projets pour le temps de leur *veuvage*. Plus de plaisirs bruyans, plus de bals surtout. Elles donneront deux heures par jour à leurs emplettes; une autre à leur enfant. Le reste de la journée sera consacré à quelque travail d'aiguille, à des lectures amusantes, et le soir on ira au spectacle sans rouge et sans diamans. Mais quand l'automne ramènera les objets chéris dans la capitale, les plaisirs reprendront leurs droits, et on se dédommagera de longues privations.

Le comte paraît, et on soumet à son approbation le plan qu'on vient d'arranger. Le comte et le marquis proposent aussi le leur. Un régiment à former, à discipliner, à instruire, occupera presque tous les momens. Ils ne verront la société que pour ne pas se singulariser, et ils ne joueront que le *boston* qui, pendant trois heures, ne donne pas le mot pour rire. On est très-content les uns des autres; on se jure de ne pas sortir du cercle qu'on s'est tracé; on est de la meilleure foi du monde en ce moment : combien de temps le traité tiendra-t-il?

On ne peut s'occuper long-temps d'affaires sérieuses. Si on ne passe pas rapidement de sages réflexions à la gaieté, on peut au moins répandre de la variété dans la conversation, en la portant sur des objets attachans. Le marquis avait des moyens sûrs de fixer l'attention : il parla de Cécile et du baron de Vercelle. Les femmes *sensibles* éprouvent sans cesse le besoin d'exercer les facultés du cœur, et ces dames se passionnèrent pour Cécile. Elles prononcèrent l'extrême différence qu'on doit établir entre se mêler de tout et le désir d'arracher une infortunée à l'oppression. Le marquis, fort de l'assentiment de madame de Verneuil, se livra entièrement aux impulsions d'un zèle qui n'avait pas besoin d'être stimulé.

Revenons à l'intéressante Julie. Que fait-elle pendant que le marquis, tout à son avancement, à Cécile, et un peu à l'amour, paraît l'avoir oubliée? Elle a reçu ses présens de noces. Elle a tourné, retourné chaque pièce; elle a essayé dix fois son peigne, ses boucles d'oreilles, son collier; toujours plus contente d'elle, elle oubliait la marche du temps. Quel chagrin cuisant la coquetterie ne fait-elle pas oublier à une femme ? A onze heures du soir les rédacteurs des deux journaux envoient des épreuves à l'hôtel : ces messieurs ne sont pas toujours aussi obligeans; mais Zéphire leur avait raconté la triste histoire de Larose et de Julie. Et quel homme ne s'empresse de se rendre agréable à une jolie personne? Julie, toujours parée de ses bijoux, et surtout de ses seize ans, lisait devant une glace les annonces des Petites-Affiches et du Journal de Paris. A chaque ligne, elle portait un œil sur la glace, et elle souriait d'un air qui voulait dire : « Oh! qu'il me « trouvera bien comme cela! »

Une femme contente d'elle, et que caresse l'espérance, jouit du présent et vit dans l'avenir. Passant d'un excès à un autre, elle n'ouvre plus son cœur qu'à des sensations douces, et elle cesse de compter les momens. Julie a retrouvé l'appétit et le sommeil.

Le marquis, en s'éveillant, pensait à son entrevue avec le baron de Vercelle. Il y pensait en déjeunant, et il ne savait trop à quelles mesures s'arrêter. Le menacer de la rigueur des lois était peut-être le moyen de tout gâter. Chercher à exciter sa sensibilité, à faire parler le remords, était peut-être celui de ne rien obtenir. Il ne connaissait pas le baron; il ignorait son âge et son caractère.... Après bien des réflexions, il résolut de suivre l'impulsion du moment.

Il part, il arrive rue de l'Université. Il est reçu par un jeune homme d'une figure heureuse, qui l'accueille de la manière la plus flatteuse, et qui lui demande à quoi il est redevable de sa visite. Le marquis était stupéfait, et ne répondait pas.

Il ne pouvait concevoir qu'on cachât une ame atroce sous des dehors si séduisans. Plus incertain que jamais sur le parti qu'il doit prendre, il donne le temps à M. de Vercelle de répéter plusieurs fois sa question. Il fallait répondre enfin, et le marquis, fort embarrassé, balbutia quelques mots, qui amenèrent la conversation suivante :

« Vous avez une sœur, monsieur le baron...
« — Ma sœur est folle. — Je le sais bien. — Pour-
« quoi donc vous mêlez-vous de ses affaires ? —
« Sa situation est si déplorable... — Brisons là,
« s'il vous plaît, monsieur. — Écoutez-moi, de
« grace. — Vous êtes le trentième que ma sœur
« envoie ici pour me demander ce que je ne dois
« pas, ce que je ne peux pas faire. — Il me sem-
« ble, monsieur, qu'elle a de graves sujets de
« plaintes contre vous. — Eh bien, monsieur,
« qu'elle les fasse valoir. — Et que répondrez-vous
« devant les tribunaux ? — C'est mon affaire, mon-
« sieur, et je vous prie de ne pas me pousser da-
« vantage. — Encore quelques mots, monsieur, et
« je me retire. Si on entame un procès... — Oh !
« un procès. — Vous aurez à vous défendre sur
« plus d'un point. Le chevalier d'Hautecourt... —
« Il a cherché son sort, et depuis long-temps cette
« affaire est oubliée. — Votre sœur ne l'oublie pas.
« — Pour son honneur, elle n'en devrait jamais
« parler. Je crois, monsieur, que cette conver-
« sation a été assez loin, et je vous prie de vou-
« loir bien me laisser à moi-même. »

Que diable a-t-il voulu me dire? pensait-il en se retirant. Pour son honneur, Cécile ne devrait jamais parler de son affaire avec le chevalier. Aurait-elle eu quelque tendre faiblesse?... Eh, quand cela serait, c'était une raison de plus pour les marier. Que diable, s'il nous fallait tuer tous ceux qui sont bien avec nos sœurs et nos femmes, nous n'en finirions pas. Avec sa figure doucette, le baron est un entêté, dont on n'obtiendra rien que par les voies juridiques. Quelle perversité! quel aveuglement! Eh bien, on plaidera, monsieur le baron; et pour disposer favorablement vos juges et ceux de Cécile, je vais commander mon mémoire.

Il court chez cet avocat renommé, alors l'aigle du barreau, et qui, depuis, a été égalé. Il raconte les faits avec cette force, ce ton persuasif, si propre à entraîner le défenseur de l'opprimé. L'avocat s'enflamme à son tour; il prend des notes, sous la dictée du marquis; il lui promet que le mémoire sera fait en quarante-huit heures, et il le remercie de lui avoir donné une cause qui doit ajouter à sa réputation. Le marquis s'explique; il offre de l'argent, beaucoup d'argent, pour que son nom paraisse en tête du mémoire. L'avocat réplique que tout l'or du Pérou ne le ferait pas renoncer à la célébrité que lui donnera cette affaire. Il représente au marquis que la gloire militaire est la seule qu'il doive ambitionner; et, pour concilier leurs prétentions respectives, il lui promet de le désigner dans le mémoire comme le protecteur de la déplorable victime. Ce sera lui encore qui sollicitera le rapporteur, qui verra le président de la chambre; son nom volera de bouche en bouche, et chacun d'eux aura dans le succès la part qui lui appartient légitimement.

Le marquis n'était pas opiniâtre. Il convint que l'avocat avait raison. Il renonça à la gloire de grand écrivain, qu'il sentait intérieurement qu'on pourrait lui contester, et il se borna à celle moins éclatante qui suit toujours une bonne action.

Il était décidé que d'Oliban n'aurait plus un moment de repos. Il court rendre compte à madame de Verneuil de ce qui s'est passé entre lui et le baron. Madame de Verneuil l'entraîne chez la grande dame *à qui on ne refuse rien*... Il ne s'agit de rien moins que de faire sortir d'autorité Cécile des Petites-Maisons, et de la placer dans un lieu décent et où on lui donnera des soins, qui, seuls, ont quelquefois rétabli une tête dérangée. Malheureusement le crédit de la dame ne va pas jusqu'à obtenir un arrêt du parlement en vingt-quatre heures. D'ailleurs, elle redoute trop l'austérité de mœurs du premier président pour oser essayer auprès de lui l'influence de la beauté. Mais si on ne peut, à la minute, faire présenter requête, faire nommer un rapporteur, lui faire commencer et terminer son enquête, et faire rendre un jugement, on peut, en deux heures, faire courir une anecdote dans tout Paris ; et quelle satisfaction pour ces dames de faire condamner, dans le jour, M. de Vercelle au tribunal de l'opinion. Elles font mettre les chevaux; le cocher n'a pas assez de deux bras pour répondre à leur impatience. On presse, on pousse le marquis dans la voiture; on part comme l'éclair; on va de porte en porte. A chaque hôtel, on ne prend que le temps nécessaire pour raconter l'histoire de Cécile, et la commenter un peu. Quand ces dames la possèdent bien, on parle tous les trois ensemble; on monte toutes les têtes; on invite *ses bonnes amies*, qu'on connaît assez légèrement, à répandre cette histoire dans le public, et à faire des partisans à Cécile : cette précaution n'était pas nécessaire.

Dès le lendemain, le baron était un homme *affreux*, *horrible*, *abominable*; vous savez qu'à présent on donne beaucoup dans les superlatifs, ou l'exagération, si vous l'aimez mieux. C'est ainsi qu'une femme passable devient charmante, que des idées fort ordinaires sont marquées au coin du génie, qu'un sentiment de préférence est de l'adoration.

Voilà donc M. de Vercelle devenu l'objet de toutes les conversations, et chargé des malédictions de tout Paris. Retenu chez lui par une indisposition dont je vous ai déjà parlé, il ignorait seul qu'on ne trouvait plus de peines assez graves pour lui.

Le lendemain, nos dames courent chez l'avocat. Il a promis le mémoire dans les quarante-huit heures; il doit en avoir fait la moitié. Il faut savoir comment il a saisi cette affaire, sous quel jour il la présente, s'il ajoutera au vif intérêt que Cécile inspire à tous les gens *comme il faut* de la capitale. On lui donnera des conseils, s'il en a besoin ; on animera sa verve, si elle n'est pas montée au ton nécessaire.

L'avocat, satisfait de son travail, n'hésite pas à le communiquer. Ces dames l'écoutent avec un plaisir inexprimable; elles ne cessent d'approuver et d'applaudir. Il est impossible d'attendre au surlendemain, pour lire de suite un ouvrage qui tire des larmes à chaque paragraphe, et qui écrase le baron de Vercelle. Il faut envoyer ce qui est fait à l'imprimerie; il faut y envoyer les feuilles à mesure qu'elles seront faites; il faut faire *tirer* à dix mille exemplaires, et l'édition sera épuisée dans les vingt-quatre heures. L'avocat ne peut se refuser à des instances qui flattent son amour-propre, et ces dames le proclament un homme *charmant, divin.*

Elles remontent en voiture. Elles retournent à tous les hôtels où elles sont allées la veille. Elles parlent du mémoire avec ivresse, avec délire. On brûle de l'avoir; on ne pourra attendre au surlendemain ; on en paierait un exemplaire dix louis, si on pouvait se le procurer à l'instant. Le feu du désir se communique de proche en proche, et six heures avant que la dernière feuille soit tirée, cent cinquante laquais, en livrée, assiégent la porte de l'imprimeur.

Ce mémoire tant attendu est enfin livré à la curiosité publique. Les libraires s'en emparent ; il est dans toutes les boutiques ; on le crie dans les rues ; on l'étale sur les quais. On l'a entendu louer avec une espèce de fureur par de hauts personnages qui n'en parlaient encore que sur ce qu'ils en avaient ouï dire, et l'ouvrage est porté aux nues avant qu'on en connaisse une ligne. On court, on s'empresse, on heurte, on est heurté ; on se dispute, on se désespère parce qu'il faut attendre son tour. Les *saute-ruisseaux* de la librairie ne trouvent que le temps d'aller de la boutique chez l'imprimeur, et de revenir de chez l'imprimeur à la boutique.

L'ouvrage trop vanté perd toujours de son prix.

Vous avez vu des feux de paille ; vous connaissez l'effet des œufs à la neige. Les imaginations parisiennes leur ressemblent un peu. Les têtes qui, pendant deux jours, avaient été dans une exaltation continuelle, n'éprouvaient plus que le besoin du repos. On lut ; mais on lut mal. Point d'attention suivie ; plus de disposition à partager l'enthousiasme de l'auteur. Le mémoire parut long, diffus et froid. On tenait toujours à ce que le sort de Cécile fût adouci ; mais on en parlait faiblement, et on se bornait à encourager le marquis à suivre cette affaire. Les deux dames ne concevaient rien à la froideur du public; elles conçurent moins encore que, deux jours après, on cessât de s'occuper de Cécile. L'escamoteur *Pinetti* fixait seul l'attention. On ne parlait que de la montre pilée au fond d'un mortier, et qu'un coup de pistolet reproduisait accrochée à la tapisserie; d'un verre d'eau jeté à la figure d'une jolie femme, qui n'en recevait pas une goutte, et qui se trouvait couverte de feuilles de rose, etc., etc. A six heures du soir, on n'entendait qu'un cri : Allons voir *Pinetti*.

Il est difficile à l'observateur de s'étonner de quelque chose à Paris, si ce n'est peut-être de l'extrême versatilité des esprits. Nos dames, qui connaissent parfaitement la partie sensible du cœur, n'avaient pas trouvé le temps d'étudier les autres. En général, les femmes de la capitale ne commencent à observer qu'à cinquante ans. Mais alors elles ont une finesse de tact dont beaucoup d'hommes à réputation ne manqueraient pas de se faire honneur.

Cependant, ce mémoire si couru et si vite oublié, était parvenu au baron de Vercelle. Un de ses *amis*, qui craignait d'approcher les gens qui ne rient pas, et qui ne comprenait rien au galimatias du jurisconsulte, le lui avait envoyé. Vercelle commença par se mettre en colère. Mais il réfléchit promptement que le marquis était trop fortement impliqué dans ce mémoire pour qu'il fût difficile de lui donner un ridicule de plus, et le baron savait que la grande manière de persuader les Parisiens est de les faire rire.

En conséquence, le baron envoie à la police savoir ce que c'est qu'une Cécile détenue, comme maniaque, aux Petites-Maisons. Les journaux d'alors étaient secs et froids, et pour cause. La malignité se dédommageait avec les nouvelles à la main. C'étaient des feuilles manuscrites, qui racontaient l'anecdote du jour, et qui picotaient quelquefois certains grands personnages dont le crédit n'était plus à redouter. Ces feuilles se trouvaient sur toutes les toilettes.

Jugez de l'étonnement de madame de Verneuil, quand elle lut ce qui suit :

« Cécile Mangot, fille d'une ravaudeuse de l'Es-
« trapade, a été placée chez une marchande de
« modes par un homme de qualité, qui a fini mal-
« heureusement. La lecture des romans anglais et
« la perte de son amant lui ont troublé la raison.
« Sa mère, qui ne pouvait la nourrir, a obtenu
« qu'elle fût enfermée aux Petites-Maisons.

« Un officieux marquis a cru, sur la parole de
« cette fille, qu'elle appartient à une maison ti-
« trée, et qu'elle est victime de la cupidité et de
« la barbarie d'un frère qu'elle n'a jamais eu. Aussi
« fou que cette Cécile, le marquis a fait imprimer
« un mémoire qui le présente comme le protec-
« teur ardent de l'infortune ; qui n'offre pas, d'ail-
« leurs, un fait véritable, et qui, enfin, ne peut

« qu'ajouter aux ridicules sans nombre, que, dans
« le même genre, le marquis s'est déjà donnés. »

On n'est pas toujours d'humeur à tirer l'épée. La réputation de Vercelle était bien établie du côté de la bravoure, et sa dernière affaire avait fait trop de bruit, pour qu'il osât sitôt attirer sur lui l'attention du Gouvernement. Il se borna donc à faire délivrer *assignation* à d'Oliban, *aux fins* de se *voir* condamner en *rétractation* et en *réparation* envers le baron de Vercelle.

Le marquis arrive chez madame de Verneuil, avec son assignation en poche. Elle venait de lire ses nouvelles à la main, et le moment n'était pas favorable. Elle regarde d'Oliban en fronçant le sourcil. D'Oliban tire le papier timbré de sa poche, et le lui présente. La dame frappe du pied, jette son bonnet sur le parquet, son pot de rouge par la fenêtre, dit à sa femme de chambre qu'elle est maladroite, gauche, maussade, et la met à la porte. Elle revient au marquis, le regarde encore, et lui dit, d'une voix qu'elle cherche en vain à rendre effrayante : « Vous ferez donc toujours des
« sottises. — Vous avouerez du moins, madame,
« que vous êtes de moitié dans celle-ci. — Que
« me dites-vous là ? Est-ce moi qui ai été aux Pe-
« tites-Maisons, qui ai interrogé cette Cécile, qui
« ai eu une conférence avec le baron de Vercelle ?
« — Il m'a confirmé ce que Cécile m'a dit. — Je
« me rappelle votre conversation, telle que vous
« me l'avez rapportée, et je trouve les réponses

« du baron très-ambigues. Lui avez-vous nommé
« Cécile? Lui avez-vous parlé des Petites-Maisons?
« — Et qu'avais-je besoin de détails, puisqu'il
« convenait des faits principaux ? »

Madame de Verneuil sonne ; sa femme de chambre rentre ; elle se fait coiffer, habiller à la hâte ; elle demande ses chevaux. « D'Orville
« vous a donné un coup d'épée ; je ne veux pas
« que le baron vous donne un coup de pistolet.
« Je vais le voir. Soyez ici à trois heures. M. de
« Verneuil est à sa terre ; nous dînerons ensemble,
« et je vous dirai ce que j'aurai fait. »

Vercelle reçut madame de Verneuil avec toutes les graces dont il était susceptible. La première sensation qu'inspire une jolie femme qu'on voit pour la première fois, est au moins de la bienveillance. Ajoutez-y la petite jouissance d'amour-propre que donne toujours une telle visite, et vous jugerez des dispositions du baron à l'égard de madame de Verneuil.

Cette dame savait, par sa propre expérience, que rien n'aigrit comme la contradiction. Loin de vouloir justifier le marquis, elle le chargea de tous les torts ; mais aussi elle eut soin de faire valoir la bonté de son cœur, qui seul l'avait entraîné dans cette circonstance. Le baron ne pouvait se méprendre sur le genre d'intérêt que prenait madame de Verneuil à cette affaire. Ses réflexions le refroidirent un peu. Il rappela mille et une bévues que le marquis avait déja faites, et qui étaient parties plutôt d'un esprit tracassier et curieux, que d'une vraie sensibilité. Après s'être un peu vengé des espérances vagues que la démarche de madame de Verneuil avait semblé autoriser, il reprit le ton aimable qui lui était ordinaire. Il protesta que toute espèce de procédure lui était insupportable, qu'ainsi il ne devait avoir aucun mérite auprès de madame de Verneuil, s'il se rendait à ses désirs; que cependant il ne pouvait retirer son assignation avant que d'avoir reçu une réparation quelconque. Il proposa l'insertion aux nouvelles à la main, d'une rétractation positive du marquis. Madame de Verneuil, charmée de la modération de M. de Vercelle, lui dit qu'elle allait à l'instant écrire sous sa dictée. Elle sentait bien que le baron ménagerait son intéressant secrétaire, dans la personne de d'Oliban. En effet, il se contenta d'un article léger et plaisant, dont les expressions étaient très-mesurées, mais qui, cependant, disait tout ce qu'il voulait qu'on sût. Madame de Verneuil donna sa parole que, dans le jour, l'article serait porté au bureau des nouvelles à la main, et elle allait se retirer quand la comtesse d'Orfeuil fut annoncée.

Que venait-elle faire là, allez-vous dire? La question est naturelle, et je dois y répondre. La comtesse avait joué dans l'affaire de Cécile un rôle trop marquant, pour que le baron pût l'ignorer toujours. Elle voulait bien avoir la réputation de femme galante : celle de gobe-mouche l'eut réduite au désespoir. Elle avait couru chez l'homme *qui ne lui refusait rien*, et dont très-probablement elle reconnaissait les bons offices. Elle lui avait dit, les larmes aux yeux, que, si le baron n'était gagné, il la couvrirait d'un ridicule affreux; qu'elle en mourrait infailliblement, et que monseigneur ne pouvait faire moins que de lui sauver la vie. Une jolie femme, qui pleure et qu'on aime, est bien persuasive. La comtesse sortit du cabinet de monseigneur avec la pièce qu'elle avait si vivement sollicitée.

« Ma foi, s'écria le baron en la voyant, si quel-
« qu'un me savait ici entre deux femmes char-
« mantes, il me croirait le plus heureux des hom-
« mes, tandis que... oh, mon Dieu, mon Dieu !
« voulez-bien me dire, madame la comtesse, à
« quoi je suis redevable de l'honneur que je re-
« çois ? — Monsieur le baron, il y a quatre ans
« que vous servez dans les Chevau-légers, et
« vous n'êtes pas là à votre place. Je viens de
« vous faire capitaine au régiment de chasseurs à
« cheval, qui va se former à Pithiviers. J'ai été
« fort aise de vous rendre service, et j'ai voulu en
« même temps vous faire connaître que votre
« nouveau camarade, le marquis d'Oliban, est
« bien le meilleur homme qu'il y ait au monde.
« Vous le jugerez favorablement quand vous aurez
« vécu quelque temps avec lui. »

Elle eût pu parler un quart d'heure encore sans être interrompue. Le baron ne revenait pas de sa surprise. Il ne pouvait détacher ses yeux de la lettre qui lui annonçait officiellement que le roi lui faisait présent d'une compagnie de cavalerie. Il retrouva enfin des idées, des paroles. Il exprima sa reconnaissance en phrases décousues, qui en prouvaient la réalité. « Un moment, lui « dit la comtesse, vous ne me devez peut-être pas « autant que vous le croyez. J'attends aussi de « vous un bon office. — Ah, madame, ordonnez. « — J'ai beaucoup contribué à vous faire passer « dans le public pour un frère dénaturé. J'espère « que vous oublierez les torts que j'ai eus à votre « égard, et que de ce moment nous sommes « amis. »

Le baron lui prend la main, et la baise avec transport; il prend ce qu'a écrit madame de Verneuil; il met l'article en pièces. Il dit à ces dames que sa famille est assez connue, et que, malheureusement, l'aventure de sa sœur a fait trop d'éclat pour que le public ne revienne pas promptement de sa prévention. Il ajoute qu'il borne sa vengeance contre le marquis, à ce qui a paru dans les nouvelles à la main. Les deux dames l'embrassent avec affection : pouvaient-elles faire moins ?

« Vous n'êtes pas encore très-bien portant, lui « dit la comtesse ; n'importe, vous viendrez dîner « chez moi. Je veux vous faire faire connaissance « avec votre colonel et votre camarade d'Oliban. « — Mais, madame... — Oui, j'entends : vous crai-

« gnez l'air et la fatigue ; ma voiture est là, et je
« vous ferai ramener. » Le baron répond par une
révérence. « Bien, dit la comtesse. Qui ne dit
« mot, consent. — Un moment, reprend madame
« de Verneuil, d'Oliban sera chez moi à trois heu-
« res ; j'ai donné mes ordres pour le dîner. Je ne
« dérangerai rien à cela. Écrivez un mot à M. d'Or-
« ville, et qu'il vienne se réunir à nous. »

Pendant que la comtesse écrivait, madame de Verneuil était dans ses réflexions. Elle avait entendu parler de mademoiselle de Vercelle, d'une manière assez incertaine. Elle avait oublié des faits qui étaient altérés ou contredits à chaque instant, et elle pensait qu'il serait cruel de ne pas connaître dans ses vrais détails des aventures qui avaient donné lieu au *quiproco* du marquis. Je pense, de mon côté, qu'il n'est pas malheureux que des incidens nouveaux n'aient pas obligé la comtesse à solliciter de nouveaux brevets. Le régiment des chasseurs des Vosges eût été tout entier de sa formation, et cette manière de composer un corps n'eût pas tourné à l'avantage du service, ni du trésor royal.

Mais comment madame de Verneuil ramènera-t-elle la conversation sur mademoiselle de Vercelle ? Si ce n'est pas d'une manière simple et naturelle, ce sera autrement ; mais il faut absolument, et sans délai, qu'elle connaisse les rapports qui existent entre la demoiselle et Cécile.

La comtesse avait cessé d'écrire ; le billet était

envoyé à son adresse; ces dames se regardaient; le baron regardait ces dames. Madame de Verneuil ouvrait et fermait la bouche; elle pinçait ses lèvres et ses doigts; la comtesse prononçait à demi-voix le nom de Cécile, et le baron assez pénétrant, commençait à sourire. « Cécile, reprit tout
« haut madame de Verneuil, Cécile... — Je vous
« comprends, madame, vous désirez savoir quelle
« conformité d'aventures a pu occasionner la plus
« singulière méprise. — Je ne le désire pas plus
« que vous, madame. — Mais bien autant, reprit
« Vercelle. Rien de tout cela n'est bien secret;
« d'ailleurs, mesdames, je n'ai rien à vous refuser.
« Cette Cécile, qui vous a inspiré tant d'intérêt,
« et qui vous a fait faire tant de démarches, a
« connu, je ne sais comment, M. d'Hautecour,
« chevalier de Malte, engagé par des vœux. Il a
« placé cette petite fille chez la marchande de
« modes qui fournissait ma mère et ma sœur. Je
« présume que Cécile a parlé avec éloge au cheva-
« lier, de cette Angéline, qui nous a causé tant de
« chagrins, puisqu'il a cherché avec un empres-
« sement et une continuité extraordinaires, les
« moyens de s'introduire dans une maison, très-
« noble sans doute, mais que la modicité de sa
« fortune, et l'absence totale de toute espèce de
« crédit, ne lui aurait pas fait rechercher s'il n'a-
« vait eu des vues particulières. Lorsque cette ré-
« flexion me frappa, le chevalier était établi ici
« de manière à ce qu'on ne pût l'éloigner, sans

« en venir à un éclat, que les esprits raisonnables
« cherchent toujours à éviter.

« Le soupçon marche rapidement, et, dès ce
« moment, j'observai ma sœur. Jeune, sans ex-
« périence, incapable de dissimuler, elle se tra-
« hissait à chaque instant, et je parlai de mes
« craintes à ma mère. Élevée dans l'austérité du
« jansénisme, dont elle n'avait pu inculquer les
« vérités ou les folies dans le cœur d'Angéline,
« elle parut disposée à tout croire d'une jeune
« personne qui avait rejeté ses principes. Cepen-
« dant elle voulut, avant de prendre aucune me-
« sure, connaître jusqu'à quel point mes soupçons
« étaient fondés.

« Elle m'engagea à conduire ma sœur aux *Fran-*
« *çais.* Il y avait au plus un quart d'heure que
« nous étions placés, lorsque le chevalier se pré-
« senta dans notre loge. Avait-il des intelligences
« à l'hôtel, ou le hasard seul l'avait-il conduit là,
« c'est ce que je n'ai jamais su; mais je l'observai
« attentivement, et son intelligence avec ma sœur
« ne me parut plus douteuse.

« Pendant que nous étions au spectacle, ma
« mère faisait ouvrir les armoires et le secrétaire
« d'Angéline, et elle trouva des lettres qui annon-
« çaient clairement un plan de séduction.

« Depuis quelques années mon père était mort,
« et il ne me restait qu'un oncle, homme de bon
« sens, que ma mère fit appeler aussitôt. Il pensa
« qu'on n'avait rien de mieux à faire que de sou-

« straire Angéline aux poursuites d'un homme,
« qui, par ses vœux, s'était interdit le mariage.
« En conséquence, on fit une malle à la hâte, on
« envoya chercher des chevaux de poste, et, lors-
« que je rentrai à l'hôtel avec Angéline, on lui
« donna l'ordre de monter en voiture, et à moi
« celui de la conduire dans un couvent d'Évreux.

« A mon retour, je trouvai ma mère dangereu-
« sement malade. Sa femme de chambre, que je
« pressai vivement, me dit que le lendemain de
« mon départ un inconnu avait apporté un billet
« à mon adresse; que ma mère l'avait ouvert; que
« deux heures après elle s'était couchée, et que
« depuis ce moment le mal, dont elle se plaignait,
« avait constamment augmenté.

« Je pressai, je conjurai ma mère de me confier
« le secret de sa maladie, que je ne pouvais attri-
« buer à des causes ordinaires. Elle persistait à se
« taire, et elle m'attirait sur son lit, elle me pres-
« sait dans ses bras, et je me sentais mouillé de
« ses larmes.

« On vint me dire que quelqu'un me deman-
« dait. Je m'arrachai des bras de ma mère, qui
« fit de vains efforts pour me retenir, et je trouvai
« dans mon cabinet le chevalier d'Hautecourt. Il
« me regarda d'un air altier et menaçant, et me
« demanda si je bornais mes exploits à persécuter
« une jeune personne sans défense. Je jugeai que
« le billet qui était tombé dans les mains de ma
« mère venait de lui, et qu'il contenait un défi.

« Je ne répondis pas un mot. Je pris mon épée ;
« un fiacre nous conduisit au bois de Boulogne...
« Le lendemain, le chevalier fut inhumé sans
« pompe dans l'église du village.

« Le premier soin de ma mère avait été de sa-
« voir qui était venu me demander. Quand elle
« apprit que je venais de sortir avec le chevalier,
« elle éprouva une révolution générale, des cri-
« ses qu'elle n'avait plus la force de supporter.
« Elle était mourante quand je rentrai, et la joie
« excessive qu'elle eut de me revoir arracha son
« dernier soupir. Ainsi, la meilleure des mères
« périt victime de son attachement pour moi.

« Je trouvai sous son oreiller le billet du che-
« valier ; il était d'une insolence telle, que je ne
« pouvais, sans me déshonorer totalement, n'en
« pas tirer vengeance ; et il m'a servi de justifica-
« tion auprès des personnes en place qui auraient
« pu me poursuivre.

« Cependant la mort du chevalier fut bientôt
« connue. Cécile qui était loin de le croire infi-
« dèle, qui l'aimait passionnément, et dont la lec-
« ture des romans anglais avait déjà exalté la tête,
« Cécile tomba dans un état de démence absolu.

« Ma sœur jouit, dans son couvent, de tous les
« agrémens de la vie. Elle y touche son revenu,
« qui est plus que suffisant pour la faire vivre
« d'une manière honorable. Mais elle tient essen-
« tiellement à sa liberté. Elle me la fait demander
« par toutes les personnes de notre connaissance

« qui vont la voir, et je vous prie de me dire,
« mesdames, si je peux la lui rendre. Je suis gar-
« çon, et je sers. Que ferais-je d'une demoiselle
« de dix-huit ans, trop jolie, et qui ne trouverait
« que des écueils dans le monde? Ne nous eût-
« elle donné aucun sujet de plainte, elle n'a, par
« sa position, d'autre asile que le couvent, et
« mon intention invariable est de l'y laisser jus-
« qu'à ce qu'elle se marie, ou jusqu'à sa majorité. »

Ces dames plaignirent le baron; elles approu-
vèrent sa conduite, et, au fait, il eût été difficile
de la blâmer. On ne s'occupa plus de Cécile que
pour consacrer à son bien-être le produit de la
vente du fameux mémoire, qui, peu à peu, s'en
allait en papillotes, un peu chères, j'en conviens.
Mais que d'ouvrages vantés ont eu le même sort!

CHAPITRE IX.

Larose. Encore un bal. Départ pour Pithiviers.

On était dans la joie à l'hôtel d'Oliban. Le sergent qui avait apporté le congé de Larose avait
entrevu Julie, et on aime à se rapprocher d'une
jolie fille. Il venait de rencontrer un camarade
employé à l'état-major, qui était en course d'affaires, et qui lui avait crié en passant : « Larose
« est ici. — L'as-tu vu? — Eh, sans doute. — Où
« est-il? » Le camarade, courant toujours, ne peut

entendre cette dernière question, qui, par conséquent, était restée sans réponse.

Le sergent, qui ne courait pas, jugea à propos d'accélérer sa marche : on est bien aise d'annoncer le premier une bonne nouvelle, et il est une récompense d'usage sur laquelle on compte nécessairement. Le sergent demande à parler à Julie; Julie paraît, et l'amateur répète : « Larose est « ici. — Et où est-il, monsieur ? Pour Dieu, répondez-moi : où est-il ? — C'est ce que j'ai demandé, mademoiselle, et ce qu'on n'a pu me « dire. Mais il est ici, on l'a vu, et son premier « soin sera sans doute de se rendre auprès de « vous. Voulez-vous bien me permettre, mademoi« selle, de vous féliciter et de vous embrasser ? — « Bien volontiers, monsieur. » Et Julie prend sa course, et va criant partout l'hôtel : « Il est ici, « on l'a vu. » Thérèse saute : Ducroc se frotte les mains, et rit; d'Oliban, qui se fait habiller pour aller dîner chez madame de Verneuil, entend rire et sauter; il envoie Zéphire savoir ce qui peut causer tant d'allégresse. Zéphire veut aussi féliciter et embrasser Julie, et il revient crier à son tour : « Larose est ici, on l'a vu. — J'en suis enchanté, « répond le marquis; la petite sera heureuse, et « mes présens de noces me feront honneur. »

Il arrive chez madame de Verneuil; les convives étaient rassemblés. « Mon cher d'Oliban, lui « dit d'Orville, comment est conçue l'annonce « que vous avez fait insérer aux Petites-Affiches

« et au journal de Paris? Avez-vous désigné la
« compagnie où servait Larose? Avez-vous nommé
« le capitaine? — Qu'importe le nom du capitaine?
« Larose est ici, voilà l'essentiel. — Vous n'avez
« donc donné aucune indication précise? — Oh,
« mon Dieu, je n'y ai seulement pas pensé. —
« Cruel homme que vous êtes, ferez-vous tou-
« jours des étourderies? *Larose* est un nom de
« guerre; il y en a peut-être dix au régiment des
« Gardes, et celui qui vient d'arriver n'est pas le
« vôtre. — Eh bien, le mien reviendra à son tour.
« — Mais celui qui est ici est déserteur depuis un
« an, et condamné au boulet par contumace. Il
« est arrêté au moment où je vous parle, et il
« subira son jugement. — Je n'entends pas cela,
« je ne veux pas cela. — Que vous l'entendiez, ou
« que vous ne l'entendiez pas, ce sera toujours
« la même chose. »

Le marquis dit qu'il est affreux d'abuser de la
confiance d'un homme qui vient se livrer d'après
un avis donné publiquement. Le comte répond
que l'état-major n'a pas fait insérer l'article, qu'il
n'a donc pas usé de perfidie pour trouver le coupable, et que les lois militaires seront suivies.
D'Oliban se désole, se désespère; il proteste, il
jure, pour la centième fois, qu'il ne se mêlera
plus des affaires de personne. Il déclare qu'en
sortant de table, il courra dans les bureaux de la
guerre, et que... D'Orville l'interrompt pour lui
dire que, dans cette circonstance-ci, le roi seul

peut faire grace. « Morbleu! ventrebleu! Je n'ai
« pas mes entrées à la cour... Vous êtes colonel,
« mon cher comte; ce grade vous donne le droit
« d'approcher sa majesté. Je vous en supplie, je
« vous en conjure, courez, volez à Versailles, et
« ne revenez qu'avec des lettres de graces. — Un
« moment, marquis; je veux dîner. — Vous dîne-
« rez demain. — Vous êtes aussi empressé de tirer
« les gens d'embarras que de les y mettre. Soyez
« tranquille, mon cher marquis. Dès que j'ai su
« le *quiproquo* nouveau que vous venez d'occa-
« sioner, j'ai été trouver M. le maréchal de Bi-
« ron, et je lui ai tout appris. Il s'est un peu
« moqué de vous, je vous le dis franchement;
« mais il m'a donné sa parole qu'il verrait le roi
« aujourd'hui; qu'il invoquerait sa clémence, et
« je crois pouvoir vous répondre du succès. —
« Oh, si jamais je me mêle des affaires de quel-
« qu'un, je veux qu'on me coupe... — N'achevez
« pas, n'achevez pas, s'écrie madame de Verneuil,
« en éclatant de rire; je veux que vous restiez au
« grand complet. Mais, mon cher ami, partez pour
« Pithiviers, et si la rage d'obliger vous y suit, le
« premier changement de garnison mettra fin au
« ridicule que vous vous serez donné. — Il recom-
« mencera partout, dit la comtesse, et dans peu
« d'années ce sera l'homme de France le mieux
« connu. »

Le dîner fut égayé par une suite de plaisanteries, dont l'officieux marquis était l'objet. Il sentit

que le seul moyen de les faire cesser, était de s'y prêter de bonne grace. « Il est charmant, il est « charmant, disait madame de Verneuil. Quel « dommage d'être séparée de cet homme-là ! — « Au moins, puisqu'il faut nous quitter, reprit « madame d'Orfeuil, nous nous qutterons gaie- « ment. Je veux, à mon tour, donner une fête « jeudi; et samedi nous partirons tous pour Pi- « thiviers. Nous installerons nos amis. — Mais, « comtesse, le monde... — Bah, bah, des femmes « comme nous sont au-dessus de la critique; et « que nous importe, après tout, ce que diront « les femmes du bailli, du marguillier, du sub- « délégué de Pithiviers? On ne voit pas ces es- « pèces-là. Nos maris auront peut-être un peu « d'humeur. — Oh! nos maris ce sont bien les « meilleurs gens du monde. — Et puis, s'ils se « fâchent, tant pis pour eux. Voilà qui est ar- « rangé. Monsieur le baron, vous ne connaissez « personne de ma société, et je ne veux pas que « vous soyez à peu près seul chez moi. Je vous en- « verrai quelques billets d'invitation : vous n'aurez « que les noms à remplir. »

Nos trois messieurs ne prirent plus un moment de repos. Des équipages à ordonner et à essayer; la tactique de Folard à lire, pour n'avoir pas l'air tout-à-fait ignorant devant de vieux officiers, qui, probablement, savent leur métier; l'état qu'on tiendra à Pithiviers, à régler; des femmes charmantes à qui il faudra nécessairement donner quelques heures dans la journée : il y a là de quoi perdre la tête.

L'hôtel de d'Oliban ne désemplissait pas. Une foule d'ouvriers s'y succédaient sans interrruption. Le marquis s'était fait acheter un Folard relié en maroquin et doré sur tranche. Il n'avait pas trouvé le moment d'ouvrir le livre; il finit par dire à Zéphire : « Tu en liras cent pages « par jour, et tu m'en rendras compte en m'ha« billant, en me déshabillant ; entends-tu ? — « Oui, monsieur. »

Ce coquin de Zéphire avait ses adieux à faire à des femmes qui n'étaient pas au-dessus de la critique, et qui ne se souciaient pas de le conduire à Pithiviers. Heureux l'état de médiocrité où les femmes sont obligées de respecter les bienséances ! Il arrive bien aussi, dans cette classe-là, quelques petits accidens... mais, comme dit fort ingénument La Fontaine, quand on ne le sait pas, ce n'est rien.

Zéphire n'avait donc pas plus que son maître, le temps d'étudier la tactique. Il parcourait quelques pages du livre avant le lever et le coucher. Doué d'une mémoire assez sûre, il parlait manœuvres au marquis avec un ton plein d'assurance, et il faisait passer des absurdités qu'il sentait bien que son maître répéterait quelque jour. Ma foi, pensait-il, je ne suis pas obligé d'avoir

la science d'un général d'armée. Si je l'avais, il serait de toute justice qu'on me fît capitaine, et que le marquis devînt mon valet de chambre... Oh! comme je serais habillé, coiffé surtout! A cette idée, Zéphire part d'un éclat de rire, et il enfonce les dents de son peigne dans la tête de d'Oliban. « Prends donc garde à ce que tu fais,
« maraud. — Je vous demande pardon, monsieur;
« mais, je faisais le siége d'une citadelle, et... —
« Tu prends ma tête pour une citadelle, faquin.
« — Ma foi, monsieur, au nombre et à l'excel-
« lence des idées qu'elle renferme, la compa-
« raison n'a rien de déplacé. » Ici d'Oliban ne put s'empêcher de sourire, et Zéphire reprit: « Votre
« tête est la citadelle, et votre fer à cheval est le
« fossé qui la sépare de la ville. La ville est prise,
« monsieur, et je faisais porter des fascines pour
« combler le fossé et donner l'assaut. Les pre-
« mières nagent nécessairement sur l'eau, et je
« les enfonçais avec mon peigne. — Mais, un peu
« trop fort... Sais-tu, Zéphire, que l'idée est heu-
« reuse, et que par cette comparaison, je ferai
« comprendre aux plus ignorans la situation d'une
« place, et certaines opérations d'un siége... Oui,
« le côté droit de ma tête est la ville; le côté gau-
« che, la citadelle; et mon fer à cheval, le fossé
« qui les sépare... C'est cela, c'est cela. Tu lis
« avec fruit, Zéphire. Continue, mon ami, con-
« tinue. Quand je serai colonel, tu seras mon se-

« crétaire, et quand je serai maréchal de France,
« je te ferai commissaire des guerres (1). »

Le Larose de hasard avait obtenu sa grace; ainsi, l'étourderie de d'Oliban avait tourné à son avantage. Mais, le véritable, le trop tendrement aimé Larose ne paraissait pas. Julie, la sensible Julie n'attendait plus rien des journaux, l'espoir commençait à s'éteindre dans son cœur; une douleur amère se faisait sentir par intervalles; bientôt elle aurait dominé seule sur le faible et malheureux petit être. Le marquis donna l'ordre à tous ses gens de se disposer à le suivre. Il envoya Ducroc chercher dans Pithiviers une maison où on pût manger soixante-dix mille livres de rente cette année, cinquante mille écus pendant les autres, et Julie commença à respirer plus librement. Elle sentit que, s'il est affreux de perdre un amant adoré, il est consolant d'en parler à quelqu'un qui s'y intéresse autant que nous, qui, par cette raison, entend parfaitement notre langage, et y répond d'une manière satisfaisante. Le père de son cher Larose se complaira à déplorer avec elle une perte cruelle et commune à tous deux. Elle le verra tous les jours, elle lui parlera

---

(1) Alors, les maréchaux de France avaient le droit d'en nommer un, et c'était ordinairement à leur secrétaire qu'ils donnaient cette place.

tous les jours, et tous les jours elle pleurera avec lui.

Le comte d'Orfeuil avait quelques rapports avec M. de Verneuil. Comme lui, il était assez étranger chez sa femme; comme lui, on ne le consultait sur rien. Cependant il savait que d'Orville venait d'être nommé colonel, qu'il quittait la capitale, et il devait un compliment de condoléance à sa femme. Il vint donc au bal, et il dit tout bas à la comtesse : « Je suis fâché du « départ de d'Orville : je vous aimais mieux celui-« là qu'un autre. L'idée de masquer votre inti-« mité, en donnant une fête, est heureuse, et je « vous félicite de l'avoir conçue. Vous jouez la « gaieté à merveille, et je vais tâcher de vous « imiter. »

Le comte dansa. Quelques plaisans prétendirent qu'il avait de bonnes raisons de s'égayer. Les femmes, bien plus pénétrantes, remarquaient que ce n'est qu'à Paris qu'une fille de qualité peut décemment se marier.

Parmi les personnes à qui le baron de Vercelle avait transmis les billets d'invitation qu'il avait reçus de la comtesse, on distinguait mademoiselle d'Apremont. Dix-huit ans, une figure charmante, une taille parfaite, la candeur du premier âge, un esprit juste qui ne demandait qu'à percer, et une grande fortune; voilà son portrait physique et moral.

Son père, noble comme le roi, affectait de

mépriser le séjour des villes, où il aurait fort bien pu se perdre dans la foule. Il habitait une très-belle terre située entre Pithiviers et Orléans. Là, on ne voyait que lui; on ne parlait que de lui; on ne jurait que par lui.

Il n'exigeait pas que sa fille passât l'année entière au château. Il se chargeait de recevoir seul l'eau bénite, le coup d'encensoir, le pain bénit et les hommages de ses paysans. Il trouvait fort bon que de temps en temps Sophie allât passer quelques jours à Paris avec une jeune nièce, veuve d'un vieux mari, que M. d'Apremont aimait beaucoup, qu'il avait prise chez lui, et à qui il avait donné toute sa confiance.

Madame Descourtils la justifiait. Moins jolie que sa cousine, mais plus piquante, peut-être, parce qu'une femme de vingt-huit ans se livre plus aisément qu'une très-jeune personne, l'aimable veuve cachait, sous une légèreté apparente, un sens droit, un jugement exquis, et des qualités estimables.

Elles avaient été présentées chez la comtesse par le baron qui les connaissait depuis quelques mois. Sophie lui avait inspiré d'abord un sentiment profond, et il avait senti ensuite que ce mariage ferait renaître la splendeur éteinte de son antique famille.

Cependant, comment demander une demoiselle infiniment plus riche que lui, sans faire soupçonner des vues intéressées? Cette crainte-là arrête bien peu d'hommes aujourd'hui. Mais le baron, ne pouvant paraître avec éclat dans le monde, s'était fait, dans la retraite, une sorte de philosophie qu'il se gardait bien de laisser percer, et il attendait tout du temps et des circonstances.

Quelque modeste qu'on soit, il est bien difficile de ne pas se laisser pénétrer, quand on aime passionnément. Dès la troisième entrevue, madame Descourtils avait deviné le secret du baron; et Sophie, malgré son ingénuité, s'était aperçue qu'il la distinguait particulièrement. La jeune veuve avait été sacrifiée; elle avait donné des principes à sa cousine; mais elle sentait combien il doit être difficile d'être sage à une femme qui n'aime pas son mari. Elle sentait la difficulté d'unir Sophie à Vercelle, et cependant, elle voyait, avec quelque plaisir, naître et s'accroître l'inclination mutuelle de ces jeunes gens.

Le baron partait, et il laissait à Paris ce qu'il avait de plus cher. Il parlait de cette séparation prochaine, avec un accent si pénétrant et si vrai, que la jeune veuve crut devoir faire quelque chose pour lui. « Quand retournons-nous au châ« teau, demanda-t-elle à sa cousine? — Mais... « mais, je ne vois pas ce qui nous retient ici. — « Ni moi non plus. — D'ailleurs, je serais fort aise « de revoir mon père. — Et moi, mon oncle. « Monsieur le baron va à Pithiviers. Il n'y a que « deux lieues de là chez M. d'Apremont, et un

« officier de cavalerie regarde cela comme une
« promenade. » Sophie presse la main de sa cousine ; le baron a saisi l'invitation indirecte et le mouvement de Sophie : il est au comble de la joie ; il balbutie quelques mots de dévouement, de respect, de reconnaissance ; il passe à l'autre extrémité du salon, pour calmer un trouble qui le décèlerait ; il revient, attiré par l'amour, et surtout par la nécessité de communiquer une idée à laquelle il attache la plus haute importance.
« Ne trouvez pas extraordinaire, mesdames, que
« je paraisse ne plus m'occuper particulièrement
« de vous d'ici à la fin du bal. Il y a là-bas, au-
« près de madame de Verneuil, un homme qui
« voit tout, qui entend tout, qui se mêle de tout,
« et qui gâte tout. »

Madame Descourtils fut piquée que le baron s'expliquât comme si elle était convenue de quelque chose avec lui. Cet air prématuré d'intelligence lui parut tenir de la fatuité. La réflexion la ramena. Elle sentit qu'il fallait que d'Oliban fût vraiment redoutable, pour que l'homme, qui, jusqu'alors s'était montré aussi réservé que sensible, ait pris sur lui de s'exprimer ainsi. Elle sourit à Vercelle, qui s'éloigna aussitôt.

Que faisaient donc, dans leur coin, le marquis et son amie ? Pour la première fois, peut-être, madame de Verneuil paraît sérieusement occupée, et d'Oliban est très-attentif. Écoutons-les un peu.

« Mon cher ami, nous nous sommes aimés bien

« plus que nous aimons aujourd'hui. Il est vrai-
« semblable que nous aimerons moins encore, et
« je suis trop franche pour vous dissimuler ce que
« l'expérience m'a appris : l'amour passe comme
« toute autre sensation. Le traité que nous avons
« proposé chez la comtesse, et que nous avons
« accepté tous quatre, n'est qu'une saillie, un
« éclair de l'imagination. Portons-nous dans l'a-
« venir, et occupons-nous de vous. Vous êtes à la
« fleur de l'âge; votre figure est charmante, vous
« êtes riche, et un mariage assorti vous assurera
« un régiment. Cette jeune personne, que vous
« voyez là, près de l'orchestre, aura cent mille
« livres de rente, et son père est considéré à la
« cour. Son château est à peu de distance de vo-
« tre garnison. Suivez mon idée, et vous vous en
« trouverez bien. — Sans l'amour que j'ai pour
« vous, madame... — Mon ami, la politesse est le
« vernis de la fausseté, et je vous en dispense. Il
« serait ridicule de pousser plus loin, ici, une
« conférence sérieuse : allez danser, et méditez
« sur ce que je viens de vous dire. »

Quel dommage d'être séparé de cet homme-là,
disait, il y a deux jours, madame de Verneuil;
et aujourd'hui elle veut le marier. Comment expliquer cette espèce de contradiction, cette bizar-
rerie? Cela n'est pas difficile.

L'amour, chez certaines femmes, est une chose
d'usage, d'habitude, et non un sentiment. On se
prend dans le grand monde, sans trop savoir

pourquoi, pour tenir à quelque chose, pour user la vie. Les sensations sont toutes dans la tête, et on veut bien nommer la volupté, amour. De telles chaînes sont légères, agréables quelquefois; on les rompt sans efforts; on remplace avec facilité. Cependant, la femme la plus légère ne veut pas être la fable du public. Elle oblige l'amant qu'elle abandonne à la discrétion, en cachant une rupture sous le masque des procédés.

Madame de Verneuil a-t-elle prévu que des amours de garnison lui enlèveront le marquis, et veut-elle le gagner de vitesse? Lui est-elle assez attachée pour s'occuper réellement de son bien-être à venir? C'est ce que je ne peux dire. Ces têtes-là ressemblent à du taffetas gommé : tout glisse dessus, rien ne s'y arrête. Il est toujours constant que madame de Verneuil tenait plus que jamais au projet de conduire son amant à Pithiviers. Est-ce un reste d'amour, si jamais elle en a eu, qui la détermine? Ne l'est-elle pas plutôt par l'éclat que fera cette démarche, par la réputation de constance qu'elle lui créera, par les avantages qui pourront en résulter pour elle? Nous sommes infidèles, nous autres hommes, quelquefois même avec impudence; mais nous voulons être exclusivement aimés. Et qui ne s'empressera de plaire à une femme qui a tout fait pour son amant? Quel bonheur de la consoler d'une perte, qu'elle oubliera peut-être le lendemain! Et voilà comment nous sommes, messieurs, toujours jugeant sur la superficie. Une romance, chantée d'un ton bien sentimental, a suffi pour faire la fortune de telle femme, que son mari est étonné aujourd'hui d'avoir aimée vingt-quatre heures.

Mais je raisonne, je crois.... Cela me va bien, vraiment !... Ma foi, tout comme à un autre... Si pourtant mon lecteur pensait comme Langely, bouffon de je ne sais lequel de nos rois ! Eh bien ! monsieur Pigault, que disait Langely ? Qu'il n'allait pas au sermon, parce qu'il n'aimait pas *le brailler*, et qu'il n'entendait pas *le raisonner*.

Allons, allons, laissons tout cela, et venons à la suite de cette histoire.

Il faisait le plus beau temps du monde. Je pourrais vous décrire un beau jour en phrases pompeuses, poétiques, entortillées ; mais je vous fais grace de l'Aurore aux doigts de rose, de Phœbus aux blonds cheveux, des Heures dansant autour de son char, et d'autres jolies choses, qu'on est las de trouver partout. Il faisait beau, et tout était préparé pour le départ. Les gens de confiance du marquis et du comte marchaient en avant ; les grands personnages étaient rassemblés chez madame de Verneuil. Les laquais, les piqueurs, en grandes livrées, se disposaient à monter derrière les berlines, ou à conduire les chevaux de main. Les dames s'étaient mises en amazones ; les trois messieurs avaient endossé leur nouvel uniforme, et paraissaient très-contens d'eux. Il est clair qu'on n'a pas l'intention de cacher tout cela dans le fond d'un carrosse, et qu'on montera à cheval, si on a un petit bois à traverser, si on doit passer devant la grille de quelque château, si on est attiré par une fête de village.

M. de Verneuil travaillait dans son cabinet, et il n'en serait pas sorti, fût-on venu lui dire que madame s'était cassé un bras. Voilà pourquoi le rendez-vous général avait été donné chez lui. Les deux maris devaient apprendre, le soir, que ces dames étaient allées courir la pretantaine.

CHAPITRE X.

Aventures de Voyage.

On allait entrer à Rochefort, non le Rochefort où Louis XIV força la nature plus utilement qu'à Versailles; on allait entrer dans un petit village du même nom, situé entre Montlhéri et Dourdan. M. Zéphire, qui caracolait en avant de la limonière, vint dire à ces dames que les villageoises avaient quitté les sabots et la jupe de bure, et qu'il entendait un mauvais violon et un aigre chalumeau.

Quand deux hommes et deux femmes, parfaitement d'accord, et qui n'ont rien de caché les uns pour les autres, voyagent ensemble, le chemin ne paraît pas long. Vercelle avait des soupçons bien fondés; mais on ne lui avait pas fait de confidences, et il fallait s'observer devant lui. On fut bien aise de sortir de l'espèce de gêne où on était. On se précipite de la voiture à terre ; on s'élance sur les chevaux, et on entre dans le village, précédé et suivi par sept ou huit laquais de la meilleure tournure.

Les ménétriers s'arrêtent à l'instant ; les danseurs restent en position. Les uns ont une jambe, les autres un bras en l'air. Toutes les bouches sont ouvertes, tous les yeux sont fixés sur la magnifique cavalcade. Est-ce le roi, est-ce la reine? murmurait-on tout bas, quand on put retrouver la parole. Le maire s'approche de d'Orville, et le prie, en le saluant jusqu'à terre, de faire réparer un pont qui croulera au premier jour sous les passans. Le paillasse d'un marchand de baume vient présenter à d'Oliban une de ses fioles, et le supplie de l'accepter. Quel avantage pour son maître, de pouvoir crier partout que son Altesse n'a pas dédaigné son remède ! Le charlatan, désespéré de s'être laissé prévenir par paillasse, saute de son cabriolet, et accourt vers le marquis. L'habit hétéroclite du paillasse, celui à peu près aussi extraordinaire du maître, leurs prosternations, leurs supplications, leurs gesticulations effraient le cheval de la comtesse ; il s'emporte, et d'Oliban pousse le sien pour l'arrêter. Il renverse paillasse et le charlatan ; la fiole est foulée, brisée, et des éclats entrent dans l'un des pieds du coursier du marquis. Il boîte jusqu'à terre, et d'O-liban lui enfonce les éperons dans le ventre.

Madame d'Orfeuil ne quitte pas les arçons. Élève de Vieillard, elle est inébranlable, et le calme de sa figure annonce qu'elle ne craint rien. Le marquis n'est pas homme à laisser échapper l'occasion de secourir la beauté. Clopin, clopant, il arrive, il barre le chemin; il saisit les rênes du cheval de la comtesse. « Il a la bouche délicate, « s'écrie-t-elle; vous allez le faire cabrer. » Le marquis n'entend rien, ne voit rien que le danger où il croit être la comtesse. Il lève la main, le cheval se dresse, madame d'Orfeuil veut sauter; une boucle des harnais accroche le jupon de dessous, et elle les a tous sur la tête au moment où ses pieds touchent le sol. Une jeune paysanne détache en toute hâte son tablier de taffetas gorge de pigeon, et elle en couvre ce que notre arrière-grand'maman ne cacha qu'après avoir mangé la fatale pomme. D'Orville, indigné de voir des appas de qualité dévoilés sur un grand chemin, pique des deux, renverse le maire, arrive, dégage les jupons, calme le cheval de son amie, et la remet en selle. « Je vous avais prévenu, dit la « comtesse au marquis.—Elle vous avait prévenu, « dit le comte.—Elle vous avait prévenu, disent « le baron et madame de Verneuil. Quelle fureur « avez-vous donc de vouloir servir les gens malgré « eux!—Vous avez raison, mes amis, vous avez

« raison. Mais j'ai été entraîné par un premier mou-
« vement. Allons, allons, ne pensons plus à cela. »

Notre cher marquis a bientôt arrangé une affaire ; et celle-ci commençait à se compliquer, quand nos voyageurs la croyaient finie. Le paillasse s'était écorché le front et le nez, en tombant ; son maître s'était cassé trois dents ; le maire avait une côte enfoncée ; les paysans avaient perdu leur admiration pour nos illustres voyageurs, en reconnaissant que la comtesse était faite précisément comme leur ménagère. On n'entendait plus qu'un cri : « Il faut payer le dommage. Faites rac-
« commoder ma côte, disait le maire, cela presse
« plus que le pont. — Payez-moi pour mes écor-
« chures, disait paillasse. — Rendez-moi mes trois
« dents, disait son maître... Ah, mon Dieu, mon
« cabriolet, mon cheval, mes fioles... Qu'est de-
« venu tout cela ? »

Lorsque le charlatan était descendu de sa voiture pour aller saluer son Altesse, un petit garçon du village, piqué de voir interrompre la parade, avait jugé à propos de s'amuser aux dépens du cheval de l'empirique. Armé d'une houssine d'osier, il lui avait si constamment chatouillé les flancs, que le plus apathique des animaux s'était enfin décidé à se soustraire à la verge malfaisante. Il était allé droit devant lui, et devant lui était la mare où on abreuve le bétail du village. Il n'avait pas remarqué une espèce de borne, jetée dans l'eau, pour indiquer aux étrangers un trou assez profond qui se trouvait là. Dans son insouciance, il avait mis une roue sur cette pierre ; le cabriolet s'était renversé ; la force de la chute avait brisé le plus grand nombre des fioles, et jeté le reste dans la mare ; le débonnaire et faible cheval, entraîné par la violence du mouvement, avait manqué des quatre pieds, et restait nonchalamment couché dans l'eau verdâtre et puante. On ne lui voyait que les naseaux, qu'il s'efforçait de tenir en l'air.

La maréchaussée, qu'alors, comme aujourd'hui, on trouvait à toutes les fêtes, et qui avait soin qu'on ne s'amusât que d'après les règlemens de police, la maréchaussée, en voyant des épaulettes de colonel, se tenait à une distance respectueuse. Le brigadier recueillait les *dire*, et les paysans, désenchantés et rendus à la cupidité, qui, déjà était leur passion dominante, chargeaient à l'envi nos pauvres voyageurs. Une marchande de noix, dont le panier avait été renversé dans la bagarre, se rendait aussi partie plaignante. La petite fille qui avait prêté son tablier de taffetas, prétendait que, décemment, elle ne pouvait plus le remettre, et elle réclamait une indemnité. Ceux qui avaient été constamment étrangers à tout ceci, s'examinaient soigneusement, et cherchaient s'il ne leur manquait pas quelque chose.

Un petit Gascon, long et gros comme une allumette, couvert d'un habit de camelot qui avait été couleur de feuille-morte, qui portait une culotte

rouge et des bas noirs, perce la foule, s'approche
du comte, et le prie très-humblement de lui dire
à qui il a l'honneur de parler. « Je suis le comte
« d'Orville, colonel du régiment des chasseurs des
« Vosges, en garnison à Pithiviers. » En ce moment, le régiment se composait de quinze hommes,
le colonel compris. « Je suis, moi, M. de Vitrac,
« barbier, dentiste, médecin-pédicure, et, de
« plus, avocat-consultant du village. — Eh bien,
« M. de Vitrac, que me voulez-vous? — Je vou-
« drais engager monsieur le comte à finir avec
« ces importuns. — Et de quelle manière, M. de
« Vitrac? — En payant, monsieur le comte, en
« payant. Ce moyen-là ne manque jamais son ef-
« fet. — Eh bien, voyons. A combien monsieur
« l'avocat évalue-t-il le dommage? — La côte du
« maire est facile à remettre, et je m'en charge.
« Mais le blessé est le premier magistrat du lieu,
« et, en raison de l'importance de sa place, mon-
« sieur le comte lui allouera une indemnité de
« cinquante livres, ci.................... 5o liv.

M. l'avocat, un genou en terre, écrivait
sur l'autre avec son crayon.

« A combien, demanda le marquis, le
« front et le nez écorchés d'un paillasse?
« — A deux livres, ci................. 2
« Et les trois dents du saltimbanque? —
« Ces gens-là ne mangent pas tous les
« jours.—Ni les avocats de village non plus,

« n'est-ce pas, M. de Vitrac? — Oh! mon
« capitaine, quand on a plusieurs cordes
« à son arc, et qu'on traite avec des sei-
« gneurs comme vous... — Au fait, à com-
« bien les trois dents? — Elles sont bien
« payées à vingt sous. — A Paris, on en
« a de superbes à douze. Les trois dents,
« trois livres, ci...................... 3 liv.

« Je crois que voilà tout, monsieur l'a-
« vocat.—Un moment, s'il vous plaît, mon-
« sieur le capitaine. Le tablier de made-
« moiselle Justine, que voilà, n'a réelle-
« ment pas souffert de dommage; mais elle
« a rendu un service essentiel à madame,
« et, de plus, elle a été obligée de voir ce
« que madame ne se souciait pas de mon-
« trer. Douze livres, s'il vous plaît, pour
« mademoiselle Justine. — Accordé, ac-
« cordé. — Douze livres, ci............. 12

« Allons, finissons. A combien va votre
« total?—Un moment, s'il vous plaît, mon-
« sieur le capitaine. Il reste encore deux
« petits articles à régler. Le cabriolet et le
« cheval sont dans la mare; vous les voyez
« d'ici, monsieur. Six livres à quatre hom-
« mes qui les tireront de là. — Six livres,
« soit. — Six livres, ci................ 6

« Voyons votre dernier article. — Les
« deux n'en font qu'un, monsieur le capi-

« taine. Les fioles du médecin ambulant
« sont brisées, et il les vend dix sous. Il y
« en avait, dit-il, cent cinquante dans la
« voiture, ce qui fait bien soixante-quinze
« livres, ci...................... 75 liv.

« Halte-là, halte-là, s'il vous plaît. — Je
« vais finir. Monsieur le capitaine sent bien
« que cent cinquante fioles, vidées dans
« la mare, ont gâté l'eau, et il ne veut
« pas que nos bêtes à cornes boivent d'un
« élixir purgatif. Il faut donc vider la mare;
« et comme elle est alimentée par une
« source qu'il est indispensable de détour-
« ner, cette opération sera longue et dif-
« ficile. Elle ne peut se faire à moins de
« deux cents livres, ci.................. 200

« Oh, vous extravaguez, à la fin. — Mon-
« sieur le capitaine voudra bien se souve-
« nir que je me charge du traitement des
« blessés ; que, probablement, je serai
« obligé de tirer au médecin les trois dents
« qui répondaient à celles qu'il a perdues,
« et qui mâcheraient à vide, car la nature
« ne veut rien d'inutile; que j'aurai à four-
« nir le linge pour bandes et compresses,
« la charpie pour remplir les plaies de pail-
« lasse, et le vinaigre pour humecter le
« tout; que j'ai été assez heureux pour ar-
« ranger cette affaire à l'amiable, et que
« mon temps et mon talent conciliateur

« doivent être pris en considération; enfin,
« qu'il faut que chacun vive de son mé-
« tier, et j'évalue le tout avec modération
« à la somme de trois cents livres, ci.... 300 l.
« — Allez au diable, monsieur l'avocat,
« barbier, dentiste et pédicure. — Ce qui
« fait un total de... de... oui, c'est cela... un
« total de six cent quarante-huit livres, ci. 648.
« Comment, coquin, je paierais vingt-cinq louis,
« parce qu'il a plu au cheval de madame la com-
« tesse de piaffer! Je mettrais plutôt le feu au vil-
« lage. — Prenez garde, monsieur le capitaine. Si
« un incendie se développait cette nuit, on vous
« accuserait d'en être l'auteur, et on ne se tire pas
« de ces affaires-là avec de l'argent. »

La comtesse, un peu confuse de ce qui lui était arrivé, s'était réfugiée dans la berline, où madame de Verneuil lui administrait des consolations qui, parfois, avaient un côté plaisant. La comtesse, qui n'était pas inconsolable, commençait à rire de ce que lui disait son amie. La gaieté se communique, et il est plus agréable de s'égayer que de chercher des raisonnemens, des lieux communs qui ne persuadent personne. Ces dames étaient revenues à leur caractère, et les articles du mémoire de M. de Vitrac produisaient des éclats prolongés, que partageait d'Orville, posté à l'une des portières. « Il paiera, disait-il; vous l'aviez pré-
« venu, madame la comtesse. — Il paiera, il paiera,
« disaient les deux dames. — Non, ventrebleu, je

« ne paierai pas. Zéphire, donne le choix à ce
« drôle-là, de se retirer, ou de recevoir vingt-cinq
« coups de cravache que je te charge de lui ad-
« ministrer.

« Arrêtez, arrêtez, s'écrie Vercelle qui arrivait
« au galop. Point de voies de fait, s'il vous plaît. »
Vercelle était l'homme raisonnable de la troupe,
et, pendant que ses compagnons de voyage faisaient, disaient, ou entendaient des folies, il s'occupait à tout arranger. Moyennant quelques écus,
il avait apaisé les parties plaignantes, et il venait dire à ces dames que c'était assez d'avoir
perdu deux heures à Rochefort; qu'il était impossible d'aller dîner à Étampes, et qu'il fallait
se hâter d'arriver à Dourdan, où on prendrait ce
qui se trouverait.

Ces dames firent un retour sur elles-mêmes,
et elles sentirent que l'appétit commençait à se
prononcer. Ces messieurs montèrent en voiture,
et on allait donner l'ordre au cocher de toucher,
quand M. de Vitrac se présenta. « Un avocat exerce
« une profession libre, dit-il, et j'en maintiendrai
« la dignité : j'ai parlé, j'ai bien parlé, et je refuse
« toute espèce d'honoraires. Un barbier n'est pas
« obligé d'être si délicat, et c'est lui maintenant
« qui vous adresse la parole. Mesdames, vous sa-
« vez peut-être ce que c'est qu'accoucher; ma
« femme n'attend que le moment, et la layette est
« encore à faire. Je donne un louis, dit la com-
« tesse. — J'en donne un, dit madame de Ver-

« neuil. — Je paie le baptême, dit d'Orville. — « Puisqu'il faut que ce diable de barbier ait de « mon argent, reprit le marquis, je mets aussi au « chapeau. » Vercelle, qui n'était pas riche, suivit l'exemple général, et la troupe joyeuse partit chargée des bénédictions de M. de Vitrac.

« Ah çà, comptons, mon cher Vercelle, dit « d'Oliban. — C'est trop juste, c'est trop juste, « s'écrièrent les trois autres. » Vercelle se fit prier un peu pour la forme, et il finit par recevoir une centaine de francs qu'il avait distribués. « Je le « savais bien, nous le savions bien qu'il paierait ! « Allons, allons, l'amende n'est pas trop forte « pour quelqu'un qui a mis une dame dans la « position où s'est trouvée la comtesse. Prenez « garde à vous, marquis : le voyage de Paris à « Pithiviers pourra vous coûter cher. — Un mo- « ment, reprit d'Orville, il n'est pas juste que le « marquis paie tout : la côte enfoncée est de mon « fait. Baron, le maire du village est-il aussi in- « téressé que l'avocat? — C'est un pauvre culti- « vateur qui a rejeté, avec une sorte de dédain, « la proposition d'une indemnité. J'ai vu le chi- « rurgien ; il a fixé le prix de ses soins à douze « francs. — Marquis, voici ce que je vous dois. « — Oh, ma foi, non. Cette équipée amuse trop « ces dames pour que je n'en aie pas tout l'hon- « neur. — Nous le disions bien, nous le disions « bien qu'il paierait. » Et les éclats de rire, et les applaudissemens de mains ne finissaient plus.

Zéphire parut à la portière. « Monsieur le mar-
« quis, le cheval que vous venez de monter ne
« peut pas suivre. — Mets un palefrenier à pied ;
« qu'il conduise ce cheval au petit pas jusqu'à
« Pithiviers. Là, on le fera traiter.

« Vous voulez, d'Orville, que nous dînions à
« Dourdan, dit la comtesse. Il faudra quitter la
« grande route, y revenir, et je crois que nous
« avons perdu assez de temps. Allons jusqu'à
« Étampes, où sont nos relais, et où nos gens
« nous auront sans doute fait préparer un dîner
« convenable. — Prenez garde, madame la com-
« tesse :

« Un dîner réchauffé ne valut jamais rien.

« Et le nôtre doit être froid à l'heure qu'il est. —
« Nous le prendrons tel qu'il sera. Des officiers,
« d'ailleurs, s'accommodent volontiers de tout. —
« Mais, vous, mesdames, vous ! — Nous serons
« comme vous, les très-humbles servantes du mo-
« ment et des circonstances. »

La berline reprend le grand trot. Ceux qui
garnissent l'intérieur causent, rient, chantent ; on
arrive à Étampes, lorsqu'on y pensait le moins.
Ducroc était revenu de Pithiviers, tout exprès
pour faire préparer un repas splendide, et, en
ouvrant la portière, Ducroc avait les larmes aux
yeux. Le marquis lui demande ce qu'il a. « Hélas,
« monsieur, il y avait là un dîner tel qu'on n'en
« fait pas deux par an à Étampes. Il était prêt,

« et j'allais sans cesse de l'auberge à la grande
« route, et de la grande route à l'auberge. Je re-
« gardais, et je ne voyais pas la limonière. Je re-
« tournais, je ne voyais rien ; je rentrais à la cui-
« sine, et je m'affligeais en voyant une dinde aux
« truffes prête à être brûlée. Je découvrais les
« casserolles, et les sauces s'épaississaient. Mon-
« sieur le chef parlait déja de les allonger avec de
« l'eau, faute de jus, et j'étais au désespoir. Mon-
« sieur le chef trépignait, allait, venait, et s'é-
« criait, en levant les yeux au ciel, qu'il était un
« homme déshonoré. Enfin, il prend une casse-
« role de chaque main, et il allait les vider sur
« un tas de fumier. Je l'arrête ; je lui représente
« qu'il vaut mieux mal dîner, que ne pas dîner
« du tout, et que vous ne le rendrez pas respon-
« sable du retard. L'honneur, disait-il, l'honneur
« ne transige jamais. — Eh bien, reprit le baron,
« a-t-il fini comme Vatel, s'est-il passé son épée
« au travers du corps ? — Non, monsieur, parce
« qu'il n'en a pas ; mais la pointe de son grand
« couteau était, par moment, tournée sur sa poi-
« trine. — Eh bien, marquis, s'écrient les dames,
« si maître Jacques s'était tué, c'est encore vous
« qui en seriez la cause. — Enfin, s'écrie le mar-
« quis, que sont devenus maître Jacques et son
« maudit dîner ? — Monsieur, je lui ai ôté cou-
« teaux et lardoires, et je lui ai fait boire une
« bouteille de vin chaud, bien sucré ; cela l'a re-
« mis un peu. — C'est fort heureux. — Alors,

« monsieur, six chasseurs de votre régiment sont
« entrés. Ils ont demandé un pot de piquette.
« Moi, j'ai pensé que le dîner n'étant plus pré-
« sentable; il valait mieux qu'il fût mangé par
« vos chasseurs que par des étrangers. Je les ai
« fait mettre à table, et, de ma vie je n'ai vu des
« hommes aussi joyeux. Ils n'ont rien laissé, mon-
« sieur, absolument rien. Tout à coup... tout à
« coup... — Eh bien, qu'est-ce encore? — Tout à
« coup... Je ne sais comment vous expliquer cela
« devant ces dames. — Parlez, Ducroc, dit la
« comtesse; il est un choix d'expressions qui per-
« met de tout entendre. — Eh bien, madame, je
« ne sais si le vin, la bonne chère, ou les truffes
« peut-être... mais, tout à coup Goton, c'est la
« fille qui les servait, madame... Goton est prise,
« reprise, poussée, repoussée. Goton crie; on ne
« l'écoute pas. Son amant, le garçon d'écurie,
« accourt avec sa fourche, et frappe à grands
« coups sur le dos de celui qui est en position.
« Les autres la saisissent, la tiennent alternative-
« ment, et ces six enragés... Je ne sais si madame
« la comtesse me comprend. — Oh! à merveille,
« Ducroc. Enfin? — Enfin, madame, Goton est
« une honnête fille, et elle est allée se plaindre
« au procureur du roi, qui, aussitôt, a lâché sur
« les chasseurs un commissaire de police et qua-
« tre cavaliers de la maréchaussée. Or, madame,
« quand on fait de ces choses-là, on n'a pas le
« sabre au côté. Ceux des chasseurs étaient restés

« sur la table, et ils vidaient ce qui restait dans
« les bouteilles pour se refaire un peu. Les quatre
« cavaliers entrent comme l'éclair, sautent sur les
« sabres, et conduisent les six chasseurs en pri-
« son. Voilà, mesdames et messieurs, où en sont
« les choses. Vous avez sans doute bon appétit,
« et je crois qu'il ne reste rien dans la maison.

« Eh bien, s'écrient les compagnons de voyage
« du marquis, c'est encore vous qui êtes cause
« de l'accident arrivé à Goton, et de l'incarcéra-
« tion des six chasseurs. — Oh, faites-moi grace,
« s'il vous plaît. Que diable, je ne vois pas que
« Goton ait tant à se plaindre, et peut-être ne l'a-
« t-elle fait que pour la forme. Les chasseurs se
« sont fait mettre en prison! Eh bien, qu'ils y
« restent. — Cela est fort aisé à dire, réplique
« d'Orville. Pensez donc que ces six chasseurs font
« la moitié de mon régiment. Avec douze hom-
« mes, je peux former un peloton; que voulez-
« vous que je fasse avec six? — Il nous en re-
« viendra d'autres.—En attendant, voyez, Ducroc,
« ce qu'on pourra nous donner. »

Pendant que Ducroc retourne le garde-manger
et les armoires de la cuisine, ces dames lutinent,
tourmentent d'Oliban; elles rappellent toutes ses
bévues, et à la fin de chaque citation, viennent
les réflexions, les interpellations, les recommandations. Madame de Verneuil, qui avait le droit
de tout dire, ne finissait pas. Le marquis, fatigué
de tant de remontrances et d'observations, prend

son chapeau et son épée, et va faire un tour de ville : en cinq minutes, on fait celui d'Étampes. Il s'entend appeler; il tourne la tête. C'est de la prison qu'on lui parle. « Monsieur l'officier, n'êtes-
« vous pas du régiment des Vosges?—Oui, pour-
« quoi? — N'est-ce pas vous qui deviez manger
« un grand dîner, préparé au Cornet-d'Or? —
« Pourquoi encore? — Si vous étiez arrivé avant
« qu'il fût desséché, on ne nous l'aurait pas servi,
« et Goton ne se serait pas plainte d'avoir été trop
« bien traitée. C'est donc vous, monsieur l'offi-
« cier, qui avez causé notre disgrace. Pour Dieu,
« tirez-nous d'ici. »

En vérité, pensait le marquis, c'est à qui s'en mêlera; je finirais par être responsable des folies de tout le genre humain : c'en est trop, et il passe outre. Il n'a pas fait cinquante pas, qu'il réfléchit à ce qu'il vient d'entendre. Ils n'ont pas tout-à-fait tort, se disait-il, car enfin si j'avais écouté la comtesse, et laissé piaffer son cheval, nous serions arrivés ici à l'heure convenue, et ces malheureux-là ne seraient pas dans l'embarras. Il interroge; il s'informe de la demeure du procureur du roi. Il arrive chez ce magistrat; il se présente; il trouve avec lui le baron de Vercelle.

« J'ai encore arrangé cette affaire-ci, lui dit
« l'intéressant jeune homme. Goton a retiré sa
« plainte, moyennant une indemnité assez forte,
« et monsieur, qui, malgré le désistement de

« cette fille, pourrait informer contre les coupa-
« bles, veut bien épargner à monsieur le comte
« le désagrément de voir mettre ses premières
« recrues en jugement. Mais, mon cher marquis,
« soyez donc maître de vous, et ne vous laissez
« plus entraîner par votre penchant à obliger. Si
« vous ne vous arrêtez, ces dames auront eu rai-
« son de vous dire que votre voyage de Paris à
« Pithiviers vous coûtera cher. — Je remercie
« beaucoup, monsieur, et vous aussi, baron, de
« tout ce que vous avez fait pour moi, à l'excep-
« tion pourtant de la mercuriale. Croyez que j'ai
« pensé plus que vous ne pouvez me dire. »

Le baron reçut l'ordre de l'élargissement des
six chasseurs; les deux capitaines prirent congé
du procureur du roi, et, dans un petit coin, où
se promènent les oisifs d'Étampes, d'Oliban remit
à Vercelle quatre cents francs qu'il avait comptés
à Goton : c'est le prix auquel elle avait mis son
honneur, qui, peut-être, avait reçu précédem-
ment quelques échecs. Son amant, qui n'y regardait pas de très-près, avait trouvé fort bon
qu'elle touchât cette somme, au moyen de laquelle leur mariage définitif devait se conclure
dans le mois. Le jeune Tobie n'épousa-t-il pas la
fille de Rachel, veuve de six maris?

« Vous voilà donc, messieurs, dit madame de
« Verneuil. Soyez vrai, baron. Combien coûte à
« d'Oliban l'équipée de ses chasseurs?—Madame,
« la manière dont le marquis m'a remboursé, me

« donne lieu de croire qu'il vous saura gré de ne
« plus lui parler de cela. — A la bonne heure,
« baron. Eh bien, dînera-t-on ou ne dînera-t-on
« pas? Ducroc, Ducroc... Me voici, madame. —
« Faites-nous donc servir. — Eh, madame, at-
« tendez qu'on ait trouvé quelque chose. — On
« en est encore là? —C'est aujourd'hui jeudi, ma-
« dame. Les boucheries sont fermées, et le mar-
« ché n'ouvrira que demain matin. — Vous allez
« voir que, grace encore à d'Oliban, il faudra
« que nous nous passions de dîner. — Cela pour-
« rait bien être, madame. Des œufs, des œufs,
« s'écrie le marquis; des œufs à toutes les sauces.
« — Je vais en envoyer chercher, monsieur, ré-
« pond Ducroc.

« Des œufs, des œufs, et toujours des œufs,
« disent ensemble les deux dames! Vous voulez
« donc nous mettre le feu dans le corps? — Vous
« disiez, il y a deux heures, mesdames, que vous
« seriez, comme nous, les très-humbles servantes
« du moment et des circonstances. Résignez-vous.
« — Il sied bien de prêcher la résignation à celui
« qui, à chaque pas, nous amène de nouveaux
« désagrémens! Eh, madame, reprit le baron, un
« peu de charité! Qui de nous n'en a pas besoin?
« Si nous faisions tous une confession bien sin-
« cère, est-il certain que ce pauvre marquis serait
« le plus coupable?»

Les dames se pincèrent les lèvres : c'est la ressource de celles qui sont embarrassées, piquées,

et qu'on a mises dans l'impossibilité de répondre, Ducroc arrive très-à-propos pour faire changer la conversation.

« Soit, dit-il, que les aubergistes de la ville se
« plaisent à laisser notre hôte dans l'embarras,
« soit que réellement ils n'aient pas d'œufs, on n'a
« pu s'en procurer chez eux. Les deux fruitières,
« qui existent seules ici, sont allées s'approvi-
« sionner dans les villages voisins, afin de payer
« moins cher qu'au marché, et on ne peut aller
« de porte en porte demander des œufs. — Quoi !
« s'écrie le marquis, pas d'œufs de quoi faire seu-
« lement une omelette ! — Non, monsieur. — Eh
« bien, qu'on la fasse au lard. » A ces mots un éclat de rire général se fait entendre. « Un mo-
« ment, un moment, dit le marquis, le maré-
« chal de Matignon n'était pas un sot, puisque
« Louis XIV lui donna le commandement de l'ex-
« pédition destinée à rétablir le prétendant sur le
« trône d'Angleterre, et le trait d'ingénuité ou de
« distraction qui vous fait tant rire est de lui. Oh !
« il lui en est échappé bien d'autres. — Allons,
« dit la comtesse, qu'on nous donne du chocolat
« et des rôties. Pendant qu'on les préparera, le
« marquis nous racontera quelques-unes des in-
« génuités du maréchal de Matignon. — Bien vo-
« lontiers, madame.

« Le maréchal, revenant de la guerre, fut obligé
« de s'arrêter dans une auberge de village où,
« comme ici, les moyens d'existence n'étaient pas

« très-communs. Satisfait, cependant, du mauvais
« souper qu'on lui avait préparé, il se mit à table.
« Qu'est-ce, dit-il, du pain chaud? J'en veux du
« rassis. — Monseigneur, il n'y en a pas. — Eh
« bien, qu'on m'en fasse. »

« Il avait en Normandie de vastes herbages qui,
« depuis deux ans, ne lui rapportaient presque
« rien. A la fin de la seconde année, il tança for-
« tement son receveur. «Monseigneur, répondit
« celui-ci, les taupes retournent tout. Que vou-
« lez-vous que j'y fasse? — Comment, monsieur,
« vous ne savez pas comment on empêche les
« taupes de retourner un pré. — Non, monsei-
« gneur. — On le fait paver, monsieur. »

« Il avait fait rebâtir une aile d'un assez beau
« château, et il avait ordonné à son régisseur de
« faire disparaître les décombres qui lui blessaient
« la vue. La première chose qui le frappe lors-
« qu'il revient à son château, est le tas de gravois
« qui, depuis long-temps, devait être enlevé. «Pour-
« quoi, monsieur, dit-il à son régisseur, trouvé-je
« encore là ces débris? —Monseigneur, je ne savais
« où les mettre. — Il fallait faire faire un trou et
« les jeter dedans. — Mais, monseigneur, qu'au-
« rais-je fait de la terre qu'on en aurait tirée? — Il
« fallait faire le trou assez grand pour que tout
« pût y entrer, entendez-vous, monsieur? »

« Il était malade. Son hôtel de Paris était très-
« près de Saint-Sulpice, et un officier général de
« ses amis lui demanda si le bruit des cloches

« ne l'incommodait pas. Beaucoup, répondit-il,
« mais, demain je ferai mettre du fumier devant
« ma porte. »

Je ne sais si tout le monde rira des ingénuités de monsieur le maréchal; mais ces dames en rirent au point qu'il devint indispensable de changer de linge. « J'espère au moins, dit d'Oliban,
« en riant à son tour, que vous ne me reprocherez
« pas ce petit incident-là. — Et pourquoi, s'il vous
« plaît? — Je n'ai fait que céder à votre désir. —
« Et vous avez été enchanté de nous prendre au
« premier mot. Dites-moi, officieux marquis, si
« vous vous étiez rendu à ma prière, et que vous
« n'eussiez pas voulu arrêter mon cheval, que je
« connais mieux que vous, et que je mène fort
« bien, les paysans de Rochefort auraient-ils ad-
« miré de dix pas ce que des yeux roturiers ne
« devaient pas voir? le maire aurait-il eu une côte
« enfoncée? le paillasse se serait-il écorché le
« nez et le front? l'empirique aurait-il perdu trois
« dents? son cabriolet serait-il tombé dans la
« mare? votre meilleur cheval serait-il estropié?
« Goton aurait-elle été houspillée de la façon de
« six chasseurs? serions-nous obligés de dîner
« avec une tasse de chocolat? Madame et moi au-
« rions-nous besoin de linge sans savoir où en
« prendre? Nous serions maintenant près de Pithi-
« viers, et vos maudits œufs ne vous auraient pas
« rappelé les niaiseries du maréchal de Matignon.
« — Votre récapitulation est-elle enfin terminée,

« madame ? — Oui, monsieur. — C'est fort heu-
« reux. — Mais trouvez-nous du linge à la mi-
« nute, à la seconde. »

La position de ces dames était embarrassante. Les équipages étaient partis de la veille ; on n'avait que vingt lieues à faire dans la journée, et on n'avait rien pris avec soi, quoiqu'on dût voyager avec d'Oliban. Le pauvre marquis était allé conter à l'hôtesse ce qui venait d'arriver, et l'hôtesse, très-bavarde, commença à raconter à son tour les événemens qui l'avaient aussi obligée à changer de chemise. Ces aventures lui paraissaient si plaisantes, qu'à chaque instant son récit était coupé par des éclats de rire. « Un moment, s'écria-t-elle
« enfin, me voilà précisément dans le cas où vous
« venez de mettre ces dames. Permettez que je
« m'occupe d'abord de moi... Pas du tout, pas du
« tout, s'il vous plaît. Donnez-moi d'abord deux
« de vos plus fines chemises, et vous ferez ensuite
« tout ce qu'il vous plaira. »

L'obligeante hôtesse le conduit à sa chambre à coucher. Elle ouvre une vaste armoire dont le bas dérobait aux amateurs un reste de raisins enfoncés dans de la paille : on le gardait pour les grandes occasions, et l'hôtesse n'y avait pas pensé encore ; dame, on ne saurait penser à tout. « Du raisin, du raisin, s'écrie le marquis ! » Et vite, et vite, il en charge une assiette qu'il porte à ces dames. L'hôtesse accourt sur ses pas, tenant une chemise de chaque main. On prie ces messieurs de sortir, parce qu'ils étaient trois, ainsi que je l'ai dit plus haut.

L'hôtesse était une femme fort à son aise, qui avait d'assez beau linge, et qui l'été se tenait en simple corset, ce qui exigeait des manches de chemises descendantes jusqu'au coude. Celles des habits d'amazones sont très-justes, et il fallait découdre avant de pouvoir se changer. La comtesse, à qui rien ne résiste, demande des ciseaux et coupe les quatre manches; l'hôtesse jette les hauts cris; on lui paie trois fois la valeur de ses chemises, et elle sort en faisant cinq à six révérences d'un air tout-à-fait gracieux.

On rappelle ces messieurs; le chocolat arrive; on se met à table. Au chocolat, qui est le mets substantiel du dîner, succède le raisin qui fait dessert. Il faut toujours savoir gré à certaines gens du mal qu'ils n'ont pas fait. « Vous conviendrez « au moins, dit madame de Verneuil à la comtesse, « que M. d'Oliban a fait quelque chose de bien « dans la journée. Il nous a trouvé du raisin ex-« cellent, et nous venons de faire un repas selon « toutes les règles. — Et surtout très-restaurant. « Allons, allons, dit Vercelle, on pourrait être « plus mal. »

Les chevaux sont mis; on remonte en voiture, et on se propose bien d'aller tout d'une traite, et sans accident, jusqu'à Pithiviers. Une certaine harmonie commençait à s'établir entre les voyageurs. Les dames regrettaient l'entrée triomphale qu'elles devaient faire à la garnison, et que le soleil ne pourrait plus éclairer; mais elles se consolaient en pensant que le lendemain elles seraient fraîches, que les chevaux seraient reposés, et qu'une promenade équestre les dédommagerait de ce que, grace toujours à d'Oliban, il fallait perdre aujourd'hui. La conversation prenait un ton assez raisonnable; parce qu'une suite de contrariétés amène nécessairement la fatigue; que la fatigue amortit la vivacité de l'imagination, et que cet état apathique conduit au sommeil. Les paupières de la comtesse commençaient à s'appesantir, quand tout à coup elle jette un cri perçant. « Qu'avez-vous donc, madame, lui dit « d'Orville? — Je suis assassinée! — Assassinée! « expliquez-vous de grace. — Monsieur le comte, « faites arrêter la voiture et appelez Zéphire. Zé- « phire se présente. Dites-moi, mon ami, quel- « qu'un est-il entré dans la berline pendant que « nous étions dans cette malheureuse auberge ? « — Madame, les domestiques de monsieur le « comte, ceux de monsieur le marquis et celui de « monsieur le baron suivaient Goton partout, ne « lui laissaient pas un moment de repos et l'ac- « cablaient de quolibets. J'ai protégé la retraite « de cette pauvre fille, et je l'ai cachée dans cette « voiture... — Malheureux! elle l'a farcie de pu- « ces?... Oh, j'en mourrai... Et pas une femme de « chambre ici pour les chercher! Allons, mon- « sieur le comte!... — Mais, madame, je n'entends

« rien à... — Et, qui vous en prie, mauvais plai-
« sant? Emmenez ces messieurs, et faites-moi don-
« ner une des lanternes de la berline. Vous vou-
« drez bien, ma chère amie... — Oh, comtesse,
« depuis une demi-heure je suis à la mort. Je
« désirais que quelques éloges succédassent enfin
« au blâme dont on ne cessait de charger le pauvre
« marquis. J'ai mangé de son raisin sans mesure,
« et pour vous déterminer par mon exemple... Je
« ne sais... ahie, ahie!... si le raisin d'Étampes a
« une vertu laxative... mais j'ai... j'ai... je suis cou-
« pée en deux. — Eh, madame, reprit le marquis,
« quelle vertu voulez-vous qu'ait ce raisin ? C'est
« du raisin comme un autre, que j'ai trouvé bien
« caché sous de la paille... — Dans de la paille,
« s'écrie la comtesse, dans de la paille! Vous ne
« savez donc pas que rien n'engendre les puces
« comme la paille! Toutes les queues des grappes
« étaient tournées de mon côté... je n'ai pas perdu
« un seul de ces malheureux insectes... Oh, mon
« Dieu, je m'enlèverai l'épiderme. — Oh, quelle
« tranchée !... Quelle tranchée! — Descendez donc,
« ma bonne amie. Je vous en conjure, ne faites
« rien ici : il ne faudrait que cela pour m'achever.
« Emmenez madame; emportez-la, marquis, et
« une fois en votre vie, soyez bon à quelque
« chose. »

Le pauvre marquis n'est pas à ce que lui dit la
comtesse, il n'est sensible qu'à ce que souffre une
femme qu'il a adorée et qui lui est chère encore.

Il s'élance, il prend madame de Verneuil dans ses bras; il la presse contre son cœur, et il ne calcule pas la force de pression. Une détonation le frappe, cependant; il pose son amie sur le pavé... Il était trop tard. « Ah, mon ami, que je suis sou-
« lagée ! Mais pourquoi m'avez-vous pressée si
« fort ? Que ne me portiez-vous légèrement à
« quatre pas plus loin ? Je suis dans un état épou-
« vantable. — Et moi, madame, et moi!... mes
« bottes en sont remplies. »

A ces mots la comtesse oublie ses puces, et part d'un éclat de rire. Le comte et le baron suivent son exemple. On descend, on s'approche des deux infortunés, en ayant soin de prendre le dessus du vent. On avise aux moyens de continuer ce malheureux et interminable voyage. On aperçoit une lumière dans un certain éloignement. « Que ce soit une chaumière ou un château, il
« faut s'y rendre, dit Vercelle. Madame et le mar-
« quis y prendront un bain qui, je crois, leur est
« très-nécessaire, et madame la comtesse s'y dé-
« barrassera de ses puces. — Eh, comment vou-
« lez-vous que j'y pense dans un moment comme
« celui-ci? Allons, marchons, et qu'on porte les
« lanternes devant nous. D'Oliban, ma bonne
« amie, laissez-nous le vent, s'il vous plaît. »

La comtesse avait pris le bras de d'Orville; le marquis soutenait son amie; tous deux faisaient une grimace à faire reculer une procession, et ils n'avaient rien à se reprocher : l'un rendait coutinuellement à l'autre ce qu'il ne cessait d'en recevoir. Vercelle allait en avant et réglait la marche.

La faible clarté des lanternes suffisait tout juste pour reconnaître qu'on était dans une terre labourée. Les deux dames ne marchent plus; elles se traînent; elles brisent les bras de leurs écuyers; elles se dépitent, elles se désolent; une des bottines de la comtesse se déchire, et reste bientôt entre deux mottes de terre. Il est impossible d'aller plus loin.

Zéphire prend une des lanternes, il court à droite, à gauche. Il rencontre un fossé plein d'une eau limpide, dont les rives sont bordées de saules. Il tire son couteau de chasse; il taille, il tranche; en cinq minutes il a ce qu'il lui faut pour faire un brancard; il charge son épaule du précieux fagot qui va terminer tant d'embarras et de disgraces; chacun met la main à l'ouvrage, et on arrête que les domestiques porteront alternativement ce palanquin d'une espèce nouvelle. La comtesse s'y place à demi consolée; madame de Verneuil s'approche : « C'est impossible, ma chère « amie, c'est impossible. Je ne résisterais pas aux « vapeurs... — Mais, ma chère amie, je ne saurais « faire un pas de plus. — Que votre officieux mar- « quis vous prenne sur ses épaules; il n'a plus « rien à risquer. D'ailleurs, il n'y a guère que « pour cinq minutes de chemin d'ici à cette mai- « son. — En vérité, ma chère amie, vous êtes

« d'un égoïsme !.. — Et vous d'une exigence !... »

Les laquais du comte avaient déja enlevé le brancard ; et pour délivrer la favorite du maître d'un voisinage désagréable, ils allaient au petit trot. La pauvre madame de Verneuil étendait les bras vers le brancard qui emportait toutes ses espérances. D'Oliban lui prend les deux mains, la passe sur ses épaules, et se met à trotter aussi, en protestant que jamais il n'a porté d'aussi précieux fardeau.

Le baron, qui avait toujours la tête froide, bien qu'il eût le cœur très-tendre, s'était saisi d'une des lanternes, et était allé droit sur la lumière, vers laquelle se portaient tous les vœux. Le domestique qui marchait en avant du brancard, trébuche, tombe, et la bougie s'éteint. Le zèle des domestiques de d'Orville ne faiblit pas : ils sentent que plus ils surmonteront d'obstacles, et plus ils auront de mérite.

Le marquis avait moins de force que d'ardeur. Il n'avait pas fait cent pas, qu'il fut obligé de déposer le plus précieux fardeau qu'il ait porté de sa vie. Il invita Zéphire à le remplacer. Vous savez que Zéphire est une espèce de petit-maître ; le cœur ne lui disait rien pour l'amie de son maître, et il n'aurait pas volontairement porté une princesse dans l'état où était madame de Verneuil. Cependant il sentait qu'il ne lui conviendrait pas de refuser ce que le marquis venait de faire avec tant de dévouement, et il se chargea de la dame et de ses émanations. Tout à coup on entend de grands cris. Les palefreniers de d'Oliban qui étaient restés en arrière, et pour cause, quoiqu'ils fussent loin d'exhaler eux-mêmes l'odeur de la rose ou de l'œillet, les palefreniers doublent le pas, et ils ne peuvent éviter ce qu'ils redoutaient tant : Zéphire charge l'un d'eux de la triste madame de Verneuil, et il court sur les traces de son maître, vers le point d'où partaient ces cris soutenus. D'Orville, ses laquais, le palanquin et la comtesse étaient tombés dans le fossé, sur les bords duquel Zéphire avait coupé ses bois de charpente. D'Oliban se jette à l'eau sans balancer, et Zéphire saute après lui. Ils dégagent la comtesse, et on l'assied sur l'herbette, fleurie peut-être... Le joli sujet d'élégie, ou d'idylle ! d'Orville et ses gens s'entr'aident, et bientôt ils sont tous auprès de la comtesse.

La dame avait été très-calme au moment où on l'avait tirée de l'eau; mais lorsqu'elle eut repris ses sens, et qu'elle reconnut la voix du marquis!... quel torrent de mots amers, d'observations piquantes, je dirais presque d'imprécations, s'échappèrent de sa bouche ! Elle se souvint pourtant qu'elle était femme de qualité, et qu'elle devait en reprendre le langage. « Vous croyez « peut-être, monsieur le marquis, que je vous ai « beaucoup d'obligation de m'avoir secourue ? « Vous avez été fort aise de trouver ce fossé, et « d'y vider vos bottes. — Ma foi, madame, vous y

« avez noyé vos puces, et c'est un article à rayer
« de votre récapitulation. »

Je ne sais jusqu'où aurait été cette conversation, si on n'avait vu plusieurs lumières qui s'approchaient rapidement, et qui annonçaient un changement très-prochain de situation. Bientôt on entend le bruit d'un fouet, ensuite celui de roues, enfin Vercelle paraît en gros souliers et en guêtres de cuir. Il est suivi d'une charrette qui apporte quelques cordiaux et toutes les vestes, les serpillières, les jupons, les chemises, les serviettes, les sabots, etc., qu'on a trouvés dans la ferme. « Mes amis, dit le baron, je vous présente
« M. Durand, le plus obligeant de tous les fer-
« miers du canton. Je lui ai détaillé toutes nos
« mésaventures, y compris celle-ci, car étant
« tombé moi-même, et malgré le secours de ma
« lanterne, dans ce diable de fossé, j'ai bien pensé
« que quelqu'un de vous y tomberait après moi. »
Madame de Verneuil arrivait dans ce moment.

« Allons, mesdames, la nuit est chaude, l'eau
« de ce fossé est magnifique, il n'y a pas ordinai-
« rement de baignoires dans les fermes, M. Du-
« rand n'en a pas, et plusieurs d'entre-vous ont
« besoin de se baigner. Approchez-vous de la
« charrette; on vous portera au bord de l'eau ce
« que vous aurez choisi, et ceux qui n'ont rien à
« laver se tiendront à une distance respectueuse. »

Il est des circonstances où la femme la plus difficile devient accommodante, et où une bonne tête prend, sur de plus faibles, l'ascendant qu'elle devrait toujours avoir. C'est le baron qui prononce, qui décide, et personne n'appelle de ses décisions.

La comtesse, qui n'était chargée que de terre, un peu fangeuse peut-être, devait avoir et obtenir le dessus du courant; madame de Verneuil fut placée à vingt pas au-dessous; et comme il faut respecter les bienséances, le marquis se mit au bain à cinquante pas plus loin. Zéphire et les palefreniers qui avaient touché madame de Verneuil, se débarbouillèrent où ils voulurent.

On s'accoutume à l'infortune comme au mal physique. Bientôt ces dames s'approchèrent de leurs écuyers en riant de tout leur cœur. Elles étaient dans des sabots, des bas de laine, de grosses chemises, des jupons de bure. Elles s'étaient enveloppé la tête dans une serviette pour sécher leurs cheveux, et elles avaient couvert d'une seconde deux seins qui étaient encore très-séduisans.

M. Durand s'approcha d'elles avec politesse, et il les invita à venir faire honneur au repas qu'il leur avait fait préparer : il était onze heures du soir. « Ce repas, mesdames, vous paraîtrait gros-
« sier dans toute autre circonstance, mais vous
« devez avoir de l'appétit, et c'est le meilleur des
« assaisonnemens. »

Zéphire fait laisser dans l'eau certains vêtemens encore imprégnés... Il donne ordre à un palefrenier de les attacher aux branches de quelque saule, et de rester là pour les garder. Il lui promet de lui envoyer à souper. Les dames montent dans la charrette, et on chemine gaiement.

On est reçu par madame Durand, grosse réjouie de bonne mine, qui exerce l'hospitalité avec une cordialité rare. Elle a envoyé chercher le carrosse et les chevaux de main; elle n'a rien oublié de ce qu'elle peut procurer d'utile ou d'agréable à ces dames.

A l'instant la table est chargée de laitage, d'un gros morceau de lard et d'une volumineuse omelette. On s'assied; on mange, on dévore; la gaieté reprend son empire, et on s'occupe en riant de ce qu'on fera.

« Mesdames, dit le baron, nos chevaux ont
« besoin de manger comme nous. M. Durand n'a
« pas de lits à vous donner; mais dans trois heures
« il fera jour. Passons ce temps à faire des contes:
« c'est le moyen le plus agréable de l'abréger. —
« Vous avez raison, dit la comtesse. Voyons, vous
« qui êtes l'homme aux ressources, dites-nous
« quelque chose de plaisant. — Vous savez que je
« ne suis pas très-gai. Cependant je suis assez
« disposé à vous faire l'éloge du petit insecte qui
« vous a donné tant d'humeur, et qui, pourtant,
« a des qualités essentielles. — L'éloge de la puce!
« — Oui, madame. — Et que pourrez-vous dire là-
« dessus? — Oh, j'ai eu le temps d'y réfléchir de-
« puis que la première vous a piquée. — Allons,
« monsieur, improvisez. Nous sommes prêts à vous
« entendre. »

Le baron commence.

« On chante les princes qui dévastent la terre ; on célèbre la masse informe appelée éléphant ; le courage du lion, qui n'est autre chose que la faim soutenue par la force ; on vante la grace et la souplesse du cheval ; et moi, je vais chanter la puce. Ne vous attendez pas, mesdames, à trouver ici, ni la majesté des vers alexandrins, ni le charme des poésies légères, ni surtout la mélopée des anciens. Je serai petit comme l'objet que je veux célébrer, et je chanterai en vile prose : permis à vous, cependant, de la prendre, si bon vous semble, pour des vers d'opéra-comique.

« Ah, mon Dieu ! je m'aperçois que ma première phrase a quelque chose de la dignité du poëme épique. Oh ! comme la critique va mordre ! cependant a-t-elle des reproches bien graves à me faire ? Aristote, et tous les professeurs de rhétorique qui lui ont succédé, veulent qu'un discours académique commence par une période à quatre membres, et la mienne en a cinq. M'accusera-t-on de flatterie dans les éloges que je vais prodiguer à mon insecte favori. Hélas ! la puce ne distribue ni emplois, ni dignités, ni cordons. Ce que je crains réellement, c'est d'être comparé à Homère, qui de rien a fait beaucoup. Oui, mesdames, de rien. Nous connaissons l'étendue de cette Grèce si fameuse ; et, quand ce petit pays était divisé en douze ou quinze royaumes, le roi des rois ne pouvait être qu'un chef de nautoniers. La belle

Hélène ne valait peut-être pas une de nos jolies paysannes de Sèvres ou de Vaugirard... Mais, où me laissé-je entraîner? à propos d'une puce, je remonte à Hélène! C'est qu'où vous êtes, mesdames, il est difficile de s'occuper d'autre chose que de la beauté. Je reviens à mon sujet, et j'éloignerai les distractions autant que je le pourrai, et que vous voudrez bien me le permettre.

« L'objet de mes chants en prose est petit, infiniment petit; mais est-ce une raison pour le dédaigner? Cette fossette que le sourire entr'ouvre, ce léger mouvement d'une bouche rosée, ce coup d'œil rapide et plein d'expression, ne sont-ils pas à peu près imperceptibles, et cependant, ne plongent-ils pas dans l'ivresse le mortel fortuné à qui vous les adressez? Sans doute, je n'ai pas l'insolence d'assimiler une femme charmante à une puce. Mais je prouverai peut-être que l'une et l'autre se trouvent quelquefois en contact, et d'une manière avantageuse à toutes deux

« Vous qui vous connaissez si bien en parure, et qui savez embellir les modes les plus bizarres, daignez vous arrêter un moment à l'enveloppe du petit animal que je célèbre aujourd'hui. Sa robe, brillante de pourpre, nous rappelle l'habit triomphal des Romains, ces conquérans du monde qui traînent à leur char des rois vaincus et enchaînés. J'ignore si ces hommes fameux ont voulu prouver leur estime pour la puce; ce que je sais, mesdames, c'est que vous avez porté pendant quelques jours la robe puce, le ruban puce, le petit soulier puce; vous avez été puces un moment. Pourriez-vous, quand vous adoptez le mot, nourrir un éloignement invincible pour la chose?

« Vos mamans vous ont sans doute appris que les leurs ont porté ce qu'on appelait alors des mouches. Il y en avait de rondes, de carrées; d'autres avaient la forme d'une étoile; quelques-unes étaient coupées en croissant : ces dernières s'appliquaient du côté du front, et se nommaient *l'augure*. Celle qu'on plaçait au coin de la bouche s'appelait *la séduisante*; celle qu'on fixait auprès de l'œil, *l'assassine*. N'est-il pas évident, mesdames, que ces mouches ne sont qu'une imitation de la mouche naturelle que produit la puce? Mais quelle différence, grand Dieu, d'un vilain morceau de taffetas noir, avec un point qui est parfaitement en harmonie avec la couleur de la peau, et qui en relève la blancheur! Les ennemis seuls de la puce ont pu imaginer de remplacer, par les ressources impuissantes de l'art, un attrait que vous teniez de la nature.

« Examinons le physique de l'insecte que vos mamans ont imité en le dédaignant, et dont vous-mêmes, mesdames, avez un instant porté et avoué les couleurs. Il est dans les infiniment petits; mais aussi, quelle délicatesse, quelle perfection dans ses organes, quelle prodigieuse agilité dans tous ses mouvemens! Le plus fameux sauteur, tous les *petits diables* (1) du monde n'ont jamais pu s'élever au-delà de six à sept pieds. Quel saut que celui de la puce! quel vol à l'Opéra peut lui être comparé! L'éclair n'est pas plus prompt. La main la plus adroite la poursuit en vain; elle échappe au moment où on croit la saisir. Je ne crains pas de l'affirmer : la puce saute à plus de cinq cents pieds de haut, pieds de puce, à la vérité; mais tout est relatif. Ainsi, l'homme, cet animal orgueilleux, doit s'avouer vaincu par un insecte, dans un art admirable sans doute, puisque nous nous empressons de porter notre argent à ceux qui y excellent.

« Il est des gens qui n'observent rien, qui ne réfléchissent sur rien, et qui, cependant, jugent de tout. Combien de fois n'ont-ils pas reproché à Noé d'avoir reçu dans l'arche le petit animal que j'admire si sincèrement! Il a bien fait, sans doute, de lui donner un asile; mais eût-il commis une faute, ne devrait-on pas la lui pardonner en faveur du bienfait inestimable que nous tenons de lui? A qui doit-on la gaieté piquante d'un joli repas? A Noé. Qui vous fait lever, mesdames, avec tant de graces, un bras arrondi par l'amour? C'est Noé. Qui donne un feu nouveau à l'aimable saillie qui vous est familière? Qui communique à ces

---

(1) *Le petit Diable*, célèbre danseur de corde qui était alors attaché au spectacle de Nicolet.

yeux enchanteurs une expression plus séduisante? C'est Noé. Oui, je le proteste, et je le prouverai, la puce est le second présent du patriarche. Ingrats que nous sommes! nous n'avons pas pensé encore à lui élever un autel, et ceux d'un certain Bacchus, qui n'était qu'un conquérant, ont couvert toute l'Asie.

« Eh, quel mal fait donc mon petit insecte à ces gens humoristes et grondeurs. Sa piqûre ne produit qu'une douce titillation qui provoque à un plaisir plus vif, et que, du trône à l'escabelle, chacun aime à goûter.

« Une propreté de convention idéale, factice, éloigne ce petit animal des palais et des maisons opulentes! Observez-le sous le microscope, vous le verrez, transformant ses pates de devant en doigts souples et déliés, se laver, se frotter, faire, avec un soin extrême, la toilette la plus achevée, et mériter l'accès qu'on lui refuse partout, sous le prétexte le plus frivole. Mais qui a pu imaginer, propager une calomnie qui tombe devant le premier coup d'œil de la raison? Oserai-je le dire sans craindre d'être calomnié à mon tour? La prudence semble me fermer la bouche; la franchise dont je fais profession, m'ordonne de parler, je parlerai.

« L'intérêt personnel, ce levier qui remue le monde, cette source unique de vertus et de crimes, l'intérêt personnel a prononcé la proscription de la puce, innocente et salutaire.

« A quoi sert en effet l'innocence, quand elle est poursuivie par la force? Quel compte tient-on du bienfait, quand on veut le méconnaître? La puce, par sa légère piqûre, adoucissait le sang; elle attirait au dehors les molécules morbifiques, qui portent le désordre dans nos frêles machines. Mais certains hommes veulent des obstructions, des fièvres, des maladies de toute espèce. Ils vous ont fait bannir les puces, et ils ont ouvert la boîte de Pandore. Ils ont imaginé des ordonnances, multiplié les dépôts de ces ingrédiens rebutans et souvent nuisibles; ils ont livré l'épiderme délicat de la beauté à la lancette meurtrière du chirurgien, à ces vilains animaux aquatiques dont la morsure est cuisante, et dont la voracité inspire le dégoût. Et pourquoi chasser la nature, pour la remplacer par des conjectures, des systèmes, des absurdités? C'est que ces absurdités, ces systèmes, ces conjectures se paient au poids de l'or.

« Heureux, cent fois heureux les siècles où l'homme ne connaissait d'autre docteur que la puce! Cependant, comme rien n'est parfait ici-bas, j'avoue que ces petits chirurgiens de la nature multipliaient quelquefois trop. Mais comparera-t-on ce léger inconvénient aux maladies innombrables que nos premiers aïeux ne connaissaient pas, et qui affligent aujourd'hui la pauvre humanité! Et cet inconvénient lui-même n'offre-t-il aucun avantage à celui qui a des loisirs? Ne peut-il pas, jusqu'à un certain point, flatter son amour-propre? Le possesseur d'une terre met de l'orgueil à la voir couverte de gibier. Il a des piqueurs, des meutes, des rendez-vous, des haltes somptueuses de chasses. Ses amis admirent son luxe, et partagent ses plaisirs. Mais ils arrosent de leur sueur la terre hospitalière qui a vu naître et qui a nourri la bête qu'ils poursuivent. La fatigue les condamne à une inaction de plusieurs jours. La tête est pesante; les membres sont douloureux. Le bûcheron goûte tous les agrémens de la chasse sans sortir de sa chaumière. Il chasse commodément, assis sur son lit de paille fraîche, sans être écrasé sous le poids de ses vêtemens, de ses armes, de son fourniment. Le gibier abonde chez lui, et ses mains ne suffisent pas à son avidité, à son ambition. Vainqueur à droite, il va l'être encore à gauche. Il suit la bête dans ses recherches les plus cachées, il l'y force, il l'y écrase. Ses triomphes multipliés, loin d'épuiser ses forces, assurent son sommeil. Il n'a pas craint de se laisser emporter sur les terres du propriétaire voisin; il n'a redouté ni les procès-verbaux, ni les amendes, ni les saisies; et quand il a jugé à propos de mettre un terme à ses jouissances, il s'est levé frais, gaillard et dispos; il est parti gaiement pour la forêt, la chansonnette à la bouche, la cognée sur l'épaule, et la gourde à la main.

« J'ai prouvé, par des raisonnemens, l'utilité, la salubrité de la piqûre de mon petit animal; j'ajouterai à mes preuves des exemples irrécusables.

« Nos villageois sont plus robustes et vivent plus long-temps que nous. La médecine est pourtant à peu près inconnue au village, et pour un pauvre carabin qui, ordinairement, y fait assez mal ses affaires, il y en a des milliers dans les villes, qui ne sont opulens et gras, que parce que nous tuons nos puces.

« Plus d'une belle dame, étendue sur sa chaise-longue, n'étant ni éveillée, ni endormie, bâillant et s'ennuyant, a dû à une puce la fin de cet état apathique, et un exercice, qui, en facilitant la circulation du sang, a ramené sur ses joues décolorées l'incarnat de la santé. Elle est seule; elle s'approche d'une glace; elle se sourit à elle-même, et elle rend grace au petit animal qu'elle maudissait quelques minutes auparavant.

« Que de gens épais et lourds, incapables d'agir et même de penser, qui ne sont que des machines à manger et à digérer, et dont la vie entière n'est qu'une longue léthargie! Glissez-leur quelques puces, et vous leur rendrez l'usage de leurs membres; vous ranimerez l'activité de leur imagination.

« La Gascogne est pauvre. Les puces, par conséquent, y sont abondantes; et quel pays fournit autant d'hommes pleins de saillies et de vivacité?

« Le chien, dit-on, est ami de l'homme. Détrompez-vous, mesdames. Le chien est un fourbe qui cache, sous des apparences d'affection, l'égoïsme le plus prononcé. Il ne s'attache à un maître que pour lui enlever la dernière de ses puces, et perpétuer sa santé aux dépens de la sienne. En effet, le chien parvient à l'extrême vieillesse, sans maladies et sans infirmités.

« Je n'ai parlé jusqu'à présent que des qualités physiques de mon petit insecte. Qu'il me soit permis de dire quelque chose de son moral, de son penchant à obliger. L'orgueilleux ver luisant croit remplacer le soleil; la présomptueuse fourmi ose se creuser des retraites et y établir des magasins que dévastent bientôt le pas de l'homme et l'avidité de la perdrix; le papillon semble ne se reposer sur les fleurs que pour nous faire admirer les couleurs brillantes et variées de ses ailes; la puce cherche l'obscurité. Le lieu le plus secret est celui où elle établit sa résidence. Là elle attend avec modestie que celui qui *donne la pâture aux petits des oiseaux* lui envoie de quoi se nourrir. Enfin elle cache sa vie et ses bienfaits, exemple précieux et bien mal suivi par le grand, l'ambitieux, la coquette, le général d'armée, le tambour, le trompette, et tant d'autres individus dont les noms pourraient grossir cette liste, et dont je vous fais grace.

« J'ai avancé que la puce est obligeante. J'ajouterai qu'elle montre quelquefois, dans sa manière d'obliger, une intelligence rare. Perrine a quinze ans. Elle est jolie, et ne s'en doute pas. Elle est sage, et elle n'en est pas plus vaine. Le jeune Paul l'aime éperdûment. Elle est modeste; il est timide.

Ils se promènent dans la prairie; la main de Paul est dans celle de Perrine; ils ne se parlent pas : que diraient-ils qui peigne ce qu'ils éprouvent? Paul a l'idée vague d'un prix auquel il n'ose prétendre; il tremblerait d'attirer sur lui le courroux de Perrine... Une puce, l'amour peut-être qui en a pris la figure, pique vivement la pastourelle. Un mouvement prompt et involontaire suit la piqûre, le double fichu s'entr'ouvre, et Paul emporte souvenir et bonheur pour le reste de la journée.

« Cet insecte charmant n'est-il pas aussi quelquefois utile aux amans qui habitent des lambris dorés? La beauté confiante repose avec sécurité entre des voiles que la Frise a tissus. Elle est bercée par des songes voluptueux. Elle rêve l'amant discret qui attend à la porte le moment de se présenter. Une puce obligeante entend les soupirs du jeune homme; elle voit son impatience; elle se glisse, la beauté s'éveille; les voiles s'agitent,... et il y a un trou à la serrure.

« Je ne crois pas, mesdames, qu'il vous reste maintenant le moindre doute sur les graces extérieures du petit animal à qui vous avez emprunté quelque chose des vôtres. Sans doute, vous avez été quelquefois témoins de sa prodigieuse agilité; vous êtes convaincues qu'il est réellement le médecin de la nature, le seul qu'on doive employer. Je vous ai peut-être appris qu'il peut rendre aux amours des services signalés... Et la discrétion, mesdames, la discrétion! Vous conviendrez qu'à cet égard encore, la puce est bien supérieure à l'homme. Quel autre animal pourriez-vous donc lui comparer! Rappelez-la près de vous, je vous en supplie; et surtout, veuillez accueillir avec indulgence le badinage d'un compagnon d'infortunes qui n'a eu d'autre but que de vous faire oublier un moment vos très-petits malheurs. »

CHAPITRE XI.

On arrive enfin à Pithiviers.

L'improvisateur avait cessé de parler. Il s'inclina vers son auditoire, en lui adressant un sourire plein de modestie. On croit communément que cela veut dire : Je vous remercie de la complaisance avec laquelle vous m'avez écouté. Ce n'est là que le prétexte du modeste sourire, et les gens d'une certaine classe ne s'y trompent pas. L'orateur ou l'auteur sollicite réellement le prix de la satisfaction qu'on a nécessairement eue à l'entendre, et des applaudissemens unanimes et prolongés éclatèrent aussitôt. Madame Durand, étrangère aux usages du beau monde, s'imagina qu'on jouait à la main chaude, et elle accourut pour participer à ce jeu charmant. On lui dit de quoi il s'agissait, et elle ne comprit rien à l'explication. En revanche, elle s'entendait à merveille à élever des poulets et des dindons, et à

vendre, au marché de Pithiviers, sa volaille, ses
œufs et son beurre, ce qui était plus utile au
bien-être de sa famille que l'éloge de la puce, et
des trois autres *ordres mendians*.

Quand les auditeurs furent las d'applaudir, et
l'orateur de remercier, le marquis prit la parole.
« Ma foi, dit-il, quand on improvise ainsi, on
« doit écrire comme Jean-Jacques. La plupart de
« nos grands seigneurs, qui sont de l'académie,
« ne vous valent certainement pas, mon cher ba-
« ron. Je connais plusieurs académiciens à qui
« j'ai quelquefois donné à dîner ; je leur écrirai,
« et je veux, j'entends que vous figuriez dans le
« fauteuil académique. — Je ne sais pas trop,
« mon cher marquis, jusqu'à quel point ce fau-
« teuil-là est honorable aujourd'hui. Je vois là
« bien des gens qui ont l'air de s'y être glissés
« *incognito*. Ce qu'il y a de certain, c'est que je
« ne me permettrai pas de vouloir succéder aux
« grands hommes des siècles de Louis XIV et de
« Louis XV. Quand on n'a plus que des nains
« pour recruter une armée, il vaut mieux n'en
« pas avoir que d'en présenter une ridicule. Enfin,
« si j'avais la sotte ambition de prétendre au fau-
« teuil, je vous prierais très-fort, mon cher mar-
« quis, de ne pas vous mêler de cette affaire. »

M. Zéphire vint annoncer, fort à propos pour
rompre la conversation, que les chevaux étaient
mis. Durand n'était pas de ces hommes à qui on

offre de l'argent. Cependant le comte d'Orville crut devoir marquer la reconnaissance générale, autrement que par des remercîmens, qui ne sont plus que des lieux communs. Il protesta au bon fermier que si, plus tard, ses enfans avaient le goût du service, il les prendrait volontiers dans son régiment, et que, s'ils s'y conduisaient bien, il en ferait des maréchaux des logis. Durand répondit à cette offre magnifique, par un sourire un peu dédaigneux. On monta en voiture, on partit, et on arriva enfin à Pithiviers, sans me donner rien à ajouter au chapitre des accidens, ce dont je suis très-fâché. Cependant, comme je n'ai pas reçu de la nature le don d'inventer, il faut que je me renferme dans le cercle que m'a tracé l'inexorable vérité.

L'intelligent Ducroc savait ce qu'on doit au public et à soi-même. Il avait loué trois maisons contiguës, qui n'étaient ni spacieuses, ni élégamment décorées ; mais pourtant très-logeables. Comparées à la ferme de Durand, qu'on avait été trop heureux de trouver, elles pouvaient même passer pour de petits hôtels. Celui du milieu était réservé pour les dames. La moitié qui tenait à la maison destinée à d'Oliban, devait être habitée par madame de Verneuil ; ainsi la comtesse sera très-proche voisine de d'Orville. Pour l'utilité commune, on avait ouvert des portes de communication. Les logemens des chevaux, des voitures et des gens de l'écurie, étaient arrêtés dans un faubourg qui n'était guère éloigné que de cinquante pas du centre de la ville.

Les femmes de chambre de ces dames les attendaient depuis douze heures, au moins, et ne savaient que penser d'un retard si extraordinaire. Quand elles les virent descendre de la berline, en sabots, en bas de laine, en jupons de bure, la gorge et la tête enveloppées dans des serviettes, un rire inextinguible l'emporta sur le respect de commande auquel se soumettent les valets. « Apprenez, leur dit avec dignité la comtesse, « qu'en quelque état que nous paraissions devant « vous, vous devez toujours reconnaître vos maî- « tresses. » Rosette et Lisbé n'étaient pas persuadées de la vérité de cette maxime, et polichinelle ne leur paraissait pas aussi respectable que le comte de Tuffières. Mais la conservation de leurs places tenait à leur silence, et elles se hâtèrent de mettre ces dames en état de paraître.

Quelques grands airs que nous prenions avec nos gens, à quelque distance que nous les tenions de nous, ils trouvent toujours l'occasion de se rapprocher et de prendre quelque revanche. Ce sont nos juges les plus sévères, et un certain auteur a eu raison de dire, qu'il n'y a pas de grand homme pour son valet de chambre. Rosette et Lisbé, dégagées de leurs premiers soins auprès de ces dames, courent interroger sur leur travestissement, Ducroc, Zéphire, le cocher et les piqueurs.

Chacun des personnages qu'elles questionnent, raconte, comme il le peut, les aventures de la veille et de la nuit. Il les tronque, il les morcelle; il fait ce qu'on appelle un roman historique, genre d'ouvrage très en vogue alors, et extrêmement utile à ceux qui veulent oublier l'histoire. Il manque toujours quelque chose à des femmes d'un certain genre. On s'était mis au lit, après avoir fait honneur à un déjeuner succulent que Thérèse avait trouvé le moyen de faire servir à la minute, et on avait donné, pour le lever, des ordres qui ne souffraient pas de retard. Rosette et Lisbé brûlaient de raconter ce qu'elles venaient d'entendre, et elles coururent chez la marchande de modes de Pithiviers, qui vendait des chapeaux et des rubans que, depuis six mois, une dévote même n'aurait pas osé porter à Paris. Il n'est pas de si petite marchande de modes qui ne sache ce qu'elle doit d'égards à des femmes de chambre qui peuvent faire durer trois semaines ce qu'il dépend d'elles de chiffonner en trois jours. En conséquence, notre marchande fit passer Rosette et Lisbé dans ce qu'il lui plaisait d'appeler son salon, et qui lui servait à midi de salle à manger, et de chambre à coucher, à neuf heures du soir. La conversation s'engage facilement entre trois personnes qui ont une envie égale de parler, et les quolibets des filles suivantes, sur le compte de leurs maîtresses, ne finissaient pas. La petite demoiselle qui venait acheter une demi-aune de faveur rose pour mettre dans ses cheveux; la maman qui voulait faire présent d'un ruban de nuit ponceau à son mari, attrapaient, en passant, quelque chose de ce que racontaient Lisbé et Rosette.

C'est une terrible chose qu'une petite ville. Les gens qui y jouissent de quelque aisance n'y font rien, et, comme il faut user le temps, ils passent le leur à médire du prochain, et à imaginer des fables plus plaisantes les unes que les autres, plaisir très-économique sans doute. Dans les villes commerçantes, le négociant, qui, pendant les trois quarts de la journée s'est cassé la tête sur ses registres, se procure, le soir, les mêmes jouissances; à Paris même, on n'est pas tout-à-fait exempt de ces petits travers-là. Il faut qu'il y ait un attrait bien vif à dire du mal de ceux qu'on connaît, ou qu'on ne connaît pas, puisqu'on s'y livre aussi généralement. Quoi qu'il en soit, deux heures après l'arrivée de notre caravane à Pithiviers, on y disait partout que le colonel des chasseurs des Vosges et un capitaine de son régiment, avaient enlevé deux laitières de Rochefort. Il est tout simple que les maris avaient trouvé cette conduite très-déplacée, et qu'ils étaient venus, les armes à la main, réclamer leurs Hélènes. Un combat terrible avait eu lieu.

Le mari d'une des pastourelles avait perdu treize dents d'un coup de poignée de sabre; l'autre avait eu la peau du front et le bout du nez coupés. La maréchaussée était intervenue; six chasseurs, qui enlevaient aussi une fille d'auberge d'Étampes, s'étaient rangés à côté de leurs officiers. Alors, les coups de pistolets et de carabines plûrent de toutes parts, et le champ de bataille resta aux chasseurs des Vosges. Ils profitèrent du moment pour prendre la fuite à grande course de cheval. Mais, hélas! laitières, servante, officiers, chasseurs, tombèrent tous dans un fossé qu'ils n'eurent pas le temps d'éviter tant leur marche était rapide, et la pauvre fille d'auberge s'y noya.

Cette histoire était racontée avec tant de componction et d'un air si persuadé, qu'elle eut le cours le plus rapide et le plus brillant. L'autorité publique voulut d'abord se mêler de cette affaire; mais après une ample et mûre délibération, elle prononça que la force armée de Pithiviers ne pouvait arrêter deux officiers soutenus par un régiment de douze hommes, et qu'on instruirait des faits monseigneur le garde des sceaux.

Cependant les oisifs de Pithiviers, et ils composaient au moins la moitié des habitans de la ville, passaient et repassaient, sans relâche, sous les croisées de nos dames. Chacun était tourmenté de l'envie de voir ces dangereuses beautés, pour qui le sang avait coulé à flots. Sans doute les nymphes de la fable n'étaient, comparées à elles, que des roses flétries. Nos voyageurs étaient plongés encore dans un sommeil doux et profond. Tout à coup on voit arriver, clopin-clopant, un cheval boiteux qu'un palefrenier traînait par la bride. A côté, marchait un jeune homme de fort bonne mine, quoique assez mal vêtu. Aussitôt les romanciers historiques arrangent leur texte. Il est évident que le cheval a été blessé à la bataille de Rochefort, et que les deux hommes qui l'accompagnent, viennent arracher leurs moitiés des bras de leurs ravisseurs. La nouvelle vole de bouche en bouche. « Le sang va couler. Fermez « vos portes, vos boutiques, criait-on de toutes « parts. Fermez vos volets ; tenez-vous dans vos « chambres de derrière, si vous en avez. Si vous « n'en avez pas, descendez dans vos caves. »

En un moment les vingt-sept nouvellistes, fabulistes, alarmistes, qui battaient le pavé devant les maisons de d'Orville et de d'Oliban, se dispersent et vont veiller à leurs pénates. Un moment après il n'y a plus une porte ouverte dans la ville ; il semble qu'elle soit menacée d'un pillage général.

Mais quel est le beau jeune homme qui marche à côté du cheval boiteux ?... Cherchez... Vous ne le devinez pas ? Non ? Eh bien, je vais vous le dire.

Vingt fois le palefrenier avait été tenté de laisser sur la grande route le coursier du marquis. Semblable au coureur de la lanterne magique, le pauvre animal ne pouvait plus faire que quatorze lieues en quinze jours. La nuit approchait. Le palefrenier n'avait pas dîné, et il n'y avait pas d'apparence qu'il pût souper. « Ne pas dîner, « passe, disait-il ; mais marcher toute une nuit, « sans manger, ma foi, c'est trop fort. J'ai déja « l'estomac creux, comme l'étui d'une contre-« basse. Vas, maudit animal, vas où tu voudras ; « moi, je vais gagner le prochain cabaret. » A peine a-t-il proféré ces mots, que n'avait pas dictés un zèle fort ardent pour son maître, qu'un homme traverse le grand chemin et passe à côté de lui. Un petit seigneur n'eût pas regardé le palefrenier ; mais le passant reconnut en lui un être pétri du même limon, et il lui offrit ses services. « Écoutez, dit-il, quand son famélique « semblable lui eut fait part de sa position, je « suis sabotier de mon métier, et voilà ma hutte « là, adossée à ce petit bois. J'y vais souper et « dormir. Voulez-vous partager avec moi mon « pain noir et ma botte de paille ? » La proposition n'était pas à dédaigner, et Tourangeau se mit en marche. Il tirait le cheval après lui, et le sabotier le chassait avec une houssine qu'il venait d'arracher à un arbre voisin.

Pour tout homme bien organisé, le premier mouvement est à la bienfaisance ; le second appartient à la réflexion. « Ah çà, dit le sabotier, « êtes-vous un honnête homme ? — Mais... je m'en « pique. — C'est que j'ai une confidence à vous

« faire. — Parlez. — Il y a trois semaines ou un
« mois, j'ai recueilli dans ma cabane un joli gar-
« çon qui était bien plus embarrassé que vous,
« et aujourd'hui encore, il ne s'agit de rien moins
« que sa vie. — Diable! — Jurez-moi, par votre
« patron, que vous ne parlerez de ce jeune homme
« à qui que ce soit au monde. — J'en jure par
« saint André. — Et vous êtes sincère? — Si vous
« en doutez, apportez-moi ici un morceau de pain,
« et je passerai la nuit sur le revers de ce fossé.
« — Je suis content de vous, mon brave; pour-
« suivons notre route. »

On arrive à la cabane; on entre. « O ciel, c'est
« vous, Tourangeau! Pour Dieu, ne me livrez
« pas. — Vous livrer, M. Larose! Si je le voulais,
« je ne le pourrais pas. J'ai de grandes nouvelles
« à vous apprendre. — Oh, parlez, parlez, par
« grace. — Un moment. Promettez-moi, d'abord,
« de m'aider à ramener à mon maître ce chien de
« cheval, que je voudrais qu'il ait tout entier
« dans le ventre. — Je vous le promets, Touran-
« geau, et je le ferai avec un grand plaisir. Mais
« parlez, parlez donc. — Vous avez votre congé.
« — Est-il possible! — Dame Thérèse consent à
« votre mariage avec Julie. — Oh, mon Dieu...
« mon Dieu! je vous remercie. » Et Larose tombe
à genoux, et il fait dévotement sa prière, ce qui
ne peut jamais rien gâter.

Pendant qu'il prie, le sabotier conte à Tourangeau tout ce qui est arrivé à Larose depuis qu'il

est commensal de sa hutte. Comment il est parvenu à changer l'habit du roi contre des guenilles; comment il a appris le métier de sabotier qu'il exerce déja joliment; comment il n'a pu voir l'annonce des journaux, parce que le maître ne sait pas lire, et qu'ainsi il n'est pas abonné; comment il a écrit à son père, pour le tranquilliser sur son sort, mais sans lui donner son adresse, de peur que sa lettre tombât en de mauvaises mains.

C'est donc Larose, le véritable Larose, qui a passé de la mort à la vie, et qui vient d'entrer à Pithiviers, ivre de joie, brûlant d'impatience et d'amour. Mais, qu'a fait sa Julie depuis qu'elle est arrivée en cette ville? Elle s'est établie chez le père Firmin, le greffier du bailliage, vous savez bien... C'est là qu'elle lisait et relisait la lettre dont je viens de vous parler; qu'elle la mouillait de larmes amères. Nos sensations sont l'effet de nos organes, et elles s'usent avec eux. Le père Firmin ne pleurait plus; il se bornait à regretter que son fils ne vînt pas jouir de son bonheur. Mais l'âge ne peut rien sur le cœur d'une mère : il est toujours aimant et jeune, quand il s'occupe d'un enfant chéri. La mère Firmin pleurait avec Julie; elle l'appelait sa fille; elle la pressait contre son sein, et toutes deux étaient moins malheureuses.

CHAPITRE XII.

La noce.

C'est Larose! c'est Larose! s'écrie Ducroc. C'est Larose! répète Zéphire. Quoi, c'est Larose, dit Thérèse d'une voix altérée par la joie et la surprise. Et elle accourt, et son pied pose à faux, et elle s'est donné une entorse, et elle est tombée sur les volumineux coussins qu'elle a reçus de la nature, et elle ne cesse d'appeler Larose, et Larose arrive, et elle lui ouvre ses bras dodus, dans lesquels il ne se laisse presser qu'autant que les bienséances l'exigent.

Ces cris de joie ont pénétré jusqu'à la chambre à coucher du marquis. Il s'éveille en sursaut, il écoute, il entend : Larose, Larose, et toujours Larose. Il saute de son lit, il passe un simple caleçon, il arrive, et il reconnaît son protégé. Il s'informe des particularités de son retour : il ouvre la porte de communication... Vous la connaissez. Il crie à son tour : « C'est Larose, mes-« dames, c'est Larose. Si je n'avais pas retenu le « cheval de la comtesse, je n'aurais pas estropié « le mien, et Larose ferait encore des sabots. « Suis-je encore l'officieux marquis, ce qui équi-« vaut presque à officieux maladroit? Sans doute, « j'ai été guidé par un heureux pressentiment qui

« va faire le bonheur d'une fille charmante et d'un
« joli garçon. »

Ces dames avaient le cœur excellent, je vous l'ai dit; mais la meilleure des femmes n'aime pas qu'on la surprenne au lit. Quand elle y attend une *visite*, elle se montre sous un appareil très-simple en apparence; mais dont il n'y a pas un pli que l'art n'ait formé. Ces dames jetèrent de grands cris, et se cachèrent sous leurs draps, en se plaignant beaucoup de la toilette dans laquelle se présentait le marquis. Le marquis convint que son costume n'était pas d'une décence achevée; mais il ajouta qu'il avait cédé au désir d'annoncer, sans délai, une heureuse nouvelle. Ces dames prétendirent qu'il n'est pas de circonstance qui puisse excuser l'oubli des convenances, et, en effet, à travers des yeux humides de joie, d'Oliban avait remarqué que nos jeunes beautés avaient trente ans au lit, quand elles s'y mettaient sans apprêt.

Elles font retirer le marquis, elles sonnent; on les habille; elles descendent au salon commun, où la société entière est bientôt réunie.

« En vérité, marquis, dit la comtesse, vous
« êtes né pour tout faire de travers. A-t-on jamais
« éveillé une femme en sursaut? Que pouvais-je
« penser de vos vociférations? Elles m'ont effrayée
« plus que je ne peux vous le dire. Je suis sûre
« que j'étais d'une pâleur extrême. Et moi, reprit
« madame de Verneuil, je n'avais pas une goutte

« de sang dans les veines. » Pendant que l'amour-propre inquiet cherche des échappatoires, Ducroc a couru chez le père Firmin, dont il a presque fallu enfoncer la porte. Il a annoncé la grande nouvelle à Julie; il l'a soulevée de sa chaise, sur laquelle la surprise, le ravissement la tenaient clouée. Il a passé son bras sous le sien, pour aider à ses jambes défaillantes; il l'a mise dans ceux de son amant. Le père et la mère Firmin arrivaient aussi vite que le leur permettait leur âge : ils se hâtaient lentement.

Thérèse proteste que, malgré son entorse, elle conduira son gendre à l'autel, dût-elle y aller à l'aide d'une béquille. Zéphire, très-versé dans les usages du beau monde, prétend que l'honneur de conduire les mariés doit être déféré à monsieur le marquis, et à madame la comtesse. Thérèse déclare qu'elle ne cédera rien de ses droits, et que, dans cette circonstance, tous les marquis de l'univers ne valent pas une mère. Zéphire insiste, et je ne sais jusqu'où la conversation aurait été poussée, si d'Oliban ne fût venu séparer les interlocuteurs. « Cours à la poste, dit-il à Zéphire,
« prends un cheval, et crèves-en deux, s'il le
« faut. Vole à Orléans; présente-toi à l'officialité;
« lèves-y une dispense de bans pour les futurs,
« dont voilà les noms; paie, puisque tout se vend
« là, et reviens. Père Firmin, c'est aujourd'hui
« samedi. Allez trouver votre curé, et arrangez

« tout pour que le mariage se fasse lundi : je ne
« veux pas de retard. »

Que fera-t-on en attendant le dîner? Un amour de six mois désire déja d'assez longs momens de repos. Il est bien autrement apathique, quand il dure depuis un an ou deux. L'amour-propre, qu'on dit être son frère, ne s'affaiblit pas en vieillissant : *Vires acquirit eundo*. Ces dames grillaient de se montrer avec avantage dans Pithiviers; d'Orville et d'Oliban ne se prononçaient pas; mais ils étaient intérieurement de l'avis de ces dames. Vercelle était de ces hommes qui ne proposent jamais une folie; mais qui s'y prêtent quand il le faut : c'est le moyen d'être bien avec tout le monde.

Maîtres, laquais, piqueurs, chevaux sont tous en grande tenue. Vingt personnes sortent des trois maisons, et montent à cheval. « Il est bien
« désagréable, dit la comtesse, de n'avoir per-
« sonne qui s'écrie : Ah, que ces dames sont bien!
« que la tournure de ces messieurs est élégante !
« Où sont les habitans de cette bourgade? Pas un
« être dans les rues; pas une porte ouverte! Ah,
« je sais ce que c'est, répond le marquis. Les ha-
« bitans sont allés probablement à la chasse au
« loup, dans la forêt de Sercotte. — Mais, les
« femmes ne chassent pas le loup. — Les habitans
« de Pithiviers sont jaloux, et quand ils s'absen-
« tent, ils mettent leurs femmes sous la clé. Je

« les aurai bientôt fait revenir; j'aurai bientôt fait
« ouvrir les portes. Vous avez raison, mesdames,
« il faut qu'on vous voie et qu'on vous admire :
« je le veux absolument. Marchez toujours; je
« vais vous rejoindre. »

Il court à l'hôtel-de-ville. Il n'y trouve qu'un vieux concierge, qui n'a pas osé s'enfermer, parce que son médecin lui a promis une attaque d'apoplexie dans la journée, et que dans cet état on a besoin de secours. Le marquis va, revient, tourne, retourne, arrive au beffroi, et se met à sonner le tocsin. Aussitôt les coups de marteau se font entendre de toutes parts. Ce n'est plus assez des verroux et des serrures; on cloue ses portes et ses volets. La cavalcade arrête; ceux qui la composent s'inquiètent; ils sont embarrassés et irrésolus. Vercelle prononce que le marquis a fait encore quelque étourderie. Il se rend à l'hôtel-de-ville, et il demande au concierge pourquoi on sonne le tocsin. Le concierge, à demi mort de vieillesse, d'infirmités et de peur, répond qu'il n'en sait rien. Le marquis, persuadé qu'il a répandu l'alarme à trois lieues à la ronde, descend, et aperçoit le baron. « Eh bien, mon ami, les
« portes s'ouvrent-elles ? — Au contraire, on les
« cloue. — En dehors? — Non, en dedans. Quel
« homme vous êtes ! A-t-on jamais imaginé de
« sonner le tocsin pour se faire voir aux habitans
« d'une ville ? »

Ceux des hameaux voisins, et des villages les

plus proches commençaient à arriver, armés de faux, de croissans et de pioches. Ils ne voient que deux dames à cheval, accompagnées de quelques messieurs, qui ne ressemblent pas à des perturbateurs du repos public. Ils leur demandent ce qu'il y a d'extraordinaire à Pithiviers. On leur répond qu'on ne le sait pas, et on passe, en commençant à réfléchir sur les sottises des vanités humaines. Cependant, le nombre des arrivans augmente à chaque minute. Nos dames commencent à trembler, et elles pensent que ce qu'elles peuvent faire de mieux, c'est d'aller aussi s'enfermer chez elles. Leurs cavaliers ne peuvent se dispenser de les conduire; on rentre, on ferme les portes. Les reproches, les remontrances tombent sans relâche sur le marquis, et il répondait à chaque mercuriale : « Vous vouliez être vues, « mesdames, et j'ai employé le moyen le plus sûr « de vous satisfaire. En effet, vous avez été admi- « rées par cent cinquante paysans au moins. »

Ces cent cinquante paysans allaient de rue en rue, et de porte en porte, criant sans cesse : « Tout « le monde est-il mort ici ? Pourquoi a-t-on sonné « le tocsin ? Que nous voulez-vous ? » On répondait à des clameurs, tellement générales, qu'on ne pouvait distinguer un mot, en enfonçant clou sur clou de tous les côtés.

Bientôt les rues s'emplirent au point, qu'il était impossible de circuler. L'homme dont le bonnet de laine allait tomber, et qui levait la main pour le retenir, ne pouvait plus ramener son bras; celui qui voulait se moucher ne pouvait porter son mouchoir au nez. Fort heureusement ces messieurs n'étaient pas en linge blanc, et ils ne portaient pas de jabot.

Le bon Vercelle, désolé de ce qui se passait, essaie encore de ramener la sécurité et l'ordre public. Il sort, et ne peut faire que quatre pas. Affligé de ce contre-temps, il lève ses grands yeux au ciel, et il aperçoit à une croisée d'en-haut un vieux chevalier de Saint-Louis, qui a aussi fermé sa porte; mais qui est accoudé entre deux paires de pistolets, et qui attend bravement le moment de défendre ses pénates, il ne sait encore contre qui. Le baron lui adresse la parole; la conversation s'engage. Vercelle apprend pourquoi on a condamné toutes les portes. Le vieux militaire sait comment on a sonné le tocsin. De grands éclats de rire suivent l'explication. Elle se répand de proche en proche; elle passe de bouche en bouche. On entre-bâille une porte ici, une autre là; le rire se communique comme le bâillement et toute autre chose. Bientôt toute la ville retentit d'éclats prolongés, et si violens, que dix des habitans se démettent la mâchoire. Les paysans s'imaginent qu'on s'est donné le mot pour se moquer d'eux. Ils entrent dans les maisons, et bientôt les maîtres ne savent plus où se placer chez eux. Ils répondent aux interpellations des paysans en leur riant au nez, et, pour calmer les mouvemens qu'excite un procédé aussi irrégulier, ils leur versent, d'une main, le vin du crû, en se tenant le côté de l'autre. Enfin, quand ce rire épidémique fut calmé, qu'on put s'entendre, et que quinze cents bouteilles de vin eurent été vidées, parce qu'il avait plu à un marquis de sonner le tocsin, la foule s'écoula peu à peu, et les oisifs reprirent le pavé, riches d'une mine inépuisable d'histoires et de conjectures. Si M. de Vitrac eût été là, il eût présenté à d'Oliban le mémoire du vin bu extraordinairement. Mais les habitans de Pithiviers sont hospitaliers et généreux; ils avaient ri, et ne s'occupaient plus de ce qu'il leur en avait coûté.

Cependant, se disaient-ils, quelles sont ces dames? Ce ne sont pas des laitières, à la bonne heure; mais il faut bien qu'elles soient quelque chose. Quel champ vaste et nouveau s'ouvre à l'imagination des habitans d'une petite ville! Quel malheur que la nuit et le besoin de souper les arrachent les uns aux autres! On se sépare, en se promettant bien de se réunir le lendemain.

Et le dimanche matin, on se disait : Si ces dames étaient les femmes de ces messieurs, bien certainement elles ne les auraient pas suivis ici : vous voyez qu'on connaît le cœur féminin en province. Ce sont nécessairement leurs maîtresses. Voilà ce qu'on avait dit de plus vrai dans toute la journée. Mais, de quelle classe sont-elles? Et puis, sont-elles jeunes? sont-elles jolies? ont-elles de la tournure, de l'esprit?

On ne pense pas à déjeuner, et la grand'messe a sonné. Ces dames ne sont pas d'une piété exemplaire; mais toute manière de représenter leur convient. Elles sortent, appuyées sur les bras de leurs amis, et Vercelle, qui est de toutes les parties, voltige de l'une à l'autre. Deux grands laquais, en livrée, ouvrent la marche. Ils portent avec appareil, chacun un énorme coussin de velours cramoisi, garni de crépines, de galons et de glands d'or. Deux autres valets marchaient derrière, portant un grand sac, semblable aux coussins, et dans lequel était une petite Journée du chrétien, reliée en maroquin et dorée sur tranche. C'est ainsi qu'une femme *comme il faut*, allait à la messe en ce temps-là.

On aurait pu monter en voiture pour se rendre à l'unique paroisse de la petite ville. Mais on a la jambe fine, le pied mignon, et on ne veut rien perdre de ses avantages. La berline, attelée de six chevaux élégamment enharnachés, suit le cortége à une distance respectueuse, parce qu'on peut vouloir se promener en sortant de l'office, et un cocher de six pieds de haut sur trois de large, aux moustaches noires, à l'immense chapeau bordé, commande sur la route la considération et presque le respect.

« Les avez-vous vus? — Qui? — Le colonel et

« ses dames. — Eh ! non. Ils viennent de passer
« en grande pompe. — Ah ! mon Dieu, où sont-ils ?
« — A la messe. — J'y vais. — J'y cours. — Nous y
« courons. » L'église s'encombre, comme l'ont été
les rues.

On ne portait pas alors de ces énormes chapeaux, sous lesquels on ne peut voir une femme qu'autant qu'elle se renverse la tête, de manière à se rompre une ou deux vertèbres. Ces dames étaient coiffées en cheveux, et les curieux les plus mal placés pouvaient au moins juger la chevelure et la chute des reins, ce qui est quelque chose. Nos belles avaient un œil à leur livre, et l'autre se portait, circulairement, de droite à gauche. Elles étaient l'objet de l'admiration générale; on vantait leurs charmes; leur modestie, qui déroutait les observateurs; leur piété, qui paraissait si naturelle ! Les femmes ne se trompent jamais sur l'effet qu'elles produisent, et ces dames jouissaient, dans toute l'acception du mot. Personne n'avait déjeuné à Pithiviers, et on ne s'apercevait pas que l'heure du dîner n'était pas éloignée.

J'ai déjà dit que, dans ce bas et pauvre monde, il n'est pas de félicité durable. Un homme, décoré du cordon rouge, entre dans l'église, et détourne sur lui l'admiration, exclusivement dirigée jusqu'alors sur ces dames. Il s'avance d'un air grave, et on se range respectueusement, pour lui faire place. Il aborde la comtesse.

« Madame, lui dit-il, je ne suis pas rigoriste,
« vous le savez; mais je n'entends pas que vous
« et moi soyons la fable du public. — J'espère,
« monsieur le comte, que vous n'allez pas faire
« une scène dans l'église. — Dans l'église, ni ail-
« leurs, madame; mais on peut causer partout.
« Voulez-vous bien me dire ce que vous êtes ve-
« nue faire à Pithiviers? — Monsieur, j'ai ici une
« filleule que j'aime beaucoup, et que je marie
« demain. Il convenait que je fisse les frais du
« trousseau, et j'ai été bien aise de venir à la
« noce. — N'était-il pas encore dans les conve-
« nances, madame, que j'en susse quelque chose?
« — Vous étiez à vos affaires ou à vos plaisirs; je
« ne savais où vous prendre, et je vous ai écrit
« un billet... — Que j'ai reçu douze heures après
« votre départ. — Ce n'est pas ma faute, mon-
« sieur. — Si vous aviez mis moins de précipitation
« dans vos démarches... — Je vous ai dit, mon-
« sieur, qu'on se marie demain, et je n'avais pas
« un moment à perdre. — Et, dites-moi, madame,
« votre amie est-elle la marraine du futur? — Non,
« monsieur; mais il n'est pas décent qu'une
« femme seule voyage avec des hommes, et j'ai
« prié madame de Verneuil de m'accompagner. —
« Vous avez trouvé là une excellente garantie. Et
« où logez-vous, madame? — Je me suis mise,
« avec mon amie, dans une très-petite maison... »
Ici la comtesse lance un coup d'œil significatif au
baron. « — Où vous êtes mal à votre aise; mais

« cela ne durera pas. Vous voudrez bien, après
« l'office, monter avec moi dans ma chaise de
« poste, et... — Pensez-vous à ce que vous dites,
« monsieur? J'ai ordonné les apprêts; mes invi-
« tations sont faites et acceptées. Voulez-vous vous
« donner ici la réputation de mari jaloux; m'o-
« bliger à manquer à ce qu'il y a de mieux en
« ville? — En vérité, madame, votre conduite est
« bien extraordinaire! — Vos procédés le sont bien
« davantage, monsieur. Croyez-vous qu'en vous
« épousant, j'aie voulu me mettre en curatelle?
« — Plus bas, madame : tout le monde a les yeux
« sur nous. — Chacun a son ton, monsieur ; voilà
« le mien. »

Que pouvait faire M. d'Orfeuil en pareille circonstance? Se taire, et c'est ce qu'il fit. Vercelle
avait tout entendu. Il sentait bien que lui seul
pouvait tirer la comtesse de ce mauvais pas. Cependant il est des choses dont un homme délicat
n'aime pas à se mêler. Mais pouvait-il laisser cette
dame dans l'embarras extrême où elle devait être,
quand il dépendait de lui de tout arranger?

Il lui fallait un prétexte pour sortir de l'église.
Un baron peut être sanguin comme un roturier;
le sang peut se faire jour à la messe comme ailleurs. Vercelle porte son mouchoir au nez, et se
retire. Il rencontre, au bas de l'église, Zéphire
qui balançait, nonchalamment, un gros bouquet
qu'il tenait à la main, et qui souriait agréablement à toutes les belles dont les yeux se tour-

naient de son côté. Le baron lui donne des ordres clairs, positifs et concis, et revient prendre sa place. Il parle à M. d'Orfeuil de la pluie et du beau temps, de la ville et de ses environs, de la guerre d'Amérique et de nos jeunes héros qui sont allés rejoindre les insurgés : il y a beaucoup à gagner, en faisant oublier à un homme qui a du caractère, qu'il a quelques raisons d'avoir de l'humeur. Les premières idées se reproduisent sans doute, mais toujours plus faiblement.

Zéphire aura-t-il le temps de faire tout ce que lui a ordonné le baron? La comtesse était à peu près rassurée par un signe de son nouveau confident. Cependant une grand'messe, quoique bien longue, finit, et celle-ci pouvait finir trop tôt. L'amour-propre est de tous les états, et il vint au secours de la comtesse. La nouvelle de la présence des illustres étrangers avait passé jusqu'à la sacristie. Monsieur le curé, homme très-respectable sous tous les rapports, avait pourtant, ainsi que je viens de le dire, son petit grain de vanité. Il avait trouvé, je ne sais où, un sermon inédit de Massillon, qu'il avait débité une fois déja avec un succès prodigieux. Il céda à la tentation de donner à ses nouveaux auditeurs une certaine idée de ses talens ; il monte en chaire... et voilà encore trois quarts d'heure de gagnés.

On sort. Madame d'Orfeuil prend amicalement le bras de son mari, et, confiante en sa fortune, elle le conduit chez elle. Le comte, qui a des prétentions à la finesse, parcourt toute la maison ; mais les portes de communication sont masquées par des commodes et des glaces qu'on s'est empressé d'y placer. Julie arrive, parée des dons du marquis, et fait de longs remercîmens à sa marraine. La marraine jette nonchalamment la vue sur la liste de ceux qu'elle a invités pour le lendemain, et trouve à côté de chaque nom : *accepté.* Zéphire a fait la leçon à Julie; il a couru la ville, et bien qu'une invitation doive être précédée d'une visite, personne n'avait refusé, parce qu'on grillait de voir ces dames de près, et de pouvoir juger leur esprit : on était connaisseur à Pithiviers.

Le comte savait intérieurement bon gré à sa femme d'avoir au moins respecté les bienséances, et de se donner la peine de le tromper avec de certaines formes; mais il ne voulait point passer dans son esprit pour un imbécile, et il lui dit : « Vous avez bien envie, madame, que je me prête « à tout ceci; mais pour que je ne fasse pas de « gaucheries, dites-moi si c'est à dîner ou à sou- « per que vous donnez demain. — Voyez ma liste, « monsieur », balbutie la dame. Le bourreau l'avait vue, et il s'écria : « Il est bien extraordinaire « que vous vous souveniez d'avoir été marraine il « y a seize ans; que vous ayez pensé à faire des « présens de noces, et que vous ayez oublié ce que « vous avez écrit ce matin. — Oh! je suis très- « distraite, monsieur. — Distraite au point que

« vous ne savez plus que la liste n'indique que des
« noms. Il serait très-maladroit que je prisse des
« informations sur ce que je dois savoir mainte-
« nant comme vous. Faites-moi le plaisir, madame,
« d'interroger votre confident, et que j'apprenne
« au moins quel est le repas que j'aurai l'honneur
« de partager avec vous. »

La comtesse était trop troublée pour avoir pu remarquer certain air d'ironie, qui perçait malgré les efforts de son mari. Elle prend au sérieux ce qu'il vient de lui dire; elle lui passe les bras au cou, le presse contre son cœur, et lui jure, de la meilleure foi du monde, qu'elle ne veut plus vivre que pour lui. « Vous allez me prouver, ma-
« dame, la vérité de cette assertion. J'ai été bien
« aise de vous apprendre qu'on ne me trompe que
« quand je veux bien l'être. Laissons de côté les
« niaiseries que vous m'avez dites, et suivez-moi. »
Il lui présente la main; la comtesse se laisse conduire. Le valet de chambre de d'Orfeuil fait moins de bruit que Zéphire; mais il est aussi exact. La chaise de poste est là, et la comtesse recule en la voyant. « Mais mon dîner, monsieur... — Ou votre
« souper, madame. — Mais vingt invitations... —
« Sont-elles plus à respecter que celle de l'homme
« pour qui vous voulez vivre désormais? » Et il tient, il serre la main de la comtesse; il emploie la force, de l'air le plus riant, pour la faire monter en voiture, et il crie à Lisbé : « Faites les

« malles, et revenez demain à l'hôtel. » Le postillon fouette ; on est parti.

Du moment où le comte d'Orfeuil était entré à l'église, d'Orville avait prévu une scène ; mais il sentait combien il serait déplacé qu'il intervînt dans cette affaire. Il s'était borné à s'enfermer chez lui, et, l'oreille fixée contre la porte de communication, il n'avait pas perdu un mot de ce que s'étaient dit la comtesse et son mari. Il prévoit qu'on va lui enlever, avec la dame, l'espoir d'être maréchal de camp dans quelques années ; il descend, incertain, irrésolu... Il était déjà trop tard.

Il entre chez le marquis, où il trouve le baron. Il répète ce qu'il a entendu, et il exprime de vives craintes sur le calme apparent de d'Orfeuil. « Voilà
« la première fois, dit Vercelle, qu'il m'arrive de
« faire l'officieux dans une circonstance délicate ;
« mais je suis corrigé, et pour toute ma vie. Et
« moi aussi, s'écrie d'Oliban. » Il sort, il court à la poste ; il se fait seller un bidet ; il prend les premières bottes fortes qu'il trouve à l'écurie ; il monte à cheval, il part ; il joint la chaise de poste à une lieue de la ville ; il fait arrêter le postillon.

« Mille pardons, monsieur le comte, si je me
« permets de suspendre votre course ; mais il y a
« ici du malentendu, et il est bon de s'expliquer.
« Madame n'est pas la marraine de Julie ; c'est moi
« qui ai payé les présens de noces, et qui donne
« demain à souper, et, entre nous, monsieur le

« comte, ce serait madame, que soixante louis de
« plus ou de moins ne valent pas l'humeur que
« vous marquez à toute notre société. Ne la dé-
« pouillez pas de son plus bel ornement, et rétro-
« gradez, je vous en prie. — Avez-vous fini, mon-
« sieur le marquis? — Oui, monsieur le comte. —
« Fouette, postillon. »

Voilà un homme bien extraordinaire, pensait
d'Oliban! Je lui fais des avances amicales; je veux
rétablir la paix entre sa femme et lui, et il me
laisse là, au milieu de la grande route, sans dai-
gner me répondre un mot. Oh, quel vice que la
parcimonie! Je n'en croyais pas le comte atteint.

Et le comte disait à sa femme : « Peut-être, cette
« fois encore, aurais-je pu fermer les yeux sur vos
« écarts. Mais l'histoire que vous m'avez faite est
« connue d'un fou, qui ne manquera pas de la
« publier, et je reviens irrévocablement au parti
« que j'avais pris d'abord. — Et quel est-il, mon-
« sieur? — Il y a dans Paris un grand personnage
« qui ne vous refuse rien. J'en connais un autre
« qui m'accorde tout ce que je lui demande de
« raisonnable, et que je ne paie pas aussi cher
« que vous le vôtre. J'ai ici, dans ma poche, un
« ordre sur lequel vous serez reçue dans le cou-
« vent où je vous conduis. — M'enfermer, mon-
« sieur! — Quand on abuse de sa liberté, madame,
« on ne doit pas la conserver. » La comtesse cria,
pleura, promit, menaça. « Depuis que j'ai cessé
« de vous estimer, madame, j'ai repris sur moi

« l'empire qui convient à un homme raisonnable,
« et toutes les scènes possibles ne changeront rien
« à ma résolution. »

Ah! par exemple, je crois que voilà de la morale, et qui est marquée au meilleur coin.

Pendant que la comtesse courait, ventre à terre, à son couvent, le marquis, étonné et pensif, revenait à Pithiviers. Il ne s'attendait pas à la scène nouvelle qui s'y préparait.

Madame de Verneuil, confondue, terrifiée de l'enlèvement de la comtesse, n'avait plus un moment de repos. « Le comte d'Orfeuil, disait-elle, « est un homme abominable. Son exemple entraî- « nera tous les maris de la capitale, et pas une « femme *sensible* n'y sera en sûreté. M. de Ver- « neuil est un bon homme que je mène par le « nez. Mais il ne faut qu'un homme *à système* pour « lui monter la tête, et je veux éviter ce coup-là. « D'ailleurs, je ne peux rester seule ici, au milieu « de vous trois. Faites mettre des chevaux de poste « à la berline; je veux partir à l'instant, à la mi- « nute, à la seconde. »

Quand d'Oliban descendit de cheval, Rosette avait refait les malles; on les attachait derrière la voiture, et les chevaux étaient mis. Il combattit la résolution de son amie, autant que son amour usé put le lui permettre. La dame, qui ne voyait que grilles et verrous, ne s'attacha que pour la forme à ce que le marquis lui disait; elle répondit gauchement, froidement, et elle partit, ne formant qu'un vœu, celui de n'être pas arrêtée au retour par une série d'événemens semblables à ceux qui l'avaient désolée sur la route de Paris à Pithiviers.

D'Orville et le marquis se regardaient d'un air qu'ils cherchaient à rendre dolent. C'est ainsi qu'une veuve paraît regretter son mari, et un mari sa femme. Intérieurement, le comte et d'Oliban n'étaient pas fâchés d'être séparés de leurs anciennes amies, sans qu'elles pussent leur faire le moindre reproche. Comme le veuvage est dur à supporter, quand on est jeune et qu'on a contracté certaines habitudes, ces messieurs, en faisant le semblant de se pincer les lèvres et de se mordre le bout des doigts, se jetaient à corps perdu dans l'avenir. D'Oliban s'occupait de mademoiselle d'Apremont, et des moyens de parvenir à un mariage agréable et avantageux. D'Orville pensait modestement que la fête du lendemain ne lui laisserait que l'embarras du choix.

« Ventrebleu ! s'écria-t-il tout à coup, toute la
« ville soupe ici demain, ces dames sont parties,
« et les invitations ont été faites en leur nom. —
« Au moins, dit le marquis, cette bévue-là ne
« sera pas mise sur mon compte. — Je ne la prends
« pas sur le mien, répliqua le baron. J'ai cru de-
« voir tirer la comtesse d'embarras ; maintenant
« elle ne doit plus rien avoir à espérer, ou à
« craindre, et les dames de la ville danseront avec

« nous, ou ne danseront pas, selon qu'elles le ju-
« geront à propos. »

D'Orville était d'avis qu'on dansât : la réunion des beautés de Pithiviers était nécessaire à ses projets. On se lie plus facilement à un bal qu'en dix visites, et les femmes, qui ont des projets, se gardent bien d'y être impénétrables. « Mes-
« sieurs, dit le colonel, je suis chef de corps, et
« c'est sur moi que tombera le blâme, si, en ar-
« rivant ici, nous commençons par manquer aux
« procédés les plus simples. Ces dames sont par-
« ties : elles ont eu, pour s'y décider, des raisons
« de la plus haute importance, à la bonne heure.
« Mais, j'ai encore le temps de faire des visites,
« et je veux aller partout. Je représenterai aux ri-
« goristes que toujours un commandant, quel qu'il
« soit, donne des fêtes, et que les dames les plus
« réservées ne font aucune difficulté de s'y trou-
« ver, même lorsqu'il n'est pas marié : la critique
« n'a rien à dire, quand les censeurs eux-mêmes
« partagent ou un plaisir innocent, ou une fai-
« blesse. Soyez tranquille, mon cher marquis; vos
« frais ne seront pas perdus, et votre bal vous
« fera un honneur infini. »

Le comte prend avec lui Zéphire, pour le gui-
der, et il va de porte en porte. Vous avez vu quelquefois l'effet d'une traînée de poudre lorsqu'on y applique la mèche : la nouvelle du dé-
part de ces dames s'était répandue avec la même

rapidité. « C'est affreux, disait-on ici ; on ne se « joue pas plus impertinemment d'une femme « comme il faut. Et moi, s'écriait-on plus loin, qui « ai acheté deux aunes de tulle, qui vont jaunir « dans ma commode ! Et ma guirlande de roses, « disait une jolie petite demoiselle, qui perdra sa « fraîcheur, avant que je puisse m'en servir ! » Ma belle enfant, celles dont la nature vous a parée doivent se flétrir aussi. Jouissez-en pendant qu'elles sont dans tout leur éclat : faites un heureux.

La marchande de modes était prête à s'arracher les cheveux : on venait de contre-mander trois robes de crêpe, et elle avait mis le ciseau dans l'étoffe, et il fallait payer six ouvrières qu'elle avait prises pour lui aider. Ah, qu'est-ce que la vie !

Les visites du colonel arrangèrent un peu les choses. Les demoiselles ne demandaient qu'à danser, et il leur était fort égal que les belles dames de Paris fussent au bal ou non. Ce n'était qu'elles que les mamans voulaient voir, et les hommes, qui savaient leur Pithiviers par cœur, étaient piqués de ne pas jouir de la vue de deux femmes qu'ils avaient jugées charmantes. Et puis, on ne trouve pas, tous les jours, l'occasion de danser avec une comtesse et l'épouse d'un fermier-général.

Cependant les mamans sont influencées par leurs filles ; les papas le sont par les mamans, et les jeunes gens par l'attrait du plaisir. Ainsi les excuses, bien ou mal faites, du colonel, furent admises partout, et chacun se disposa à déployer sa magnificence, pour faire honneur à l'union de Julie et de Larose Firmin.

Enfin ce jour tant attendu, si vivement désiré, jaillit du sein de l'éternité, pour me servir de l'expression du bon papa Mercier.

Julie gâta la nature en croyant l'embellir. Larose s'en aperçut ; mais son amie jouissait de sa parure, et il n'était pas capable de lui imposer une privation. Il se consolait, en pensant qu'il n'est pas d'usage qu'une mariée se couche avec une fraise plissée, un diadème de dentelle, un collier, des bracelets, des boucles d'oreilles et des bagues.

Thérèse était la seule femme de la ville qui se félicitât sincèrement du départ de ces dames ; toujours décidée à maintenir ses droits, elle était dispensée d'un combat, dont l'issue aurait été incertaine. Elle s'était fait faire une béquille de bois de merisier, dont le dessus était garni de velours rose, parsemé, dans le pourtour, de clous dorés. Elle s'était exercée à marcher dans sa chambre, et à prendre des airs intéressans. Elle s'étudiait devant une glace, et elle n'oubliait rien de ce qui lui était avantageux. Elle poussa la recherche jusqu'à essayer de sauter avec quelque grace, parce qu'il y a des ruisseaux à Pithiviers, point de fiacres, et que madame de Verneuil était partie dans la berline.

Les trois officiers, dont le régiment n'était que de douze hommes, ne crurent pas que l'uniforme fût encore de rigueur. Les broderies les plus élégantes et les plus riches furent tirées des garde-robes, et le père Firmin, qui n'était pas entêté comme Thérèse, pria le marquis d'ouvrir la marche avec sa jolie fille, qui n'avait plus que quelques heures à l'être.

Le cortège se met en marche. Les deux cent soixante-trois croisées de la ville sont garnies de spectateurs. Les dames n'ont pas eu la maladresse de s'y montrer en ajustement de bal. Il ne faut pas anticiper sur la surprise qu'auront ce soir monsieur le comte et ses officiers : d'ailleurs on n'est pas fâché de faire voir qu'on a une garde-robe un peu montée.

Le chemin de la maison à l'église était jonché de fleurs et de verdure. Les polissons qui les avaient été prendre dans la campagne, suivaient les gens de la noce, et demandaient un *pourboire*, comme une chose due. Les mendians s'étaient emparés des flancs, et faisaient entre eux un chœur lamentable. Thérèse répandait, en se rengorgeant, ses pièces de six liards à droite et à gauche. Larose donnait la petite pièce de six sous; le colonel et ses officiers lâchaient le petit écu; tout allait au mieux; chacun était content.

On était au bord d'un ruisseau, et Thérèse occupée, tantôt à distribuer ses aumônes, tantôt à reconnaître l'effet que la jolie figure du marié produisait sur les personnes qui étaient aux croisées, Thérèse voit le ruisseau au moment où elle y va mettre le pied dont elle peut se servir; elle se hâte d'avancer sa béquille; elle manque l'aplomb; sa jambe artificielle lui échappe; le pied malade porte à terre, Thérèse pousse un cri du diable; elle veut s'accrocher de ses deux mains au bras de Larose; elle est volumineuse, et Larose, qui ne s'attend pas à un tel surcroît de pesanteur, chancelle et cède à l'impulsion que lui a donnée sa belle-mère. Pauvre Thérèse! Une toilette, qui lui a coûté deux heures de soins et de recherches, n'est plus présentable. Les polissons et les mendians rient, et Thérèse, outrée, après avoir distribué des aumônes, distribue des coups de béquille à ceux qui l'approchent de trop près. La marche est suspendue. Thérèse jure qu'elle n'ira pas à l'église dans cet état épouvantable, et que sa fille ne se mariera pas qu'elle ne soit présente. Julie a la larme à l'œil; Larose ne sait à quel parti s'arrêter.

On était sous les croisées du président de l'élection. Madame la présidente était à une fenêtre, en peignoir du matin. Ce peignoir était garni, par le bas, d'une large dentelle, qu'une pauvre cuisinière, qui aurait bien voulu se coucher, avait passé la nuit à faufiler. Or, cette dentelle ne pouvait se voir de la rue. La présidente descend. Elle est à demi coiffée; un aimable désordre règne dans toute sa personne, et un pied très-passable est chaussé de la petite mule verte. Il y avait deux ans que le marquis de Bièvre avait dit à la reine, qui ce jour-là portait des souliers verts : *L'uni vert* est à vos pieds. Le mot était arrivé à Pithiviers depuis trois semaines, et toutes les dames à prétentions avaient adopté la chaussure verte.

Il y avait dans cette ville un maître de danse, qui avait été laquais de Vestris, et madame la présidente fut bien aise de donner une haute idée des talens de monsieur *le professeur*. Elle adressa, aux gens de la noce, trois révérences prises dans le menuet du ballet de Mirza, et elle offrit très-poliment à Thérèse d'entrer chez elle, et de choisir dans sa garde-robe ce qui lui conviendrait. Thérèse a la maladresse de prendre une proposition faite de bonne foi pour une ironie. « En « effet, dit-elle en ricanant, les robes de madame « m'iraient à merveille! Elle est longue, et je suis « courte; elle est maigre, et j'ai de l'embonpoint. « Sachez, madame, que j'ai des robes de reste, et « je ne demande qu'une demi-heure à monsieur « le marquis pour faire une toilette nouvelle. »

Le comte d'Orville adresse à madame la présidente des excuses très-bien tournées, sur l'impolitesse de la femme de charge : c'est à lui qu'il convient de prendre la parole; il a fait ses visites. Le bedeau arrive gravement, et dit plus gravement encore, que le célébrant est prêt depuis un quart d'heure, et qu'il s'impatienterait, s'il ne craignait de manquer à la dignité de son ministère. Thérèse répète qu'elle ne demande qu'une demi-heure ; mais qu'elle la veut absolument. Un capitaine de chasseurs n'a pas de raisons pour retenir ses mouvemens d'impatience, et d'Oliban s'écrie que les prétentions de la vieille sont ridicules ; qu'on se passera fort bien d'elle, et il ordonne à Larose d'offrir son bras à la mère Firmin. La mère Firmin, piquée intérieurement de la préférence que s'était arrogée Thérèse, s'approche et se colle au bras de son fils.

« Ah ! vous le prenez sur ce ton-là ! s'écrie
« Thérèse, rouge comme ses rubans ponceau ;
« vous allez voir... vous allez voir... vous verrez. »
On ne l'écoute pas ; la noce se remet en marche, et Julie commence à sourire.

« Quel dommage, disait le marquis au baron,
« que cette charmante fille ne fût pas mariée au-
« jourd'hui ! Avec quel abandon elle se livre aux
« mouvemens de son cœur ! Cette vieille Thérèse...
« Elle nous eût retenus là deux heures, et je
« vais servir Julie et Larose. Oh ! je ressemble à
« Alexandre, moi : je coupe le nœud, quand je ne
« peux le défaire. Jamais je ne suis embarrassé. »

On était placé ; la cérémonie était commencée ; le passionné Larose comptait, par approximation, les minutes qui devaient s'écouler encore avant que le prêtre prononçât l'imposant et si désiré *ego vos conjungo*. Je ne sais à quoi pensait Julie ; mais elle regardait Larose ; elle rougissait ; elle baissait les yeux ; elle les reportait sur l'ami de son cœur... Un homme fend la presse ; il entre dans le sanctuaire ; il remet au célébrant un papier, et se retire en saluant à droite, à gauche, et jusqu'à terre.

Le célébrant paraît interdit : il balbutie quelques mots, que personne n'entend ; enfin il élève la voix, et déclare qu'il ne peut unir ces jeunes gens.

On s'approche de lui, on l'interroge ; Julie chancelle et perd l'usage de ses sens. En revenant à elle, elle apprend que sa mère, entêtée comme dix Bretons, a été chez un huissier, et qu'elle vient de mettre opposition au mariage. « Ah, monsieur le marquis, dit la pauvre petite, « en sanglottant, que ne lui accordiez-vous la « demi-heure qu'elle vous demandait ! Oh, répète « le baron, je suis comme Alexandre, moi : je « coupe le nœud quand je ne peux le défaire. »

Et quel est le terme fixé par l'opposition ? Elle est illimitée, et elle annonce que le lendemain on fera connaître un empêchement *dirimant*.

Il faut s'en retourner ; il faut se séparer, pour être moins remarqué, et voilà encore une nouvelle pour les habitans de Pithiviers.

On rentre à l'hôtel, ou à la maison, comme il vous plaira l'appeler. Larose est au désespoir ; Julie est sans pouls et sans haleine : Thérèse a pris un costume nouveau, aussi riche que le premier, et elle regarde les *désappointés* d'un air triomphant; le marquis lui lance des regards de fureur.

« Je ne m'émeus pas de tout cela, dit Thérèse, « en sautant sur sa béquille. Bah! j'en ai vu bien « d'autres. Demain le mariage se fera; je condui- « rai mon gendre, et je ne tomberai pas dans le « ruisseau, parce qu'il y a des fiacres à Orléans, « et j'en ai envoyé chercher un. Demain, passe, « murmurait la petite. Ah! monsieur le marquis, « monsieur le marquis! »

Partout l'ordre est donné aux domestiques de se mettre en grande tenue. Ceux qui n'en ont pas, et c'est le plus grand nombre, enjoignent à leurs cuisinières de prendre à l'instant le bonnet et le tablier blancs. Des députations arrivent de toutes parts. On demande si la rupture du mariage entraîne ou non la suppression du bal. D'Orville se hâte de faire répondre que le mariage est remis au lendemain, et que la fête destinée à célébrer le jour consacrera la veille.

En conséquence, à six heures du soir, les personnages invités couvrent les rues de la ville. Il semblait qu'on fît à Pithiviers une procession générale. Le colonel et ses deux officiers n'avaient pas encore pris leur café, et il faut qu'ils s'imposent une privation, ou que les dames entrent dans la maison du milieu, sans y trouver personne pour les recevoir. Des chevaliers français sacrifient tout aux belles. Cependant, en quittant la table, le marquis murmurait : Est-on jamais venu au bal à six heures ! On dîne donc la veille dans ce pays-ci ?

Plaisanterie à part, l'assemblée offrait un coup d'œil très-intéressant. Il y avait là plusieurs femmes très-jolies, et personne n'était ridicule. Les mamans de province s'exécutent de bien meilleure grace que celles de Paris. Elles avouent hautement leurs cinquante, leurs soixante ans. Les vieilles de la capitale s'imaginent que se persuader qu'on est encore jeune, c'est le faire croire aux autres.

Le marquis présenta à la compagnie Julie, qui ne pleurait plus, depuis qu'elle savait que son bonheur n'était différé que d'un jour. Il ouvrit le bal avec elle. Le baron, tout à son amour pour sa Sophie, était avec tout le monde d'une grande politesse, et prenait peu de part aux plaisirs bruyans. D'Orville promenait, de belle en belle, un œil animé par le désir.

Vous n'avez pas oublié ce brave chevalier de Saint-Louis, qui, au milieu de l'alarme générale, se disposait à défendre seul ses foyers. Il avait à conserver quelque chose de bien plus intéressant que des lares ou des pénates.

Il avait eu un extérieur séduisant, et il avait servi avec distinction. Les femmes aiment les jolis hommes, surtout quand ils sont braves ; c'est très-naturel, et monsieur le chevalier avait eu en bonnes fortunes de quoi faire dix réputations. L'attrait du plaisir ne l'empêchait pas de donner à son instruction des momens qui, n'en déplaise au beau sexe, n'étaient pas ceux qu'il employait le plus mal. Les hommes l'estimaient; c'est faire en deux mots son éloge. Mais il faut toujours payer un tribut à la faible humanité. Le chevalier avait vieilli sans s'en apercevoir; son imagination joignait le printemps à l'automne de sa vie, et il disait souvent que les femmes n'avaient plus de *sensibilité*. Il n'avait d'autre faiblesse que de se croire encore ce qu'il était il y avait trente ans, et une demoiselle fort jeune, fort jolie, fort éveillée le confirma dans la bonne opinion qu'il avait de lui-même; il l'épousa. C'est ainsi que finissent les vieux garçons. Ils ne réfléchissent pas que le chapitre des accidens, auquel, dans le bel âge, ils ont fourni tant d'articles, n'est pas encore clos, et que la loi du talion, qui n'est pas de *droit*, s'exerce partout de *fait*.

Pendant la bagarre, Vercelle avait causé un moment avec le chevalier. Il chercha à se lier avec un homme dont la physionomie prévenait; il trouva sa conversation amusante et sensée à la fois; il s'attacha à lui, et ne le quitta que lorsque le jour vint séparer les danseurs.

Sa petite femme promenait ses yeux charmans d'un officier à l'autre. Elle savait du mariage tout juste ce qu'il en faut pour soupçonner ce qu'il peut être. Une certaine émotion, qu'elle ne pouvait définir, l'agitait fréquemment, et semblait ne chercher qu'à croître. L'air sérieux du baron le lui fit prendre pour un philosophe. D'Oliban, allant de belle en belle, et ne s'arrêtant à aucune, lui rappela le papillon; les regards soutenus et passionnés de d'Orville fixèrent enfin son attention. Pauvre chevalier!

Vous savez que la nature s'est plu à combler notre colonel de ses dons, et vous connaissez ses projets. Agathe fit sur lui l'impression qu'il produisait sur elle. L'aimable enfant ne pouvait se rendre compte de ce qu'elle éprouvait; d'Orville avait de l'expérience, et il était pénétrant. Il danse souvent avec Agathe; il hasarde de ces mots, que l'innocence n'entend pas précisément; mais qu'elle cherche à interpréter, quand l'homme qui les lui adresse a le bonheur de plaire. D'Orville pressait tendrement une main, qui ne répondait pas encore; mais qu'on ne pensait pas à retirer. Il prévit facilement ce qu'il pouvait arriver, et lorsque les personnes invitées furent assises autour d'une table, que couvrait un superbe ambigu, il se leva et dit : « Mesdames et mes« sieurs, le marquis, mon camarade, célèbre au« jourd'hui la veille du mariage; permettez-moi « de fêter le jour, et veuillez embellir cette soi« rée de votre présence. »

Deux bals de suite! Voilà qui est embarrassant. La robe qu'on a mise pour celui-ci a perdu sa fraîcheur, et on n'a pas deux costumes de fête. On changera bien la guirlande de fleurs qui en orne le bas, et le ruban qui l'accompagne. Mais, la robe... la robe?... Hé bien, on la nettoiera, on l'empèsera, on la repassera, et elle ira. Après ces réflexions sommaires, l'invitation est généralement acceptée.

Julie n'a eu que deux heures à donner au sommeil, et elle les a usées à penser. Insomnie d'amour est si douce, que la petite, en se levant, ne regrettait pas les douceurs du repos. « Maman, « disait-elle en se parant, est-ce bien aujourd'hui « que je me marierai? Prenez garde, disait Ver- « celle au marquis, qu'il se présente encore ce « matin un nœud gordien; gardez-vous surtout « de le couper. »

Le fiacre qu'on a été chercher à Orléans est à la porte. Le beau Larose regarde Thérèse et le marquis d'un air suppliant. Il leur dit de ses grands yeux pleins d'amour : Plus de délais, je vous en conjure. Thérèse lui répond en s'appuyant sur son bras; elle descend; elle monte en voiture; elle prend la place d'honneur; elle ne s'informe pas si on la suit ou non; elle arrive; les gens de la noce sont sur ses pas; la cérémonie commence; elle se termine enfin. Larose embrasse sa femme; il n'a plus rien à redouter.

Le marquis n'a pas trouvé la moindre occasion de nuire en voulant obliger. Cependant il a retardé ce mariage de vingt-quatre heures; il est cause que ce soir il y aura un bal encore, et combien un bal de plus avance certaines affaires!

Je ne sais pas trop ce qui arrivera au brave chevalier ; mais il est dans une position critique, et c'est d'Oliban qui l'y a mis.

Les mariés sont admis à l'honneur de dîner avec monsieur le comte, monsieur le marquis et monsieur le baron. « Nous aimons, disaient les « deux premiers, à nous rappeler quelquefois « l'égalité primitive. Ma foi, messieurs, leur ré- « pondit Vercelle, si un duc et pair ne trouvait « pas de rubanier pour frapper son cordon bleu, « de brodeuse pour faire son crachat, de tailleur « pour l'habiller, de cordonnier pour le chausser, « de lingère pour lui faire des chemises, il per- « drait beaucoup de sa dignité, et il serait très-aise « qu'un fort de la halle, si dans ce cas il pouvait « y en avoir, voulût bien le protéger. Estimons le « tiers - état, sans lequel nous ne serions rien ; « persuadons - nous bien qu'un gentilhomme ne « déroge qu'en vivant avec des fripons ou des « gens vicieux, et, malheureusement pour eux, « le vice et la friponnerie ne se dérobent pas à « mes yeux sous un habit brodé. »

Vraiment notre baron gagne à se faire connaître. Je ne lui croyais pas tant de raison. Il m'inspire un vif intérêt, et je désire qu'il épouse sa Sophie, en dépit de tous les marquis du monde. Je tâcherai d'arranger cette affaire-là.

Il y a dans Paris un amour de convention qui se loge dans la tête. Il la monte, il l'échauffe, et quand il a frappé l'imagination, il produit extérieurement les mêmes effets que lorsqu'il est dans le cœur. L'homme qui attaque, a des impatiences, des mouvemens brusques; sa conversation est sans suite; il porte involontairement les yeux sur l'objet qu'il désire, et ses regards ont une expression qu'il ne pense pas à modérer. Il suit tous les mouvemens de la beauté; il pénètre ses fantaisies; elle est obéie avant d'avoir parlé. La femme qui aime, mais qui se défend encore, est réservée; tout en elle est étudié; elle n'a qu'un objet: c'est de se rendre impénétrable. A-t-elle cédé? Le souvenir du bonheur, l'espoir de le voir renaître, l'importance du sacrifice qu'elle a fait, la crainte tardive de trouver un ingrat, tout l'émeut, tout l'agite, elle n'est plus maîtresse d'elle-même; elle se décèle à chaque instant. L'homme heureux se possède au contraire, parce qu'il n'a plus rien à espérer, à désirer, et un connaisseur, qui prend la peine d'observer, peut compter les couples amoureux qui se trouvent dans un salon, et décider où en est chaque intrigue.

D'après cet aperçu général, vous savez ce qui se passe au bal entre Agathe et d'Orville. Il se contraignait si peu, que les femmes les moins pénétrantes le jugèrent très-amoureux, et dans un cerveau féminin une idée en amène mille autres. On regardait alternativement le comte, la jeune dame, le bon chevalier, qu'on plaignait déjà sincèrement, et qui seul ne voyait rien, parce que le baron s'était encore emparé de lui. Oh, que ces dames étaient heureuses! Quelle découverte dans une petite ville! J'en connais une, où il n'est permis aux femmes de parler avec quelque abandon qu'à leurs proches parens. Reçoivent-elles deux fois de suite un homme qui leur est étranger? vite on en fait leur amant, quel que soit son âge. Mais leur conduite est irréprochable; mais cet homme a soixante ans; l'imputation est absurde; n'importe, il faut parler, et on parle avec un plaisir, une malice!... jusqu'à ce qu'un nouvel incident fasse oublier celui-ci.

D'Oliban, malgré son étourderie, s'était aussi aperçu de quelque chose, et dès-lors il n'avait point perdu de vue son colonel. En allant et venant, il lui adressait de ces mots qui ressemblent à de la finesse, et il l'éclaira sur le danger auquel il était exposé. Il trembla en pensant que le marquis pouvait l'avoir pénétré, et il changea aussitôt de conduite. Il s'éloigna d'Agathe, et parut s'attacher à une dame qui n'était ni grande ni petite, ni grasse ni maigre, ni laide ni jolie, ni sotte ni spirituelle; mais dont l'ensemble était assez passable pour qu'on pût lui sacrifier huit jours. Il pensait, avec quelque raison, que l'amour-propre d'Agathe le sauverait de la jalousie, et que, s'il avait fait naître le soupçon, il se partagerait et deviendrait incertain, irrésolu. Mais malgré lui ses yeux cherchaient Agathe, et il crut apercevoir dans les siens de l'humeur et de l'impatience. Il sortit, passa dans son cabinet, et écrivit un billet très-tendre, dans lequel il développait ses motifs. Il invitait la jeune et tendre Agathe à se défier surtout de la pénétration du marquis, qui pourtant n'en avait pas trop.

Il remit ce billet avec assez d'adresse, en dansant avec celle à qui il l'adressait. La simple, l'ingénue, la presque innocente Agathe aurait été fort embarrassée, si, dans ce bon temps-là, les femmes n'eussent porté des poches. Le billet échappa à tous les yeux, et vous prévoyez bien que la contre-danse terminée, Agathe eut besoin de sortir à son tour. Les recommandations de d'Orville, le motif de ses assiduités auprès de la dame que je viens de vous dépeindre, lui déplurent d'abord : ce billet aurait été passable, tout au plus, si elle avait dit : J'aime. Mais elle réfléchit que le moment était vraiment critique, qu'il était essentiel qu'elle connût le marquis, et qu'une chose, déplacée dans telle circonstance, est impérieusement commandée par telle autre. Agathe est ingénue, et cependant je commence à lui croire d'heureuses dispositions.

D'Orville savait qu'il est indispensable que l'amant de la femme soit bien avec le mari. En conséquence, il s'approcha du chevalier; il lui fit toutes les avances qui pouvaient flatter son amour-propre, et il n'en eût pas éprouvé le moindre mouvement, qu'il se fût laissé prendre aux marques de politesse, d'intérêt même qu'il recevait du colonel, homme de qualité.

Le marquis ne dansait plus; il observait, et rien ne lui était échappé que le billet. L'impassible sang-froid d'Agathe l'étonnait, le révoltait. Il est impossible, pensait-il, qu'elle aime ce mari-là, et elle a un cœur. Qu'en veut-elle faire, si elle le refuse à d'Orville ? Le donner à quelque avocat, quelque médecin, quelque marchand ! Mon colonel aurait pour rival heureux un petit citadin ! Oh, parbleu, j'y mettrai bon ordre. Mais ne précipitons rien; ne faisons pas de bévues; elles sont souvent difficiles à réparer.

Les jeunes mariés s'étaient retirés aussitôt que les bienséances le leur avaient permis. Quel lit que celui que l'amour a jonché de myrtes et de roses, dont il éloigne la cupidité, et la crainte du lendemain ! Quel bonheur que celui qu'on peut avouer sans rougir! Délire heureux, ivresse du cœur et de l'ame, pourquoi n'êtes-vous pas éternels !

CHAPITRE XIII.

Le régiment se forme.

D'Orville, se défiant plus que jamais du marquis, faisait le tour de la ville pour arriver chez le chevalier. Il multipliait ses visites, pour qu'on ne lui attribuât aucune vue particulière. Il rencontrait d'Oliban dans la société, et il affectait en sa présence des empressemens si peu naturels, qu'ils ne pouvaient pas même tromper la vanité de celle à qui ils s'adressaient. Il redevenait lui-même, quand il était auprès d'Agathe. Le chevalier aimait beaucoup le piquet ; le comte faisait sa partie ; il écartait ses *as*, et le marquis voyait tout cela. Il donnait fréquemment à dîner; il avait soin d'inviter plusieurs dames; ces petites fêtes paraissaient offertes à toutes ; mais les hommages secrets étaient pour Agathe; elle en jouissait, comme La Valière des fêtes brillantes que son roi ne donnait que pour elle.

Au reste, le comte tenait une maison montée, et on avait pour lui la plus parfaite estime. Le chevalier était enchanté de ses manières, et il lui répétait souvent qu'il regrettait de ne pouvoir lui rendre les jouissances qu'il procurait à sa femme. Sa femme se chargeait de cela.

Cependant, les recrues arrivaient. Il fallait organiser et instruire le régiment. D'Orville devenait réellement amoureux : il est si doux de faire faire le premier faux-pas à une femme! D'Orville aurait voulu donner tous ses momens à l'amour. Il sentait d'ailleurs son insuffisance; il était paresseux comme le sont tous ceux qui n'ont besoin de rien, et il joignait des qualités à quelques défauts. Il avait celle de se connaître en hommes, et il avait jugé Vercelle. Il demanda, et il obtint pour lui une commission de capitaine aide-major; il le chargea de tout, et se réserva le commandement des grandes manœuvres. Les arrivans ne savaient rien, et cet arrangement donnait au colonel trois ou quatre mois encore, qu'il comptait bien consacrer à l'amour.

L'œil scrutateur du marquis lui déplaisait infiniment. Il ne manquait pas de le dépeindre à chaque officier qui arrivait au régiment. « C'est le « meilleur homme du monde, disait-il; il est même « fort aimable, quand il veut s'en donner la peine; « mais il est curieux et toujours empressé de se mê- « ler d'affaires d'autrui. Si vous lui dites un mot des « vôtres, il vous fera tourner la tête. »

Rien de plus gauche encore que cet avis charitable. Si d'Oliban s'était mêlé des affaires de cinq à six de ses camarades, son attention ne se serait pas portée exclusivement sur Agathe et le colonel. Ces messieurs étaient réservés, et quelquefois même silencieux avec lui. Mais le marquis les traitait souvent, et on ne dîne pas sans dire un mot. Plusieurs de ces officiers étaient instruits, et servaient depuis long-temps. Ils amenaient toujours la conversation sur l'art militaire. Ce sujet avait le double avantage de les amuser, et de dérouter la curiosité.

Ce genre d'entretien ne convenait pas au marquis. Il voulait bien traiter splendidement; mais il prétendait qu'on l'amusât, et il n'entendait rien aux marches, aux contre-marches, aux attaques, aux retraites, dont on parlait sans cesse autour de lui. « Ma foi, messieurs, leur dit-il un jour, « j'ai étudié particulièrement l'attaque et la dé-

« fense des places; cet art-là en vaut bien un au-
« tre, et je ne serai pas aussi long que vous dans
« mes dissertations. Je viens au fait, et je termine
« en quatre mots. Regardez mon toupet, ce fer à
« cheval, que Zéphire crêpe si agréablement, ce
« fer à cheval est le fossé qui sépare la ville de la
« citadelle. La ville est prise; je fais apporter les
« fascines; je comble le fossé; je donne l'assaut à
« la citadelle; je m'en empare, et tout est fini.
« Allons, messieurs, parlons à présent de nos
« plaisirs, si nous en avons, et de nos affaires, si
« elles sont gaies. »

Les convives étaient étourdis de cette sortie. Ils se regardaient d'un air qui signifiait : se moque-t-il de nous avec son fer à cheval, ses fascines et sa citadelle? S'il parle sérieusement, quel camarade nous a-t-on donné là? C'est quelque nomination de femme. La comtesse avait aussi fait nommer le baron; il avait du mérite; mais elle ne le connaissait pas, et, n'eût-il pas su distinguer sa main droite de la gauche, il n'en eût pas moins été capitaine. Avis aux ministres nés et à naître.

D'Oliban voyait toujours avec dépit la feinte indifférence d'Agathe. Le comte était loin d'être malheureux; il avait instruit la jeune femme; il avait trouvé un élève docile et plein de dispositions. D'ailleurs, il ne la voyait ordinairement que chez elle, et les femmes qu'elle recevait ne pouvaient lui donner d'inquiétude. Elle était donc impassible, autant peut-être par tempérament que par calcul.

La prudence fait commettre des fautes comme l'imprévoyance. Si le comte eût moins redouté le marquis, il n'eût pas prévenu Agathe contre lui ; d'Oliban eût deviné le bonheur de son colonel, et il se fût tenu tranquille. Mais il ne concevait rien à la froideur marquée de la dame; il se confirmait, chaque jour, dans l'opinion qu'elle devait avoir une intrigue, et il jura de la découvrir, et de venger son colonel des dédains qu'il ne méritait pas.

En conséquence, il chargea Zéphire d'épier ceux qui allaient chez le chevalier, et de distinguer l'homme qu'il reconnaîtrait être le plus assidu. Pour se dissiper, en attendant le moment de la vengeance, il résolut de faire connaissance avec M. d'Apremont. Il fit mettre des chevaux à sa chaise de poste, et partit.

Vercelle se trouvait cloué à la garnison, et le plaisir d'être utile le dédommageait d'un travail soutenu et continuel. Cependant, en organisant en instruisant sa troupe, il s'occupait de Sophie; son image était gravée dans son cœur, et il agissait dans l'obscurité et le silence.

Madame Descourtils lui avait permis de la voir quand elle serait de retour au château d'Apremont. Il avait cru pouvoir, en arrivant à Pithiviers, la remercier par une lettre polie, animée et spirituelle, par une de ces lettres qu'une femme bien élevée peut recevoir, et auxquelles elle ne se dispense pas de répondre. Rien de relatif au projet de mariage, dans cette correspondance. Mais les expressions de la jeune veuve étaient faciles à entendre par un homme prévenu, et c'est ce qu'elle voulait. Le baron savait qu'il était toujours aimé, et qu'il n'était pas le seul que l'avenir tourmentât. On lui avait dit clairement qu'on était, depuis quinze jours, tourmenté d'un rhume affreux; que cette indisposition avait seule empêché ces dames de retourner au château; qu'on espérait se mettre en route sous peu de jours, et que mademoiselle d'Apremont se portait à merveille. Le baron prenait patience, et il commandait l'exercice, il dirigeait le manége, l'habillement, l'équipement des chevaux, en attendant le jour où il reverrait celle qui lui était plus chère que sa vie.

Le marquis avait déja fait quelques voyages à Apremont. Il avait cherché la généalogie du seigneur dans le dictionnaire de la noblesse, et il se l'était gravée dans la mémoire : il a prouvé qu'il en avait beaucoup, par la facilité avec laquelle il avait retenu la leçon de guerre de siéges que lui avait donnée Zéphire. Il cherchait, et trouvait assez adroitement, l'occasion de parler des d'Apremont, de leurs actions d'éclat, et il flattait singulièrement l'amour-propre du seigneur actuel, en se faisant raconter les affaires de la guerre de Corse, où il avait figuré. M. d'Apremont l'aurait jugé l'homme du monde le plus intéressant, s'il avait eu seulement dix quartiers de noblesse : il s'en fallait de quelque chose.

Il ne partait pas qu'on ne l'invitât à revenir promptement. Il buvait, assez faiblement, avec le seigneur ; il chassait avec lui, tant bien que mal ; mais il chantait, en second dessus, la chanson gaillarde ; M. d'Apremont ne s'apercevait plus de l'absence de sa fille. Il en parla un jour, cependant, et avec intérêt. Le marquis fit d'elle l'éloge le plus complet, et le papa lui demanda d'où il l'a connaissait.

D'Oliban rappela ce qu'il avait remarqué au bal chez la comtesse ; il s'exprima avec une chaleur factice, qui produisit cependant un grand effet. M. d'Apremont commença par froncer le sourcil, en pensant à l'inégalité des conditions. Cependant il réfléchit bientôt que cinquante mille écus de rente peuvent couvrir une tache ; qu'il serait agréable, pour lui, d'avoir un gendre qui sût par cœur l'histoire de sa famille, qui la respectât, qui d'ailleurs ne haïssait ni le vin ni la chasse, et qui chantait le couplet grivois. Il résolut de voir venir le marquis, et même de l'encourager, si cela devenait nécessaire.

Le marquis allait seul à Apremont, parce qu'il avait ordonné à Zéphire, qui n'en faisait rien, de surveiller la maison du chevalier. Ses démarches étaient ignorées à Pithiviers. Le comte était enchanté de ses absences ; le baron avait trop d'affaires pour remarquer quelque chose. Le sort semblait conjurer contre ce cher Vercelle.

On peut tout calculer, quand on a le cœur froid. D'Oliban s'apercevait de ses progrès sur l'esprit de M. d'Apremont, et, un jour, où il le trouva plus affectueux qu'à l'ordinaire, il hasarda de demander la main de Sophie. M. d'Apremont lui sourit : c'était répondre, et le marquis entra aussitôt dans le détail des avantages qu'il comptait faire à sa future épouse. D'abord il ne voulait pas de dot. Le papa avait soixante-dix ans, et la succession ne pouvait tarder à s'ouvrir. Mais la condition *sans dot* était entraînante, pour un vieux seigneur qui aimait la représentation, et qui pouvait marier sa fille sans rien diminuer de son train.

Le marquis assurait à Sophie cinquante mille livres de rente en douaire; il se chargeait du trousseau, de tous les frais, et les présens de noce devaient être magnifiques. Encore des présens de noces! Vous le voyez; je justifie mon second titre.

Quel père eût résisté à cela? « Ma fille est à « vous, dit le vieillard au marquis, en lui pres-« sant la main. Mettons-nous à table, et sablons « le vin du marché. »

Il est de règle, en pareil cas, que le futur, le moins attaché à sa prétendue, témoigne le plus vif empressement de la voir. D'Oliban s'exprima d'une manière assez naturelle; la physionomie

joua même un peu. « Ma nièce est très-enrhumée,
« lui dit M. d'Apremont. Cette indisposition re-
« tarde le départ de ces dames. Mais il n'y a pas
« d'obstacles pour moi. Je vais donner l'ordre à ma
« fille de revenir, et il faudra bien que sa cousine
« la suive. — Cela serait un peu dur. Chargez-moi
« d'une lettre, dans laquelle vous développerez
« vos vues, et le moment où je la remettrai à
« l'adorable Sophie sera le plus beau de ma vie.
« — Vous avez raison, mon gendre. Voilà ce qui
« concilie tout. »

Et M. d'Apremont écrit une longue lettre dans
laquelle le bon sens ne brillait pas trop ; mais
où l'on trouvait facilement la volonté d'un père
qui n'a pas l'habitude d'éprouver de la résistance.

D'Oliban retourne à sa garnison, étourdi de
l'excellent mariage qu'il va faire. Il donne un
souvenir à madame de Verneuil, à qui il le doit,
et il se promet de lui en marquer sa reconnaissance, à la première occasion qui s'en offrira.

Il comptait employer une partie du premier
jour à courir la poste, et le reste à se reposer ; la
matinée du lendemain à faire sa toilette et à lire
quelques lettres de Saint-Preux pour se monter
la tête ; l'après-dîner à faire sa cour ; la troisième
journée à acheter la corbeille, et à revenir à Pithiviers.

Il lui fallait un congé. Il cherche, il trouve son
colonel chez le chevalier. Il lui adresse sa demande ; elle lui est aussitôt accordée : il eût de-

mandé un mois, qu'il l'eût obtenu avec la même facilité.

La politesse ne lui permettait pas de se retirer, avant que de s'être assis : il se rend à l'invitation du chevalier. Madame faisait une *impériale* avec d'Orville. Du moment où le marquis se présenta, les yeux se turent; les pieds et les genoux devinrent immobiles : ceci était très-bien vu; mais Agathe poussa les choses trop loin. D'Orville abattit trois *impériales;* la jeune dame jeta les cartes au plafond, et se retira dans un coin, où elle eut l'air de bouder. Le comte alla lui porter des paroles de paix; elle y répondit, en lui donnant sur les doigts des coups d'éventail, si vivement appliqués, que le petit meuble vola en morceaux. Le chevalier intervint, et gronda sa femme, bien doucement. D'Oliban sortit furieux.

« Qu'est-ce donc, disait-il, que cette espèce de
« belle Arsène, qui traite mon colonel comme
« un autre Alcindor, parce qu'il est aussi sotte-
« ment patient que lui? Oh! il faut un charbon-
« nier à cette femme-là, et il s'en trouvera un.
« Zéphire? — Monsieur le marquis? — Rends-moi
« compte de ce que tu as observé à l'égard de
« ceux qui vont assidûment chez le chevalier. »
D'Oliban s'imagine que son valet de chambre s'est occupé de lui : il avait bien assez de ses propres affaires. Madame la présidente avait une femme de chambre très-jeune, très-jolie, très-innocente, et M. Zéphire s'était chargé de son éducation. Il

lui montrait à lire, à écrire, et à faire ses quatre règles. Les leçons étaient données dans une espèce de trou, qui s'appelait l'antichambre. Quoi de moins suspect qu'un jeune homme qu'on reçoit dans un réduit obscur, qui sans cesse est ouvert à tout le monde? Mais on était méthodique à Pithiviers; les visites ne s'y faisaient qu'à des heures convenues, et ce n'était pas celles-là que choisissait M. Zéphire pour s'ériger en professeur. Il voulait de l'attention, de la docilité; il fallait donc qu'il évitât tout ce qui pouvait distraire mademoiselle Augustine. Aussi elle fit des progrès si rapides, qu'en peu de jours elle en vint à la *multiplication*, et dès-lors elle fut aussi savante que son maître.

Vous sentez bien que le *professeur*, fatigué des leçons de la journée, aimait mieux s'aller coucher que de se mettre en vedette à la porte du chevalier. Cependant il fallait répondre quelque chose, et, avec certaines gens, il vaut mieux dire une balourdise que se taire : on prouve du moins qu'on a fait de son mieux.

« Monsieur, dit Zéphire, deux fois de suite j'ai
« vu entrer, à minuit, chez le chevalier, un
« homme... — A minuit! Oh, la petite prude! Et
« comment cet homme est-il fait? comment est-il
« mis? — Monsieur, il porte un grand chapeau
« rond, et il est enveloppé dans un manteau gris,
« ce qui fait que je n'ai pu juger sa figure et sa
« taille. — Mais, que présumes-tu qu'il puisse

« être? — Monsieur, il marche incliné, comme
« s'il cherchait des épingles, et il porte les mains
« en avant, comme s'il tenait, et qu'il voulût
« mettre en place... Enfin, monsieur, je conjec-
« ture que c'est un apothicaire! — Un apothicaire!
« Une femme de condition s'abaisser jusque-là!
« — Eh, monsieur, telle femme de condition
« peut être fille du cocher de son père, comme
« certaine femme de chambre peut être fille de
« qualité, sans le savoir. — M. Zéphire, vous ne
« croyez pas à la vertu des femmes. — Pas exces-
« sivement, monsieur le marquis; et vous? — Je
« crois que le faquin m'interroge. C'est assez;
« laissez-moi.

« Un apothicaire! un apothicaire! Oh, mon
« cher d'Orville, je vous vengerai de l'ignoble pré-
« férence qu'on lui donne sur vous. Petite bé-
« gueule! petite sotte!... Quelle heure est-il?...
« onze heures... Zéphire, Zéphire? — Monsieur,
« me voilà. — Enveloppe-toi dans une redingote,
« prends un gros bâton, et suis-moi. »

Le marquis se travestit lui-même, et accompagné de son écuyer, il va droit à la rue qu'habitait
le chevalier. L'auvent d'un marchand de drap
leur sert de retraite à tous deux, et ils attendent
l'amant fortuné. « Que voulez-vous, monsieur,
« que je fasse de ce gros bâton? dit Zéphire bien
« bas. — Tu le casseras sur le dos de l'insolent
« apothicaire. » S'il ne doit servir qu'à cela, pensait le valet de chambre, il rentrera vierge au
bûcher.

Pas du tout, un homme, droit comme un jonc, léger comme l'hirondelle, s'avance lestement et se dirige vers la maison du chevalier. « Vois-tu, « vois-tu, dit le marquis, comme l'apothicaire se « redresse ; c'est pour n'être pas reconnu. Avance, « et frappe au moment où il mettra la main sur « la porte, car il ne faut pas faire ici de *quiproquo*. « — Et, vous me répondez des suites, monsieur? « — Eh, sans doute. » Allons, pensait Zéphire, apothicaire ou autre, il y passera.

L'apothicaire, très-intéressé à bien voir, s'aperçoit qu'on l'observe, et il double le pas. Zéphire craint que le dos roturier ne lui échappe, et il court de toutes ses forces. Les rues de Pithiviers n'étaient pas très-bien tenues alors. Un pavé, sorti de son orbite, fait trébucher Zéphire ; il tombe ; son bâton échappe de sa main, et va frapper les jambes de l'apothicaire, qui se précipite sur la porte. Elle s'ouvre, et se referme à l'instant.

« Parbleu, s'écria Zéphire en se relevant, il est « fort désagréable pour moi de m'estropier, en « voulant bâtonner un homme, qui ne vous a pas « fait de mal, et que vous auriez bien dû laisser « agir à son gré. — Te tairas-tu, criard? — Eh, « monsieur, je voudrais vous voir crotté de la tête « aux pieds, et meurtri de tous les côtés, par- « dessus cela. Je n'oserai me montrer de huit « jours. — C'est bon, c'est bon... Monsieur le « chevalier, monsieur le chevalier... Est-il sourd ? « Monsieur le chevalier, monsieur le chevalier...

« Ah, mon Dieu ! il ne m'entend pas... Monsieur
« le chevalier, monsieur le chevalier ? — Eh bien,
« qu'est-ce ? — Comment vous portez-vous ? —
« Ah, c'est le marquis ! Eh ! qui diable vous pousse
« à venir vous informer de ma santé à minuit ? —
« Je viens de voir entrer chez vous un apothi-
« caire, et j'ai pensé que vous ou madame... —
« Un apothicaire !... Je crois que madame dort
« profondément ; je vais m'en assurer. »

Aussitôt on entend crier de l'intérieur : Au secours, au voleur, au voleur, au secours. « Je n'y
« comprends plus rien, dit le marquis à Zéphire.
« — Ni moi non plus, monsieur. — L'affaire se
« complique furieusement. Sans doute le cheva-
« lier rosse l'apothicaire, et peut-être sa femme ;
« voilà bien ce que je voulais. — En ce cas, mon-
« sieur, nous n'avons plus affaire ici ; retirons-
« nous, croyez-moi ; le dénoûment se fera bien
« sans nous. — Tu as raison ; viens, suis-moi. »

Mais, en effet, que se passe-t-il donc chez monsieur le chevalier ? Je crois que pour être clair,
il faut que je prenne les choses de plus haut.

Le comte était au mieux avec sa petite Agathe ;
mais il ne suffit pas de dire, j'aime, de se regarder d'une certaine manière, et de se caresser le
bout du pied, quand on a des témoins. D'Orville
avait un domestique assez adroit, qui, pour complaire à son maître, faisait sa cour à la cuisinière
du chevalier, laide, mais laide à faire fuir un
héros. La demoiselle avait cru ne devoir pas lais-

ser échapper la seule occasion qui se fût présentée, et peut-être la dernière qui dût s'offrir. En conséquence, Lafleur était admis clandestinement le soir, et, à minuit, lorsque sa compagne puisait de nouvelles forces dans les bras du sommeil, il se levait doucement, et allait ouvrir la porte de la rue. Lorsque Catherine ne dormait pas, le comte retournait chez lui, avec l'espoir du lendemain. D'après ces arrangemens, il semblait qu'on fût à l'abri de toute espèce de surprise, et qu'on pût jouir du présent avec une entière sécurité.

Aux cris que jetait le comte, qui avait reconnu la voix du marquis, le chevalier crut qu'une bande de voleurs s'était introduite chez lui. Il descend bravement en chemise, sa lampe de nuit dans une main, et son épée de l'autre. Il veut sauter les degrés de son escalier, aussi lestement qu'il courait, trente ans auparavant, sur les rochers pelés de l'île de Corse. Il fait un faux pas; la veilleuse roule sur les degrés et s'éteint, le chevalier reste où il est, et se met en garde. Le comte profite du moment, et s'échappe.

Le chevalier n'entendant plus rien, quitte sa position menaçante, rentre dans sa chambre, allume une bougie, et, la pointe de l'épée en avant, il commence une perquisition générale dans sa maison. Madame sait une partie des choses qui viennent de se passer; les incidens de la rue lui sont seuls étrangers. Elle est transie de peur, et elle joue le sommeil de manière à tromper le plus fin observateur. Le chevalier, enchanté que son repos n'ait pas été troublé, passe plus loin, et ne trouve partout que silence et solitude. Il ne sait que penser de ce qu'il a entendu, et il est bien certain d'avoir entendu quelque chose. Il arrive à la chambre de Catherine, qui ne savait pas jouer la comédie.

« Catherine, n'a-t-on pas crié au voleur? » Catherine est rassurée sur le sort de son cher Lafleur : il s'est évadé aussi au moment où la veilleuse s'est éteinte. Catherine, qui croit n'avoir plus rien à redouter, a retrouvé sa présence d'esprit, et répond, d'un ton ferme, qu'elle a tout entendu, mais qu'elle ne s'effraie pas aisément. Elle ajoute qu'un des voleurs est entré dans sa chambre, et s'est approché de son lit; mais qu'il a trouvé à qui parler. « Voyez-vous ces cheveux, « monsieur, les voyez-vous? » Elle tenait à la main une pincée de crin, qu'en fille prévoyante, elle avait arrachée du sommier de son lit, pendant le tumulte et dans l'obscurité.

« Mais, lui dit le chevalier, ce voleur-là est un « homme bien extraordinaire. Il a donc l'habitude « de courir les rues, sa culotte sous le bras? — Je « ne sais pas comment il court, monsieur. — La « vois-tu, cette culotte? la vois-tu? Allons, tu es « une misérable. Un garçon apothicaire, car un « maître ne descendrait pas jusqu'à toi, un garçon « apothicaire vient te rendre des visites nocturnes,

« et il faut qu'il soit fou pour avoir crié comme il
« l'a fait. Demain, mademoiselle, je rendrai compte
« de votre conduite à madame, et vous pouvez
« vous préparer à déloger dans les vingt-quatre
« heures. »

Pauvre Catherine! La réputation de ta maîtresse est en sûreté, et la tienne est perdue. Ce que c'est que la destinée!

CHAPITRE XIV.

Suite du précédent.

Le comte était rentré chez lui de fort mauvaise humeur. C'est un véritable fléau que j'ai dans mon régiment, pensait-il, et, pendant des années encore, je suis destiné à être sa victime. Oh! si madame d'Orfeuil n'était pas sous des grilles, je lui ferais avoir une majorité, pour m'en défaire... Mais où diable a-t-il été imaginer que c'était un apothicaire qui venait d'entrer chez le chevalier? Dès que j'ai reconnu sa maudite voix, j'ai crié au voleur; je n'avais que ce moyen-là de me tirer d'affaire. Le bâton, roulant dans mes jambes, autorisait une méprise; j'aurais dit au chevalier que j'étais tombé la tête sur sa porte; qu'elle avait cédé à la violence du coup; je me serais plaint, et Agathe se serait levée, pour m'appliquer une compresse sur une bosse que je n'ai pas... Ah, ah, ah! Le chevalier m'aurait conté l'escapade

nouvelle du marquis, et tout se serait arrangé...
A propos du marquis, « Lafleur, Lafleur? — Mon-
« sieur le comte, il n'est pas rentré. — Comment,
« ce drôle-là se permet de découcher! — Je ne
« sais, monsieur le comte... Ah, je crois qu'il
« rentre. — Lafleur, Lafleur?... Comment, drôle
« que vous êtes, vous vous permettez de paraître
« devant moi sans culotte. — Monsieur ne m'a pas
« donné le temps d'en prendre une. — Mais vous
« rentrez, faquin, et dans un état indécent. Qu'on
« me laisse avec lui; je veux éclaircir ce mystère.

« Eh bien, mon pauvre Lafleur, tu n'as donc
« pas eu le temps de prendre ta culotte. — Ma
« foi, monsieur, vous êtes fort heureux de n'avoir
« pas quitté la vôtre. — Mais, demain, ton aven-
« ture sera publiée. — Par qui? — Et parbleu, par
« tes camarades. Le chevalier, d'ailleurs, aura fait
« une visite générale dans sa maison... et si Cathe-
« rine n'a pas eu la prévoyance... — Oh! mon-
« sieur, elle n'a pu se douter que je laissasse,
« après moi, la partie essentielle de mon habille-
« ment. — Voilà une fille perdue de réputation.
« — Grace à votre capitaine. — Et on se moquera
« de toi, Lafleur. — Oh! monsieur, ce que l'usage
« permet aux femmes de montrer, n'est pas tou-
« jours ce qu'elles ont de plus beau. — Bien, très-
« bien, mon ami; voilà un texte excellent; c'est
« là-dessus qu'il faut établir ta défense. Au point
« du jour, tu iras dire à cet enragé marquis qu'il
« vienne me parler, avant que de partir pour

« Paris. Va te coucher; j'en vais faire autant, et
« nous verrons quelles seront les suites de cette
« aventure. »

En effet, le marquis se présente de très-bonne
heure chez le comte. « Mon colonel, je ne serais
« point parti sans avoir reçu vos ordres pour la
« capitale. Mais je suis bien aise de pouvoir me
« présenter avant l'heure fixée par l'étiquette; je
« vais vous raconter l'histoire de nuit la plus plai-
« sante... — C'est pour vous en parler que je vous
« ai mandé, monsieur. Comment, vous employez
« les nuits à épier ce que font les habitans de cette
« ville! Vous éveillez le chevalier à minuit, pour
« lui conter des fariboles, et compromettre son
« repos et celui de sa femme! — Vous l'aimez ten-
« drement, mon cher comte; elle vous traite avec
« dédain, et j'ai voulu... — La perdre pour me
« venger! Je veux aimer seul, monsieur; qu'avez-
« vous à dire à cela? De quel droit vous chargez-
« vous de ma vengeance? Ne deviez-vous pas au
« moins vous concerter avec moi? — Monsieur le
« comte, j'ai prévu que vous ne me diriez rien.
« — C'est que sans doute je n'avais rien à vous
« dire. Et vous rêvez que c'est un apothicaire qui
« est entré chez le chevalier; vous criez cela, de
« manière à être entendu de cent pas à la ronde.
« Peut-être tous les apothicaires de cette ville sont
« mariés, et vous les compromettez tous. Étourdi
« que vous êtes, je vais vous prouver que ce n'est
« pas un apothicaire qui est entré chez le cheva-

« lier ; et s'y fussent-ils tous rassemblés, vous n'a-
« vez certainement pas le droit de les bâtonner.
« — Comment, ce n'est pas un apothicaire !... Oh !
« contez-moi cela, mon colonel. — Un de mes
« gens est bien avec la cuisinière... — Elle est
« épouvantable. — Vous n'avez vu que sa figure,
« monsieur. Telle qu'elle est, elle lui convient, et
« l'algarade, que vous avez faite, a obligé ce
« pauvre diable à s'enfuir, sans avoir le temps de
« prendre sa culotte. — Oh ! voilà qui est plai-
« sant, très-plaisant. Cette culotte-là fera du bruit
« dans Pithiviers. — Pour finir, monsieur le mar-
« quis, je vous déclare très-sérieusement que, si
« vous provoquez quelque nouvelle scène, je vous
« mettrai pour trois mois aux arrêts. — Oh, colo-
« nel, trois mois d'arrêts pour vous avoir fait rire !
« — Je suis homme de parole, ne l'oubliez pas. »
Le marquis aurait pu répliquer au comte, qu'il
ne le prouvait point par ses quatre-vingt mille
francs, qu'il s'était solennellement engagé à rendre, et dont il n'avait pas encore payé un sou.
Le reproche était venu jusque sur ses lèvres ; mais,
en homme adroit, il s'était bien gardé de laisser
échapper un mot. C'est ainsi qu'on perd son argent ; mais on est dédommagé par la bienveillance
de l'homme de qui on dépend, et c'est quelque
chose. Le beau chapitre que celui des compen-
sations ! Le marquis fut prié de prendre des informations sur le sort actuel de la comtesse ; d'Orville le chargea de quelques autres commissions,

et s'applaudit d'avoir pu lui faire prendre si complètement le change sur les événemens de la nuit dernière.

Pendant qu'on déroutait d'Oliban d'un côté, une scène nouvelle se passait de l'autre. Le chevalier, toujours inquiet sur ce qui pouvait altérer la tranquillité apparente de madame, avait jugé à propos de passer le reste de la nuit *auprès* d'elle, ne pouvant faire mieux. Il lui raconta très-longuement ce qui venait d'arriver. Agathe soupira, en pensant qu'elle était obligée de renvoyer Catherine, qui lui avait rendu de grands services, sans le savoir. Le chevalier interpréta tout autrement ce soupir. « Vous avez raison, ma chère
« amie, d'être péniblement affectée d'une telle
« conduite. Mais, dès qu'il fera jour, nous pur-
« gerons notre maison d'une fille sans mœurs. »
Agathe soupira encore. Elle ne pouvait se refuser à certaine comparaison bien naturelle entre Catherine et elle. « Ne vous affligez pas, mon ange,
« je vous dis qu'elle sera chassée, chassée impi-
« toyablement. »

Le chevalier était à peine levé, qu'il quitta son bonnet de coton, prit sa perruque à la brigadière, s'enveloppa dans sa robe de chambre de damas jaune, se mit dans son grand fauteuil à oreillettes, fit placer Agathe à sa gauche, sur un siége plus modeste, et sonna.

Catherine comparut, d'un air assez décidé. Elle avait eu le temps de réfléchir qu'il faut une cuisinière à qui veut dîner un peu passablement, et que, par mille raisons, il peut y avoir tous les jours dix places vacantes chez les gourmets et autres. Le chevalier rapprocha ses sourcils épais, se fit une figure menaçante, et après s'être gratté l'oreille, il commença ainsi :

« Ma maison est sans doute la plus respectable
« que je connaisse, et vous l'avez polluée. » Une larme s'échappa des yeux d'Agathe. « Je vois avec
« plaisir, madame, combien vous êtes sensible à
« l'affront que vous et moi avons reçu. Mais cal-
« mez-vous; la punition sera aussi éclatante que
« l'offense; je vous l'ai déjà dit.

« Parlez, malheureuse, et sachons quel est l'in-
« solent qui ose s'introduire chez moi la nuit. —
« Eh, monsieur, c'est... c'est... c'est...—Finissons.
« Chez quel apothicaire avez-vous choisi le com-
« plice de vos désordres ? — Chez quel apothi-
« caire !... — Parlerez-vous ? — Mais, monsieur, je
« ne vous comprends pas. — Je vais me faire en-
« tendre. Allez chercher cette culotte qui dépose
« contre vous... Point de pitié, madame ; elle
« étouffe la justice, et celle que je vais rendre
« sera consignée dans les fastes de Pithiviers.

« —Eh bien, monsieur, la voilà, cette culotte.
« — A qui appartient-elle ? — A M. de Lafleur. —
« Qu'est-ce que ce Lafleur ? — Eh, monsieur, à
« quoi bon toutes ces questions ? Vous me ren-
« voyez ; je m'en vais, et tout doit être fini. —
« Si tu ne me fais connaître ton Lafleur, je por-

« terai plainte contre lui au procureur du roi.
« C'est quelque fripon, sans doute. — Le procu-
« reur du roi? — Non, coquine; mais bien La-
« fleur. — Lafleur, un fripon, monsieur! C'est un
« garçon honnête, et la preuve de cela, c'est qu'il
« est au service de M. le comte d'Orville. — Je
« vais parler à son maître, et le faire chasser. Pour
« vous, Catherine... — Eh, monsieur le chevalier,
« dit Agathe, Catherine nous sert bien. Elle a eu
« une faiblesse, très-répréhensible, sans doute;
« mais le mariage répare bien des choses; et si
« vous vous entendiez là-dessus avec monsieur le
« comte... — Corbleu, madame, je suis juste; mais
« je ne suis pas entêté. Je trouve excellent l'avis
« que vous venez de me donner, et je veux le
« transmettre à l'instant au colonel. Rentrez dans
« ma cuisine, et restez-y jusqu'à nouvel ordre. Si
« ce mariage se fait, je vous rendrai mon estime;
« en attendant, je fermerai tous les soirs la porte
« de la rue moi-même, et je mettrai la clé sous
« mon oreiller... Vous pâlissez, madame, qu'avez-
« vous? — Je ne sais... Certain mal de cœur...
« — Un mal de cœur... un mal de cœur, mon
« ange... C'est la première fois... Je n'osais plus
« me flatter... Oh! je dirai cela au comte, et il en
« sera enchanté... Cet homme-là nous aime beau-
« coup. Catherine, Catherine?... Mon habit mar-
« ron, ma veste de brocard, mes souliers de castor,
« et mes boucles à pierres. » Le chevalier s'habille
et sort.

Le comte s'étonne de le voir entrer chez lui si matin; il s'inquiète, il tremble pour Agathe; le chevalier le rassure en lui jetant les bras au cou. « Félicitez-moi, monsieur le comte; madame vient « d'avoir des maux de cœur... des maux de cœur! « Vous savez ce que cela signifie. — Recevez mon « compliment, monsieur le chevalier, et croyez « que j'ai joint mes vœux aux vôtres, pour qu'en- « fin vous ayez un héritier de votre nom et de « votre valeur. — J'aurais pris une heure plus con- « venable pour vous faire part de ma satisfaction, « si je n'étais amené chez vous pour vous confier « une affaire majeure, qui m'embarrasse, et que « vous pouvez arranger avec moi. — Croyez, mon « cher chevalier, que je ferai tout ce qui pourra « vous être agréable. — J'ai une cuisinière, mon- « sieur le comte, dont j'étais très-content, et dont « la laideur devait garantir la vertu. Pas du tout, « un enragé, un diable, un de vos domestiques, « un Lafleur s'est amouraché de cette laideron-là, « et j'ai la preuve palpable que Catherine l'a reçu « chez moi pendant la nuit. Je voulais la chasser, « monsieur le comte... — Et vous aviez raison, « monsieur le chevalier. — Prendre des mesures « certaines, pour empêcher pareille chose d'arri- « ver à l'avenir. — Lesquelles encore? — Fermer « moi-même ma porte tous les soirs, et mettre la « clé dans ma poche. — Hem? plaît-il? — Vous « n'avez pas entendu? — Pardonnez-moi, pardon- « nez-moi; la clé dans votre poche. — Mais ma-

« dame m'a fait judicieusement observer que le
« mariage couvrait tout... — Et alors il faudra bien
« que Lafleur ait la facilité d'aller trouver sa femme
« quand il aura fait son service. — Sans doute,
« sans doute. Vous sentez que j'ai adopté cette
« manière de voir : comment refuserais-je quelque
« chose à madame, qui a des maux de cœur... Je
« suis dans un ravissement, dans une ivresse!...
« Que je vous embrasse encore, mon cher comte.
« Ah çà, dites-moi, êtes-vous disposé à arranger
« ce mariage-là? — Mais je ne sais trop ce que je
« dois faire, chevalier. Lafleur est jeune, bien
« tourné; il a de l'intelligence, et il peut se pous-
« ser dans le monde. — Vous voulez donc que je
« congédie ma cuisinière? Madame a blâmé sa
« conduite, oh, oh! de la manière la plus posi-
« tive; mais je vois bien qu'elle tient à Catherine.
« Ne ferez-vous pas quelque chose pour mon Aga-
« the? — Je saisirai toujours avec empressement
« l'occasion de lui prouver mon dévouement res-
« pectueux; mais je ne sais si Lafleur consentira
« à se marier ici. Le drôle a de l'ambition... —
« Ah! nous le ferons consentir : il est amoureux,
« et je le mettrai à la diète, ah, ah, ah! La clé
« dans ma poche jusqu'à ce que le mariage soit
« fait, et Catherine gardée à vue pendant la jour-
« née, ah, ah, ah! — Allons, monsieur le cheva-
« lier, je verrai, je parlerai... je ferai tous mes
« efforts pour déterminer Lafleur, je vous en
« donne ma parole. »

Le chevalier sort enchanté, et d'Orville mande son domestique, bien persuadé d'avance de ce qu'il va lui répondre. Mais cette clé... cette clé!... Il faut l'avoir, n'importe à quel prix, et il est des circonstances où l'argent ne tient à rien.

« Lafleur, je suis dans un grand embarras. —
« Comment cela, monsieur ? — Je suis même af-
« fligé. — Vous m'effrayez, monsieur. — J'adore
« Agathe. — Et vous n'avez pas à vous en plaindre.
« — Au contraire; mais ta diable de culotte a ou-
« vert les yeux au chevalier. Il veut chasser Ca-
« therine... — Eh bien, monsieur, je ferai l'amour
« à celle qui la remplacera : je ne peux que ga-
« gner au change. — Mais tous les soirs la maison
« sera fermée comme une citadelle; plus de pos-
« sibilité de m'introduire. — Que voulez-vous,
« monsieur, que je fasse à tout cela? — Si tu m'es
« attaché, Lafleur... — Monsieur n'en doute pas.
« — Si tu veux sincèrement mon bonheur... — Eh
« bien, monsieur, que faut-il faire? — On gardera
« Catherine, si le mariage couvre sa faiblesse...
« — Oh! vous voulez faire de moi un *officieux*
« dans toutes les règles, une *doublure* de marquis!
« Monsieur, monsieur, ceci est trop fort. — Tu
« auras une clé pour entrer chez ta femme tous
« les soirs. — Tous les soirs, toute ma vie! Eh,
« j'en suis déjà à ne pouvoir plus la regarder. —
« Qu'importe, tu feras cela pour moi, Lafleur.
« — Non, en vérité, monsieur. J'aimerais mieux
« épouser les sept péchés capitaux. — Nous chan-

« gerons de garnison ; tu me suivras... — Et j'aurai
« toujours ici une femme qui m'empêchera de faire
« un mariage avantageux, si l'occasion s'en pré-
« sente, et elle se présentera, car enfin, monsieur,
« j'ai de la figure, et... — Épouse Catherine, La-
« fleur ; je t'en prie, mon ami. — Non, monsieur,
« non, de par tous les diables, non. — Je te don-
« nerai mille écus. — Mille écus, et cette femme
« là! il n'y a pas de proportion. — Je donne six
« mille francs. — Ce n'est pas assez, monsieur.
« — Lafleur, tu me tiens le poignard sur la gorge.
« — Et vous aussi, monsieur. — Veux-tu dix mille
« francs? — On en donne vingt à une danseuse,
« et votre Agathe vaut tout l'Opéra. L'argent qui
« va se fondre là ne profite à personne; ici, vous
« faites un sort à un domestique, qui se sacrifie
« pour vous. Pensez, monsieur, réfléchissez, pe-
« sez les circonstances. — Mais vingt mille francs,
« Lafleur! — Ou plus d'Agathe, monsieur. — Quel
« présent de noces, Lafleur! — Voyez, monsieur,
« décidez-vous. »

Ah, pensait le comte, quelle scène je ferais à ce détestable marquis, si je ne lui devais de l'argent! Mais de quel front lui proposer de doter Lafleur, quand... Allons, il faut que je m'exécute.

Il convient de tout avec Lafleur. Il se mariera séparé de biens, et le contrat indiquera qu'il apporte vingt mille francs. Ils seront livrés comptant, mais à condition que le mariage se fera sans délai, comme celui de Larose, car cette clé...

cette clé... C'est payer une clé bien cher, pensait le comte en soupirant; mais je l'adore; je ne peux vivre sans elle.

Ainsi, ce n'était ni l'amour, ni l'estime, ni la reconnaissance qui avait déterminé le comte à s'informer de la destinée de madame d'Orfeuil. Agathe était pour lui la seule femme qu'il y eût au monde; le marquis lui paraissait toujours redoutable, et il ne pensait plus à la comtesse que pour l'employer à servir ses nouvelles amours. Sacrifiez-vous donc à ces jolis messieurs-là, mesdames. Ils sont tous de même, je vous en avertis, et la faveur d'Agathe passera comme celle de la comtesse.

Je ne sais si le lecteur trouvera le trait moral caché sous ces dernières aventures; le voici : Malheur à l'homme qui se laisse subjuguer par ses passions! Il leur immole tout, jusqu'à son coffre-fort, à qui certaines gens tiennent par-dessus toute chose. Il démoralise un valet, dont il eût pu faire un honnête homme, à bien meilleur marché. C'est affreux, c'est horrible, et si j'avais le talent de Massillon... Eh bien, qu'en ferais-je? Je ferais des sermons.

CHAPITRE XV.

Sophie d'Apremont et d'Oliban. D'Orville et Agathe.

D'Oliban était arrivé à Paris, avec les idées les plus flatteuses. Il ne prévoyait pas d'obstacles, et il se portait dans l'avenir. Une fortune immense lui ouvrait l'accès aux premiers grades militaires; sa maison était la plus nombreuse, et la mieux tenue de la capitale; il avait deux garçons, parce qu'il en peut mourir un, et qu'il est essentiel que son nom soit transmis à la postérité la plus reculée. Madame la marquise, très-fêtée d'abord, est négligée ensuite, c'est la règle. Mais il a toujours pour elle d'excellens procédés, et dans les infidélités qu'il se permet, il ménage scrupuleusement les bienséances.

Il avait relevé, autant qu'il l'avait pu, une figure passable par toutes les recherches de l'art, et à cinq heures très-précises, il se présenta chez ces dames : aujourd'hui on ne peut décemment faire une visite avant neuf heures du soir, et pour peu qu'on cause, qu'on rie, qu'on joue, on ne se couche que le lendemain.

La tendre Sophie ne s'attendait pas au coup qui allait la frapper. Elle reçut d'Oliban avec une politesse froide : c'est tout ce qu'on doit à quelqu'un qu'on n'a vu qu'en passant. Bientôt elle se souvint de ce que Vercelle lui avait écrit sur le caractère du marquis, et elle résolut de ne pas lui dire un mot de plus; c'est un moyen certain, pensait-elle, de ne pas se laisser pénétrer.

Madame Descourtils avait plus d'expérience que sa cousine. Elle savait qu'un silence affecté s'interprète toujours, de quelque manière que ce soit, et elle entreprit de soutenir et de rendre piquante une conversation qu'elle voulait faire rouler sur des choses indifférentes. D'Oliban n'était pas venu à Paris pour entendre parler de la débutante, de la pièce nouvelle, et du bureau d'esprit de madame Geoffrin. Il se hâta de prendre la parole. Il s'étendit sur l'impression profonde que mademoiselle d'Apremont avait faite sur lui; il raconta la manière dont il avait fait connaissance avec son père; il parla, avec complaisance, de ses progrès rapides dans l'esprit du vieillard, de l'affection extraordinaire qu'il lui avait inspirée, et enfin il tira d'un portefeuille ambré, et il présenta la fatale lettre.

Sophie en avait lu la moitié à travers un nuage de larmes, dont les premières lignes avaient chargé ses yeux charmans. Il ne lui fut pas possible de poursuivre, et elle remit le cruel écrit à sa cousine. Elle se retira, et alla donner un libre cours à ses pleurs. Quelle situation, en effet, pour une jeune personne, qui a encore l'innocence du premier âge; qui croit qu'on ne peut aimer que son mari, et qui se voit forcée de renoncer à celui qui a fixé toutes ses affections!

Un grand usage du monde n'empêcha pas madame Descourtils de paraître embarrassée. Elle avait, comme toutes les femmes, l'esprit du moment, et elle se remit aussitôt. Elle assura le marquis que sa cousine se croyait sans doute honorée de sa recherche; mais que l'annonce subite d'un mariage, auquel rien n'avait préparé, produisait toujours une forte impression sur une très-jeune personne, et qu'elle-même avait été étourdie, un moment, de la résolution de son oncle. Elle débita au marquis beaucoup de ces lieux communs, qui persuadent ceux qui veulent bien y croire, et elle prétexta, pour le congédier, une soirée priée et parée, où elle ne pouvait se dispenser de paraître.

Son vrai motif était d'aller consoler Sophie, et de voir, avec elle, comment on s'y prendrait pour éviter le coup fatal. Il fut décidé d'abord, qu'enrhumé ou non, on retournerait le lendemain au château pour distraire M. d'Apremont de l'idée qui l'occupait actuellement, et le délivrer des obsessions du marquis; qu'on passerait le reste de la journée à écrire, au baron, une lettre badine et légère comme les précédentes; mais dans laquelle, par un choix heureux de mots, on lui ferait connaître ce qui se passe, sans paraître, cependant, lui donner de conseils directs. Si cet homme-là, pensait madame Descourtils, s'était déclaré bien positivement, on s'expliquerait franchement avec lui. Mais sa modestie, qualité si rare dans un homme, est nuisible en cette circonstance, et arrête ma plume. N'importe, il connaîtra les projets du marquis, et ce n'est pas à une fille de dix-sept ans qu'il convient de les vouloir faire échouer. Au surplus, quand nous serons au château, nous verrons où en sont précisément les choses, et ce qu'on pourra tenter, pour ramener mon oncle à des sentimens paternels.

Le marquis ne manquait pas d'amour-propre, et il avait pris à la lettre ce que lui avait dit madame Descourtils. Il brûlait d'annoncer son mariage partout, et cependant il maîtrisa son impatience jusqu'au moment où une corbeille magnifique fut apportée chez lui. Pendant trois heures il avait couru de chez son bijoutier, chez la marchande de dentelle, de mousseline des Indes, de gros de Naples; chez le fourreur, chez tous les gens enfin en possession de donner des valeurs idéales pour de bon argent. Après avoir vu, revu, admiré ses présens de noces, il pensa à madame de Verneuil : il était naturel qu'il se félicitât, avec elle, de l'effet des conseils qu'il en avait reçus. La dame traita le marquis comme quelqu'un qu'on se souvient d'avoir vu, et de qui on a conservé un souvenir confus. D'Oliban trouva le procédé étrange, et s'en plaignit. « Monsieur, lui

« dit madame de Verneuil, vous avez eu un pré-
« décesseur; je vous ai donné un successeur; ma
« conduite est dans les règles, vous n'avez pas à
« vous plaindre. »

Ce n'étaient pas des plaintes que d'Oliban voulait lui faire entendre, mais il lui semblait extraordinaire qu'une femme pût oublier certaines choses, et que *les règles* l'y autorisassent : il était encore du neuvième siècle.

Sa surprise ne l'empêcha pas cependant de parler de la comtesse. « Oh! la comtesse jouit de
« tous ses droits. Mais je ne la vois plus. M. de Ver-
« neuil m'a priée de lui faire ce sacrifice, et je lui
« dois quelque complaisance. »

Le marquis devait passer d'un étonnement à un autre. Il ne trouvait pas concevable que le comte d'Orfeuil se fût adouci si promptement.
« Vous avez fait ce qui dépendait de vous, mon-
« sieur, pour que sa femme passât ses belles an-
« nées au couvent. — Au contraire, madame, je
« ne pensais qu'à calmer son mari. — Fort heu-
« reusement, il y a des lois en France, et on a fait
« entendre au comte que s'il ne mettait sa femme
« en liberté, il ne serait jamais maréchal de France.
« Le comte a sollicité la révocation de sa lettre
« de cachet, à condition qu'il serait séparé, de
« corps et de biens, d'avec la comtesse : c'est
« tout ce qu'on désirait. Peut-être même, en
« enfermant sa femme, avait-il prévu ce dénoû-
« ment. Quoi qu'il en soit, il a reçu hier le bâton,

« — Ah! d'Orville serait enchanté de savoir cela.
« — Il n'y gagnera rien, monsieur, son règne est
« passé comme le vôtre. A propos, que faites-vous
« de la petite d'Apremont? — Je l'épouse, ma-
« dame, je l'épouse, et... — Je vous en fais mon
« compliment... Ah, mon Dieu, dix heures!... Je
« vous demande pardon; mais une affaire inté-
« ressante... — Je vous entends, madame, je vous
« salue. »

Le marquis ne revenait plus de ce qu'il avait entendu, et il chercha à épancher son bonheur et sa joie dans le cœur de ses vrais amis. Un étourdi en a-t-il? Il plaît à ceux qui lui ressemblent : de là des parties de tous les genres; mais de l'affection, du véritable intérêt?... Pauvre d'Oliban, il courut jusqu'à minuit, et rentra chez lui fatigué, excédé, et ne concevant pas comment l'annonce de son mariage n'avait pas tourné dix têtes.

La bienséance, l'intérêt surtout, exigeaient qu'il fît une seconde visite à mademoiselle d'Apremont; il revint chez elle dans la matinée, et il apprit que ces dames étaient retournées à la campagne. Madame Descourtils s'était fait un principe de ne jamais heurter ouvertement personne, pas même ceux dont elle voulait se défaire. Elle avait laissé pour d'Oliban, un billet poli, qui, sans approuver ni refuser ses propositions, lui donnait à entendre qu'on allait sérieusement s'occuper de cette affaire-là avec M. d'Apremont. « C'est bien, c'est

« très-bien, disait le marquis : les expressions sont
« réservées ; mais elles sont claires pour un homme
« d'esprit. La jeune personne met beaucoup d'em-
« pressement à être à moi, et je lui en tiendrai
« compte. Allons, des chevaux de poste, et re-
« tournons à Pithiviers. »

Lafleur est marié. Le bonheur de Catherine est envié de toutes les cuisinières de la ville. On se demande comment un garçon, jeune, bien tourné et riche, a préféré cette fille à tant d'autres dont le cœur eût volé au-devant du sien. Cette énigme occupa pendant trois jours toutes les têtes de Pithiviers, et ne fut jamais expliquée.

Lafleur ne revenait pas de la surprise où il était. Marié à une pareille femme ! Dans certains momens, il se sentait près de devenir fou. Il se remettait la tête, en visitant de temps en temps son coffre-fort, qu'il s'était bien gardé de mettre en communauté, et qu'il tenait sous trois clés, chez le comte. « Je t'augmenterai, mon cher petit,
« lui disait-il quelquefois avec tendresse, et comme
« je m'amuserai, quand nous changerons de gar-
« nison ! »

Il était obligé de traiter Catherine avec beaucoup de douceur, par égard pour son maître. Mais, de jour en jour, il devenait plus exigeant. Il se faisait payer ses nuits conjugales par le comte, et le prix augmentait dans la proportion du dégoût que lui inspirait Catherine. D'Orville était subjugué, il le sentait, et ses réflexions ne tournaient pas toujours à l'avantage d'Agathe. La pauvre petite ne se doutait pas qu'elle dût être abandonnée un jour : elle jugeait le cœur du comte par le sien, et elle répétait sans cesse ce refrain, si cher à l'innocence :

Quand on aime une fois, n'est-ce pas pour la vie ?

Cependant les maux de cœur devenaient plus fréquens et plus forts. Le chevalier ne se possédait pas, et chaque indisposition de madame renouvelait son ivresse. Il courait la ville, pour ne parler que de cela, et un plaisant tenait note exacte des attaques. Il se proposait de publier, au moment de l'accouchement, l'état général des maux de cœur de madame, par heures, jours, semaines et mois.

Certains mouvemens, non équivoques, assurèrent enfin au chevalier les honneurs de la paternité. Il voulut célébrer son ravissement par un grand souper, et le comte fut invité le premier, parce que le premier il avait su la grossesse, présumée encore, de madame, et il en avait félicité le chevalier, avec des effusions de cœur vraiment pénétrantes.

Tous les convives arrivèrent, tenant à la main un bouquet, qu'ils présentèrent à madame; mais qui était réellement offert au petit chevalier, déjà si remuant. Cette galanterie, d'un genre nouveau, avait été imaginée par un docteur qui comptait sur un accouchement, dont il avait raison de se réjouir à l'avance. Il s'était bien gardé de communiquer cette idée heureuse à personne. Mais, sa voisine lui avait vu cueillir le bouquet, et elle entendit assez distinctement les derniers mots d'un monologue, qui lui apprirent à qui devait s'adresser cet hommage. Comme la femme de l'homme qui pond, de La Fontaine, elle avait de bonnes amies. L'idée du bouquet passa de bouche en bouche, et il n'y eut de rivalité que sur le volume de l'offrande.

Le docteur ouvrait des yeux, mais des yeux!... J'y suis, j'y suis, se dit-il bien bas. Très-certainement, je commencerai demain un ouvrage latin sur les sympathies, sur l'influence d'un corps sur un autre. Il ne prévoyait pas que, sans s'en douter, il arriverait droit au magnétisme, et qu'il se déshonorerait dans l'esprit de la faculté, pour qui il est évident que folies, niaiseries, bouffonnerie, jonglerie et magnétisme sont synonymes.

On se divertissait, on chantait chez le chevalier. Le comte, placé près de madame, lui adressait tendrement des couplets que feu M. d'Orville son père avait commandés à l'occasion de la première grossesse de la reine de France, épouse de Louis XV. Vercelle, qui ne se doutait pas de l'intimité qui régnait entre Agathe et son colonel, en avait fait, et de la meilleure foi du monde, pour le pauvre chevalier. Les dames de la ville chantèrent aussi, après s'être long-temps fait prier, des ariettes de Rose et Colas et de la belle

Arsène : c'était charmant. Lafleur aidait à son épouvantail de femme à faire les honneurs de la cuisine. Il avait été, pendant son enfance, le porte-chaise d'un marchand de chansons. Il avait la tête meublée de fort jolis *ponts-neufs*, et la valetaille de Pithiviers l'écoutait avec admiration... Il ne chantera pas long-temps. *Vanitas vanitatum et omnia vanitas*, a dit le roi prophète, si ce n'est pourtant monsieur son fils, ce dont je ne suis pas bien sûr.

Pour l'intelligence de ceux qui ne savent pas le latin, je vais traduire, imiter, travestir le passage que j'ai cité. *Ce qui vient de la flûte*, dit un vieux proverbe... Y êtes-vous ? Faut-il que je vous y mette ?... Homme sans pénétration !

Pendant que M. de Lafleur faisait l'agréable, deux de ses camarades ne s'étaient pas oubliés. Ils avaient remarqué ses fréquentes visites à son coffre-fort, et ils avaient résolu de ne pas laisser échapper la première occasion de faire une petite fortune, aussi mal acquise que celle que Lafleur s'était procurée. Ils ignoraient les moyens dont il s'était servi pour s'enrichir; mais il était clair, pour eux, qu'il ne pouvait être qu'un fripon. Or, voler un voleur...

En conséquence de ce raisonnement, et pendant que tout le monde était dans la joie chez le chevalier, ils avaient forcé le coffre de Lafleur. On ne met pas vingt mille francs dans ses poches, et il est écrit : Il n'y aura parmi vous ni premier ni dernier. Pourquoi donc Jasmin et Tourangeau iraient-ils à pied, quand monsieur le comte se promène à cheval ou en voiture? D'après ce nouveau raisonnement, nos philosophes sellent deux chevaux, garnissent deux valises, et comme on entre à Pithiviers et qu'on en sort librement, quand on n'a rien à démêler avec les commis de l'octroi, ils gagnèrent les champs, sans que personne s'occupât d'eux.

Le valet de chambre du comte rentrait tranquillement et sans penser à mal. Il trouve sur son lit deux habits de livrée, et il reconnaît qu'on lui en a pris deux dans sa garde-robe. Il fait une inspection générale dans la maison : il voit le coffre de Lafleur forcé, et les sacs vides jetés çà et là sur le parquet. Il accourt chez monsieur le chevalier, et la fatale nouvelle vole de bouche en bouche. Le procureur du roi jure qu'il fera une enquête terrible, et qu'il trouvera les coupables, fussent-ils cachés au fond de l'enfer. Lafleur est tombé sur la table de la cuisine, sans pouls et sans haleine. Son regard est incertain; une pâleur mortelle couvre son front. Sa femme veut le secourir, et la seule approche de l'épouvantable objet lui rend l'usage de ses sens. Voilà donc, s'écrie-t-il, le triste reste de ma splendeur passée, et il la repousse brutalement. Catherine va tomber, à dix pas, sur le plus informe des postérieurs. Elle croit que son cher, son sensible Lafleur a perdu la raison; elle se relève; elle revient à lui; elle lui parle; elle le caresse; elle couvre ses joues de ses larmes conjugales. Lafleur pousse un cri d'horreur, et s'enfuit.

Le comte réfléchissait, à côté de son Agathe. Il était indispensable, pensait-il, que Lafleur se mariât. Il l'est, et bien certainement, je ne renouvellerai pas les présens de noce. Je suis curieux de savoir comment le coquin prendra cette affaire-ci.

D'Orville rentre chez lui : l'époux infortuné de Catherine l'attendait. « Eh bien, monsieur le « comte?—Eh bien, Lafleur?—Vous avez voulu.... « —Que tu te laissasses voler?—Non, monsieur, « mais... — J'ai rempli les conditions arrêtées « entre nous; tu observeras le traité aussi reli- « gieusement que moi. — Cela m'est impossible, « monsieur. — Vous êtes marié, bien marié, et « vous remplirez les devoirs auxquels vous vous « êtes soumis.—J'ai fait des miracles jusqu'à pré- « sent, Monsieur, et on n'est pas toujours disposé « à en faire. — Écoute, Lafleur, un louis chaque « fois que je voudrai que tu te montres bon mari. « — Et le voudrez-vous souvent, monsieur le « comte?—Mais, deux ou trois fois par semaine. « —C'est-à-dire, que pour me consoler de ce que « j'ai perdu, pour me dédommager des peines « qu'il faudra prendre, vous m'offrez une baga- « telle.... Oh! quelle femme, monsieur le comte, « quelle femme! — Un louis, ou chassé... Tu « m'entends. — Vous ne me chasserez pas, mon-

« sieur; vous savez que j'ai votre secret. — Ma-
« raud, tu veux me mettre dans ta dépendance !
« — Non, monsieur; mais vous ne me tiendrez
« pas sous la vôtre. Vous doublerez mes hono-
« raires. — Misérable ! — Et vous me direz des
« injures tant qu'il vous plaira. »

Quel dommage que je n'aie pas attendu à mettre ici le trait moral, qui vous a sans doute édifié plus haut! Mais, en vérité, je ne savais point ce que je vous conterais plus bas.

Maudit marquis, chien de marquis, disait le comte en cédant encore. Il n'y avait que ce moyen-là pour qu'il retrouvât son Agathe, et que Catherine eût à se louer de son mari.

Les choses allèrent assez bien pendant un certain temps. Mais Lafleur jugea qu'enfin il avait acquis le droit de dormir, comme tant d'autres maris. Il entrait, se couchait et ronflait. Catherine lui avait accordé quelques nuits de repos; mais elle entendait qu'il s'éveillât enfin, brillant et radieux, comme Phébus se lançant dans la carrière sur les pas de l'Aurore. La comparaison n'est pas de madame Lafleur; elle est de moi, et elle n'en vaut pas mieux.

Catherine commence par le petit coup de coude, léger, presque imperceptible. Bientôt elle appuie davantage, et Lafleur est impassible. Elle tiraille l'oreille, elle serre le nez... Rien. Elle pince assez fort, plus fort, très-fort, et Lafleur, qui depuis long-temps est éveillé, ne se possède plus. Il riposte par un vigoureux coup de poing, accompagné d'un *va te...* Un coup de poing, détaché la nuit, tombe où il peut : celui-ci arrive juste sur le nez de Catherine, qui déja ne ressemblait pas mal à une truffe. Le sang jaillit, et, en se débattant, en se plaignant, en criant, elle répand l'alarme dans la maison. Lafleur réitère la correction, pour lui imposer silence ; elle saute du lit à terre, et court de tous les côtés en hurlant, et en culbutant tout ce qui se trouve sur son passage. Le comte, effrayé, hors de lui, fait un paquet de ses habits, le jette par la fenêtre, et saute dessus, au risque de se casser une jambe.

Le chevalier était accouru aux premiers cris de Catherine, et, ne sachant encore trop de quoi il s'agissait, il était entré dans la chambre de sa femme, objet précieux de sa constante sollicitude. Il trouve une croisée ouverte ; il voit un homme, en chemise, qui se relève avec assez de difficulté ; il va, il court, il revient le pistolet au poing, et il va faire feu... L'homme en chemise a disparu.

Le chevalier ne manquait pas d'un certain bon sens. Je suis bien aise, pensa-t-il, que cet homme se soit éloigné : j'allais faire un éclat, qui eût aggravé le mal. Un vieillard, qui épouse une jeune femme, doit s'attendre à ces accidens-là, et le plus sage est celui qui a le bon esprit de se taire. Il ferma doucement la croisée, et se retira sans rien dire à Agathe ; mais il était nu aussi, et, en sortant, il marcha sur une épaulette, qui indiquait clairement le grade du propriétaire. « Je sais « maintenant, dit-il, à quoi m'en tenir sur l'apo- « thicaire, la culotte de Lafleur, et les maux de « cœur de madame. Prenons un parti modéré, mais « décisif. »

Pendant qu'il réfléchit à ce qu'il doit faire, le comte court les rues, son paquet sous le bras; un tesson de bouteille se trouve sous son pied droit et le lui coupe jusqu'à l'os. Il peste, il s'emporte, il jure contre le marquis. S'il était là, il l'étranglerait. Cependant il ne perd pas la tête, il enfonce, en faisant une grimace de désespéré, le pied blessé, dans une de ses bottes: il est sûr qu'au moins on ne le convaincra pas, en le suivant à la trace. Il a toujours la clé d'une porte bâtarde, par laquelle il sort et rentre, sans que ses gens puissent se douter de rien. Il arrive à sa chambre à coucher, se met dans son lit, et sonne à tout briser.

Un domestique se présente, dans l'état, à peu près, où était le maître en quittant sa chère Agathe. « Cours chez le chirurgien-major du régi- « ment, et dis-lui que j'ai une forte hémorragie à « la jambe. »

Pendant que Catherine sanglottait, se désespérait, Lafleur avait aussi fait son paquet. Il venait de rentrer, et il voit tous les domestiques qui se lèvent à la hâte, en répétant : monsieur le comte a une hémorragie.

Lafleur court à la chambre de son maître. « Prends un de mes rasoirs et coupe-moi cette « botte : elle me fait horriblement souffrir. Chien « de marquis, damné marquis ! »

Lafleur avait à peine terminé son opération, que le chirurgien-major entra, aussi légèrement vêtu que les autres. Il semblait que, pendant cette nuit-là, on ne dût aller et venir qu'en chemise dans les rues de Pithiviers. D'Orville fait sortir ses gens, à l'exception de Lafleur, et il parla en ces termes à l'esculape du régiment : « Peu vous importe, « mon cher docteur, de savoir comment ce mal-« là est venu ; mais il est essentiel pour moi et « pour quelqu'un, à qui je dois des ménagemens, « que ce pansement-ci soit le second, et que vous « ayez fait le premier hier, à dix heures du soir. « — J'y suis, monsieur le comte. Hier, en ren-« trant chez vous, vous vous êtes foulé le pied ; « l'artère a pris une extension considérable, et « malgré mes soins, l'hémorragie vient d'avoir « lieu. — C'est cela, docteur, c'est cela. Que cette « histoire coure toute la ville, avant huit heures « du matin. Ah çà, dites-moi un peu, serai-je « long-temps à guérir ? — Ma foi, monsieur le « comte, je n'en sais rien. Occupons-nous d'abord « du moment. L'histoire que vous voulez que je « fasse, réussira-t-elle dans votre maison ? — La-« fleur ? — Monsieur le comte ? — Qu'en penses-« tu ? — Bah, tout domestique de grand seigneur « est nécessairement un mauvais sujet. Je suis sûr

« qu'hier, à dix heures du soir, pas un des vôtres
« n'était ici. — Sonne, Lafleur.

« Dites-moi, messieurs, où étiez-vous hier soir?
« — Monsieur le comte?... — Où étiez-vous, ré-
« pondez. — J'étais... il était... nous étions... — A
« faire des sottises par la ville, n'est-ce pas? Je
« suis malade, je suis blessé, et de tous mes gens,
« je n'ai à ma disposition que Lafleur pour me
« donner des soins. Je chasserai celui de vous qui
« ne sera pas rentré à neuf heures. Retirez-vous.
« Bravo, bravo, dit le docteur. Je suis sûr main-
« tenant de faire prendre notre histoire. Procé-
« dons au pansement. »

Le chevalier, bien convaincu d'être... vous savez, voulait éviter la publicité, et il se décida à
s'expliquer franchement avec d'Orville. Dans le
trouble inévitable en un pareil moment, il avait
caché l'épaulette dans le premier morceau de papier qu'il avait trouvé, et il l'avait mise dans la
poche de son habit : c'était une pièce de conviction, par laquelle il comptait bien convaincre le
comte; mais qu'il aurait été désespéré que personne au monde ait vue chez lui.

Il entre chez d'Orville. « Monsieur le comte, je
« me suis méconnu, et je mérite mon sort. Je ne
« serai pas plus sévère, avec vous, que d'autres
« maris l'ont été envers moi. Mais vous savez à
« quoi l'honneur oblige un amant heureux, en
« pareille circonstance, et, sans doute, vous ferez
« ce qui dépendra de vous pour que le public

« ignore ce qui s'est passé cette nuit. — Je ne le
« sais pas moi-même, monsieur le chevalier. Je
« me suis blessé au pied, hier à dix heures du
« soir, et j'ai été obligé de me mettre aussitôt au
« lit. — Eh, monsieur, répondez à ma loyauté,
« et ne cherchez pas à m'abuser par des contes
« dépourvus de vraisemblance : je vous préviens
« que vous ne réussirez pas. — Voyez, monsieur
« le chevalier, ces linges teints de sang, ces cer-
« ceaux qui soutiennent ma couverture au-dessus
« de mon pied; voyez le pied même, si vous le
« désirez. J'enverrai chercher mon chirurgien; il
« découvrira ma blessure, et il vous attestera
« qu'hier soir il m'a pansé pour la première fois.
« — Vous pouvez être blessé, je n'en disconviens
« pas; il est des sauts très-dangereux. Mais que
« cela vous soit arrivé à dix heures du soir... —
« Monsieur le chevalier, je vous ai dit la vérité :
« j'espère que vous ne me pousserez pas davan-
« tage. — Eh bien, homme opiniâtre, homme in-
« digne de mon indulgence, qui voulez démentir
« le témoignage de mes yeux, refusez donc de
« reconnaître cette épaulette, que vous avez laissé
« tomber en vous retirant. » Ici, le comte pâlit.
Ses regards se portèrent sur l'uniforme qu'il avait
mis la veille, et que Lafleur avait étendu sur un
canapé : les deux épaulettes y étaient. Il se rassure, et il les montre du doigt au chevalier. « Cela
« ne prouve rien, monsieur le comte. Un homme
« comme vous en a plusieurs paires. »

Il présente le papier à d'Orville; d'Orville, qui est certain que le contenu ne lui appartient pas, le reçoit en riant. « Parbleu, mon cher che-
« valier, je vous remercie. Comment! de votre
« autorité privée vous me faites brigadier des ar-
« mées du roi ! — Comment, monsieur... que
« dites-vous?... Ah, mon Dieu... mon Dieu !...
« cette épaulette est à moi. — Espiègle, vous avez
« voulu m'intriguer. — Non, en vérité... Il est
« vrai qu'hier après-midi, je suis monté chez ma-
« dame, et j'ai pu laisser tomber... — Monsieur le
« chevalier, je ne vous pardonne pas d'avoir douté
« de votre meilleur ami; d'avoir soupçonné l'in-
« nocence et la candeur. — Pas de grands mots,
« monsieur le comte ; ceci n'est pas encore très-
« clair. Les croisées de madame, ouvertes à deux
« heures du matin... — Eh, qui pourrait les tenir
« fermées par la chaleur qu'il fait? Voyez, les
« miennes sont ouvertes aussi. — Mais cet homme
« en chemise... — Vous vous serez trompé, comme
« sur l'épaulette. — Parbleu, il n'y a pas à se mé-
« prendre. Je l'ai vu, ce qui s'appelle vu. — Vous
« avez été abusé par quelque effet d'optique. —
« Il est fort celui-là. — D'ailleurs, que ne descen-
« diez-vous, que ne touchiez-vous cet homme ?...
« — Il a disparu comme un éclair. — Eh bien,
« admettons qu'il y ait eu un homme : qu'en con-
« clurez-vous? Votre maison est peut-être la
« dixième devant laquelle il s'est arrêté ; il a pu
« s'arrêter devant dix autres : s'ensuit-il qu'il ait

« couché avec toutes ces dames? Pourquoi faire,
« de préférence, à votre épouse, une injure que
« le mari le moins raisonnable de Pithiviers est
« incapable de faire à la sienne? Mon cher che-
« valier, il est bien difficile à un mari âgé de
« n'être pas jaloux, et la jalousie voit toujours
« mal. — Ah, mon Dieu, je ne suis pas jaloux,
« vous le savez bien. Mais c'est qu'ici les apparen-
« ces étaient telles... — Oh, oui, ma foi, elles
« étaient convaincantes : la pièce avec laquelle
« vous pensiez me confondre, votre preuve essen-
« tielle... — S'est trouvée fausse, j'en conviens...
« Savez-vous que j'avais formé le projet de con-
« duire, aujourd'hui même, Agathe à Paris. —
« Vous auriez bien fait, mon ami. Elle serait en-
« chantée de passer quelque temps dans la capi-
« tale. — Oh, ce n'était pas là mon motif. Je vou-
« lais mettre fin à une intrigue... — Imaginaire.
« Et vous n'êtes pas jaloux! — Monsieur le comte,
« ne parlez pas de cela à ma femme, je vous en
« prie. — Je m'en garderai bien. Brouiller un mé-
« nage! J'en suis incapable, mon ami. — Et puis,
« une femme dans son état demande des égards.
« Un saisissement, une douleur profonde et in-
« stantanée suffiraient pour me priver des dou-
« ceurs de la paternité. — Et il est certains jeux
« auxquels on n'est pas heureux tous les jours,
« n'est-ce pas chevalier?

« — Ah çà, mon cher comte, vous ne m'en
« voulez point? — Oh, mon Dieu, pas du tout.

« — Prouvez-le-moi. — Et comment? — Nommez
« l'enfant qui doit naître... ma foi... dans quatre
« mois au plus. — J'y consens de tout mon cœur.

« — Parlons un peu de votre blessure. Cela m'in-
« quiète, monsieur le comte. Madame y prendra
« le plus vif intérêt. — Vous êtes bien bons l'un
« et l'autre. »

Le chirurgien-major entra. Il prit le pouls du
blessé, qui lui avait fait un signe. « Pas de fièvre
« encore, dit le docteur. Je présume qu'elle vien-
« dra dans les vingt-quatre heures, vers les dix
« heures du soir. Savez-vous que j'ai été alarmé
« en vous pansant hier. L'hémorragie pouvait
« avoir des suites funestes. Mais la nuit a été
« bonne; l'artère commence à se consolider, et
« je réponds de tout. »

Toute la ville accourt pour voir monsieur le
comte, qui s'est blessé hier à dix heures du soir :
il donne de si jolis dîners ! C'est à qui l'amusera,
et lui fera le conte le plus plaisant. On est content de soi, quand il a ri. Parmi ces nombreuses
visites, qui se succédaient sans interruption, le
pauvre blessé ne comptait pas une femme. Celles
de Pithiviers étaient alors réservées, juqu'au scrupule. Aucune d'elles n'aurait osé aller voir un
garçon au lit, eût-il été âgé de soixante ans, et
fût-il à l'article de la mort. Agathe seule, entraînée par son mari, dérogea à l'usage. Le bon
chevalier l'avait voulu ainsi. Deux fois par jour,
il la conduisait chez le comte, et quoiqu'il fût

toujours présent, on parla, on raisonna, on discuta, on déchira à la journée. C'était une drôle de petite ville que Pithiviers, en l'an de grace 1781.

Cependant d'Orville réfléchit sur le passé et l'avenir. Lafleur lui coûtait cher, et les accidens se répétaient de manière à lui en faire craindre de plus affligeans. Le bon chevalier pouvait être éclairé enfin par quelque coup imprévu du hasard, par quelque nouveau trait d'obligeance du marquis. Quand on commence à calculer les inconvéniens qui peuvent résulter d'une intrigue, l'amour a bien perdu. Enfin tout le monde sait que ce sentiment-là n'est pas éternel, et cela est fort heureux : comment un mari se consolerait-il de la perte de sa femme, la fillette de l'infidélité de son amant? Comment tant de veuves se remarieraient-elles? Comment un joli homme aurait-il son tour auprès d'une femme à la mode? Ma foi, toutes réflexions faites, je suis tenté d'en venir à l'avis de Pangloss : Nous sommes dans *le meilleur des mondes possibles.*

Lorsque le comte trouva l'occasion de s'expliquer librement avec Agathe, il lui fit part de ses réflexions. C'était l'intérêt seul d'une femme adorée qui le déterminait à rompre avec elle. Il ne prévoyait que malheurs. Un époux furieux, exerçant sa vengeance; des grilles et des verroux, suffisant à peine pour le rassurer sur l'avenir; une femme charmante, passant ses plus belles années dans un cloître, étrangère au fruit précieux des plus tendres amours ; l'abandon, le dédain de ses parens, de ses amis; une vieillesse malheureuse... Que ne prévoyait-il pas? Il peignait avec tant de vérité et de chaleur, que déja la tendre Agathe se crut perdue. Elle pleura, elle pleura beaucoup le premier jour. Elle n'avait aimé que d'Orville ; elle aimait comme on aime pour la première fois. Elle sentait l'étendue du sacrifice qu'exigeaient son repos, sa sûreté ; elle estimait davantage l'homme sensible qui avait le courage de le lui prescrire.

Elle pleura moins le second jour ; moins encore le troisième. Elle cessa de pleurer, enfin, et, au bout du mois, elle s'avouait franchement que les jouissances que procure une liaison clandestine ne sont pas à comparer aux embarras, aux dangers qu'elle traîne avec elle.

Lafleur n'avait plus rien à prétendre, à ce qu'il paraît du moins. Mais il était grand calculateur, et il représenta à son maître que s'il cessait tout à coup de se montrer attaché à ses devoirs de mari, le chevalier et même le public, pourraient en tirer des conséquences. Il était difficile de combattre victorieusement ce raisonnement-là, et, quoiqu'à regret, le comte céda à Lafleur. Lafleur touchait ses honoraires et ne les gagnait pas. Semblable au czar Pierre Ier, Catherine, à force d'être battue, avait appris à battre. Un beau matin, Lafleur rentra avec la tête enveloppée d'un mouchoir : le pied d'un chandelier de fer s'était incrusté dans la peau du front et en avait fait descendre une partie sur le nez.

Le chevalier ne tint pas à cette dernière scène. Il fit changer la serrure de sa porte d'entrée, et pria le comte d'interdire à son valet, pendant le jour, l'accès d'une maison où il portait sans cesse le trouble et le désordre. Lafleur, de son côté, jurait que madame son épouse ne le reverrait de sa vie. Il parlait même à d'Orville de quitter la ville, si... Il s'arrêtait toujours au *si*, et au sens suspendu. Le comte un jour acheva sa phrase : *Si*, *si*, je veux te donner de l'argent.

Il n'était pas tranquille sur le sort d'Agathe. Un valet, qui n'avait plus d'intérêt à se taire, pouvait la compromettre horriblement. D'Orville était honnête homme avec les femmes. Il se décida à faire un dernier sacrifice à la tranquillité de sa jeune amie.

Lafleur partit, et il apprit à plusieurs de ses maîtres qu'on entre facilement où on a son domestique marié. Il se maria à Londres, à Hambourg, et il se fit pendre à Madrid, où la pluralité des femmes n'est pas admise.

CHAPITRE XVI.

A vos moutons, à vos moutons, dit Bartholin à M. Guillaume.

Nous avons laissé à Paris le cher marquis, qui jusqu'à présent m'a fourni amplement de quoi vous faire bâiller ou rire. Revenons à lui : il en est temps.

Autant que je peux m'en souvenir, il montait dans sa chaise de poste, pour retourner à Pithiviers, au moment où je l'ai quitté. Le voyage n'est pas long; il n'arrive pas tous les jours des aventures sur cette route-là, et, d'un trait de plume, je fais rentrer mon officieux dans sa petite maison de province.

Son premier soin fut de faire monter Zéphire dans sa chaise; de lui faire mettre sur ses genoux l'éblouissante corbeille; de l'envoyer en faire hommage à la séduisante Sophie, et d'annoncer, pour le lendemain, son arrivée au château d'Apremont.

Ce premier devoir rempli, il court chez son colonel. Après les premiers complimens, il lui annonce son mariage. L'infortuné baron était présent. Il se fait répéter les détails; il doute s'il veille : il n'a pas reçu encore le billet de madame Descourtils; il se croit abandonné. On ne lui a rien dit de positif; cependant on a reçu ses soins d'une manière encourageante, et doit-on accueillir, quand il n'inspire que l'indifférence, l'homme dont l'amour se peint dans le moindre de ses mouvemens? doit-on l'engager à venir dans un château, où se prépare le bonheur d'un rival? Vercelle, pendant quelques minutes, ne sentit plus que du mépris pour celle qu'il avait adorée. Mais bientôt un sentiment vrai, profond, inaltérable reprit ses premiers droits. Le baron ne s'était pas déclaré; lui devait-on quelque chose? Son ressentiment n'était pas fondé; il le sentait; il se reprochait son injustice. Mais se bornera-t-il à former d'inutiles regrets? Un homme, qui ne le vaut pas, qui est incapable d'aimer réellement, obtiendra un prix qui n'appartient qu'au véritable amour? N'y aurait-il pas de la lâcheté à y consentir, à ne pas tenter tous les moyens possibles de le lui enlever.

Telles sont les réflexions que le baron communiqua au comte, quand d'Oliban fut sorti. « Il ne « l'épousera pas, s'écria d'Orville. Il m'a fait trop « de mal pour que je ne lui suscite pas obstacle « sur obstacle. Je suis aussi riche que lui; beau- « coup plus noble; d'un rang bien plus élevé, et, « s'il faut en venir aux grands expédiens, je ferai « ma cour à la demoiselle, à sa cousine, au père, « à toute la famille, et je l'épouserai... — Vous « oubliez, monsieur le comte, que je l'aime éper- « dûment. — C'est vrai, baron, c'est vrai, et je « vous en fais mes excuses; mais j'avais la tête

« montée, et je sens qu'elle se monte encore, à
« la seule idée de me venger de ce chien d'homme-
« là. Possédons-nous, mon ami, et voyons ce qu'il
« faut faire.

« Ces dames vous ont invité à les aller voir au
« château; il faut partir de suite. — Mais, mon-
« sieur le comte, je suis de service cette semaine...
« — Le service ira comme il pourra. Partez, vous
« dis-je, je vous donnerai, pour le vieux d'Apre-
« mont, une lettre polie, par laquelle je m'excu-
« serai, sur mes occupations militaires et ma bles-
« sure, de n'avoir pas encore été lui rendre mes
« devoirs : cette démarche le flattera, et vous se-
« rez bien reçu. Il aime la table; vous vous gri-
« serez avec lui. C'est un chasseur déterminé; vous
« le mettrez sur les dents, lui et ses chiens. Il a
« servi avec distinction; il est instruit, et il a de
« l'imagination... le matin. Vous causerez avec lui,
« et il sentira bientôt votre supériorité sur d'Oli-
« ban. Dans quelques jours, je pourrai sortir, et
« j'irai vous appuyer. Vous n'avez que douze mille
« livres de rente; mais votre noblesse est vieille
« comme la monarchie, et d'Apremont tient beau-
« coup à cela. Vos talens, en tactique, ne se bor-
« nent pas à faire du dessus de votre tête une ville,
« un fossé et une citadelle; vous avez beaucoup
« d'instruction, et vous êtes fait pour prétendre à
« tout. Je ferai la demande, quand vous serez
« connu; je combattrai, je détruirai les objections

« du père ; enfin, je lèverai tous les obstacles. As-
« surez-vous bien de la demoiselle ; si elle n'ose
« résister ouvertement, qu'elle trouve, avec sa
« cousine, des raisons de différer, et tout finira
« au gré de vos vœux. Partez, mon ami. A la pre-
« mière invitation du père, établissez-vous dans
« le château, et attendez-moi. »

L'espoir est rentré dans le cœur de Vercelle. Il monte à cheval, suivi de son domestique, modestement vêtu, portant en croupe la valise de son maître. Zéphire est déja au château ; déja M. d'Apremont a présenté à sa fille l'inappréciable corbeille... Le croira-t-on ? La richesse, l'élégance des objets qu'elle renferme ont, pour un moment, fasciné les yeux de Sophie. Elle a souri à ces magnifiques présens ; elle s'est vue parée des trésors de Golconde, et Vercelle a été oublié. La vanité est-elle réellement la première passion des femmes, et Sophie, comme les autres... Non, non, une chaumière et mon amant, avait-elle dit bientôt. Mais son père avait remarqué le sourire, l'épanouissement de tous ses traits ; il avait cru lire son consentement dans ses yeux ; il l'avait embrassée avec tendresse, et il l'avait laissée au milieu de ses trésors.

Nonchalamment assise dans une bergère, ses bras tombans auprès d'elle, elle porte partout des yeux qui ne voient rien. Étourdie de la méprise de son père, affligée d'y avoir donné lieu, frémissant de l'avenir qu'elle s'est préparé, elle ne sait à quelle idée s'arrêter; sa tête se trouble; ce n'est plus qu'une frêle machine.

Madame Descourtils entre, et la trouve dans un accablement, auquel succèdent des mouvemens convulsifs. « Ah! ma cousine, je me suis « perdue. — Je le sais, mon enfant. Mon oncle est « venu m'embrasser, en m'annonçant que tu es « folle du marquis, et que le mariage se fera dans « huit jours. — Ah, je suis au désespoir! — Cruel « enfant, au lieu de parler à mon oncle... — Au-« rait-il voulu m'entendre? — De tes sentimens « secrets... — Il les aurait condamnés. — Tu l'auto-« rises à croire... — Oui, j'ai eu tort, grand tort. « Pauvre baron! — Pauvre Sophie! — Ah, ma cou-« sine, conseille-moi, aide-moi. — On m'écrit de « Paris que d'Oliban a publié son mariage; tu « viens de recevoir ses présens; ton père, qui a « dîné, court le village, et annonce partout cette « alliance, qui te désespère. Que puis-je faire à « présent? Est-il possible que ton père rétro-« grade? Ferme dans ses volontés, ne s'appuiera-« t-il pas du consentement tacite que tu as donné « à ses vues? Me permettrai-je de le contredire, « sans espoir de succès? Me brouillerai-je avec « lui, sans aucun fruit pour toi? Si quelqu'un « pouvait changer quelque chose à la situation « des affaires, ce serait le modeste et sentimental « baron. Mais où est-il? Que fait-il? Il compose

« une romance, peut-être, qu'il te dédiera, qu'il
« t'enverra, et son rival marche vers son but. —
« Loin de me secourir, tu ne me donnes pas même
« de consolations. — Je pleurerai avec toi, si tu le
« veux ; mais de quoi cela t'avancera-t-il ? Je suis
« furieuse contre le baron. Jamais homme n'a
« porté aussi loin la défiance de lui-même... Ah,
« vous voilà enfin, monsieur. Voyez-vous les pré-
« sens de noces offerts et reçus ; votre Sophie dans
« les larmes?... — Ma Sophie, madame! Ai-je bien
« entendu! — Oui, monsieur, votre Sophie. Il faut
« bien qu'elle se déclare, puisque vous ne voulez
« pas parler. »

Le réfléchi, le raisonnable Vercelle ne se possède plus. Il est aux pieds de Sophie, il se relève pour embrasser les genoux de la compatissante cousine. Il veut parler ; il ne trouve pas d'expressions, qui puissent rendre ce qu'il éprouve. Il est muet ; mais que ce silence a de charmes ! Tout est vie, tout est passion dans l'amant, qui passe subitement du désespoir aux illusions les plus douces, les plus enivrantes. Sophie se ranime au feu de ses regards ; elle ne connaît plus d'autre bonheur que celui qui naît d'un amour mutuel. Elle est heureuse en ce moment, parfaitement heureuse. Elle laisse tomber une main dans celles de son amant.

Égarés, hors d'eux, plongés dans la plus délicieuse ivresse, le couple charmant oubliait l'univers : madame Descourtils veillait pour ses pro-

tégés. « Levez-vous, levez-vous donc, vous ne sa-
« vez rien faire à propos. Baron, levez-vous, vous
« dis-je, si vous ne voulez pas que M. d'Apre-
« mont vous trouve aux genoux de sa fille. »

En effet, la voix et la marche du vieillard se
faisaient distinctement entendre. Il ouvre, il entre.
Le baron a pris un masque; Sophie ne sait pas
encore feindre.

« Qu'as-tu, ma Sophie, qu'as-tu, mon enfant?
« — Rien, mon oncle; un malaise, une légère
« indisposition... — Je sais ce que c'est, je sais ce
« que c'est. Sa mère a éprouvé les mêmes sensa-
« tions, quand elle a accepté ma main. Les caus-
« tiques répandaient que le chagrin seul l'agitait;
« mais elle m'aimait tendrement, et, corbleu, elle
« me l'a prouvé pendant le reste de sa vie... Ah,
« monsieur, je vous demande pardon; je ne vous
« avais pas aperçu. »

Vercelle salue profondément, et présente la
lettre de son colonel. Le vieillard lit, et la satisfaction se peint dans tous ses traits. « Comment
« donc, M. le comte d'Orville veut bien s'excuser
« de ne m'avoir pas vu encore, et il pousse les
« procédés jusqu'à m'envoyer un officier de son
« régiment, un officier d'un mérite distingué! Il
« est blessé, ce pauvre comte; mais il espère pou-
« voir monter en voiture au premier jour. Je serai
« enchanté de le recevoir... Parbleu, je veux qu'il
« soit de la noce. Monsieur, je marie ma fille à
« un de vos camarades, au marquis d'Oliban. Le

« cœur de Sophie s'est trouvé d'accord avec ma
« volonté, et j'en suis fort aise : j'aurais été fâché
« d'employer l'autorité. C'est cependant ce que
« j'aurais fait, si j'avais trouvé de la résistance,
« car je suis convaincu que si l'amabilité et les
« graces sont le partage de la jeunesse, la raison et
« la prévoyance sont celui de l'âge mûr... Étourdi
« que je suis ! Ce mariage-là me fait oublier les
« choses les plus simples ! C'est que ma joie, mon
« ravissement... Monsieur, je vous demande mille
« pardons : vous arrivez de Pithiviers, et vous avez
« besoin de vous rafraîchir. Suivez-moi, je vous
« en prie. Nous ferons connaissance le verre à la
« main. »

Le baron avait la tête plus forte que le marquis. Il ne refusait jamais, et le papa était enchanté de son hôte. Il remarqua qu'il était tard, et il engagea le baron à coucher au château. Pour le déterminer, il lui annonça que ses gens avaient détourné un sanglier, et qu'ils devaient le lancer le lendemain à la pointe du jour. Vercelle prit feu à l'instant. Il parla chasse comme M. Western, et d'Apremont ne revenait pas de son étonnement. « Corbleu, dit-il, il ne manque à d'Oli-
« ban que de boire sec, et de bien connaître la
« chasse. Mais une bouteille du Clos-Vougeot l'é-
« tourdit ; il rompt les chiens en voulant les sou-
« tenir. Vous êtes mon homme, vous. Nous passe-
« rons la journée de demain ensemble : voilà qui
« est arrangé. »

Le marquis avait passé une nuit heureuse à Pithiviers. Bercé par des songes flatteurs, il avait joui de tout ce que l'ambition offre de plus séduisant. Pas une pensée pour Sophie : ne serait-elle pas trop heureuse de partager son opulence et ses grandeurs ?

Cependant il est des formes dont il est impossible de s'écarter : d'Oliban était attendu à Apremont, et déja Vercelle courait les bois avec le vieux seigneur, lorsque son rival en était encore à ses projets de toilette. Une longue discussion s'engagea entre lui et Zéphire. Le maître voulait étaler un luxe éblouissant; le valet de chambre soutenait que les femmes ont un goût décidé pour l'uniforme, et que c'est en capitaine qu'il doit se présenter à mademoiselle d'Apremont, qui, d'ailleurs, l'a vu à Paris en habit brodé, en plumet, et en talons rouges. Après deux heures de raisonnemens sublimes, il fut arrêté qu'on entasserait, dans une malle, une garde-robe de ville et une de guerre.

L'heure du déjeuner était venue. Le marquis n'avait pas fait dire à quelle heure il arriverait au château. Il pouvait donc disposer des trois quarts de la journée. Il était, d'ailleurs, plus empressé d'éblouir Sophie que de lui plaire. Il se fit donner à déjeuner.

D'Orville était bien aise que le baron ait la journée à lui, pour s'établir dans l'esprit du père, et convenir de quelque chose avec les dames. Il envoya chercher le marquis, et le retint deux heures encore, sous différens prétextes. « Ma foi, « s'écria à la fin d'Oliban, on m'attend à Apre- « mont, et je ne peux sans grossièreté... — Eh, « mon cher marquis, vous n'êtes pas amoureux; « vous êtes fort aimable; vous êtes aimé, sans « doute, et on sera trop heureux de vous prendre « quand vous arriverez. Je vais m'ennuyer à mou- « rir, et je veux absolument que vous dîniez avec « moi. — Impossible, monsieur le comte, impos- « sible.—Vous me refusez, monsieur!—C'est bien « malgré moi; mais les bienséances exigent... — « Que vous me cédiez. »

D'Oliban était fort embarrassé, lorsqu'on vient lui dire que Larose, en robe de greffier, et sa jolie petite femme, venaient lui faire une visite de cérémonie, et le remercier de ses bontés. Vous savez que les trois maisons communiquent entre elles, et que, pour aller de l'une à l'autre, il suffit de traverser deux ou trois chambres. Les deux époux l'attendaient, et lui furent présentés par le père et la mère Firmin.

Il est des maladies qui règnent, par intervalles, sans que les médecins, qui savent tant, aient encore pu nous dire pourquoi. Le Français, qui rit de tout, appelle cela maladie à la mode. Les maux de cœur étaient alors très *à la mode* à Pithiviers, et cette fois les docteurs en précisaient parfaitement la cause : Mettez-moi la main dans un sac de froment, et je vous dirai s'il est plein.

Julie avait ses maux de cœur tout comme une autre. Elle était pâle, abattue; le beau Larose, au contraire, avait un air triomphant. Le marquis le félicita sur ses succès, et, n'ayant plus rien à lui dire, il lui parla de sa robe, de l'air grave et imposant qu'elle lui donnait. Julie fit un mouvement de tête, qui annonçait que la robe n'avait pas pour elle les charmes de l'uniforme. On m'a assuré depuis, qu'à la fin de l'année son mari n'avait plus qu'une figure ordinaire, et que son caractère ne lui paraissait pas aimable du tout. Le prisme de l'illusion était brisé. Diable de prisme! Pourquoi est-il de verre? Qu'est-il résulté pour Julie de sa fragilité? Je l'ignore, et, ma foi, je ne m'en inquiète guère.

Le comte était aussi empressé de garder d'Oliban à la garnison, qu'il l'avait été de l'en éloigner, lorsqu'il ne vivait que pour Agathe. On vint annoncer au marquis que son colonel était servi, et que, décidément, il comptait sur lui. D'Oliban crut ne pouvoir mieux faire que d'envoyer Zéphire et un billet d'excuses au château d'Apremont.

D'Orville fit durer le dîner long-temps, comme vous pouvez le croire. Il proposa ensuite *une impériale*, que le marquis fut contraint d'accepter. Je suis en règle, pensait-il; M. d'Apremont a maintenant mon billet, et me voilà à l'abri de tout reproche. Mais demain je n'y serai pas repris : je partirai à la pointe du jour.

Voyons maintenant comment Vercelle a employé la journée que lui a procurée le vindicatif colonel.

Le sanglier était lancé... Celui de Calydon n'était qu'un marcassin, comparé à celui-là. Il passe à vingt pas de M. d'Apremont. Le papa n'avait encore pris que ce qu'il appelait sa tisane, une bouteille de petit vin blanc, avec laquelle il était dans l'usage de se rincer la bouche tous les matins. Il n'avait rien perdu encore de sa vivacité, et ses nerfs, assouplis et ranimés par la tisane, lui permirent d'ajuster avec prestesse. Il lâche la détente, et la balle glisse dans les chairs, le long des côtes. Le sanglier, furieux, se détourne, et va droit à lui.

Nouveau Méléagre, Vercelle pousse son cheval, et tire son coup de pistolet, au moment où l'animal, usant du droit naturel que nous avons de nous défendre, allait ouvrir, d'un coup de boutoir, la jambe et la cuisse de son adversaire. Il n'a pas besoin de tisane pour tirer juste : il a fait sauter la cervelle au sanglier; il en a couvert la botte de M. d'Apremont.

Ce moment fut tout à la reconnaissance, et aux plus tendres effusions. On pensa à retourner au château, et, après avoir épuisé tout ce qu'il était possible de dire sur le sanglier, on parla guerre : M. d'Apremont l'aimait beaucoup et l'entendait bien. Il fut étonné des connaissances qu'avait le baron en ce genre, et de la facilité avec laquelle il s'exprimait. Il lui serra la main pour la vingtième fois, et l'invita avec tant de chaleur à passer le reste de la semaine avec lui, qu'il eût eté difficile à un homme qui n'aurait pas eu de projets, de se défendre plus long-temps. Vercelle accepta. Mais sa délicatesse se révoltait quelquefois contre lui. Elle lui reprochait d'abuser de la loyauté d'un vieillard, pour tâcher de rompre ses desseins, et éloigner sa fille de la soumission qu'elle lui devait. Le souvenir, l'image de la séduisante Sophie dissipait aussitôt ce nuage, faible reste d'une probité à toute épreuve, celle de l'amour seul exceptée.

Ah çà, monsieur l'auteur, cachez donc vos *fils* mieux que cela. Il est clair que vous les tendez de manière à enlever le consentement du père à force de services et de qualités. Ma foi, monsieur le lecteur, je ne vous dissimule pas que tous mes vœux sont pour le baron. C'est un jeune homme aimable, qui a des principes que j'honore beaucoup, du jugement, ce qui est assez rare, et surtout de la raison, dont je fais le plus grand cas : voilà pourquoi j'en mets tant dans mes ouvrages. Cependant je vous déclare, dans toute la bonne foi de mon ame, que je ne sais encore qui des deux rivaux l'emportera sur l'autre. Continuons d'aller devant nous, et je vous réponds que le dénoûment viendra à la fin du volume.

La cloche annonça le retour des chasseurs et le dîner. Les dames descendirent, et M. d'Apremont leur présenta Vercelle comme quelqu'un qui, probablement, lui avait sauvé la vie. Grands complimens de la part de madame Descourtils; beaucoup de modestie de celle du baron; un simple sourire effleura les lèvres rosées de Sophie; mais ce sourire disait tout pour l'amant heureux.

« Mesdames, dit d'Apremont, je n'entends pas
« qu'on se borne à remercier par de froides po-
« litesses, un homme qui m'a rendu un service
« essentiel. Présentez-lui la joue... Allons, point
« d'hésitation. Embrassez, Vercelle, embrassez. »
Vous rappelez-vous le premier baiser d'amour que vous ayez donné et reçu à l'aurore de votre vie? Ah, Sophie, quel baiser! quelle impression il a faite sur vous! mais aussi quelle triste réflexion il a produite. Faudra-t-il en donner de semblables au marquis, en recevoir de lui? Oh! ces baisers-là ne seront jamais ceux de l'amour.

M. d'Apremont avait l'habitude de dîner copieusement. Ce repas était suivi d'une sieste plus ou moins longue; mais le roi fût venu à son château, que personne n'eût osé l'éveiller. Il fit part au baron de cet usage, auquel il attribuait la conservation de sa santé, et il prit congé de lui pour une heure ou deux.

On se retira dans l'appartement des dames, où nos amans n'eurent d'autre témoin que leur aimable confidente. Le baron, sûr d'être aimé, ne connut plus cette réserve, qui aurait pu lui être si funeste. Son cœur avait besoin de s'épancher, et l'amour est toujours éloquent. Sophie l'interrompait souvent, pour lui adresser quelque chose de tendre et de flatteur. Il parle comme un ange, disait-elle quelquefois à sa cousine.

Après les plus doux épanchemens, après avoir passé du délire à l'ivresse, avoir épuisé toutes les sensations, il fallut revenir au présent, et l'avenir, avec sa main de fer, se présenta sous une forme effrayante. On s'aime; on est heureux de se l'entendre dire, de le répéter soi-même. Mais M. d'Apremont est absolu, et Sophie est timide et subjuguée; il est opiniâtre et intéressé; l'engagement fatal doit être contracté dans huit jours. Comment parvenir à s'y soustraire? comment amener ensuite M. d'Apremont à recevoir le baron pour son gendre? Douze mille livres de rente sont-elles à comparer à un revenu de cent cinquante mille francs? On ne voyait plus que des obstacles, que la crainte multipliait encore, et qu'elle présentait comme insurmontables. Les cœurs se serraient; ils soupiraient à l'unisson, et à chaque soupir les yeux se portaient sur la cousine. Elle avait les siens au plafond, et sa tête était appuyée sur sa main. C'est une source de pensées bien féconde qu'un plafond, puisque tous ceux qui sont embarrassés vont toujours en chercher là. Si cette opinion est fondée, que d'actions de graces nous devons tous à notre maçon!

« Je voulais d'abord, dit enfin madame Des« courtils, engager le baron à se déclarer fran-

« chement à mon oncle. Il aurait essuyé une bou-
« rasque qui l'aurait forcé à retourner à Pithiviers.
« Mais il aurait écrit; mon oncle aurait fini par
« me parler de ses lettres, et j'aurais dit bien dou-
« cement ma façon de penser, car il est des mo-
« mens où il me fait peur aussi. Des amis puissans,
« des gens considérés auraient appuyé la demande
« de monsieur. Mais j'ai réfléchi qu'auprès d'un
« homme du caractère de mon oncle, rien ne peut
« balancer cinquante mille écus de rente, et l'a-
« vantage de marier sa fille sans lui donner de
« dot. Mes chers enfans, on m'accorde quelque
« esprit, de l'imagination, et je vous avoue qu'il
« ne se présente à moi aucune idée à laquelle je
« puisse m'arrêter.

« Je ne ressemble pas, dit le baron, à ces écer-
« velés qui veulent tuer un homme, pour l'em-
« pêcher de se marier à son gré. Mais je voudrais
« bien que ce marquis, qui ne fait que des sot-
« tises, se permît de me faire une querelle d'éclat.
« — Vous me faites frémir, s'écria Sophie ! Ex-
« poser vos jours ! perdre la vie, peut-être ! Vous
« voulez donc que je meure avec vous. — Allons,
« monsieur le baron, vous lui baiserez les mains
« une autre fois. Raisonnons : nous n'avons pas
« de temps à perdre. D'après ce que vous m'avez
« dit de ce marquis, il est impossible qu'il soit
« quatre jours ici, sans faire quelque chose qui
« déplaise à mon oncle, et que nous aurons le
« soin de bien envenimer. L'essentiel est de gagner

« du temps : bornons-nous à cela pour aujourd'hui.
« — Voyons, cherchons, ma cousine. — Sophie
« feindra d'être malade. — Mais, madame, le mé-
« decin découvrira la ruse. — Faut-il tout vous
« dire, monsieur le baron? Depuis que ce mariage
« est arrêté, Sophie a toujours été indisposée:
« vous seul avez pu la rendre à elle-même. — Oh,
« ma cousine, comment vous permettez-vous de
« dire... — Ce qui a fait tant de plaisir à monsieur?
« — C'est malheureux, en vérité. Allons, dès ce
« soir tu sentiras du malaise, un mal de tête
« quelconque; tu paraîtras accablée, triste. — Cela
« ne me sera pas difficile : il me suffira de penser
« à M. d'Oliban. — Bon. Demain tu seras réelle-
« ment malade; on mandera le médecin; il fera
« des ordonnances, et je jetterai les remèdes par
« la fenêtre. — C'est très-bien, madame; c'est ad-
« mirable. Mais je supplie mademoiselle de n'être
« pas malade jusqu'à garder sa chambre. — Non,
« non, ce serait vous séparer, et je ne veux pas
« que vous le soyez. Sophie aura besoin de dissi-
« pation, d'un peu d'exercice. Elle résistera; j'in-
« sisterai; elle viendra chez moi, et vous y serez;
« elle fera un tour ou deux dans le parc, et vous
« lui donnerez le bras. Est-ce cela, monsieur le
« baron? »

Vercelle, hors de lui, tombe aux pieds de madame Descourtils. La porte s'ouvre... c'est Zéphire. Il n'a pu se présenter à M. d'Apremont,
qui repose encore. Il a cherché madame Descour-

tils, qui représente son oncle quand il n'est pas visible. Il lui remet le billet du marquis et se retire. Mais le coquin a vu le baron aux genoux de l'aimable cousine ; il ne doute pas qu'ils soient au mieux ensemble, et il se propose bien d'amuser son maître d'une anecdote nouvelle et piquante.

L'heure ordinaire du réveil était passée, et on ne s'en était pas aperçu. Madame Descourtils sort ; elle va, sur la pointe des pieds, écouter à la porte de son oncle ; elle entend quelque chose ; elle revient. « Descendons dans le parc, dit-elle, « et ayons l'air de causer de choses indifférentes. »

M. d'Apremont étendait les bras, et poussait un dernier bâillement devant une des croisées de sa chambre. Il voit nos promeneurs, et les appelle avec un *hom, hom*. On revient à lui avec empressement ; on s'estime trop heureux de complaire à celui dont on attend quelque chose d'essentiel. « Corbleu, dit le papa, j'ai dormi aujour-
« d'hui plus long-temps que de coutume. Cette
« chasse m'avait fatigué. Voyons, mesdames, à quoi
« passerons-nous la soirée ? — Nous ferons ce qui
« vous plaira le mieux, mon oncle. — Moi, mon-
« sieur, je suis à vos ordres. — Tu ne dis rien,
« Sophie. — Papa, je me sens un peu indisposée.
« — Cela ne sera rien, mon enfant. Du reste, je
« n'entends pas te gêner. Tu causeras avec ta cou-
« sine ; et nous, baron, que ferons-nous ? Je n'aime
« pas les cartes. — Amusement futile, monsieur.
« — Il y a pourtant des femmes qui passent à cela

« la moitié de leur vie. Quel jeu jouez-vous, mon
« cher Vercelle? — Mais, le trictrac, les dames,
« les échecs... — Les échecs! Vous jouez aux
« échecs ! j'en suis enchanté. J'aime passionné-
« ment ce jeu-là : il est l'image de la guerre. As-
« seyez-vous, mon ami, et commençons. »

Le papa, assez bon tacticien, avait des prétentions sans bornes aux échecs. Il ne remuait pas
une pièce, qu'il ne rappelât une marche du prince
Eugène, de Turenne, ou de Maurice de Saxe. Il
voulait qu'on admirât la profondeur de ses combinaisons. Cependant le baron reconnut bientôt
qu'il n'était pas de sa force. Il ménagea son jeu
de manière à disputer la partie jusqu'à la fin, et
poliment il la perdit. « Vous êtes fort, monsieur.
« Il a fallu toutes mes combinaisons pour que je
« vous gagnasse. Je vous donne votre revanche. »
Malgré ses combinaisons, M. d'Apremont la perdit. « J'ai été distrait, corbleu, j'ai été distrait. —
« Je crois m'en être aperçu, monsieur. — Vrai-
« ment?... Jouons la partie d'honneur. » M. d'A-
premont la gagna, et cela devait être. Il était
heureux, très-heureux en ce moment. Il ne cessait de parler de la force du baron, moyen déjà
usé de faire valoir la sienne. « Je regrette beau-
« coup que mon gendre futur ne sache pas ce
« jeu-là. Ah, c'est un homme aimable, et par
« conséquent superficiel. Il faut des têtes comme
« les nôtres, baron, pour vaincre les difficultés
« que présentent les échecs... Qu'as-tu donc, ma

« Sophie? Tu m'inquiètes. — Papa, j'ai un grand
« mal de tête. — Ma nièce, conduis-la chez elle,
« et fais-lui prendre quelque chose, du thé, de
« la camomille, que sais-je, moi? Va, mon enfant,
« va. Demain matin, j'irai savoir de tes nouvelles. »

Le baron s'était aperçu que le vieillard était mauvais, très-mauvais joueur. Il lui avait vu froncer le sourcil à chaque coup décisif dont il était menacé, et un gros rire s'échappait, quand son adversaire avait eu la complaisance de ne pas le consommer. Deux ou trois *corbleu*, bien ronflans, avaient suivi la perte de la seconde partie, et des plaisanteries assez vives avaient succédé aux éloges, après le gain des deux autres. Vercelle se promit bien de perdre toujours deux parties sur trois.

Il se retira dans sa chambre, où il passa la nuit, tantôt à dormir, tantôt à penser à Sophie. Il se rappelait, avec délices, ce qu'elle avait fait pour lui, ce qu'elle allait faire encore. Un mot, un sourire, un regard, un mouvement, indifférens peut-être, mais qu'il avait interprétés, se retraçaient à sa pensée. Le jour le surprit, bercé par ses douces rêveries. Les amans se rapprochent facilement de la nature : les premiers rayons du soleil, la verdure qu'il colorait de ses feux, l'émail des fleurs, le gazouillement des oiseaux, qui chantaient leurs amours et leur bonheur, l'appelèrent dans les jardins, dans le parc. Il ne voyait, il n'entendait que des êtres heureux. Hélas! se disait-il, l'ordre social a tout interverti. On a opposé, au sentiment, des lois, des autorités, des distinctions, des vues d'intérêt. L'homme dégradé n'est plus que le jouet des préjugés, des préventions, des passions factices, que fait naître la civilisation. J'adore l'être dont je suis aimé; nos cœurs ne cessent de s'élancer l'un vers l'autre, et des institutions cruelles nous séparent.

Il est distrait de ses idées philosophiques, par le bruit des fouets, des chevaux et des roues : c'est d'Oliban qui arrive, qui descend de sa voiture, et qui ne conçoit pas qu'on ne soit point levé encore, lorsqu'il l'est depuis deux heures. Le baron est loin de le chercher; mais, le marquis apprend qu'il est dans le parc; il court à son camarade, non qu'il soit entraîné par l'amitié; mais il est instruit de l'amour de Vercelle pour madame Descourtils, et le besoin invincible de se mêler de cette affaire-là est son stimulant et son guide.

« Je ne vous croyais pas ici, mon cher baron;
« mais, hier soir, Zéphire m'a appris certaines
« choses... Les gens raisonnables ont donc aussi
« leurs faiblesses. Vous voilà donc amoureux. Ma
« foi, je vous fais mon compliment. Madame Des-
« courtils n'est plus de la première jeunesse; mais
« elle est jolie, aimable, spirituelle, et je lui crois
« un caractère excellent. J'aurais dû me douter
« de quelque chose, à un certain bal donné par
« la comtesse d'Orfeuil : vous avez été assidu près

« de l'intéressante veuve ; mais je ne suis ni cu-
« rieux, ni observateur, et j'avais oublié tout cela.
 « Ah çà, où en êtes-vous ? On vous écoute fa-
« vorablement, je le sais ; mais cela ne suffit pas.
« Vous êtes-vous ouvert au cher oncle ? A-t-il
« bien reçu vos propositions ? A quand la noce ? »

Le pauvre baron, étourdi de cette sortie, ne trouvait pas un mot ; il ne pensait pas même à répondre. Il était tout entier à la position nouvelle où le marquis allait le mettre, et il bénissait son étoile de ce que Zéphire ne l'avait pas surpris aux genoux de mademoiselle d'Apremont, ce qui serait infailliblement arrivé, s'il fût entré quelques minutes plus tôt.

 « Eh bien, mon camarade, vous vous taisez ?
« Toujours modeste et réservé ! Écoutez-moi. J'é-
« pouse mademoiselle d'Apremont, et je ne la
« laisserai pas ici, son père doit s'y attendre. Vous
« avez peu de fortune ; madame Descourtils n'est
« pas plus riche que vous ; il n'est pas possible
« que vous teniez une maison. M. d'Apremont ne
« peut vivre seul, et votre mariage lui assure de
« la société et des soins. Madame la baronne lui
« restera, et vous viendrez passer vos semestres
« au château. N'est-ce pas cela ? Allons, parlez. Le
« futur beau-père ne me refuse rien : voulez-vous
« que j'arrange votre mariage dans la journée ? »

Que Vercelle consentît ou non, il avait lieu de craindre que son amour prétendu devînt l'histoire du château. Cependant, plus il réfléchissait, plus il s'applaudissait que le marquis ait pris aussi complètement le change. Mais il ne pouvait se décider à faire jouer à madame Descourtils un rôle au-dessous d'elle. Il résolut d'ôter au marquis tout espoir de succès, en lui avouant qu'il aimait beaucoup; mais qu'il n'avait pas le bonheur de plaire, et qu'il n'entendait pas devoir la main de madame Descourtils à l'autorité de son oncle.

« Vous aimez beaucoup; vous ne plaisez pas !
« Cela n'est pas croyable, baron. Que diable fai-
« siez-vous hier soir aux genoux de madame Des-
« courtils? Cette position est celle d'un amant
« heureux; on ne la prend pas pour se plaindre
« des rigueurs de sa belle... Ah! je vois ce que
« c'est. J'ai fait quelques maladresses dans ma vie,
« et vous me redoutez. Mais cette affaire-ci doit
« aller d'elle-même, et je vous répète que je n'aurai
« qu'un mot à dire à M. d'Apremont. — Monsieur
« le marquis, écoutez-moi attentivement, je vous
« en prie, et n'oubliez rien de ce que vous allez
« entendre. J'aime madame Descourtils, et je n'en
« ai reçu que des marques de froideur. Je suis
« tombé hier dans un accès de désespoir, que je
« n'ai pu modérer, et qui l'a effrayée. Je me suis
« jeté à ses pieds pour lui demander pardon, et
« implorer l'oubli d'un transport insensé. Touchée
« de mon état, et surtout de mon repentir, elle
« m'a répondu avec la plus grande bonté. Mais,
« pour faire cesser des poursuites qui la fatiguent,

« elle m'a avoué franchement que son cœur n'est
« plus à elle. Voyez maintenant, monsieur, si
« vous voulez lui susciter des persécutions, en
« faisant connaître à son oncle des sentimens
« qu'elle ne peut partager.

« — Voilà qui est extraordinaire : je suis le
« seul officier du régiment qui soit heureux en
« amour. Il y a donc un malin génie qui plane
« sur les chasseurs des Vosges?... Vous me per-
« mettrez au moins de parler à madame Descour-
« tils; de chercher à la détromper sur les per-
« fections imaginaires qui l'abusent. — Ah, par
« exemple, ce sera me rendre un service essen-
« tiel. Mais pas un mot à M. d'Apremont, s'il
« vous plaît. — Eh, non, eh, non, la chose est
« arrêtée. — Mais quel est ce rival? Le connaissez-
« vous? — Elle a refusé de le nommer. — Il ne
« lui convient pas, voilà qui est clair. Une femme
« de vingt-huit à trente ans, maîtresse de ses ac-
« tions, avoue l'amant dont elle n'a pas à rougir.

« — Vous allez un peu loin, monsieur le mar-
« quis. Si le parti, au contraire, est tellement
« au-dessus d'elle... — Ah, oui, j'entends. Quelque
« jeune écervelé, qui tient à une famille illustre,
« que ce mariage affligerait. — Convenez au moins
« que cela peut être, et apprenez à ne jamais
« précipiter votre jugement. — Il est possible en-
« core que l'amant aimé soit arrêté par un deuil,
« par un procès; que sais-je, moi? N'importe, je

« parlerai à votre aimable veuve, et je vous ser-
« virai chaudement. Je fais mon affaire de la vôtre;
« soyez-en sûr. »

Vercelle ne savait trop jusqu'à quel point il pouvait compter sur la discrétion du marquis. Mais il avait fait ce qui était en lui pour que madame Descourtils ne fût pas compromise, et il ne chercha plus que l'occasion de lui faire connaître ce qui venait de se passer. Il essaya de plusieurs prétextes pour se défaire du marquis, qui avait toujours quelque chose à lui dire. « A propos,
« baron, j'ai préparé à M. d'Apremont quelques
« soirées agréables. Il aime beaucoup les échecs.
« — Je le sais. — Je suis lié avec Philidor. Je lui
« ai envoyé un cabriolet; je lui ai écrit quatre
« mots. Il arrivera ce soir; je le présenterai sous
« un nom supposé, et nous jouirons de la sur-
« prise et de la satisfaction de mon très-futur
« beau-père. — Voilà qui est bien vu, parfaite-
« ment vu. Je vous reconnais à ce trait, mon
« obligeant camarade. Mais pas de vilain tour aux
« femmes, cela est indigne de vous. Je crois qu'il
« est temps que nous nous présentions aux maî-
« tres du château. — Neuf heures et demie... Il
« n'y a pas d'indiscrétion à se faire voir à cette
« heure-là, à la campagne. »

Tout était en l'air dans la maison. Sophie avait eu une nuit fâcheuse, et elle souffrait réellement de l'inquiétude de son père. Des domestiques étaient en course. L'un allait à Orléans; un autre à Paris : il semblait qu'on ne pût rassembler assez de médecins. Les femmes préparaient des boissons rafraîchissantes qu'on avait commandées, sans savoir pourquoi, et qu'on contremandait sans motif. Vercelle laissa le marquis avec M. d'Apremont. Il courut à sa chambre; il écrivit à madame Descourtils un billet assez détaillé, et il rejoignit son camarade et le seigneur du château.

Le marquis ne put s'empêcher de demander la permission de voir sa charmante future. C'est un terrible métier que celui d'un coureur de dot : il faut toujours feindre ce qu'on est loin de sentir. Le baron profita, sans rien dire, de la permission accordée à son camarade, et pendant que d'Oliban débitait des lieux communs, le billet parvint à son adresse.

Quand il eut parlé, que ses tendres plaintes sur l'indisposition de Sophie furent épuisées, que la source de ses soupirs fut tarie, il prit d'un air leste et familier la main de madame Descourtils, et il la conduisit dans l'embrasure d'une croisée. « Ah çà, ma charmante cousine, j'ai à me plaindre « de vous. — Et en quoi donc, mon aimable cou- « sin ? — J'aime beaucoup mon camarade Vercelle, « et vous le désespérez. C'est un jeune homme « plein de mérite, qui vous adore, qui vous con- « vient, et vous lui préférez je ne sais qui. — En « vérité, marquis, je ne vous comprends pas. — « Oh, que si, oh, que si. Les femmes entendent « de reste quand on touche une certaine corde;

« mais, quelquefois, elles ont leurs raisons pour
« dissimuler. — Plaira-t-il à monsieur le marquis
« de vouloir être plus clair? — Je vais m'expli-
« quer, puisque vous le voulez, et vous aurez
« l'air d'apprendre ce que vous savez mieux que
« moi. » Madame Descourtils s'aperçut enfin que,
de l'autre bout de la chambre, le baron ne cessait de lui faire des signes. « Je vous demande
« mille pardons, monsieur le marquis; mais il faut
« que je sorte un moment. — Cette conversation
« vous embarrasse; vous croyez m'échapper...
« mais... — J'espère que vous ne prétendez, ni
« me retenir, ni me suivre. » Ces derniers mots
furent prononcés d'un ton si solennel, que d'O-
liban ne sut que répondre, et qu'il resta cloué
à sa place. .

Au bout d'un moment, madame Descourtils
rentra en riant aux éclats. « Vous ne perdez pas
« de temps, monsieur le marquis, et vous servez
« vos amis chaudement. Vous prétendez donc que
« je me marie pour vous? — Non, madame, mais
« pour Vercelle. — Je vous donne ma parole
« d'honneur que je ne l'épouserai jamais. — Ne
« jurez pas, je vous en prie; c'est vous ôter la
« possibilité de revenir. — Oh! je n'en ai nulle
« envie. — Et vous comptez persévérer dans votre
« aveuglement? — J'en jure par votre amour pour
« Sophie. — Et vous croyez que je m'en tiendrai
« à des plaintes stériles; que je me bornerai à
« déplorer le sort de mon ami? — Non, non; je

« sais que vous n'êtes pas capable de cela. Vous
« direz à mon oncle ce que vous savez, et ce que
« vous ne savez pas. Il me parlera en faveur de
« monsieur; je lui répondrai que je veux rester
« veuve, et tout sera fini. »

Des voitures, des chevaux de selle, qui entraient dans les cours, interrompirent un dialogue, que le marquis se proposa bien de reprendre à la première occasion. Le baron se hâta de présenter la main à l'aimable cousine. « Laissez
« parler d'Oliban, lui dit-elle bien bas : son erreur
« nous sera utile. Mon cher oncle criera d'abord;
« j'y suis accoutumée. Il rira plus tard, et le public
« aussi, car ceci percera quand on vous verra
« épouser Sophie. — Ah! si j'étais assez heureux!...
« — Plus bas, baron, plus bas. Le marquis est
« sur nos talons. — Ah, ah, vous lui donnez des
« espérances, et vous voulez me le cacher! Cela
« n'est pas bien, cousine. Vous savez quel tendre
« intérêt je vous porte à tous deux. »

Deux médecins d'Orléans, un de Pithiviers, un de Dourdan, et le célèbre M. Petit, qui arrivait en poste, interrompirent encore la conversation. Conduits par M. d'Apremont, accompagnés de madame Descourtils, de d'Oliban et du baron, ils se rangèrent autour du lit de Sophie, avec la gravité d'usage. Le pouls, la langue, les yeux furent d'abord examinés par M. Petit, bien entendu : les autres n'étaient plus là que pour opiner du bonnet doctoral, et toucher ensuite leurs honoraires.

Après des questions, des interpellations et de longues réflexions, M. Petit dit à l'oreille de M. d'Apremont : « Il faut marier mademoiselle « sans délai; le pouls indique une passion vio- « lente... — J'en connais l'objet, répond tout haut « le papa. C'est le marquis d'Oliban; elle en est « folle, et ils seront unis dans six jours. — Il y a « aussi des vapeurs dans son fait. Voyez-vous ces « larmes qui coulent sans motif, et qui ne sont « pas de joie. » Sophie prend les mains de son père; elle l'attire; elle le presse dans ses bras; elle le regarde avec une expression... « La re- « connaissance de la jeune personne, reprend le « docteur, passe les bornes ordinaires. Je vous « engage, monsieur, à avancer le mariage. Ne « serait-il pas possible que demain... — Cela ne « se peut pas, monsieur. Rien ne sera prêt que « la veille du jour que j'ai fixé. — Pardonnez-moi, « mon père. J'ai abusé de votre confiance; je ne « suis pas malade. Mais, au nom de Dieu, ne me « sacrifiez pas. J'aime le baron; j'en suis tendre- « ment aimée; consentez à notre bonheur. — « Voilà du délire, s'écrie d'Oliban. Vercelle adore « madame Descourtils, qui ne peut pas le souffrir. « — En effet, poursuit le médecin, le sang est « dans une agitation excessive, et il est évident « qu'il se porte au cerveau. Des bains de pieds, « un régime rafraîchissant, et la célébration du « mariage aussitôt que vous le pourrez. »

Sophie avait à peine cessé de parler, qu'elle se repentit de s'être laissée aller à sa franchise, et à ce qu'elle devait à son père. La réplique du marquis lui avait ôté la faculté de rien ajouter. Le docteur voulut bien prendre son silence pour du calme, et il invita tout le monde à se retirer. Madame Descourtils resta seule avec sa cousine. Elle lui expliqua les paroles, inintelligibles pour elle, que d'Oliban venait de prononcer, et elle retourna au salon.

Là commençait une grande explication entre M. d'Apremont et le marquis. « Que diable con-
« tiez-vous là-haut sur l'amour prétendu du baron
« pour ma nièce? — Je vous ai dit la vérité, mon-
« sieur. — Quoi, réellement, baron, vous êtes
« amoureux de madame? — Monsieur... monsieur...
« Je ne sais... j'ignore... — Je ne sais, j'ignore...
« Parlez, madame. Est-il vrai que le baron vous
« aime? — Il faut bien que cela soit, puisque M. d'O-
« liban le dit. — Ma nièce, M. de Vercelle connaît
« la guerre, les échecs; il est bon vivant et chas-
« seur déterminé; il m'a rendu un grand service,
« et, ma foi, je ne dis pas que... — Mais mon on-
« cle, vous mettez à tout ce que vous faites une
« précipitation... — Qui ne te déplaît pas trop,
« conviens-en? Le baron n'est pas riche, qu'im-
« porte? Tu resteras avec moi, et ton mari vien-
« dra passer ici ses quartiers d'hiver. Voilà pré-
« cisément, s'écria le marquis, comment j'avais

« arrangé cette affaire. — Nous reviendrons là-
« dessus, quand le mariage de ma fille sera ter-
« miné. »

Personne ne s'opposant aux vues que venait de développer M. d'Apremont, il crut qu'elles étaient adoptées. Le marquis ne manqua pas d'attribuer à la chaleur de ses sollicitations le consentement tacite que venait de donner madame Descourtils. Le baron sortit avec elle, pour se consulter sur les embarras nouveaux, que tout le monde s'était accordé à leur susciter. Il semblait, en effet, qu'il y eût une conspiration générale contre l'amour. « Allez, mes amis, leur dit M. d'A-
« premont, allez parler de vos tendres sentimens.
« Ils seront bientôt couronnés. Que disiez-vous
« donc là-haut, marquis ? Vercelle adore madame
« Descourtils, qui ne peut le souffrir. — Il le
« croyait. — Il le craignait. — Il me l'a dit. —
« Que diable, vous voyez que ma nièce ne s'est
« pas permis la moindre observation. Écoutez
« donc ; elle ne s'est peut-être pas souciée de
« vous mettre dans sa confidence : vous avez une
« certaine réputation... — Faut-il vous parler fran-
« chement ? eh bien ! je l'ai pensé comme vous. »

Le comte n'était pas en état de marcher encore, et il bouillait d'impatience dans sa chambre. Que fait Vercelle à Apremont ? Est-il bien vu du seigneur ? Est-il convenu de quelque chose avec la demoiselle et sa cousine ? Quel plan ont-ils adopté pour supplanter le marquis ? « Ma foi, s'écria-t-il,

« la curiosité et l'impatience me font plus de mal
« que ma blessure, et je n'y saurais tenir plus
« long-temps. » Il fait mettre des chevaux à sa calèche; il part, il arrive au château; il est reçu
avec la cordialité ordinaire aux gentilshommes
campagnards, et la déférence due à sa naissance
et à son grade.

Sophie sentait qu'elle avait poussé les choses
un peu loin. Il suffit d'une indisposition pour
faire différer un mariage. L'amant peut insister
et se plaindre; mais les parens savent qu'une
jeune personne a, dans certaines circonstances,
le plus grand besoin de toute sa santé. Il n'était
donc pas à craindre que M. d'Apremont voulût
absolument tenir au jour qu'il avait fixé, et il
était indispensable de lui rendre sa tranquillité.
Telles étaient les réflexions que madame Descourtils avait communiquées à sa cousine. Sophie
se leva, et descendit au salon. Sa présence fit la
plus douce impression sur le cœur de son père.
Il l'embrassa, se félicita, pressa la main du marquis. Cela voulait dire : Il n'y aura rien de changé
à nos arrangemens.

On allait se mettre à table, lorsqu'un laquais
avertit d'Oliban qu'on le demandait à l'antichambre. Il sort, et rentre un instant après, intro-
duisant un homme d'assez bonne mine. « C'est
« M. Dupré, dit-il au futur beau-père, mon ami
« particulier, et fort joueur d'échecs. Il a entendu
« parler avec éloge de votre talent en ce genre,

« et il m'a prié de lui procurer l'occasion de se
« mesurer avec vous. — M. Dupré est le bien venu.
« Il dînera avec nous. Il est donc vrai, monsieur,
« qu'on parle de moi dans le monde? Je suis
« d'une assez jolie force, j'en conviens; mais,
« qu'on s'en occupe à Paris, c'est ce que j'ai de
« la peine à concevoir. Au reste, j'accepte votre
« défi, monsieur, et quand j'aurai fait ma sieste,
« ma foi, nous batailllerons. »

Le baron regarda la cousine d'une certaine manière. Ses yeux lui disaient : C'est Philidor. Ceux de l'aimable veuve lui répondaient : Je le sais bien, et le marquis de s'écrier : « Voyez, voyez comme
« ils se regardent. Doutez-vous maintenant qu'ils
« soient bien ensemble? Allons, il est clair qu'ils
« se sont défiés de moi. »

On avait quitté la table. Vercelle tira d'Oliban à part. « Mon camarade, vous seul ici connaissez
« Philidor. Il convient que vous l'amusiez jusqu'au
« moment où M. d'Apremont se rendra à la so-
« ciété. — A qui dites-vous cela, mon cher baron?
« Je vais le faire jouer au billard, au volant, au
« ballon, à tout ce qu'il voudra. » Le comte, Vercelle, madame Descourtils et Sophie s'enfoncent dans le parc. Ils y cherchent un endroit où ils puissent parler librement, sans crainte d'être surpris.

« Je ne conçois rien, dit d'Orville, à la marche
« que vous avez adoptée. Madame a laissé croire
« à son oncle que Vercelle l'aime, et qu'il est

« payé de retour. M. d'Apremont a donné son
« consentement à leur union; voilà le roman ter-
« miné; d'Oliban n'aura plus rien à faire, et vous
« l'aurez sans cesse sur les bras. Il faut remettre
« en scène le rival préféré du baron; il faut pi-
« quer la curiosité du marquis, et cela n'est pas
« difficile; le pousser à chercher, à déterrer ce ri-
« val, et à vous laisser ainsi maîtres de vos ac-
« tions. Mais comme il faut toujours mettre la
« vraisemblance de son côté, il est nécessaire de
« faire entendre au marquis que madame n'a paru
« consentir que parce qu'elle redoute le caractère
« violent de son oncle, et qu'elle tient plus que
« jamais à l'inconnu qui possède son cœur : Ver-
« celle se chargera de cette partie de la scène.
« Moi, je désolerai d'Oliban, en lui protestant
« que je connais le rival heureux de son cama-
« rade, et en refusant de le lui nommer. Je lais-
« serai cependant échapper quelques mots qui
« lui feront soupçonner quelle est la ville qu'il
« habite. C'en sera assez pour le tenir dans une
« activité continuelle. Mais ceci ne servira qu'à
« nous faire gagner quelques jours. Il faudra enfin
« agir offensivement, et nous n'avons pas encore
« la moindre idée sur le parti que nous pren-
« drons. Quoi qu'il arrive, le marquis n'épousera
« pas mademoiselle; je le tuerai plutôt que de le
« laisser faire ce mariage. — Oh! le tuer, mon-
« sieur le comte, ce serait passer la plaisanterie.
« — Je ne plaisante pas, madame, je le hais à la

« mort. Si vous saviez ce qu'il m'a fait... Ah, ah!
« voilà une jolie maison là-bas, au bout de cette
« avenue. A qui appartient-elle? — A un marchand,
« qui a voulu se donner les airs d'avoir un châ-
« teau, des maîtresses, des chevaux, des voitures;
« qui, par vanité, n'a jamais rien su refuser à sa
« femme, et qui vient de faire banqueroute. La
« maison est à louer, monsieur le comte, et si
« vous voulez être notre voisin... — A votre tour,
« madame, vous croyez plaisanter, mais j'adopte
« votre idée. Nous ne pouvons, le baron et moi,
« rester éternellement chez M. d'Apremont, et il
« peut se présenter telle circonstance qui nous
« oblige à avoir un camp retranché. Le plus faible
« avantage que nous retirerons de cette habitation
« sera d'y parler en sûreté, quand nous voudrons
« fermer les portes, et de voir tous les jours
« M. d'Apremont et sa charmante demoiselle, sans
« leur être à charge. Je suis décidé; je loue la
« maison. »

« Où êtes-vous donc, mesdames et messieurs,
« criait le marquis de cinq cents pas de distance?
« Venez, venez donc. La grande partie d'échecs
« va commencer. » On se lève, on s'empresse, on
se hâte, on joint d'Oliban en riant, en jouant, en
fredonnant l'ariette du jour.

Les ennemis sont en présence. « Quel avantage
« voulez-vous que je vous fasse, demanda M. Du-
« pré à M. d'Apremont? — Comment, quel avan-

« tage? Corbleu, nous jouons à but. Je joue-
« rais avec Philidor lui-même, que je n'accepterais
« pas un pion. » M. Dupré se pique, il ne répond
pas un mot; mais il joue tout son jeu. En moins
de dix minutes, M. d'Apremont est *échec et mat.*

« Corbleu, monsieur, on ne gagne pas ainsi
« une partie d'échecs en un tour de main. Il y a
« là-dessous quelque chose d'extraordinaire. Mon-
« sieur le marquis, vous regardiez M. Dupré d'un
« air qui faisait sur moi un effet singulier. Vous
« aviez le nez sur l'échiquier, et je ne voyais pas
« mes pièces. Éloignez-vous, je vous en prie. Mon-
« sieur, je vous demande ma revanche. »

M. Dupré enlève une, deux, trois parties. Le
seigneur châtelain est furieux. Il se lève, il marche
à grands pas; d'Oliban l'aborde d'un air tout-à-fait
agréable, et passe son bras sous le sien. « Pos-
« sédez-vous, papa, possédez-vous. Il n'est pas
« étonnant que vous soyez battu : vous venez de
« jouer avec Philidor. — Avec Philidor! — Vous
« n'aviez pas encore eu ce plaisir-là : c'est moi
« qui vous l'ai procuré; ne suis-je pas bien ai-
« mable? — Comment, monsieur, vous me met-
« tez aux prises avec le plus fort joueur d'échecs
« de l'Europe, et vous ne m'en prévenez pas!
« — Je m'en suis bien gardé : j'ai voulu jouir de
« votre surprise, de votre admiration pour mon-
« sieur. — Vous avez voulu jouir de ma défaite,
« de mon humiliation. Corbleu, c'est une mysti-
« fication que vous vous êtes permise, monsieur.

« Je ne vous le pardonnerai jamais. — Mais vous
« prenez les choses avec un sérieux... — Ne faut-il
« pas que je rie pour amuser monsieur? Ne me
« ménagez plus de surprise de ce genre-là, je
« vous en prie.

« Pardon, M. Philidor. Je suis naturellement
« vif; mais ce n'est pas du tout à vous que j'en
« veux. Pour vous le prouver, je vous demande
« une leçon. Voulez-vous me la donner? — Très-
« volontiers, monsieur. — On peut avouer par-
« tout qu'on est l'élève de Philidor. Mais être battu
« par un M. Dupré, qui n'est connu de personne,
« c'est en vérité trop fort. Ah, marquis, vous voilà
« à présent sur mes épaules. Vous êtes un terrible
« homme. Allez dire quelque chose d'aimable à
« ma Sophie, allez. »

Sophie, sa cousine et le baron avaient joui de
cette scène. S'il pouvait en faire encore trois ou
quatre comme cela, se disaient-ils à l'oreille! Le
comte était allé voir la maison à louer, et il ne
rentra qu'avec le sous-seing privé de location dans
sa poche.

Le marquis se plaignit à Sophie de la sortie
plus que vive qu'il venait d'essuyer. « Mon oncle
« est comme cela, dit madame Descourtils; mais
« il est plein de qualités, et nous l'aimons ten-
« drement. Cependant il n'a jamais voulu nous
« accorder une chose à laquelle nous tenons es-
« sentiellement. — Qu'est-ce donc, charmante
« cousine? — Il ne part jamais pour la chasse,

« sans nous laisser dans une inquiétude mortelle.
« Hier il a failli à y perdre la vie, et demain il
« veut courre un chevreuil. — J'entends. Vous
« voudriez le dégoûter de cet amusement. Cela
« n'est pas facile. — Vous avez tant d'imagination,
« mon petit cousin ! — Oh... Voyez comme il a
« reçu la plaisanterie que je viens de me per-
« mettre. — Monsieur le marquis, dit mademoi-
« selle d'Apremont, du ton le plus doux, vous ne
« connaissez donc pas l'idylle charmante intitulée
« *la Violette*, et qui finit par ces deux vers :

> Heureux qui répand des bienfaits,
> Et comme toi cache sa vie.

« — J'y suis, mademoiselle, j'y suis. Il faut
« rendre le service, et cacher la main qui le rend.
« — Eh ! sans doute, monsieur. — Je ne vois plus
« qu'une difficulté. — Et laquelle ? — C'est que je
« ne sais comment m'y prendre pour... — Eh !
« mon Dieu, vous aviez tant d'imagination ! Ma
« cousine s'y connaît, et elle vient de vous le dire.
« — Par exemple, je ne suis pas embarrassé de
« faire manquer la chasse de demain ; mais les au-
« tres ? — Vous trouverez des moyens. — Ma foi,
« cela pourrait bien être. — Que mon oncle nous
« reste demain, et nous verrons après. »

« Vous êtes vraiment obligeant, monsieur, lui
« dit le comte, en le tirant à l'écart ; mais vous
« ne calculez pas assez les suites des services que
« vous rendez. Ce que vous me proposez de faire

« demain est sans doute une action louable; mais,
« vous n'avez pas réfléchi qu'en voulant servir le
« baron, vous exposez madame Descourtils à des
« désagrémens sans nombre. — Elle est folle de
« notre camarade. — Vous l'avez cru, parce qu'elle
« n'a rien répondu à son oncle; mais pouvait-elle
« s'exposer à son burlesque ressentiment? Vous
« devez maintenant connaître un peu son carac-
« tère : on dit que pendant la promenade que je
« viens de faire, il vous a fait une scène... — Que
« diable, elle et le baron se regardent sans cesse
« en souriant; ils ont toujours quelque chose à se
« dire à l'oreille... — C'est pour détourner les
« soupçons de l'oncle, et peut-être pour vous
« tromper vous-même. — Et Vercelle se prête à
« ce manége-là? — Oh, il est plein de délicatesse et
« de générosité. — Je le sais bien, parbleu, et
« cependant je ne peux ajouter foi à ce que vous
« me dites. — Je vous parle avec connaissance de
« cause. Je connais l'homme que madame Des-
« courtils voudrait épouser. — Vraiment! — Il était
« l'ami intime de son mari. Le cher homme, au
« moment d'expirer, a uni leurs mains, et a fait
« jurer à sa femme qu'elle n'épouserait jamais que
« lui. — Bah, croyez-vous que ces sermens-là en-
« gagent réellement? — Madame Descourtils tient
« à sa parole. — Qu'elle ait des scrupules, j'y con-
« sens; mais ils ne tiendront pas contre l'amour
« qu'elle a pour le baron. Je vois clair, monsieur
« le comte. Ne peut-on pas la débarrasser de cet

« homme-là, sans qu'elle ait rien à se reprocher?
« — Et comment? — Ah, comment... D'abord, il
« faudrait que je le connusse. Son nom, s'il vous
« plaît? — Trouvez bon que je le taise. — Ma
« foi, que madame Descourtils l'épouse ou ne
« l'épouse pas, que m'importe après tout? Je suis
« bien bon de me casser la tête de tout cela. —
« Oh, mon Dieu, comme vous vous découragez
« promptement! — Vous voyez que je suis prêt à
« tout faire pour Vercelle, et vous ne voulez rien
« dire. —Tout ce que je peux vous apprendre, c'est
« qu'il demeure à Orléans, et qu'il y tient un rang
« distingué. — Eh bien, qui empêche madame
« Descourtils de s'expliquer franchement avec son
« oncle, et de terminer, si vraiment elle n'aime
« pas le baron. »

A force de mentir, on est décousu, on se contredit, et on finit par s'enferrer. Le comte se pinça les lèvres; il réfléchit pendant quelques secondes, en faisant semblant de se moucher, de cracher, et de prendre du tabac. « Avez-vous en-
« tendu parler, marquis, d'un démêlé terrible que
« M. d'Apremont a eu il y a six ans, au sujet
« d'un morceau de pain bénit? — Non... Je ne le
« crois pas du moins. — C'était précisément avec
« l'homme dont je vous parle. Ce différent a oc-
« casioné un procès qui a duré quinze mois, qui
« a coûté vingt mille francs, et que M. d'Apre-
« mont a perdu. Il a juré une haine éternelle à
« sa partie adverse, et il tient plus que jamais à

« son serment. — Attendez, attendez, je vais ar-
« ranger tout cela. Vercelle, un mot, s'il vous
« plaît.

« Mon camarade, vous avez un rival, je n'en
« doute plus maintenant. Mais je n'ai pas lieu de
« le croire bien redoutable. — Oh! il ne l'est que
« par le consentement de certaine personne... —
« Qui reviendra à des sentimens plus favorables
« pour vous. — Puissiez-vous dire vrai. — Écou-
« tez, baron. Il n'y a presque pas de roman où
« quelque beauté ne soit enlevée de gré ou de
« force... — Vous voulez que le baron enlève
« madame Descourtils ! — Non, monsieur le
« comte. Fi donc, c'est un moyen usé. Moi, j'aime
« le nouveau, l'extraordinaire. — Je n'ai jamais
« ouï dire qu'un amant ait enlevé son rival; hé
« bien ! nous enlèverons celui-ci. — Bravo, bra-
« vo, s'écrie le comte. Vous êtes content de moi,
« répond M. d'Apremont en riant de tout son
« cœur ? Je le crois, corbleu : je viens de saisir un
« coup magnifique.

« Raisonnons un peu, marquis, dit le baron.
« L'enlèvement que vous proposez est-il dans les
« principes de l'honnêteté, d'une probité rigou-
« reuse ? — Oh! allez-vous aussi avoir des scrupules ?
« — Mais, si la chose vous regardait, vous per-
« mettriez-vous d'enlever... — Je n'y manquerais
« certainement pas. — M'en donnez-vous votre pa-
« role d'honneur ? — Hé, sans doute, mon cama-
« rade. Enlevons, enlevons. En vérité, dit le comte,

« votre idée, mon cher marquis, est excellente,
« admirable.

« Ah çà, reprit d'Oliban, c'est quelque chose
« que d'enlever ; mais cela ne suffit pas. Que fe-
« rons-nous de ce cher homme, quand nous le
« tiendrons? — Oh, messieurs, quel trait de lu-
« mière!—Expliquez-vous, monsieur le comte.—Je
« viens de louer une jolie maison de campagne,
« à une portée de fusil d'ici... — Et vous préten-
« dez le mettre là? Ah! ah! ah. — Un moment,
« marquis. Demain j'envoie louer ou acheter des
« meubles à Orléans. Après demain je donne un
« grand souper. Le rival du baron y sera. — Vous
« oubliez que M. d'Apremont ne peut le souffrir.
« — Vous oubliez que M. d'Apremont ne soupe
« pas. — C'est vrai, c'est vrai.

« J'ai, continue le comte, un intérêt considé-
« rable dans un corsaire qu'on vient d'équiper au
« Havre. Il charge maintenant ses provisions à
« Quillebœuf, petit port presque désert, et le ca-
« pitaine me doit son commandement. C'est un
« de ces hommes dont on fait tout ce qu'on veut
« pour de l'argent. — J'en donnerai s'il en faut.
« — Vraiment, marquis? — Oui, ma foi. Conti-
« nuez, monsieur le comte.

« Demain je fais disposer des relais. C'est très-
« bien vu, dit le marquis. Si on se servait de che-
« vaux de poste, notre homme crierait, on l'en-
« tendrait... — Et on le délivrerait. — En vérité,
« ce cher d'Oliban a une pénétration unique. —

« Vous me flattez, monsieur le comte. Après? —
« Je fais sortir mon homme, sous un prétexte
« quelconque, de la salle à manger; on le saisit;
« on l'enferme dans une chaise de poste. On court
« ventre à terre; on arrête à Quillebœuf; on re-
« met au capitaine du corsaire le rival, un sac
« d'or et une lettre; on loge notre homme à fond
« de cale; on met à la voile... — Et on le mène
« faire la guerre aux Anglais. C'est charmant, c'est
« charmant, monsieur le comte. — N'est-il pas
« vrai, marquis? Ah çà, ne parlez de rien. — Je
« n'ai garde, parbleu. Mais vous voudrez bien
« vous souvenir tous les deux que l'idée première
« est de moi. — Soyez tranquille; nous ne l'ou-
« blierons pas.

« — L'enlèvement ne doit avoir lieu, dites-
« vous, qu'après demain, et d'ici là il faut que je
« m'occupe. Je vais rêver aux moyens d'empêcher
« M. d'Apremont de forcer demain son chevreuil.
« Tâchez, messieurs, d'amuser un peu ces dames
« pendant mon absence. — Soyez tranquille, mar-
« quis, nous nous en chargeons. »

Vercelle court annoncer, à sa Sophie et à l'aimable cousine, que d'Oliban est d'avis qu'il faut
enlever son rival, quand on ne peut s'en défaire
autrement. Ces dames pouvaient causer six heures
sur ce fond, sans s'apercevoir que l'auteur du
projet était absent. Le comte, rancuneux comme
un vieux jésuite, était allé mettre, sur les pas
du marquis, deux domestiques, sur lesquels il

comptait absolument. Il ne suffit pas, pensait-il, que ce diable d'homme empêche la chasse de demain d'avoir lieu ; il faut le convaincre d'en être la cause, et selon les jurisprudences de tous les pays : *Testis unus, testis nullus.* Il nous faut donc deux témoins.

Le marquis se grattait le front dans les bosquets, précédé et suivi des deux domestiques. L'un cherchait des nids d'oiseaux, et l'autre des violettes. D'Oliban jurait tout bas, ce qui prouvait que son imagination n'était pas aussi riche que ces dames avaient voulu le lui faire croire. Des bosquets n'ont pas l'étendue de la forêt des Ardennes, et à force de marcher et de jurer, on finit par en trouver le bout. Le marquis arriva, sans y penser, dans la cour où étaient les écuries. Un garçon maréchal, portant fièrement sa trousse par devant, et ses tricoises à la main, s'avançait en sifflant un petit air. Ma foi, se dit d'Oliban, tout moyen est bon, pourvu qu'il réussisse, et j'emploierai celui-ci, puisque je n'en trouve pas de plus ingénieux. « Où vas-tu comme cela, l'ami ? « — Je vais voir s'il ne manque pas quelques « clous aux chevaux de chasse de not'seigneur. — « C'est un bien digne homme que M. d'Apremont. « — Il est un peu entêté ; mais il donne beaucoup « aux pauvres du village. — C'est un homme à « conserver. — Je le crois bien, morguène. — « Moi j'ai décidé qu'il ne mourra que de vieillesse. « — Je le souhaite comme vous, monsieur. — Tu

« peux m'aider dans ce louable dessein. — Vrai-
« ment, monsieur ! — Et gagner bien plus qu'à
« mettre des clous aux pieds de ses chevaux. —
« Parlons, mon beau monsieur, parlons. — Ton
« seigneur est fou de la chasse. — Oh, pour ça,
« c'est un enragé. — Et quelque jour il s'y cassera
« le cou ou il s'y fera tuer. — Eh bien, monsieur,
« que voulez-vous que je fasse à cela ? — L'empê-
« cher de chasser à l'avenir. — Un moment, mon-
« sieur. Si not'seigneur ne chasse plus, il vendra
« ses chevaux, et je ne pourrai plus les ferrer. —
« Je viens de t'offrir plus que ne te rapporte ton
« travail. Voyons, combien M. d'Apremont a-t-il
« de chevaux de chasse ? — Six, monsieur. —
« Voilà six louis ; ils sont à toi, si tu veux les pi-
« quer chacun à un pied. Ils resteront quinze
« jours sur la litière, et, au bout de ce temps-là,
« nous verrons. — Un moment, monsieur, par-
« lons encore un peu, s'il vous plaît. Si je fais ce
« coup-là, il faut que je me sauve, car je serais
« assommé par le seigneur ou par not'bourgeois,
« qui n'est pas plus maniable que lui. Mettez les
« dix louis, et je suis votre homme. »

D'Oliban paie, et il rentre au château, avec
l'air vaniteux de quelqu'un qui vient de faire
quelque chose d'admirable. Il allait de l'oreille de
Sophie à celle de sa cousine ; il s'adressait au
comte, au baron, et il répétait tout bas : Il ne
chassera pas demain.

Il était nuit ; la leçon d'échecs était terminée

depuis long-temps. Philidor, fêté, caressé par le maître du château, avait été forcé de rester. « Tant « mieux, tant mieux, dit le marquis. Vous lui « donnerez encore une leçon demain. — Oh! de-« main, il va à la chasse. — *Br!... va-t'en voir...* »

Sentez-vous la force de ce *va-t'en voir?* Souvent sur un mot aussi simple un criminel a été convaincu.

CHAPITRE XVII.

L'enquête, l'enlèvement.

Dès le point du jour les chasseurs étaient sur pied. Le premier piqueur faisait résonner son cor, qui, dans cette circonstance, équivalait à un boute-selle. Le baron avait devancé l'aurore, et M. d'Apremont le trouva prêt à monter à cheval. « Bien, mon ami, très-bien, lui dit le vieux sei-« gneur, en lui frappant sur l'épaule. Vous êtes « un sujet distingué, et quand vous serez mon « neveu, nous passerons les journées au bois, à « table, à l'échiquier. Il paraît que le marquis « n'est pas levé encore. Bah, ces damoiseaux-là « ne sont pas bons à grand'chose. Celui-ci crie « encore *taïaut* quand on sonne *à la lie*. Laissons-« le dormir; il nous joindra plus tard si cela lui « convient. — Le temps est magnifique. — Oui, « mon cher baron, et je me fais une fête de « courre ce chevreuil. Il nous donnera de la peine.

« J'ai là-bas de petits taillis, où, en cinq ou six
« sauts, il mettra mes chiens en défaut. — Je les
« soutiendrai pendant toute la chasse, et je les
« remettrai sur la voie. — Bravo, mon camarade,
« bravo. Ah, voilà monsieur le comte. »

Un palefrenier se présente. Il est abattu, accablé, anéanti. « Qu'as-tu, Liévin ? — Monsieur, je
« suis au désespoir. — Diable! conte-moi cela,
« mon garçon. — Je ne sais qui est entré hier
« dans les écuries, après que nous avons eu donné
« à souper aux chevaux; mais il n'y en a pas un
« en état d'être monté ; ils boitent tous jusqu'à
« terre. — Corbleu, ceci est violent ! Qu'on aille
« chercher mon maréchal. — On y est allé, mon-
« sieur. On a commencé par là.

« — Comment cette chasse n'aurait pas lieu ! je
« ne m'en consolerais de ma vie. Je vous aurais
« fait voir mes bois et la vaste plaine qui les sé-
« pare. Nous allions essayer dix couples de chiens
« neufs... Mais je n'en reviens pas. Messieurs, il
« y a là-dessous quelque chose d'extraordinaire.
« Six chevaux boiteux à la fois ! — En effet, dit
« le comte, d'un ton mystérieux, cela n'est pas
« concevable. — Corbleu, je découvrirai le cou-
« pable, et malheur à lui ! »

Le vieux seigneur prend sa cravache et va au-
devant du maréchal qui sortait des écuries. Son
fidèle baron et le comte ne le quittent pas. « Eh
« bien, Dupont, qu'est-il arrivé à mes chevaux?
« — Monsieur, ils sont tous piqués au pied

« montoir de devant, et si bien piqués qu'il en
« faudra dessoler deux. — Et quel est le misé-
« rable... — C'est sans doute mon garçon, mon-
« sieur. Hier, à la chute du jour, je l'ai envoyé
« voir s'il ne manquait pas quelques clous à vos
« chevaux de chasse, et en rentrant à la forge, il
« a voulu compter avec moi; il a pris son paquet,
« et il est parti sans avoir soupé. — Mais, quelle
« raison a pu porter ce misérable à faire un pareil
« coup? Ce n'est pas la vengeance : jamais je ne
« lui ai fait de mal. Il y a quelque chose là-des-
« sous, messieurs, je le répète, il y a quelque
« chose là-dessous. Je regrette bien, lui dit le
« comte, de n'avoir ici que des chevaux de car-
« rosse. Les autres sont sur la litière, et j'ai été
« obligé de les laisser à la garnison. » Le marquis
avait fait partir les siens la nuit, et les avait en-
voyés à Beaugency, pour n'être pas obligé de les
prêter.

Philidor ne respirait pas tous les jours un air
frais et serein, et il avait voulu jouir d'une superbe matinée. Il s'était levé avec l'aurore, et il
se promenait dans les bosquets, une feuille de
papier rayé d'une main, et un crayon de l'autre.
Il travaillait à un air champêtre, qui ne s'accordait pas du tout avec les vociférations du seigneur.
Le musicien, surpris, inquiet même, s'approche,
s'informe, interroge. M. d'Apremont s'emporte
toujours davantage, à mesure qu'il parle de ses
chevaux piqués, et on n'est pas précis quand on

est en colère. Cependant, à travers son galimatias, Philidor démêle le sujet de cette violente exaspération. Il réfléchit quelque temps, et tout à coup il dit, de la meilleure foi du monde :
« Adressez-vous à monsieur le marquis. — Com« ment, à monsieur le marquis ! — Oui, je crois
« qu'hier il se doutait de quelque chose, et aux
« termes où vous êtes ensemble, il se fera sans
« doute un plaisir de vous nommer le coupable.
« — Êtes-vous bien sûr de ce que vous dites là,
« M. Philidor? Que diable, si le marquis avait été
« instruit, il n'aurait pas manqué de m'avertir. —
« Peut-être n'avait-il que des soupçons; peut-être
« a-t-il craint de compromettre quelqu'un, sans
« motifs suffisans. — Enfin que vous a-t-il dit? par-
« lez, car vous commencez à m'impatienter aussi.
« — Moins de feu, s'il vous plaît, monsieur, moins
« de feu. — Vous avez raison, je suis trop vif;
« mais vous me voyez dans une position cruelle,
« désespérante. Voyons ; que vous a dit le mar-
« quis? — Il me félicitait de l'accueil que j'ai reçu
« de vous, et il ajoutait que j'aurais encore au-
« jourd'hui l'honneur de faire votre partie. Je lui
« ai répondu que cela était douteux, parce que
« vous alliez à la chasse. *Br*, a-t-il répliqué, *va-t'en*
« *voir*... — En effet, on pourrait inférer de là...
« Qu'avez-vous à rire, vous autres? » C'est aux
deux domestiques du comte que la question s'adressait. « Qu'avez-vous à rire? je veux le savoir.
« — Monsieur... monsieur... — Faites-les parler,

« monsieur le comte, je vous en prie. — Parlez,
« M. d'Apremont l'exige. — Eh bien, monsieur,
« puisque vous le voulez absolument, vous saurez
« qu'hier soir je cherchais des nids de linottes,
« et mon camarade cueillait des violettes... — Et
« qu'est-ce que cela me fait? Achevez. — Nous
« étions là, derrière cette touffe d'églantiers, et
« nous avons vu monsieur le marquis parler au
« garçon maréchal, et lui donner de l'argent. Mi-
« sérables, s'écrie le comte, vous osez calomnier
« le marquis, mon ami intime, capitaine dans mon
« régiment! Vous n'êtes plus à mon service. — Vous
« les garderez, monsieur le comte, vous les gar-
« derez. Pensez que vous les avez forcés à parler,
« et que leur déposition s'accorde avec le *va-t'en*
« *voir* de M. Philidor. Corbleu, étais-je destiné à
« trouver dans mon gendre futur mon plus cruel
« ennemi! Je vais parler à ce petit monsieur-là.
« Suivez-moi, mes amis, et vous verrez qu'on ne
« m'offense pas impunément. — Une querelle avec
« votre gendre! Et ce sont ces drôles-là qui en
« sont la cause! Sortez de ma présence, vous
« dis-je. Allez, que je ne vous revoie jamais. —
« Monsieur le comte, si vous les chassez, je me
« brouille avec vous. Ils m'ont rendu un service
« essentiel; ils m'ont fait connaître l'homme...,
« ou plutôt ils ne m'ont rien appris du tout : le
« *va-t'en voir* de M. Philidor a suffi pour m'éclai-
« rer. — Puisque absolument vous l'exigez, mon-
« sieur, ils resteront à mon service. Mais je vous

« prie de reconnaître, en m'accordant une grace,
« la déférence que j'ai pour vous. — Eh bien, que
« voulez-vous de moi? — Que vous traitiez le
« marquis avec douceur. — Avec douceur! Un
« homme qui m'empêche de forcer un chevreuil,
« et qui fait estropier mes chevaux! — Je fais tout
« ce que vous voulez, monsieur, et je ne peux
« gagner sur vous que vous vous modériez un
« peu! — Allons, je me modère; monsieur, je me
« modère; mais, corbleu, je vais lui faire connaître
« que je ne suis pas dupe de sa dissimulation, et,
« en termes mesurés, je lui dirai franchement ce
« que je pense. »

D'Oliban, ravi de ce qu'il avait fait, était descendu dans les bosquets. Il promenait sa joie vaniteuse dans une robe de chambre de taffetas et de petites pantoufles de maroquin; il pensait à ce qui devait se passer en ce moment, et sa figure était rayonnante. Au détour d'une allée, il se trouve nez à nez avec M. d'Apremont. « Eh bien!
« monsieur, vous n'êtes pas à la chasse? — Je
« vous conseille, monsieur, de joindre la fade
« plaisanterie à un trait qui n'a pas de nom! —
« Qu'avez-vous donc, mon cher beau-père? —
« Votre beau-père a toujours été le maître chez
« lui, même du vivant de sa femme, et il prétend
« l'être encore. Que ferez-vous quand vous serez
« mon gendre, si, avant votre mariage, vous pre-
« nez la haute main dans ma maison? Corbleu,
« ai-je l'air d'un homme qui se laisse mettre en

« curatelle. — Je n'en ai pas la prétention, mon-
« sieur. — Je le crois, ventrebleu, et si vous l'aviez,
« vous pourriez chanter, comme hier au soir,
« *va-t'en voir*.... — Comment, *va-t'en voir ?*...
« Ah! ce mot que j'ai dit à Philidor... — Et qu'il
« m'a rendu dans toute la simplicité de son ame,
« étant loin de vous croire l'assassin de mes cou-
« reurs, et l'ennemi de mes plaisirs. — Allons,
« cher papa, raisonnons de sang-froid, et dites-
« moi s'il ne vaut pas mieux faire, tranquillement,
« une partie d'échecs que de vous excéder de fa-
« tigue, et vous exposer à vous faire éventrer par
« un sanglier? Est-ce être ennemi de vos plaisirs
« que vous assurer ceux qui conviennent à votre
« âge? N'est-ce pas, au contraire, vous donner la
« preuve la plus convaincante de mon attache-
« ment, du désir que j'ai de vous conserver? Avez-
« vous pu interpréter, d'une manière aussi cruelle
« pour moi, l'action que je me suis permise, et
« qui m'a été suggérée par mon cœur? — Tout
« cela est fort bien, monsieur; je suis sensible
« autant que je dois l'être à vos sentimens pour
« moi; mais je vous déclare franchement que si
« les choses n'étaient pas aussi avancées entre
« nous... Je vous le répète, je veux être maître
« de mes actions, réglez là-dessus votre conduite
« à venir, si vous voulez que nous vivions en
« bonne intelligence. Allons, M. Philidor, venez
« me donner une leçon d'échecs, puisque d'Oli-
« ban ne me permet pas d'aller à la chasse. »

Le vieux seigneur tourne brusquement le dos au marquis, et il rentre au château. « Il est réel-
« lement indisposé contre moi, dit notre officieux
« au comte et au baron. En vérité, les hommes
« sont bien injustes. Ils méritent bien peu qu'on
« s'y attache et qu'on les serve. Ma foi, je ne
« me mêlerai plus des affaires de personne; mon
« active bienveillance ne m'a jamais attiré que
« des désagrémens. Savez-vous qu'à la manière
« dont M. d'Apremont prend les choses, il ne
« faudrait qu'un bon office de plus pour faire
« manquer mon mariage. — Eh non, lui répondit
« le comte. M. d'Apremont est violent; mais la
« boutade passée, il est docile comme un enfant.
« Vous avez voulu qu'il jouât aux échecs aujour-
« d'hui, eh bien, il y est allé. Cela ne prouve-t-il
« pas qu'il vous rend justice au fond du cœur ? —
« Vous avez beau dire, monsieur le comte; je
« viens d'essuyer une scène fort désagréable. —
« C'est votre faute. Vous donnez de l'argent au
« milieu d'une cour, où on peut être vu de tous
« les côtés, et vous chantez à Philidor : *Va-t'en*
« *voir*... Le baron et moi nous menons nos affaires
« plus prudemment, et l'enlèvement de son ri-
« val... — Oh, si je n'aimais pas autant Vercelle,
« je vivrais pour moi, dans une indifférence ab-
« solue sur tout le reste du genre humain. Si
« même je n'étais pas entré dans votre innocente
« conspiration contre ce rival... — Oh, ne vous
« gênez pas, marquis, nous l'enlèverons bien sans

« vous. — Non, non, le gant est jeté, et mon parti
« est pris. Mais très-certainement, ceci terminé
« heureusement, je deviendrai dur comme l'acier,
« inaccessible à toute espèce de sensibilité... Ah
« çà, où en sommes-nous? Vos dispositions sont-
« elles faites? L'homme d'Orléans est-il invité? —
« Oh, lui et beaucoup d'autres. — C'est bien, c'est
« très-bien. Au milieu de l'aimable désordre, qui
« règne dans une assemblée nombreuse, on ne
« pense pas à un homme qu'on ne voit plus, celui-
« ci courra toute la nuit, et si le lendemain on
« s'occupe de lui, on n'ira pas le chercher dans la
« cale d'un corsaire mouillé à Quillebœuf. Par-
« bleu, le tour sera plaisant, bien joué; j'en rirai
« long-temps. — Et nous, marquis, et nous! — Il
« me réconciliera tout-à-fait avec M. d'Apremont:
« cet homme est son ennemi capital.

« Messieurs, je vous ai empêché de chasser;
« mais je n'entends pas vous mettre à la diète.
« Allons voir si on pense à nous faire déjeuner. »

Le marquis fut reçu, par les dames, comme un
ami vrai, un protecteur, un dieu tutélaire. C'est
à lui qu'on devra l'existence d'un oncle et d'un
père, qui chaque jour prodiguait sa vie. D'Oliban était le petit cousin, l'aimable futur. Sophie
et sa cousine avaient un double but en le gâtant
ainsi. Elles voulaient lui faire oublier l'humeur
de M. d'Apremont, et le pousser, tête baissée,
dans le nouveau piége qu'on voudrait lui tendre.

Le vieux seigneur était satisfait de sa manière

de jouer, et ses progrès le consolaient un peu de n'avoir pas été à la chasse. Le comte et le baron avaient indiqué aux dames l'heure, le moment où le rival disparaîtrait. Tout le monde était satisfait, et le déjeuner fut gai. Sophie oublia qu'elle était indisposée, et son père s'écria : « Elle va
« bien, très-bien ; je ne changerai rien à mes dis-
« positions. Dans deux jours la noce, mes enfans.
« J'ai encore quinze bouteilles de Malvoisie, ven-
« dangé sous le règne de Louis XIV. Nous ferons
« sauter les bouchons. — Demain soir je traite les
« amans. — Vraiment, monsieur le comte ? — Oui,
« je veux célébrer la veille de ce grand jour. Je
« n'engage pas M. d'Apremont à être de ma petite
« fête ; il ne soupe pas ; il se couche de bonne
« heure... — Quand on marie sa fille, une fille
« unique, une fille chérie, on peut déroger à ses
« usages. J'irai vous voir souper, monsieur le
« comte. » D'Oliban donne un grand coup de coude au baron, et il le regarde d'un air qui veut dire : Le rival y sera, donc il y aura une scène. L'un ou l'autre sera obligé de sortir, et notre plan tombera net. « Non, cher papa, non,
« vous ne changerez rien à vos habitudes. Vous
« passerez une bonne nuit, et, après demain,
« vous donnerez la main à mademoiselle, frais,
« gaillard et dispos. — Qu'est-ce à dire, s'il vous
« plaît, monsieur ? Vous me faites mystifier par
« M. Philidor ; vous estropiez tous mes chevaux,
« et cela ne vous suffit pas ? Vous voulez main-

« tenant me mettre au régime ? J'aurais assisté
« simplement au souper du comte; eh bien, cor-
« bleu, je mangerai pour vous faire enrager. —
« Vous serez malade. — Il faut que les médecins
« vivent. — Je ne dois pas me prêter à cela. —
« Qui vous demande votre consentement ? Oh ! je
« commence à vous connaître, et je prends mon
« parti : je vous laisserai dire, et j'irai mon train.
« Allons, baron, allons tirer un lapin, puisque
« nous ne pouvons faire mieux. »

Lorsque M. d'Apremont fut sorti, Sophie et sa cousine félicitèrent d'Oliban sur le courage qu'il venait de marquer. « Oh, soyez tranquilles, mes-
« dames, je vous réponds que je le ferai vivre cent
« ans. » Il s'empare du comte; il l'entraîne dans le parc, et là il s'étend sur les inconvéniens qui doivent résulter de la présence du papa. Il prévoit un orage, que rien ne pourra calmer. On ira, on viendra, on verra, on remarquera une chaise de poste, dont personne, en apparence, ne devra avoir besoin; on trouvera trois ou quatre vauriens; on les interrogera; on les embarrassera; on s'en défiera, et on les expulsera. « Oh, ma foi,
« dit le comte, je ne sais pas prévoir les choses
« de si loin. Vous sentez que je n'ai pu me dis-
« penser d'inviter M. d'Apremont; il veut venir ?
« Eh bien, il viendra, et nous nous conduirons
« selon les circonstances. — Vous verrez qu'il nous
« sera impossible d'enlever le rival du baron. Je
« serais désespéré que l'entreprise manquât. Ce-

« pendant, malgré toute ma bonne volonté, je ne
« peux casser une jambe au beau-père pour l'em-
« pêcher d'aller chez vous. — Il s'y ferait porter.
« — Il en est bien capable.

« Nommez-moi cet insupportable rival, je pars
« pour Orléans, et je l'enlève ce soir. — Mais rien
« n'est prêt encore. Modérez-vous un peu. Pre-
« nons un fusil, et allons joindre ces messieurs.
« — Je tire mal, je m'écorcherais les jambes, et
« je me marie après demain. — Allez faire votre
« cour à mademoiselle d'Apremont. — Je ne peux
« faire ma cour pendant toute une journée. —
« Faites ce qu'il vous plaira, et laissez-moi tran-
« quille. J'ai encore bien des choses à régler pour
« notre affaire de demain soir. »

En effet, des laquais à travestir ; des volets de bois, fermant à clé, à faire substituer aux glaces d'une chaise de poste; des chevaux de relais à faire placer, de distance en distance ; des chemins de traverse à reconnaître, sur la carte, pour déterminer les différens points ; des provisions de bouche, à faire placer dans le coffre de la voiture ; une malle bien garnie qui sera attachée derrière, car il ne suffit pas de se battre contre les Anglais, il faut aussi pouvoir changer de chemise. Que de détails pour un homme de cour accoutumé à ne se mêler de rien !

Quelques-uns de ces objets étaient réglés ; plusieurs choses restaient à faire. Le marquis voulut absolument être de moitié dans les dispositions.

« Eh bien, allez à Pithiviers et chargez-vous de
« faire arranger la chaise de poste. —Je donnerai
« la mienne. Elle est d'une solidité à toute épreuve.
« Il n'y a pas de coup de coude ou de genou qui
« puisse ébranler un panneau. Je vous réponds
« que le rival de Vercelle n'en sortira qu'à sa des-
« tination. »

Il part, il arrive, il mande les ouvriers, il s'explique, il ordonne, et comme il n'est pas ordinaire de fermer une chaise de poste, comme une place forte, il donne à entendre, pour éloigner le soupçon, qu'il veut envoyer des objets précieux à Paris, et les garantir des curieux et des amateurs. Un menuisier, un serrurier s'inquiètent fort peu de ce que devient leur ouvrage, quand il est sorti de leurs mains, et surtout qu'il est payé. Ceux-ci n'écoutèrent que ce qui les concernait, et ils promirent de finir leur ouvrage dans la matinée du lendemain. Le marquis laissa Zéphire, avec injonction expresse de surveiller, de hâter les ouvriers, de faire arriver la chaise le lendemain soir, et de la ranger sous des charmilles élevées, qui fermaient les jardins du comte. Il revint au château, regrettant de n'avoir rien à faire jusqu'à l'heure du dîner. Il prit une houssine et alla s'amuser dans les jardins à abattre des têtes de pavots : ce plaisir-là est du genre de celui du vicomte du Misantrope qui, désœuvré comme un marquis, crachait dans un puits pour faire des ronds.

M. d'Apremont et son cher Vercelle rentrèrent fatigués, harassés; mais les gardes ployaient sous leur charge de lapins. Le chevreuil était oublié, et le dîner fut aussi gai que le déjeuner. « Corbleu, baron, disait le vieux seigneur, en sa-
« blant le marasquin, vous avez fait un joli coup
« de fusil là-bas, au coin de ce taillis; mais ce la-
« pin que poussait le furet, qui s'élança du ter-
« rier comme un trait, et que je tuai au vol. Hem?
« — Et celui qui partit derrière vous, et que vous
« ajustâtes en décrivant un demi-quart de cercle?
« Et celui que vous tirâtes au juger dans ces grandes
« herbes qui bordent le marais? Voilà des coups,
« monsieur, des coups qui ne peuvent s'oublier.
« — Ma foi, messieurs, il est fort agréable de
« chasser avec le baron. Il est connaisseur, et
« rien ne lui échappe. En vérité, dit le marquis,
« je regrette à présent d'avoir fait piquer vos che-
« vaux. Vous auriez du moins chassé commodé-
« ment, et vous voilà, monsieur, dans un état
« déplorable. Votre imagination seule vous sou-
« tient. — Ne parlez pas de cela, mon gendre,
« vous n'y entendez rien. Vous ne serez jamais
« chasseur. — Moi? j'en serais bien fâché, et je
« n'ai fait semblant de l'être que pour vous plaire.
« En effet, qu'est-ce que la chasse?

Prendre bien de la peine,
Se tuer, s'excéder, se mettre hors d'haleine;
Interrompre, au matin, un tranquille sommeil;
Aller dans les forêts prévenir le soleil;

Fatiguer de ses cris les échos des montagnes ;
Passer en plein midi, les guérets, les campagnes ;
Dans les plus creux vallons fondre en désespérés ;
Percer rapidement les bois les plus fourrés ;
Ignorer où l'on va, n'avoir qu'un chien pour guide
Pour faire fuir un cerf qu'une feuille intimide ;
Manquer la bête enfin, après avoir couru,
Et revenir bien tard, mouillé, las et recru,
Estropiés souvent : dites-moi, je vous prie,
Cela ne vaut-il pas la peine qu'on en rie ?

« — Dites-moi, mon gendre, quel est le sot qui « a fait ces vers-là ? — Monsieur, c'est Regnard. « — Et quel est cet homme ? — C'est un de nos « meilleurs auteurs comiques. — Un auteur co-« mique ! belle autorité, ma foi ! Celui que vous « citez n'a peut-être pas vu un sanglier dans toute « sa vie. Monsieur le marquis, dit le baron, quand « on fait une citation il faut la faire entière. J'ai « de la mémoire aussi, et voilà ce que répond le « même auteur aux vers que vous venez de nous « dire :

Ces occupations et ces nobles travaux
Sont les amusemens des plus fameux héros,
Et lorsqu'à leurs souhaits ils ont calmé la terre,
Ils mêlent à leurs jeux l'image de la guerre.

« — Bravo, bravo, bravissimo, mon ami, s'écrie « M. d'Apremont, » et il se lève, il va passer ses bras au cou de Vercelle, et il l'embrasse à cinq à six reprises. « Faites l'amour, marquis, ma fille « s'en trouvera bien ; mais en vérité, vous ne vau-

« drez jamais le baron. Allons, mon neveu, fai-
« sons une partie d'échecs. Je n'ai plus Philidor;
« mais il m'en a assez appris pour que je vous
« roule comme un lapin. Ah, ah, ah ! »

A chaque instant le baron gagnait sur l'esprit du papa. La jeune demoiselle s'en apercevait. Elle pressait la main de sa cousine, qui lui souriait avec une satisfaction! Elles désiraient bien que d'Oliban fît, ou dît encore quelque bévue. Mais il bâillait, en les regardant faire du filet, ou il se promenait à grands pas dans le salon, en pensant à l'enlèvement du lendemain. Vercelle employait mieux son temps : il perdait toutes ses parties, et à la fin de chacune, il s'étonnait; il ne concevait pas la facilité avec laquelle M. d'Apremont avait profité des leçons de Philidor. Le bon papa était enchanté.

Le lendemain, il ne fut pas possible au marquis de déplaire à M. d'Apremont, et ces dames en étaient bien fâchées. Mais d'Orville avait pensé que l'inaction pourrait lui donner envie de parler du fameux projet, et il l'occupa chez lui, jusqu'au moment où il ne lui restait que le temps nécessaire pour s'habiller, et venir lui aider à faire les honneurs de sa petite maison.

D'Oliban donna la main aux dames. Il monta en voiture avec elles et M. d'Apremont, et il les présenta à une assemblée bien choisie, quoique assez nombreuse. Les Orléanais étaient prévenus que le mariage devait être célébré le lendemain,

et les complimens, bons ou mauvais, accablèrent le marquis, Sophie et son père. D'Oliban cherchait, dans les yeux de M. d'Apremont, à connaître le rival qui venait se livrer avec tant de bonhomie : les traits du papa n'annonçaient aucune sensation pénible. Il cherchait, sur toutes les figures orléanaises, quelque altération, quelque indice d'humeur, ou du moins de mécontentement. Tous ces visages marquaient une inaltérable tranquillité. D'Oliban en témoignait son étonnement au comte. « Bah, lui répond d'Orville, vous
« ne savez donc pas encore que les gens bien
« élevés ont toujours un masque dans le monde?
« — Je sais cela comme vous; mais les passions
« haineuses percent ce masque-là. — Il serait plai-
« sant que quelqu'un se permît d'oublier ici les
« bienséances, et ce qui m'est dû. — M. d'Apre-
« mont ne dissimulerait pas même devant le roi,
« et madame Descourtils ne paraît être ici en re-
« lation avec personne. — Voulez-vous qu'elle se
« trahisse en présence de son oncle? — Tenez,
« monsieur le comte, vos réponses sont évasives,
« et ne me persuadent pas. Il y a dans tout ceci
« quelque chose de mystérieux, que je ne pénètre
« pas, et qui prouve le peu de confiance que vous
« avez en moi. — Oubliez-vous que vous m'avez
« promis de m'aider à faire les honneurs de chez
« moi, et que le moment n'est pas du tout propre
« à une explication. — Plus vous parlez, monsieur,
« et moins je comprends les motifs d'une réserve

« qui m'offense. — Il entrait dans mon plan que
« vous ne fussiez instruit qu'après le souper. Vous
« voulez l'être de suite; suivez-moi. Je vous donne
« ma parole d'honneur que vous saurez tout. »

On était dans le salon, et tous les domestiques s'occupaient à couvrir la table, ceux qui devaient faire le voyage de Quillebœuf exceptés. Ceux-là avaient reçu l'ordre de ne pas quitter la porte extérieure, et de saisir le marquis au premier coup de sifflet. D'Orville commença, en sortant, un conte préparatoire, auquel il ne manquait, pour fixer l'attention, que la vraisemblance et le sens commun. D'Oliban s'impatientait; mais il était curieux; il attendait quelque chose de positif, et il s'avançait vers les charmilles fatales.

Quand le comte jugea qu'il était assez loin de la maison, pour qu'il fût impossible au marquis de se faire entendre, il cessa de débiter des sornettes, et il vint droit au but. « Le baron a un
« rival, et ce rival, c'est vous. Vous tenez à l'hon-
« neur de nous avoir suggéré un enlèvement; vous
« ne trouverez donc pas mauvais qu'on l'exécute
« sur votre personne. — Voilà des contes d'une au-
« tre espèce, à présent. — Je vous dis que Vercelle
« adore Sophie; qu'il en est tendrement aimé, et
« vous les gênez beaucoup. Vous allez faire la
« course sur les Anglais; j'espère que vous vous
« comporterez en brave homme, et que vous fe-
« rez honneur au régiment. » D'Oliban, étourdi, incertain, ne sait comment il doit répondre à

cette harangue laconique. Le coup de sifflet se fait entendre, et quatre grands drôles saisissent l'auteur d'*un tour plaisant, bien joué, et qui doit le faire rire long-temps.* « Riez, riez donc, lui di-
« sait le comte, pendant qu'on l'enfermait dans sa
« propre chaise de poste. Je suis fâché que vous
« n'ayez pas soupé, avant que de partir; mais vous
« êtes toujours si pressé ! Au reste, vous trouverez
« dans le coffre de quoi vous soutenir en route.
« Bon voyage, monsieur le marquis. »

D'Orville rentre promptement dans le salon, et un coup d'œil, adressé à ses alliés, à ses complices, si vous le voulez, leur annonce que monsieur le marquis *est parti pour la gloire.*

CHAPITRE XVIII.

Le dénoûment, bon ou mauvais.

Le marquis nous disait hier : « Au milieu de
« l'aimable désordre, qui règne dans une assem-
« blée nombreuse, on ne pense pas à un homme
« qu'on ne voit plus. » En effet, en attendant le souper, chacun causait de son côté, d'une manière plus ou moins agréable, et personne ne s'occupait des sorties et des rentrées. M. d'Apremont était le seul qui s'intéressât au marquis, et il parlait à un vieux commandeur de Malte du généalogiste d'Hozier : il était bien aise que son gendre fût enté sur quelque vieux tronc, et il

priait le commandeur de le diriger dans cette affaire-là. D'Orville était maître de maison; il allait et venait; rien ne paraissait plus naturel.

Le maître d'hôtel vient annoncer qu'on est servi. On présente la main aux dames; on passe dans la salle à manger; chacun cherche son nom sur les serviettes; on s'assied... Une seule place n'est pas occupée : c'est celle du marquis. Le perfide comte a fait mettre son couvert auprès de celui de Sophie, qui, depuis le coup d'œil dont je vous ai parlé à la fin du chapitre précédent, a recouvré la gaieté, la santé, et la facilité d'expression qui lui est naturelle. « Eh bien, dit M. d'Apremont, « je ne vois pas mon gendre. » D'Orville, dont rien ne peut altérer la tranquillité, donne, avec un calme admirable, l'ordre à ses gens de chercher le marquis. Les valets viennent, à la file les uns des autres, dire que le marquis ne se trouve pas. Le comte ordonne de sonner la cloche. « Peut-« être, dit-il, en regardant Sophie en dessous, « est-il dans les jardins, à faire un couplet. Le « son de la cloche nous le ramènera. — Un cou-« plet, un couplet! dit M. d'Apremont. Un homme « de qualité ne fait pas de ces choses-là; il les « achète toutes faites. La cloche ne cesse point, « et d'Oliban ne paraît pas. Voyez donc, mon cher « baron, où cet étourdi-là peut être. »

Le baron était mal à son aise. Il avait trempé dans une action, que sa conscience lui reprochait : une marche oblique n'était ni dans son caractère, ni dans ses habitudes. Étranger à toute espèce de perfidie et à la dissimulation, il s'empressa d'aller cacher, dans l'ombre, son trouble et ses regrets. Il sortit, et s'enfonça dans les bosquets, où une foule d'idées le tourmenta. La présence de Sophie l'avait soutenu jusqu'alors; auprès d'elle, il n'avait vu que le côté plaisant de l'enlèvement. Abandonné à lui-même, il jugea qu'arriver au bonheur par de pareils moyens, c'est se déshonorer à ses propres yeux; mais, que faire? Le marquis court depuis une heure, et il n'y a plus un cheval, dont on puisse disposer, dans les écuries du château.

Pendant qu'il fait de tardives réflexions, le souper refroidit; les convives se taisent; mais ils s'impatientent. M. d'Apremont prie le comte d'aller chercher Vercelle, et de ne pas obliger un des convives à l'aller chercher à son tour. D'Orville appelle; son protégé lui répond. Ils rentrent ensemble. On leur demande si le marquis est retrouvé. « Non, dit Vercelle en soupirant. — Ne « vous affligez pas, mon cher baron, lui dit le « papa. Il est allé faire quelque nouvelle étourde- « rie, et il nous rejoindra au champagne. Soupons, « soupons. — Soupons, répètent les Orléanais. » Et bientôt on ne pense plus au marquis.

Cependant on était au dessert; le vin d'Aï allait briser sa prison, et répandre une chaleur nouvelle dans toutes les têtes, dans tous les cœurs. « Ceci devient inquiétant, s'écria M. d'Apremont;

« il ne paraît pas. Qui peut donc le retenir loin
« d'une demoiselle, qu'il aime, et qu'il épouse de-
« main? Labrie, courez au château, et amenez-
« moi son valet de chambre.

« Vous allez nous trahir, tout découvrir, disait
« le comte au baron. Vouliez-vous qu'il vous en-
« levât Sophie? Regardez-la, regardez sa cousine :
« elles sont radieuses. — Elles ont eu connaissance
« du projet, je l'avoue; mais elles ne l'ont pas
« exécuté. — Eh, n'est-ce pas la même chose? Si
« tout le monde avait votre scrupuleuse probité,
« la vie serait d'une uniformité insupportable. »
Tout cela se disait bien bas, comme vous pouvez
le croire.

Zéphire paraît. « Où est votre maître? lui de-
« mande M. d'Apremont. — Je l'ignore, monsieur.
« —Ne savez-vous rien, au moins, qui puisse nous
« aider à établir quelques conjectures? — Hier, il
« m'a mené avec lui à Pithiviers. Il m'a chargé de
« faire mettre de solides volets de bois à sa chaise
« de poste, de bonnes serrures aux portières, et
« de conduire cette chaise ici, ce soir, à la nuit
« tombante, sous les grandes charmilles qui bor-
« dent les jardins de monsieur le comte. — Des
« volets de bois à une chaise de poste! des ser-
« rures aux portières! Que signifie tout cela? —
« Je l'ignore, monsieur. — Votre maître ne vous
« a rien dit sur l'usage qu'il voulait faire de cette
« voiture? — Non, monsieur. — Est-elle encore
« sous les grandes charmilles? — Non, monsieur.

« — Vous en êtes sûr. — J'ai passé par là, en me
« rendant à vos ordres. — Corbleu, je prévoyais
« une étourderie; mais ceci me paraît aussi grave
« qu'inexplicable. Et cette mauvaise tête-là ne m'a
« pas laissé un cheval qui puisse servir. J'enver-
« rais mes domestiques sur toutes les routes... Mon-
« sieur le comte, prêtez-moi des chevaux... » Depuis le matin, d'Orville avait fait partir tous les
siens, et ceux du marquis ne devaient revenir
que le lendemain, pour la cérémonie du mariage.
« Vous savez, monsieur, que je n'ai ici que des
« chevaux de carrosse. — Et ceux de votre maître,
« Zéphire, qu'il a pris la précaution d'éloigner
« pour faire entièrement manquer ma partie de
« chasse?... — Monsieur, ils ne sont pas revenus.
« — Corbleu, tout ceci est diabolique.

« Monsieur, reprit d'Orville, pourquoi tant
« vous tourmenter? Il est évident que le marquis
« a fait arranger, pour un usage très-particulier,
« cette chaise de poste qui ne se trouve plus;
« qu'il est parti lui-même dans cette voiture; qu'il
« a trois heures d'avance sur tous ceux qu'on
« pourrait envoyer après lui; que la nuit, d'ail-
« leurs, favorise sa marche, et qu'il est impossible
« qu'il ne rentre pas, au plus tard, à la pointe
« du jour. — Je le crois comme vous, monsieur
« le comte. S'il ne paraissait pas demain, s'il fai-
« sait un pareil affront à ma fille!... Corbleu, j'ai
« soixante ans; mais mon épée ne tient pas dans
« le fourreau... Expliquez-moi donc, vous autres,

« ce que signifient ces gros volets de bois, et ces
« serrures aux portières. En vérité, je m'y perds.
« — Eh, qui ne s'y perdrait pas! C'est probable-
« blement, comme vous le disiez tout à l'heure,
« un nouveau coup de tête... — Coup de tête,
« monsieur le comte, vous êtes bien bon. Une
« crânerie, un acte de démence, quelque chose
« qui surpassera tout ce qu'il a fait jusqu'ici... En
« vérité, je suis déja bien las de mon gendre, et
« si je pouvais décemment rompre avec lui... —
« Et qui vous en empêche, monsieur?—La crainte
« du public, du ridicule, et surtout l'amour qu'il
« a inspiré à Sophie, je ne sais comment.—Vous
« me trouverez toujours prête, papa, à respecter
« votre volonté. — Je le sais, mon enfant, je le
« sais... Comment diable! une heure du matin!
« Allons nous coucher. Labrie, tu viendras m'é-
« veiller quand le marquis sera rentré. »

Que fait ce cher marquis enfermé dans sa propre
chaise, et courant toujours? Au moment du départ, il commença par jurer contre le comte, le
baron et même contre Sophie, qui tous trois s'é-
taient joués de sa crédulité, et de son penchant à
rendre service. Après d'inutiles juremens vinrent
les réflexions. Où me conduisent-ils? Je ferai la
course contre les Anglais, me disait d'Orville; ils
me mènent donc à quelque port de mer, et bien
certainement je ne me marierai pas demain. On ne
dira rien à M. d'Apremont; il m'attendra à l'heure
de la cérémonie, je ne paraîtrai pas, il sera fu-

33.

rieux, et voilà la moitié de ma fortune au diable. Il faut sortir d'ici, dussé-je me mettre les coudes et les genoux en sang... Tout cela est d'une solidité!... J'ai trop bien pris mes précautions... Tous les rieurs seront contre moi, et je crois que je rierais moi-même, sans la perte que je vais faire, de cent mille livres de rente. Bah! le papa d'Apremont n'est pas le seul homme de France qui ait de la fortune, et si sa petite Sophie est coiffée du sentimental baron, je ne dois pas trop la regretter. Cependant je voudrais bien faire échouer leur projet, ou plutôt le mien. Si je pouvais, inopinément, reparaître au milieu d'eux, les déconcerter par ma présence, rentrer dans mes droits, et conduire, à leurs yeux, ma future à l'autel... Oh, ce serait charmant, divin... Que diable, les chevaux qui sont à ma voiture n'iront pas jusqu'à Calais, jusqu'à Dieppe, jusqu'au Havre. On relaiera à quelque maison de poste; je crierai, on m'entendra, on me délivrera, et je reviendrai triomphant railler les railleurs.

Il y a de la philosophie dans ce que pensait alors le marquis, et dans le fond, de quoi pouvait-il raisonnablement se fâcher? C'est lui qui avait préparé le coup, dont il venait d'être frappé.

La voiture arrête, et le marquis se met à crier d'une manière à briser les glaces de sa chaise, s'il y en avait eu. « Ne vous fatiguez point la poi« trine, monsieur le marquis. Nous sommes dans « les champs, et vous ne pouvez être entendu

« que de nous. — Oh, oh, le comte était digne
« d'être mon second : il a tout prévu. Dites donc,
« un tel, où me conduisez-vous? — Au prochain
« relais, monsieur le marquis. — Me voilà bien
« instruit, en vérité. »

Allons, pensait-il, puisque nous ne changeons
de chevaux qu'au milieu des champs, il est clair
que je ne pourrai m'échapper qu'en descendant
de ma chienne de chaise... Tudieu, comme ces
chevaux-là vont! Ah, c'est tout simple : pour
qu'on m'embarque sans opposition, il faut que
j'arrive avant le jour... Que diable, du château
d'Apremont au port le plus voisin, il y a au moins
quarante lieues; je suis parti à neuf heures; l'automne s'avance; le soleil ne se montre qu'à six
heures... Oui, cela peut se faire, en crevant quelques chevaux.

Je commence à m'apercevoir que je n'ai pas
soupé, et le prévoyant d'Orville m'a dit que je
trouverais ici des provisions... Cherchons dans le
coffre... Un petit poulet rôti, un pain au lait...
On ne meurt pas de faim avec cela... Des pêches
un peu froissées? qu'importe. Du vin, du sirop
de groseille tout préparé... Me voilà dans l'abondance. Goûtons d'abord le vin. A la santé de ceux
qui sont à table là-bas, et qui ne se doutent pas
que je cours à la gloire. Je le répète : le tour est
plaisant, bien joué; j'en rirai long-temps... Mais
cette petite Sophie? qui l'aurait crue capable, avec
son air innocent, de mener une intrigue? Ma foi,

toutes réflexions faites, je dois m'estimer heureux de ne pas l'épouser. Son baron aurait fort bien pu me jouer quelque tour, plus piquant que celui-ci.

On va, on arrête, on relaie, on repart. Ah, ah, dit le marquis, nous sortons des chemins de traverse ; nous sommes sur le pavé ; j'arrive sans doute à ma destination. En effet on arrête encore, et c'est pour la dernière fois. D'Oliban entend dételer, et emmener les chevaux. Il crie, il frappe avec les poings, avec les bouteilles vides, et personne ne lui répond.

Tout avait été parfaitement calculé. L'équipage du corsaire avait passé, la veille, la revue du commis aux classes de la marine, et déjà il aurait été sous voiles, sans l'indispensable fête du *Foyus*. Un foyus est la dernière débauche, que font à terre ceux qui vont la quitter, très-incertains de la revoir. Celle-ci avait été poussée très-loin, et le capitaine avait donné l'exemple de l'intempérance, en attendant qu'il pût donner celui de la bravoure. Il avait passé la nuit au cabaret, au milieu de sa troupe et des bouteilles. C'est là que le trouvèrent les gens de d'Orville, après l'avoir inutilement cherché sur son bord. Ils s'efforcèrent de lui faire entendre la mission dont ils étaient chargés, le service que le comte attendait de lui, et le prix qu'il y mettait. Le capitaine les interrompait à chaque mot, leur versait à boire et criait : Vive le roi, et le bon vin.

Ces domestiques avaient passé une nuit fatigante, et l'accueil du capitaine leur convenait assez. Cependant, après avoir apaisé leur première faim, ils pensèrent au marquis qu'ils avaient laissé sur le bord de la Seine, et ils se demandèrent ce qu'ils en feraient, puisque le capitaine était hors d'état d'agir. Après des propositions, des réflexions, et d'inutiles discussions, ils se décidèrent à mettre eux-mêmes le marquis à fond de cale, et à l'y garder, jusqu'à ce que le capitaine eût recouvré la raison.

Ce parti n'était pas sans danger. Il faisait grand jour; le marquis, en sortant de sa prison, pourrait fort bien se défendre; les passans ne manqueraient pas d'intervenir, et à Quillebœuf, comme ailleurs, il y a des gens qui sont spécialement chargés d'empêcher la violence, et de punir ceux qui se permettent d'en commettre. Ces considérations ralentirent un peu le zèle du valet de chambre, que d'Orville avait établi chef de l'expédition.

Cependant il n'y avait pas d'inconvénient à reconnaître si le bord de la rivière était libre encore, sauf à se déterminer d'après les circonstances. Ces fidèles et précieux domestiques montent sur une éminence, d'où ils doivent découvrir la voiture. Ils regardent; ils se frottent les yeux... elle a disparu.

Retournons à petites journées, dit le valet de chambre, et ramenons ceux de nos chevaux que nous trouverons en état de marcher.

Mais, que sont devenus la chaise de poste et notre prisonnier? Quelques pêcheurs, habitans du hameau voisin, descendaient tranquillement la rivière, et ne comptaient que sur la modique journée que leur procurait leur travail. Ils entendent des cris; ils quittent l'aviron, ils se lèvent, ils voient la voiture; ils jettent leur petite ancre, et ils descendent à terre. Le marquis, qui présumait bien qu'il finirait par être entendu, ne cessait de crier et de frapper. Les pêcheurs l'interrogent; il leur répond par une phrase à laquelle on ne réplique pas souvent : Vingt-cinq louis à qui me tirera d'ici.

On ne pêche pas ordinairement avec des haches et des leviers, et on ne force pas des serrures avec des hameçons. Mais on ne renonce pas aisément à vingt-cinq louis, quand on ne possède pas six francs, et on veut les gagner, n'importe comment. Les pêcheurs coupent les cordes de leurs manœuvres; ils s'attellent aux brancards, et, en suant, en soufflant, en hâletant, ils traînent chez eux la voiture, qu'ils se proposent de confisquer à leur profit, si celui qui est dedans ne veut, ou ne peut pas leur tenir parole.

Ils font sauter un des volets, et le marquis s'élance, en leur montrant une bourse pleine d'or. Plusieurs raisons le pressaient de sortir de sa voiture. Le comte avait pourvu à ses besoins; mais il n'avait pas pensé aux suites ordinaires de la digestion. D'Oliban, plus calme, s'occupa de son état présent, et il jugea que ce qu'il avait de mieux à faire était de dormir, pendant quelques heures. On courut tout le hameau, pour composer un lit passable à un beau monsieur, qu'une duchesse a fait enlever, et qui paie sa liberté vingt-cinq louis : vous voyez qu'au village, comme à la ville, on aime les nouvelles, et qu'on en fait, quand il n'y en a pas.

Les femmes des pêcheurs mirent tout cuire pour régaler monsieur, quand il s'éveillerait ; les maris juraient que si les domestiques de madame la duchesse venaient rôder autour du hameau, ils les assommeraient. Le marquis, bâillant, et déjà sommeillant, se déshabillait sans rien entendre, sans même rien écouter.

A son réveil, il fit gaiement honneur au repas qu'on lui avait préparé. Il envoya chercher à Quillebœuf un ouvrier qui, tant bien que mal, mit sa chaise en état de servir à un homme libre ; il fit venir des chevaux de poste, paya généreusement ses hôtes, et reprit la route du château d'Apremont.

Qu'a-t-on fait dans ce château depuis que nous en sommes partis ? Le vieux seigneur passa la nuit à rêver au singulier voyage de d'Oliban, et, à chaque instant, il croyait entendre le bruit d'une voiture ; à chaque instant, il se mettait sur son séant, il prêtait l'oreille, et laissait retomber sa tête sur son oreiller. Madame Descourtils riait, en pensant au passé et à l'avenir. Sophie soupirait. Le comte arrangeait le discours, que probablement il serait obligé d'adresser à M. d'Apremont. Le baron écoutait sa conscience, et il ajoutait, complaisamment, aux reproches qu'elle lui faisait.

Au point du jour, le comte entra chez lui. « Vous vous êtes conduit, hier, comme un enfant, « mon cher Vercelle : on n'a pu vous tirer un mot « de toute la soirée. Vous prenez, au tragique, « une chose qui me paraît très-plaisante, et rien « de plus. — Laissez-moi, monsieur le comte, « laissez-moi. — Comment, que je vous laisse ! « — Si le marquis rencontre les Anglais, il se bat« tra, et s'il est tué, je serai coupable d'un meur« tre. — Ce sera lui, ce sera moi : vous ne vous « êtes presque pas mêlé de cette affaire-là. Reve« nez à vous, le dénoûment approche. Je veux « bien me charger de le préparer ; mais au moins, « secondez-moi.

« Eh bien, messieurs, savez-vous quelque chose « de cet insensé-là ? dit M. d'Apremont qui n'avait « pu rester au lit, et s'était levé avec l'aurore. Ma « foi, non, répond le comte ? Mais concevez-vous « quelque chose à cet événement-là, reprend le « vieux seigneur ! — Oh, cela s'expliquera tôt ou « tard, réplique d'Orville. — Tôt ou tard ! Mais « dans quatre heures il doit épouser ma fille, et « corbleu, j'en suis bien fâché... — Qu'avez-vous,

« mon cher baron? Vous pâlissez, vous chance-
« lez...— A mes pieds! à mes pieds, Vercelle! que
« signifie cela?

— « Oh, le baron ne parlera pas. Je vais vous
« expliquer, monsieur, une affaire qui vous pa-
« raît furieusement embrouillée, et qui pourtant
« est très-claire. — De grace, monsieur le comte,
« laissez-moi m'accuser, solliciter mon pardon...
« — Oh, parbleu, vous direz de belles choses! Je
« vais parler, vous dis-je, car enfin il est temps
« d'en finir.

« Vous avez un grand caractère, monsieur, et
« cela doit être, puisque vous descendez directe-
« ment de ce fameux Quillebert, que Godefroy
« de Bouillon nomma marquis de Joppé dans la
« Terre-Sainte. Ce grand homme bâtit, sur un
« mamelon du mont Sinaï, une forteresse, dans
« laquelle il se défendit trente mois contre les
« Sarrazins. Cette montagne était *âpre* à monter,
« et de là est venu le nom d'Apremont, que les
« descendans de Quillebert ont toujours porté de-
« puis. — Tout cela est très-vrai, monsieur le
« comte; mais quel rapport y a-t-il entre ma gé-
« néalogie, la fuite du marquis, et le mariage de
« ma fille? — J'y viendrai, monsieur, j'y viendrai.

« Si les descendans de Quillebert se sont tou-
« jours fait remarquer par leur valeur et leur fer-
« meté, que le misérable vulgaire appelle entête-
« ment, les femmes de cette famille ont toujours
« été citées comme des modèles de douceur. —

«Cela est encore vrai; mais au fait, par grace. —
« M'y voici.

« Vous avez ordonné à mademoiselle d'Apre-
« mont de recevoir le marquis en qualité d'époux...
« — Et elle n'a pas eu de peine à m'obéir. — Elle
« en a eu beaucoup à vous cacher ses sentimens
« secrets, et... — Des sentimens secrets! Cela ne
« se peut pas. Corbleu, si ma fille était capable...
« — On ne donne pas son cœur par avis de pa-
« rens. Tout ce que peut faire une demoiselle bien
« née, c'est d'accepter l'époux qu'on lui présente.
« — Vous êtes bien sûr qu'elle n'aime pas le mar-
« quis? — Sa soumission, sa docilité, l'ont seules
« portée à vous le laisser croire. — Eh bien, qui
« aime-t-elle? Finissons... Allons, voilà l'autre qui
« retombe à mes genoux... Je n'aime pas ces dé-
« monstrations-là. Je vous ai promis ma nièce, et
« vous l'aurez. — Il n'y a qu'une difficulté; c'est
« qu'il n'aime pas madame Descourtils. — Mon-
« sieur le baron, vous m'avez joué! — Je vous
« l'avoue, le cœur brisé de repentir. — Je ne vous
« le pardonnerai de ma vie. Et ma nièce n'a pas
« craint de m'abuser, de partager cette superche-
« rie! — Je vous défie, monsieur, de citer un mot
« d'elle, qui ait pu vous faire croire qu'elle aimât
« le baron, ou qu'elle en fût aimée.

« Oui, monsieur, il y a eu ici une conspiration,
« dont le but était innocent, peut-être même lé-
« gitime. Nous avons voulu vous faire connaître
« un fou, dont l'alliance vous aurait donné des

« chagrins, et aurait fait le malheur de mademoi-
« selle votre fille. — Par exemple, je m'attendais
« à cela, je l'avoue. Mais, baron, vous m'avez
« trompé, vous que j'estime, que j'aime, que je
« me serais complu à nommer mon neveu! — Il
« dépend de vous, monsieur, qu'il vous appar-
« tienne de plus près. — Halte-là, s'il vous plaît,
« monsieur le comte. Le descendant du marquis
« de Joppé a cent bonnes mille livres de rente,
« et ma foi... — Pourquoi, celui que vous jugiez
« digne d'être votre neveu, ne le serait-il pas d'être
« votre gendre? Il descend, lui, de ce fameux Si-
« mon de Montfort, qui n'a pas fait le voyage de
« la Terre-Sainte; mais qui s'est croisé contre les
« Albigeois; que le pape a proclamé souverain du
« Languedoc, et qui est mort glorieusement au
« siége de Toulouse, en 1218. — Oh, je connais
« et je respecte sa noblesse. — Il n'est pas riche,
« et un vil intérêt ne le dirige pas. Il n'entend
« point que vous vous dépouilliez, et il a assez
« d'aisance pour ne pas vous être à charge. Il ne
« vous privera pas de la douceur de passer votre
« vie avec votre charmante fille. Elle restera avec
« vous, et le baron se fera un devoir, un plaisir
« de vous marquer sa reconnaissance. Il quittera
« le service, et il embellira vos derniers jours. Af-
« fectueux, empressé, prévenant, il vous fera bé-
« nir l'instant où vous aurez exaucé ses vœux. —
« Corbleu, finissez, monsieur le comte, vous m'at-

« tendrissez, et cela m'humilie. — Je n'ajouterai
« qu'un mot : Vercelle vous a sauvé la vie. — C'en
« est trop, c'en est trop!... Voilà ma nièce, à pré-
« sent! Eh bien, oui, madame, je pleure. Dites-
« le, si vous le voulez, à vos parens, à vos amis,
« à vos connaissances. — Le baron est chasseur.
« — Bon, excellent, brave chasseur. — Il joue
« aux échecs. — Il n'est pas de ma force, mais
« qu'importe? Il aime mon petit vin blanc. — Et
« il adore votre fille. — Passons chez elle, mes
« amis. Ah, un moment. Qu'avez-vous fait du
« marquis? Sans doute il est victime de votre con-
« spiration. Il est de ces fous qui donnent de la
« suite à leurs idées, et il serait ici, si vous ne
« l'aviez fait disparaître. »

D'Orville raconte comment le marquis a cru à l'amour du baron pour l'aimable veuve; par quels motifs on l'a maintenu dans son erreur; comment on lui a persuadé que Vercelle avait un rival à Orléans; comment il a conçu le sublime projet d'enlever ce rival, pour servir son camarade, et comment il l'a été lui-même, par suite des mesures qu'il a prises, des soins qu'il s'est donnés; d'Orville raconte enfin tout ce que vous venez de lire.

« C'est bien, c'est très-bien, dit M. d'Apremont
« en éclatant de rire. Corbleu, ce gendre-là m'en
« aurait fait voir de belles! Votre corsaire sera
« pris, monsieur le comte, et le marquis, qui n'est

« pas très-rigoureusement noble, ira faire sa cour à
« quelque *lady* qu'il ne tardera pas à détromper
« sur son compte. Passons chez ma fille.

« ... En voici bien d'une autre à présent ! Dites-
« moi, mademoiselle, que signifie cette toilette
« éblouissante ? — Vous m'avez ordonné, papa,
« d'être prête de très-bonne heure. — Je vous ai
« ordonné ! et vous me répondez cela en riant.
« Vous saviez bien, espiègle, que toutes ces fan-
« freluches ne serviraient à rien, puisque l'officieux
« court maintenant l'Océan à pleines voiles. Re-
« mettez tout cela dans sa corbeille, et qu'on la
« reporte à Paris à son hôtel. Cependant tu ne te
« marieras pas sans bijoux, entends-tu ? Le baron
« n'est pas opulent ; je le suis, moi, et ta cor-
« beille sera plus riche que celle-ci... Ah ! encore
« à mes genoux, et toujours à mes genoux. Levez-
« vous tous les deux. Sophie, accorde à Vercelle
« la permission d'embrasser son épouse. Allons,
« mon gendre, en attendant le déjeuner, faisons
« une partie d'échecs que vous perdrez. »

Il eût été difficile au baron de gagner : il n'é-
tait pas à son jeu. Il se tournait vers Sophie ; il
se levait ; il prenait, il baisait sa main ; il revenait
à son père ; il lui demandait pardon ; il retournait
à Sophie ; il lui adressait les choses les plus tendres ; il prenait la main de M. d'Apremont, il la
portait sur son cœur ; il le regardait avec une
expression ! Le papa était enchanté et oubliait sa
partie. « Voilà de l'amour, disait-il, et le marquis

« ne le connut jamais. Cet homme-là n'était amou-
« reux que de ma fortune. Vercelle, mon cher
« Vercelle, tu quitteras le service, tu resteras
« avec moi, n'est-il pas vrai? Toute ma vie, mon
« père. » Et son père l'embrasse, et Sophie le
presse contre son sein, et madame Descourtils
lui ouvre ses bras, et le comte le félicite. La
scène était touchante, variée, entraînante; des
larmes de joie roulaient dans tous les yeux.

« Je veux que le mariage se fasse, sans délai,
« s'écria le papa d'une voix, que la sensibilité
« rendait tremblotante. De ma vie, je n'ai été
« aussi heureux qu'aujourd'hui, et si vous n'aviez
« pas envoyé ce fou de marquis batailler contre
« les Anglais, je serais, à l'heure qu'il est, triste
« comme mon bonnet de nuit. — Si, pourtant,
« disait en soupirant le baron, il allait se faire
« tuer. — Oh, que non, oh, que non. Et puis,
« mon gendre, c'est lui qui l'a voulu. Il vous a
« même priés de lui laisser l'honneur de l'inven-
« tion. Ne nous occupons pas de cet homme-là
« plus long-temps. Rions, buvons, chantons. —
« Soit, répond la jeune veuve. — Soit, répète
« Sophie. — Soit, disent le comte et le baron. »

Le marquis réfléchissait en courant la poste.
Pourquoi, pensait-il, renoncerais-je à mademoiselle d'Apremont? Elle aime Vercelle? Celle que
j'épouserai n'aura-t-elle pas, avant ou après, quelque chevalier, quelque beau lieutenant, que je
n'aurai pas l'air de voir? Je ne me suis pas trouvé,

ce matin, à l'heure indiquée; parbleu, ce n'est pas ma faute, et il m'est facile de le prouver. Ce qui ne s'est pas fait aujourd'hui, ne peut-il se faire demain? Sera-ce la première fois qu'un mariage aura été retardé de vingt-quatre heures? Ma foi, un homme sage ne renonce à un parti, de cent mille livres de rente, qu'à la dernière extrémité.

En roulant, en réfléchissant, en dormant, le marquis s'approchait du château. On y avait dîné, et on était tout au bonheur, quand on fut distrait par le bruit d'une voiture qui entrait dans la cour. « Oh, oh, dit le comte, c'est la chaise du marquis ! « Mes gens ont fait diligence : ces coquins-là au-
« ront crevé les deux tiers de mes chevaux. Eh,
« eh, c'est bien mieux que la chaise, le proprié-
« taire est dedans. »

D'Oliban saute, entre, et se présente avec un petit air aisé. « Ma foi, marquis, lui dit M. d'Apre-
« mont, je vous croyais aux prises avec les Anglais.
« — Comment, monsieur, vous êtes aussi du com-
« plot ? — Je n'en étais pas hier; mais j'en suis à
« présent. — Je ne reviens pas, monsieur, de la
« surprise... — Qu'y a-t-il là qui doive vous éton-
« ner? Puis-je mieux faire que de suivre votre
« exemple? Vous avez voulu protéger le baron;
« moi, je le protège réellement, et ma fille a eu
« égard à ma recommandation. — Quoi, made-
« moiselle épouse le baron ! — Elle l'épouse, mon
« cher. Il lui faut un mari qui s'occupe d'elle, et

« vous êtes toujours tellement surchargé d'af-
« faires, que vous l'auriez nécessairement négli-
« gée. — Ah !... diable !... c'est différent.... En ce
« cas, monsieur, ce que j'ai de mieux à faire,
« c'est de me retirer. — Monsieur le marquis,
« vous êtes le maître... Ah ! vous trouverez la
« corbeille à votre hôtel. Quand je congédie le fu-
« tur, je rends les présens de noces. »

D'Oliban salue légèrement, cavalièrement, et
fait une pirouette sur le talon. « Un moment,
« lui dit le comte. Comment se fait-il donc que
« vous ne soyez pas embarqué ; vous aviez si bien
« pris vos mesures ! — Ma foi, je n'en sais rien.
« Ma chaise s'est arrêtée à Quillebœuf sur le bord
« de la Seine. J'ai crié ; des pêcheurs m'ont déli-
« vré, et me voilà. Colonel, vous n'avez pas d'or-
« dres à me donner pour la garnison ? — Pardon-
« nez-moi, pardonnez-moi. Je vous prie de faire
« part à vos camarades du mariage de Vercelle et
« de mademoiselle d'Apremont. — La plaisanterie
« est un peu vive ; mais, les rieurs ne sont pas
« de mon côté, je le sens bien. Cependant je suis
« l'inventeur du projet : vous ne le nierez pas :
« ainsi, je ne suis la dupe de personne. Mesdames
« et messieurs, je vous salue. »

Il est des procédés, dont on ne s'éloigne jamais
trop dans la bonne compagnie. On s'égaya bien
davantage, sur le compte du marquis, quand il se
fut éloigné. Cependant on ne comprenait rien à
l'abandon, où on l'avait laissé dans sa voiture,

aux pêcheurs du hameau voisin, et à tout ce qu'il venait de raconter. Le retour du valet de chambre de d'Orville éclaircit les faits le lendemain.

Le mariage fut célébré dans la semaine, à l'extrême satisfaction des jeunes époux. Vercelle tint plus qu'il n'avait promis; il partageait son existence entre sa femme et son père, et, comme on ne peut faire l'amour le jour et la nuit, que l'amitié a aussi besoin de repos, et qu'il faut se créer des occupations à la campagne, il travailla à une histoire détaillée des Quillebert. M. d'Apremont se contenta de la faire transcrire sur vélin par Saint-Omer, afin de ne pas humilier, par l'impression, les très-grands seigneurs, dont les aïeux étaient ignorés lors des voyages en Terre-Sainte.

On ne protège pas les amours sans être susceptible d'aimer, et madame Descourtils s'attachait, sans s'en apercevoir, à d'Orville, qui, sans se rendre compte de rien, gardait sa maison de campagne, qui semblait lui être devenue inutile. Fort heureusement pour lui, l'aimable veuve était la première femme estimable qu'il eût encore rencontrée, et un libertin qui s'attache à ce qu'il est forcé de respecter, ne peut aimer qu'avec passion. Le comte sentit enfin que des qualités, et un extérieur séduisant valent bien la fortune. Il jugea qu'un homme, qui veut renoncer à de vieilles erreurs, doit trouver, dans sa femme, une amie sincère, et il était décidé à renoncer aux amours errans, vagabonds, auxquels il avait sacrifié jusqu'alors. Il proposa sa main, avec la timidité du baron, dont il s'était si souvent moqué. L'aimable veuve lui sourit, et laissa répondre des yeux pleins d'expression. D'Orville allait exprimer toute sa reconnaissance, quand madame Descourtils l'arrêta. « Il ne suffit pas de se marier, lui dit-elle, « il faut vivre, et je crois vos affaires dérangées. « — Je vous proteste, madame... — Il faut que « cela soit, mon cher d'Orville, puisque vous ne « pouvez rendre, au marquis, quatre-vingt mille « livres que vous lui devez depuis long-temps. — « Je vous entends, madame, et vous serez satis- « faite. Mais permettez-moi d'espérer que le jour « où je vous présenterai la quittance de d'Oliban « sera celui de mon bonheur. — Mon ami, je « vous le jure. »

Le marquis devint la fable du régiment. Il reçut et donna quelques coups d'épée. Il se décida enfin à quitter le service, parce qu'il est désagréable de se faire tuer quand on a cinquante mille écus de rente. Il se fixa à sa terre d'Oliban, où il prit les grands airs. Il commença par brouiller le curé avec ses paroissiens; les filles avec leurs parens; les maris avec leurs femmes, toujours dans l'intention d'obliger. On le fuyait à la fin, on le détestait, lorsqu'un beau matin, M. Zéphire le trouva mort dans son lit, d'un coup de sang, et au lieu de *requiem*, on n'entendit dans le village que des *alleluia*.

FIN DE L'OFFICIEUX.

TABLE

DES CHAPITRES CONTENUS DANS CE VOLUME.

ADÉLAIDE DE MÉRAN.

(suite).

Chapitre XXIII. Nouvelles persécutions... Page	1
Chapitre XXIV. Hélas!	22
Chapitre XXV. Quel titre lui donner?	45
Chapitre XXVI. Procès instruit et jugé	75
Chapitre XXVII. Son père et Jules	92
Chapitre XXVIII. Trois jours passés dans un camp russe	120
Chapitre XXIX. Conclusion	157

L'OFFICIEUX.

Introduction	193
Chapitre Ier. Faisons connaissance avec notre principal personnage	196
Chapitre II. Julie	201
Chapitre III. Larose est introduit à l'hôtel	210
Chapitre IV. Monsieur le marquis fait de nouvelles bévues	217
Chapitre V. Événemens nouveaux	230
Chapitre VI. Il commence mal. Comment finira-t-il?	244
Chapitre VII. Il est capitaine	259

Chapitre VIII. Cécile................. Page 266
Chapitre IX. Larose. Encore un bal. Départ pour Pithiviers........................... 291
Chapitre X. Aventures de voyage............ 306
Chapitre XI. On arrive enfin à Pithiviers...... 348
Chapitre XII. La noce..................... 359
Chapitre XIII. Le régiment se forme......... 395
Chapitre XIV. Suite du précédent............ 411
Chapitre XV. Sophie d'Apremont et d'Oliban. D'Orville et Auguste.................... 423
Chapitre XVI. A vos moutons, à vos moutons, dit Bartholin à M. Guillaume............. 447
Chapitre XVII. L'enquête, l'enlèvement....... 492
Chapitre XVIII. Le dénoûment, bon ou mauvais. 510

FIN DE LA TABLE.

www.ingramcontent.com/pod-product-compliance
Lightning Source LLC
Chambersburg PA
CBHW071413230426
43669CB00010B/1541